KUNST IN BERLIN

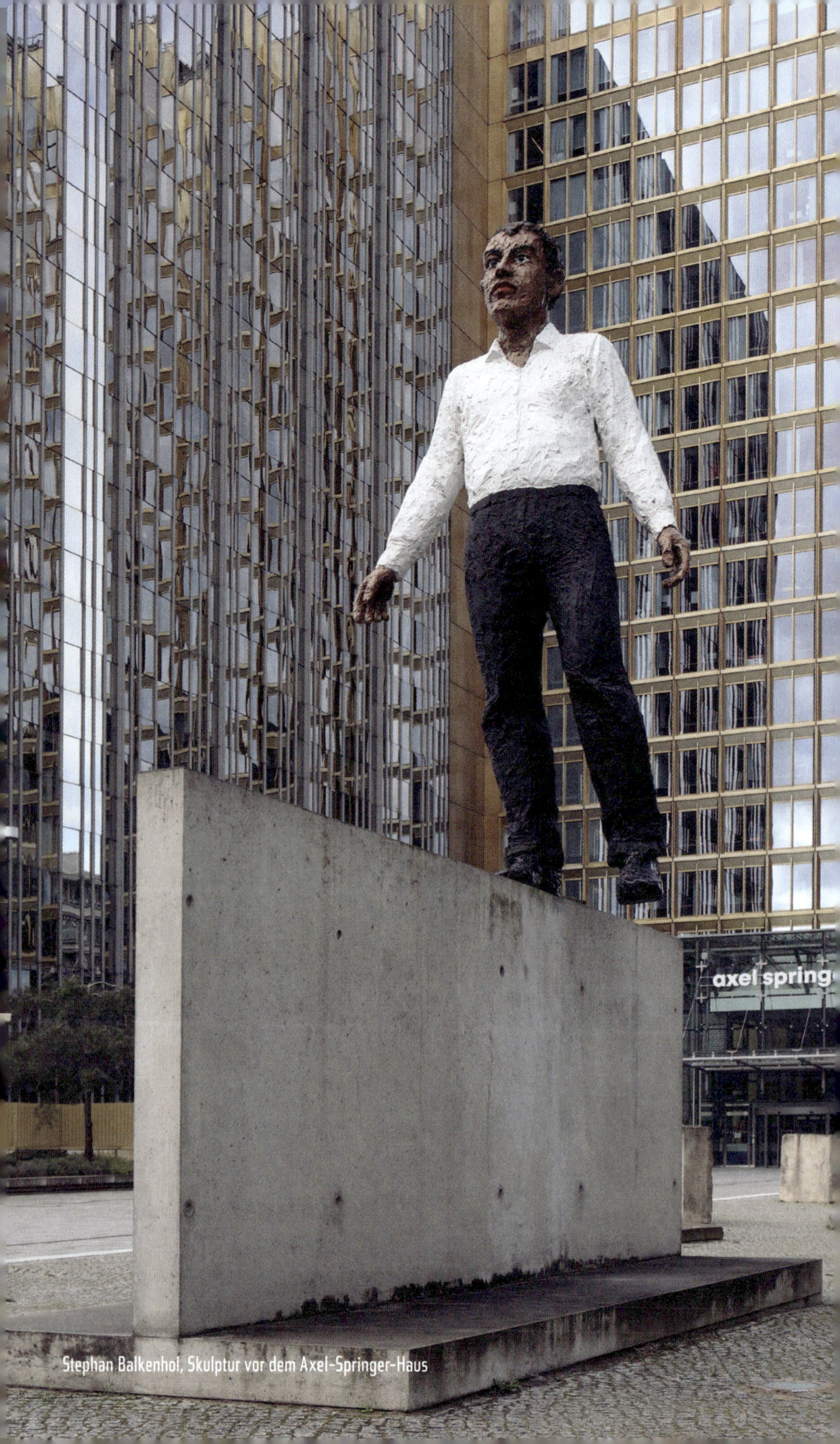

Stephan Balkenhol, Skulptur vor dem Axel-Springer-Haus

Gerhard Drexel

Kunst in BERLIN

Spaziergänge zu Kunstwerken, Galerien und Museen

BeBra Verlag

MIX
Papier | Fördert gute Waldnutzung
FSC® C106600

Bibliografische Information der Deutschen Nationalbibliothek
Die Deutsche Nationalbibliothek verzeichnet diese Publikation in der Deutschen Nationalbibliografie; detaillierte bibliografische Daten sind im Internet über http://dnb.d-nb.de abrufbar.

Asternplatz 3, 12203 Berlin
post@bebraverlag.de
Lektorat: Anika Strehlow, Berlin
Umschlag: fernkopie, Berlin (Foto: Gerhard Drexel)
Satz: typegerecht berlin
Schriften: Milo Serif, Tasse
Druck und Bindung: DZS Grafik, Ljubljana
ISBN 978-3-89809-0283-1

www.bebraverlag.de

Inhalt

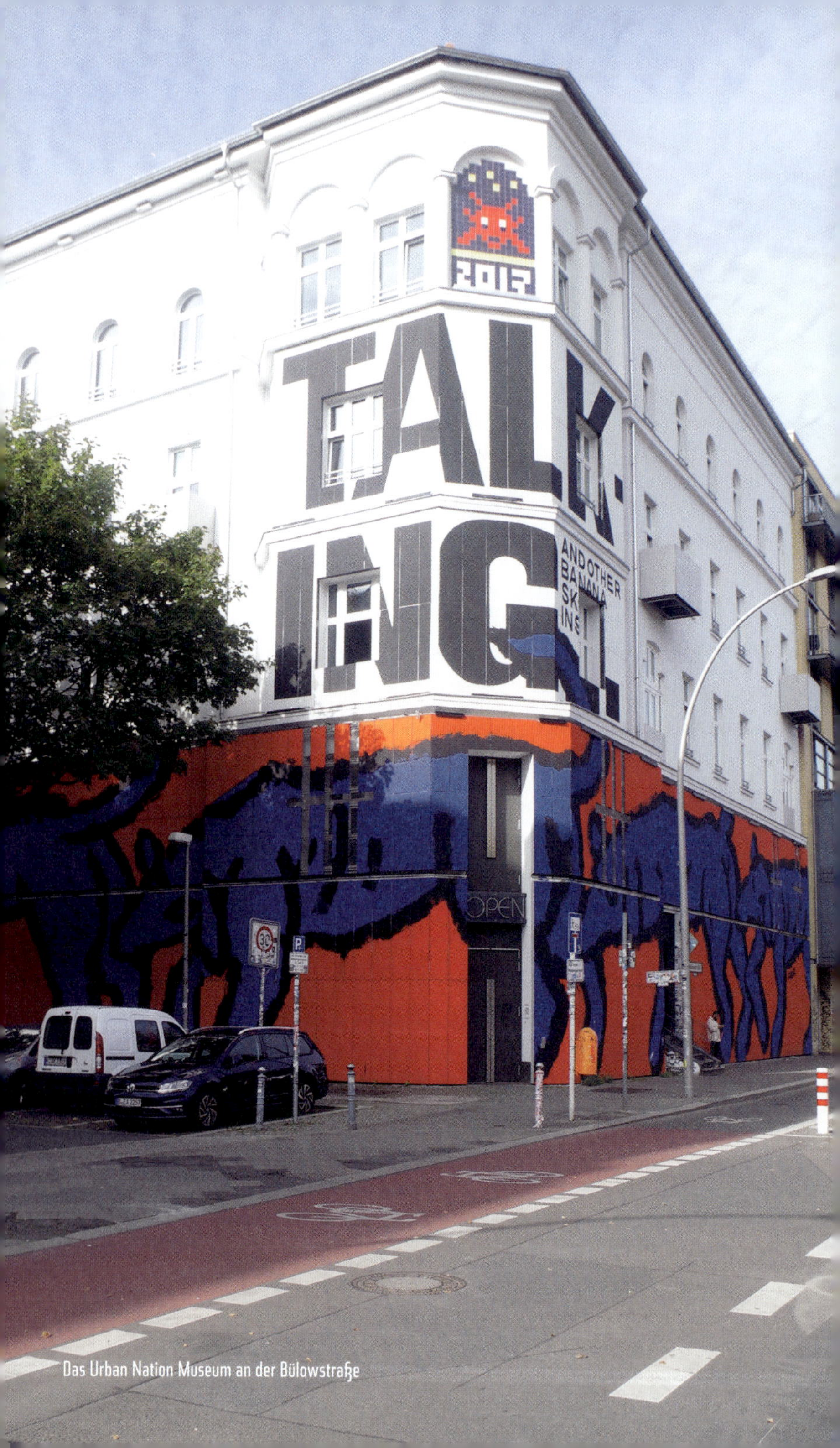

Das Urban Nation Museum an der Bülowstraße

Vorwort

Die Fülle in Berlin an Kunstgalerien, Kunst auf öffentlichen Plätzen, Straßen und in Parks, Denk- und Mahnmalen, historischen Museen sowie städtischen und kommunalen Kunstgalerien ist überwältigend. Immer waren und sind Künstlerinnen und Künstler, Kunstgalerien sowie der Kunsthandel wesentliche Impulsgeber für die kulturelle Entwicklung und Bedeutung Berlins. In den Jahren nach dem Fall der Berliner Mauer 1989 und dem nachfolgenden Prozess der Wiedervereinigung siedelten sich neue Kunstquartiere an. Junge umtriebige Galeristinnen und Galeristen entdeckten leere Ausstellungräume und erfassten die Chancen zur Schaffung und Etablierung von Kunstmessen, Galerienrundgängen oder für Kunstausstellungen in leerstehenden Fabriken, stillgelegten Kraftwerken oder Hangars wie im stillgelegten Flughafen Tempelhof. Berlin strahlt heute als Kunst- und Kulturstadt wieder international.

Die ins Buch aufgenommenen Objekte von Kunst im Stadtraum, Institutionen, Ausstellungsräume, Denk- und Mahnmale und auch Kunstgalerien sind eine persönliche Auswahl. Es wurde darauf geachtet, dass die Vorschläge für einen Besuch hauptsächlich innerhalb des S-Bahn-Rings liegen. Die Erwähnung sämtlicher Berliner Kunstwerke auf Plätzen, Straßen, Parks und Grünanlagen, die Aufzählung aller Museen, kommunaler Ausstellungsräume und Institutionen sowie der ungefähr 300 Kunstgalerien hätte den Rahmen dieses Buches gesprengt. Der Unvollständigkeit bewusst, ermuntere ich alle Kunstliebhaberinnen und Kunstliebhaber, in die Berliner »Kunstorte« auszuschwärmen und eigene Entdeckungen zu machen.

Gerhard Drexel

Zwischen Alexanderplatz und Tiergarten

Die bewegte Geschichte Berlins spiegelt sich im Stadtzentrum zwischen Alexanderplatz und Tiergarten auch in den Kunstwerken, Denkmalen, Museen und Sammlungen wider.

Nach den Befreiungskriegen 1813 bis 1815 gegen Napoleon sah sich König Friedrich Wilhelm III. (1770–1840) mit der Forderung des Bürgertums konfrontiert, ein Museum für Kunst zu errichten, um die Rückführungen der nach Paris abtransportierten Raubkunst zu zeigen. Der König nahm den Gedanken auf und ergänzte aus der Königlichen Sammlung. Es war der Startschuss für die Museumsinsel mit ihren Museen und Ausstellungsräumen. Im Stadtteil Mitte befanden sich damals wie heute die Regierungssitze, Botschaften und Machtzentren. Es verwundert nicht, dass heutzutage in diesem Stadtteil zahlreiche Denk- und Mahnmale zu sehen sind. Die Spannweite der Gestaltungen reicht von historischen bis zu zeitgenössischen Auffassungen, die Aspekte moderner Kunst aufnehmen. Ein Denkmalspaziergang in Berlin ist immer auch eine kunstgeschichtliche Exkursion. Nach der Wiedervereinigung wurde die durch die Teilung Berlins getrennte und verstreute Sammlung des preußischen Staates, für welche die königliche Sammlung einst die Grundlage bildete, wieder so gut wie möglich in den restaurierten Museumsgebäuden zusammengeführt.

Das Humboldt Forum an der Stelle des früheren Palastes der Republik im neu erbauten Berliner Schloss versteht sich mit seinen Sammlungen, Ausstellungen und Veranstaltungen als ein Ort »für Kultur, Wissenschaft, für Austausch und Debatten«. Galerien in Mitte zwischen Alexanderplatz und Brandenburger Tor erhofften sich eine positive Ausstrahlung vom Humboldt Forum und siedelten sich schon vor seiner Eröffnung in Mitte an. Um den Gendarmenmarkt herum forderte im 19. Jahrhundert ein selbstbewusstes Bürgertum die Teilhabe an Kunst und Kultur ein und so ließen sich international vernetzte Sammlungen und Kunstgalerien dort nieder.

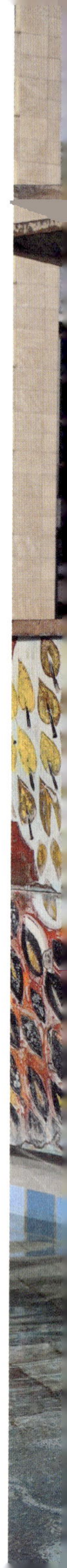

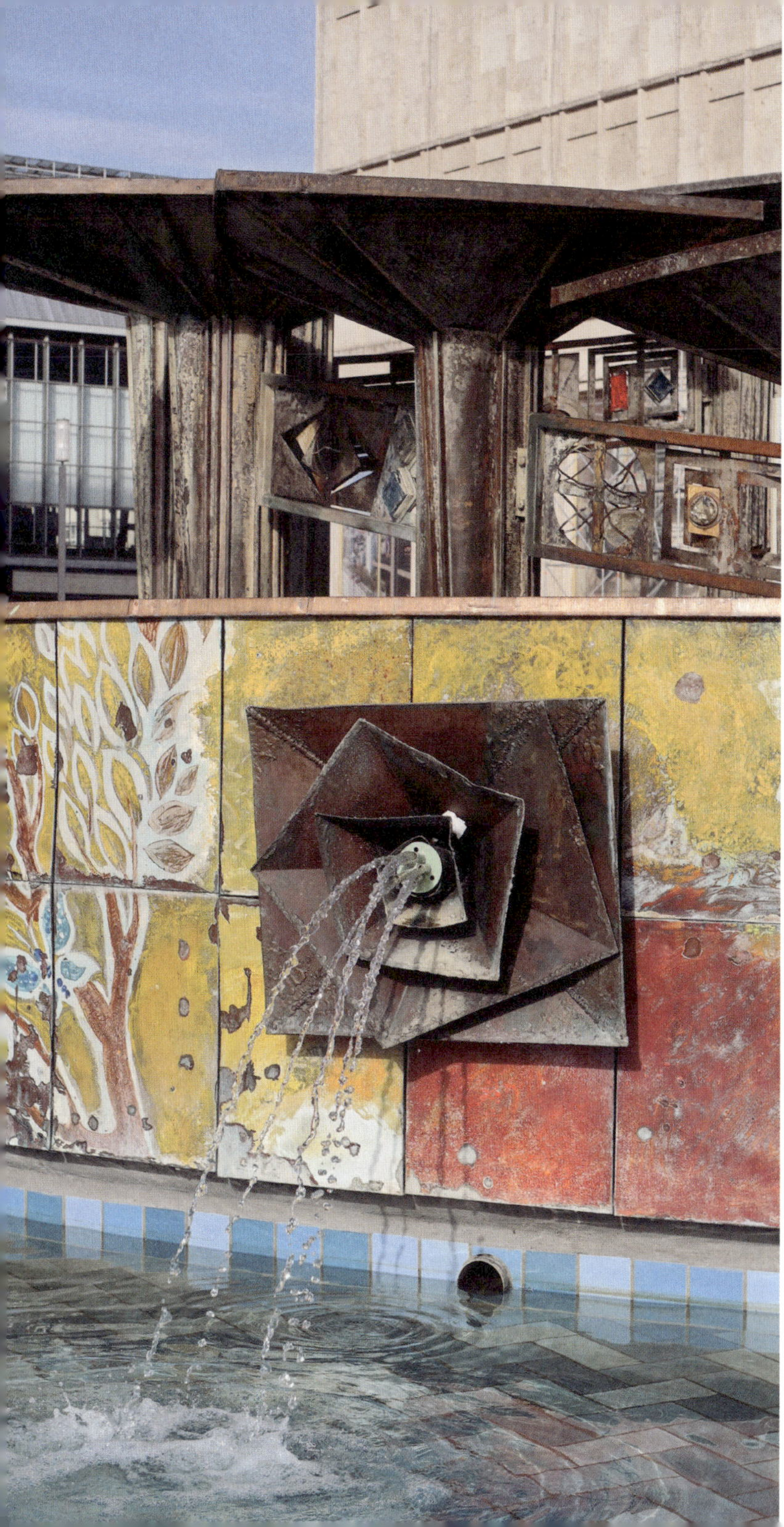

ALEXANDER UND WILHELM VON HUMBOLDT

Skulpturen, 1883, Paul Otto, Reinhold Begas

An der Straße Unter den Linden erinnern am Eingang zur Humboldt-Universität zwei Denkmale von 1883 an die berühmten Berliner Brüder und Universalgelehrten Wilhelm (1767–1835) und Alexander von Humboldt (1769–1859). Der Bildhauer Paul Otto (1846–1893) stellte Wilhelm von Humboldt zeitgenössisch gekleidet in einem Sessel sitzend dar, ein aufgeschlagenes Buch auf den Knien und nachdenklich blickend. Einer der bekanntesten Bildhauer jener Zeit war Reinhold Begas (1831–1911), der Alexander von Humboldt ebenfalls in der Kleidung seiner Zeit darstellte. Dass er auf einem Baumstumpf sitzt und eine Pflanze in der Hand hält, verweist auf seine Forschung in freier Natur.

Unter den Linden 6, 10117 Berlin ①

ALTE NATIONALGALERIE – KOLONNADENHOF

Skulpturen verschiedener Künstler

Auf der Freitreppe erhebt sich das »Reiterstandbild Friedrich Wilhelm IV.« von Alexander Calandrelli (1834–1903) von 1886. Am Sockel sitzen die allegorischen Figuren Religion, Kunst, Geschichte und Philosophie, die dem König von Preußen zugeordnet werden. Die Bronzeskulptur »Amazone zu Pferde« von Louis Tuaillon (1862–1919) aus dem Jahr 1895 stellt eine junge Amazone reitend auf einem Pferd dar. Körper und Blick lassen bei der »Bogenspannerin« aus dem Jahr 1906 von Ferdinand Lepcke (1866–1909) die Anspannung vor dem Schuss erkennen. Adolf Brütt (1855–1939) schuf 1887 die Skulptur »Der Fischer« (»Gerettet«), die die Rettung eines Mädchens aus dem Wasser zeigt. Ein Landarbeiter beim traditionellen Säen von Hand wird durch die Bronzeplastik »Der Sämann« von Constantin Meunier (1831–1905) aus dem Jahr 1896 dargestellt. Bereit zur Jagd, hängt die Jagdgöttin »Diana« von Reinhold Felderhoff (1865–1919) von 1898 ihren mit Pfeilen gefüllten Köcher über die rechte Schulter. Bei der Bronzeskulptur von 1878 »Herkules mit dem nemeïschen Löwen ringend« des Bildhauers Max

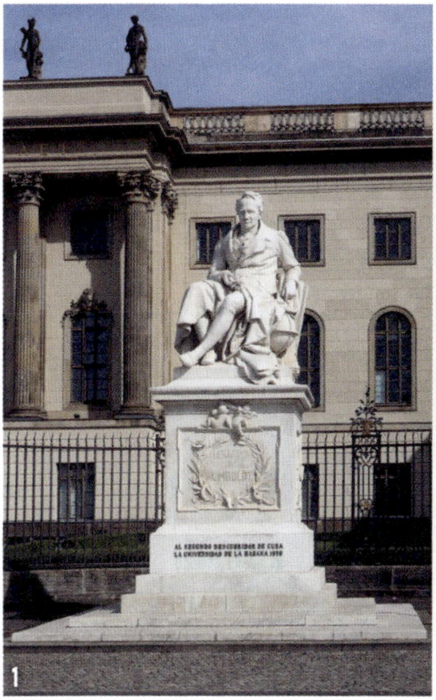

1

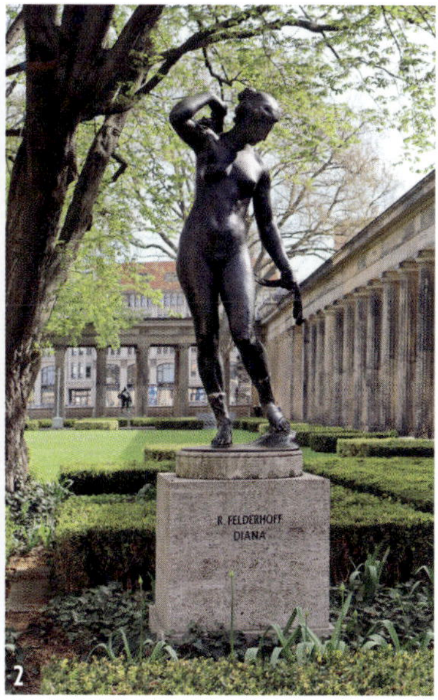

2

Klein (1847–1908) umklammert Herkules den sagenhaften Löwen und drückt ihn zu Boden. Mit der Bronzeskulptur »Hunne zu Pferde« schuf Erich Hösel (1869–1953) im Jahr 1895 ein ungewöhnliches Motiv: Ein bewaffneter Krieger beugt sich von seinem Pferd, um einen Totenschädel zu betrachten. Hilfsbereit geht bei der Bronzeskulptur »Kentaur und Nymphe« von Reinhold Begas (1831–1911) aus dem Jahr 1886 der kräftige Kentaur mit seinen Hinterläufen in die Knie, damit sich die junge Nymphe auf seinen Pferderücken setzen kann. Mit seinen realistischen Tierskulpturen zählt August Gaul (1869–1921) zu den modernen Bildhauern seiner Zeit. Der lebensgroße »Löwe« von 1904 scheint in der Ferne eine Beute zu beobachten. Aus der Reihe tanzt »Survival: Men don't protect you anymore« der amerikanischen Künstlerin Jenny Holzer (*1950): Eine nur 7,5 x 25,5 Zentimeter große Aluminiumplakette ist an einem Quader angebracht und Teil der von Jenny Holzer in den Jahren 1983 bis 1985 entwickelten »Survival«-Serie, bei der die Künstlerin Einzeiler-Texte an unerwarteten Stellen in New York anbrachte.

Bodestraße, 10178 Berlin ②

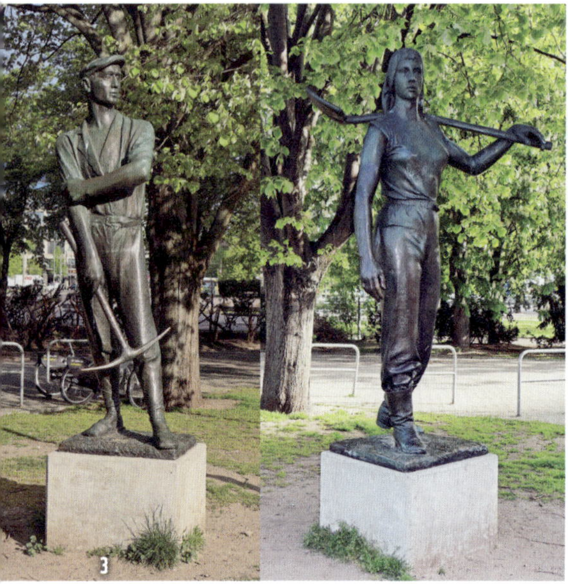

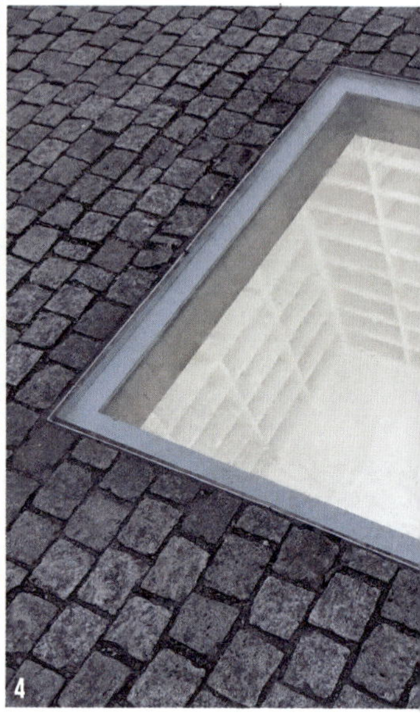

»AUFBAUHELFERIN« UND »AUFBAUHELFER«

Skulpturen, 1953/54, Fritz Cremer

Selbstbewusst stehen die »Aufbauhelferin« und der »Aufbauhelfer« von Fritz Cremer (1906–1993) links und rechts der breiten Passage, die sich vor dem Rotem Rathaus zum Neptunbrunnen öffnet. Im Schatten der Bäume scheinen sie sich von der schweren Arbeit der Trümmerbeseitigung nach Ende des Zweiten Weltkriegs zu erholen. Ursprünglich waren die Skulpturen 1952 als »Weg mit den Trümmern I und II« für die neu erbaute Stalinallee, heute Karl-Marx-Allee, beim Strausberger Platz vorgesehen.

Rathausstraße 15, 10178 Berlin 3

BIBLIOTHEK – DIE BÜCHERVERBRENNUNG VOM 10. MAI 1933

Denkmal, 1995, Micha Ullman

Auf dem Opernplatz (heute Bebelplatz) fand am 10. Mai 1933 die Bücherverbrennung durch die Nationalsozialisten statt. Damals wurden von Mitgliedern des Nationalsozialistischen Studentenbundes gemeinsam mit SA, SS und Hitlerjugend mehr als 20.000 Bücher ver-

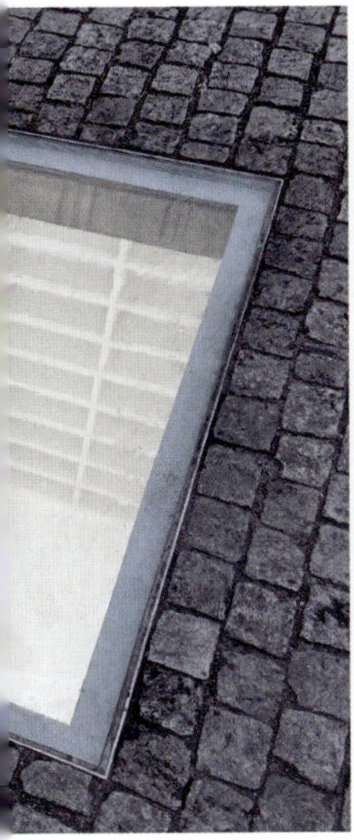

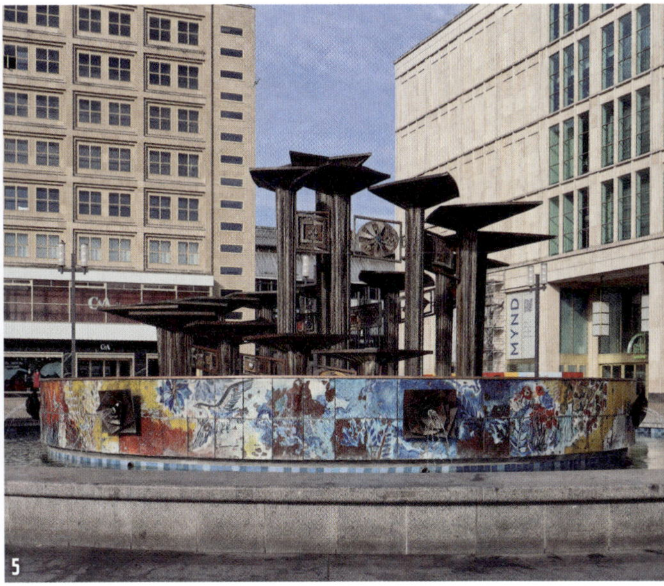

5

brannt, die nicht den nationalsozialistischen Vorstellungen entsprachen. Die unterirdische leere weiße Bibliothek mit leeren Regalen, die Platz für die 20.000 verbrannten Bücher bieten, wurde nach einem Entwurf des israelischen Künstlers Micha Ullman (*1939) gebaut.

Bebelplatz, 10117 Berlin ❹

BRUNNEN DER VÖLKERFREUNDSCHAFT

Brunnen, 1970, Walter Womacka

Der »Brunnen der Völkerfreundschaft« nach einem Entwurf von Walter Womacka (1925–2010) bildet mit 23 Metern Durchmesser und 6,20 Metern Höhe das zentrale Element des in der DDR neugestalteten Alexanderplatzes. Zum 21. Jahrestag der Gründung der DDR wurde er am 7. Oktober 1970 eingeweiht. Auf dem Boden der unteren Schale nimmt ein Mosaik die Spiralform der Säulen auf, die bis 2007 in der Pflasterung des Alexanderplatzes weitergeführt wurde, als ob sich von dem Brunnen ein Wirbel der Freundschaft ausbreiten würde.

Alexanderplatz, 10117 Berlin ❺

DENKMAL FÜR DIE ERMORDETEN JUDEN EUROPAS

Denkmal, 2005, Peter Eisenman

Das »Denkmal für die ermordeten Juden Europas« von Peter Eisenman (*1932) erinnert an die rund sechs Millionen Juden, die unter der Herrschaft der Nationalsozialisten ermordet wurden, und ist die zentrale Holocaustgedenkstätte Deutschlands. Auf dem rund 19.000 Quadratmeter großen Areal dehnt sich ein begehbares wellenförmiges Stelenfeld aus 2.711 quaderförmigen, dunkelgrauen Beton-Stelen aus. Ein Gang durch die engen Schluchten der schiefstehenden Stelen kann Unsicherheit und Beklemmung hervorrufen.

Cora-Berliner-Straße, 10117 Berlin (6)

DENKMAL FÜR DIE IM NATIONALSOZIALISMUS ERMORDETEN SINTI UND ROMA EUROPAS

Denkmal, 2012, Dani Karavan

Das Denkmal für die im Nationalsozialismus als »Zigeuner« diffamierten, verfolgten und ermordeten Sinti und Roma von Dani Kara-

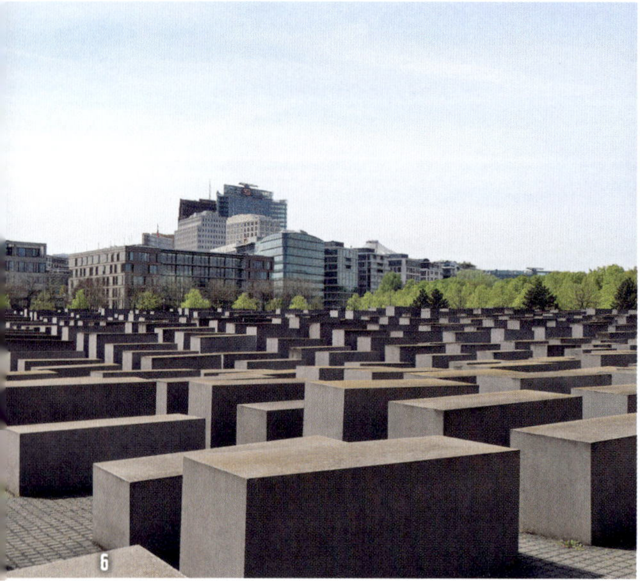

6

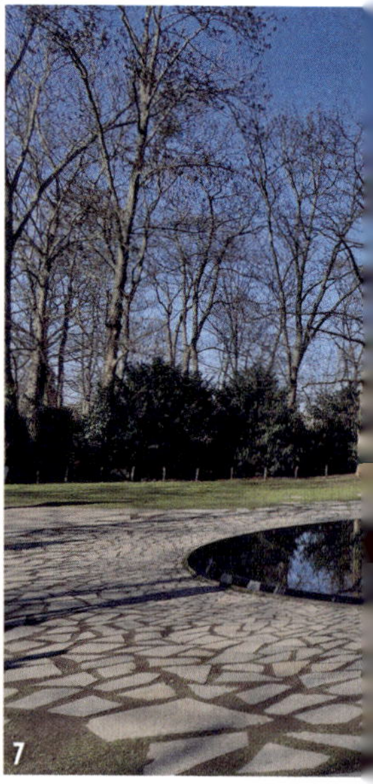

7

van (1930–2021) informiert über die Chronologie des Völkermordes an den Sinti und Roma. Dauerhaft erklingt eine Geige mit der Melodie »Mare Manuschenge« von Romeo Franz. Dem Künstler nach ist die Kreisform Ausdruck der Gleichheit, das Wasser symbolisiere die Tränen, die Blume das Leben, die Trauer und die Erinnerung.

Simsonweg, Tiergarten, 10117 Berlin 7

DENKMAL FÜR E. T. A HOFFMANN

Skulptur, 1979, Carin Kreuzberg

Versteckt im Gebüsch steht auf dem Gendarmenmarkt eine Herme mit der Büste von E. T. A. Hoffmann (1776–1822) der Berliner Bildhauerin Carin Kreuzberg (*1935). Der Schriftsteller der Romantik wendet sich einem Haus in der Taubenstraße zu, wo er selbst wohnte. In seiner Hand hält er die Schlange Serpentina aus seinem Märchen »Der goldne Topf«.

Charlottenstraße, Taubenstraße, 10117 Berlin 8

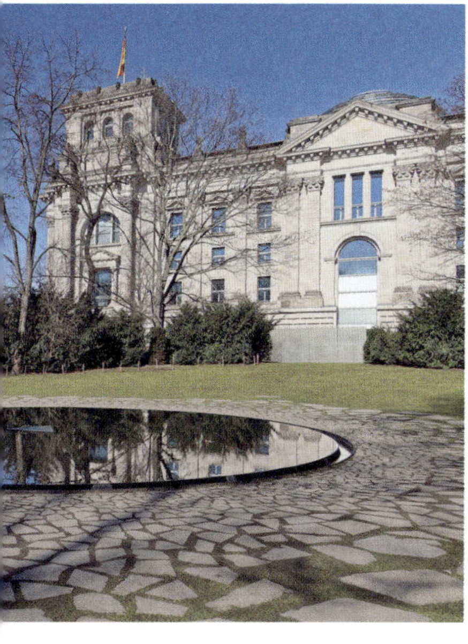

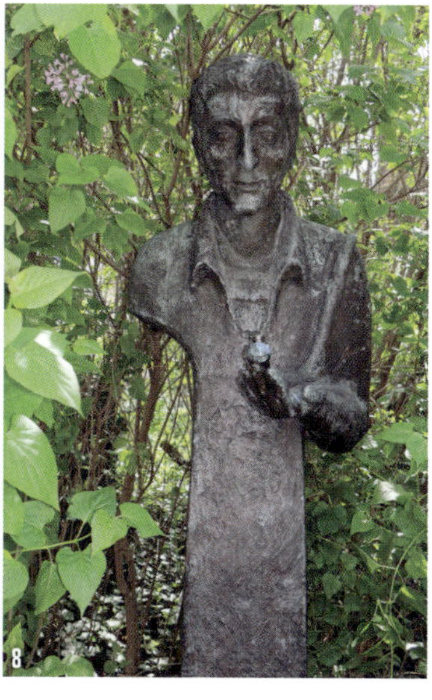

8

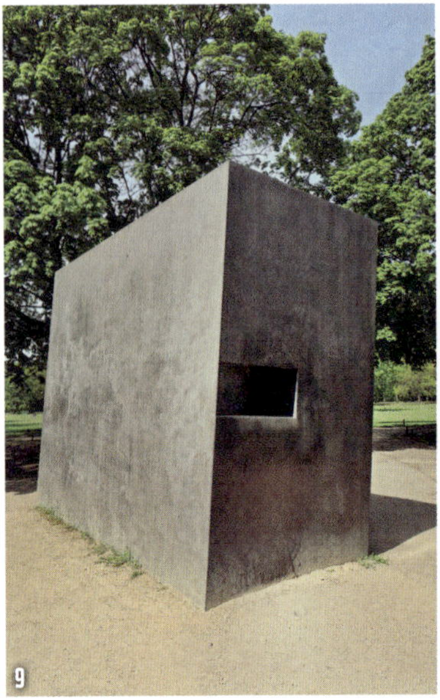
9

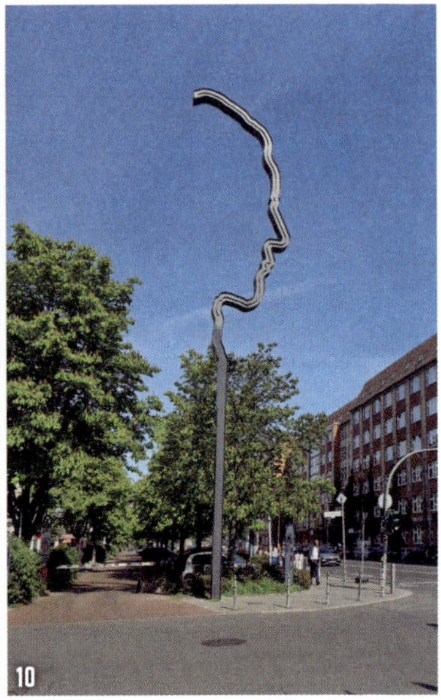
10

DENKMAL FÜR DIE IM NATIONALSOZIALISMUS VERFOLGTEN HOMOSEXUELLEN

Denkmal, 2008, Michael Elmgreen und Ingar Dragset

Leicht zurückgesetzt steht an der Ebertstraße im Großen Tierpark das »Denkmal für die im Nationalsozialismus verfolgten Homosexuellen« in Form einer einzelnen Betonstele, in der auf Sichthöhe eine Fensterscharte eingelassen ist. Im Innern erblickt man in Endlosschleife einen Film mit einer gleichgeschlechtlichen Liebesszene.

Großer Tiergarten, Ebertstraße, 10117 Berlin 9

DENKZEICHEN GEORG ELSER

Denkmal, 2011, Ulrich Klages

Die Silhouette des schwäbischen Schreiners Georg Elser (1903–1945) ragt 17 Meter hoch über der Wilhelmstraße. Elser wollte am 8. November 1939 mit einer selbstgebastelten Bombe Adolf Hitler bei einer Versammlung im Münchner Bürgerbräukeller töten. Doch das Attentat misslang. Elser wurde verhaftet und am 9. April 1945 im Konzentrationslager Dachau ermordet.

Wilhelmstraße 92, An der Kolonnade, 10117 Berlin 10

DER MENSCH ÜBERWINDET ZEIT UND RAUM

Wandkunst, 1971, Walter Womacka

Zu den repräsentativen Häusern am Alexanderplatz zählte in der DDR das Haus des Reisens von 1971. An seiner Fassade zur Otto-Braun-Straße befindet sich eine große Metallreliefwand mit dem Titel »Der Mensch überwindet Zeit und Raum« von Walter Womacka (1925–2010). Im Zentrum sind ein Mann, eine Frau mit wehenden Haaren und ein Kosmonaut in einem Raumanzug zu sehen. Zur Zeit der Entstehung des Kupferreliefs war die Raumfahrt eine große Metapher für Zukunft und Fortschritt, die erste Landung auf dem Mond lag erst zwei Jahre zurück.

Alexanderstraße 7, 10178 Berlin ⑪

EUPALINOS ODER DER ARCHITEKT

Wandkunst, 1998, Gerhard Merz

Ein unscheinbares Kunstwerk von Gerhard Merz (*1947) befindet sich in der Passage durch das Palais am Pariser Platz zur Ebertstraße. Auf keramikroten Wandfliesen ist ein Zitat aus »Eupalinos oder Der

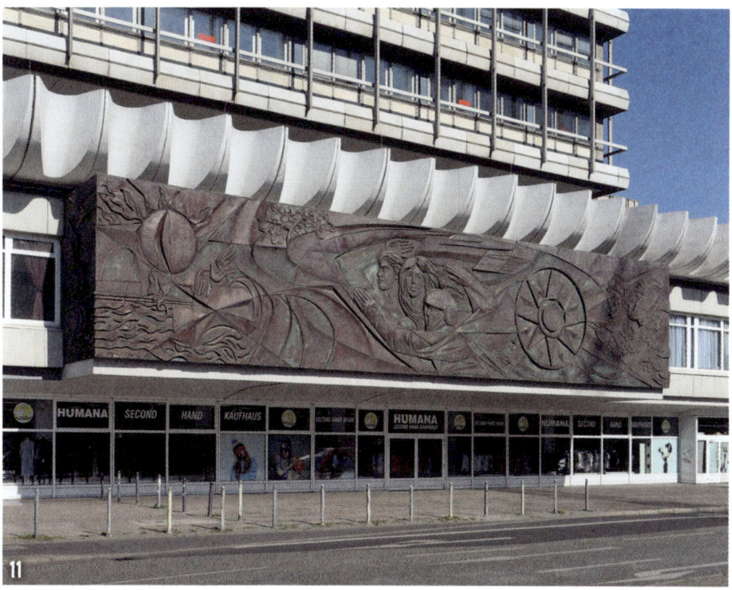

11

Architekt« des französischen Schriftstellers Paul Valéry (1871–1945) eingemeißelt. Als architektonisches Element spricht die Wandgestaltung über Vernunft, Gestalt und Architektur, im Grunde also über sich selbst.

Pariser Platz 6 A, Ebertstraße 24, 10117 Berlin ⑫

GG. ART. 5, EIN KOMMENTAR

Wandkunst, 1998, Thomas Locher

Zu den unauffälligen Kunstwerken im öffentlichen Raum zählt das Schriftkunstwerk »GG. ART. 5, ein Kommentar« von Thomas Locher (*1956) auf zwei großen Doppelfenstern des Hauptstadtstudios der ARD. Auf die linke Scheibe eines Doppelfensters ließ Locher den Artikel 5 des Grundgesetzes zur Presse- und Meinungsfreiheit in der Typografie eines Gesetzbuches drucken. Wie ein Kommentar sind auf der rechten Scheibe Fragen aufgelistet, oft in direkter »Du«-Ansprache.

Reichstagufer 7, 10117 Berlin ⑬

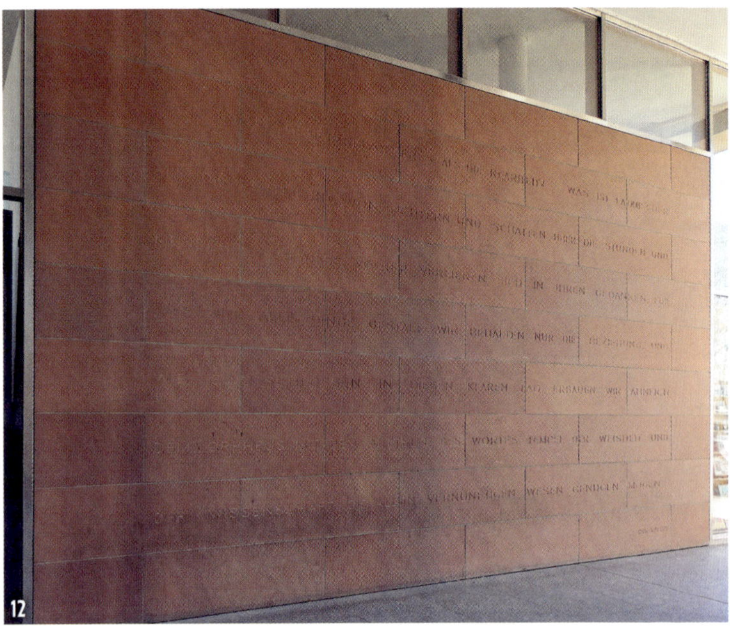

12

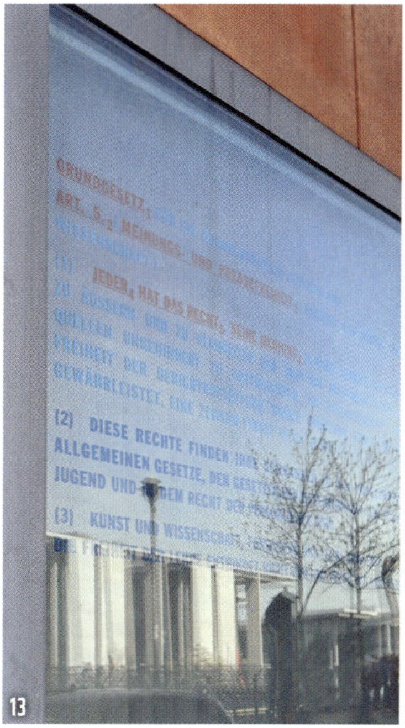

13

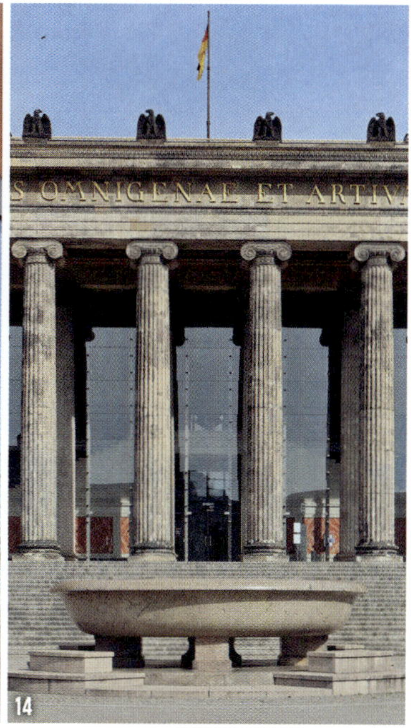
14

GRANITSCHALE IM LUSTGARTEN

Skulptur, 1831, Christian Gottlieb Cantian, Karl Friedrich Schinkel

Vor dem Alten Museum liegt auf drei Sockeln eine riesige runde Schale aus rötlichem Granit. Mit einem Durchmesser von 6,90 Metern ist die etwa 75 Tonnen schwere Steinmetzarbeit die größte aus einem Stein gehauene Schale der Welt. Der von Friedrich Wilhelm III. im Jahr 1826 beauftragte Bauinspektor Christian Gottlieb Cantian (1794–1866) ließ für die Schale einen der eiszeitlichen »Markgrafensteine« in den Rauhener Bergen bei Fürstenwalde spalten. Bereits am Fundort wurde der Granitbrocken grob in die Form einer Schale behauen. Der Transport durch den Wald, auf einem Spezialschiff nach Berlin und das Hieven auf die Museumsinsel waren äußerst anspruchsvoll. Der Rohling kam am 6. November 1828 in Berlin an. Weiter bearbeitet wurde er in einer extra dafür errichteten Werkstatt beim Alten Museum.

Lustgarten, Unter den Linden 1, 10178 Berlin (14)

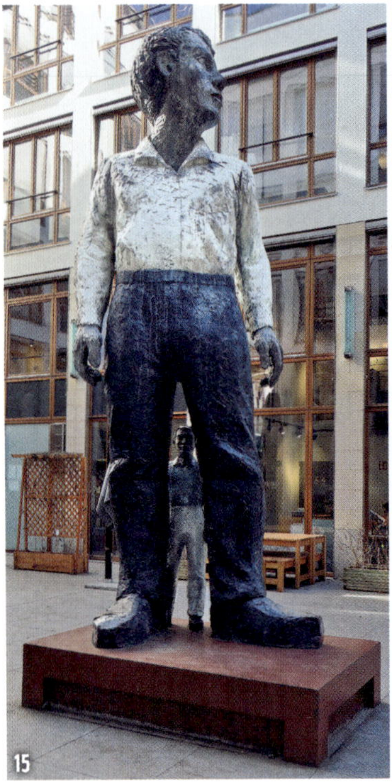

15

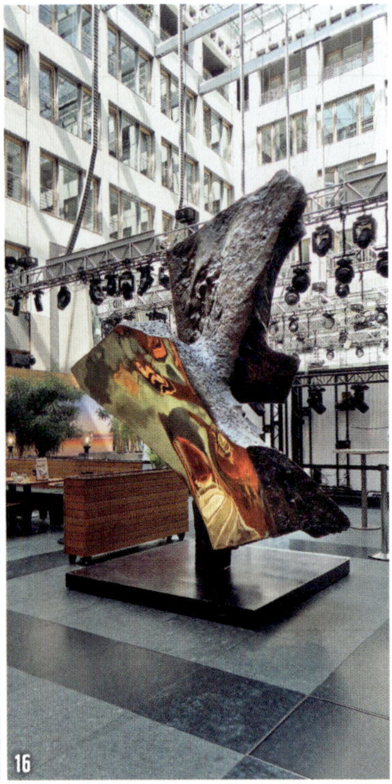

16

GROSSER MANN MIT KLEINEM MANN

Skulptur, 1998, Stephan Balkenhol

In der Passage vom Pariser Platz zur Ebertstraße befindet sich die Bronzeskulptur »Großer Mann und kleiner Mann« von Stephan Balkenhol (*1957). Auf einem Sockel steht ein 4,50 Meter großer Mann mittleren Alters mit ausdruckslosem Blick zum Pariser Platz, gewelltem Haar und hängenden Armen. Wie Wegweiser zeigen seine rechtwinklig gestellten Füße den Weg durch die Passage. Hinter ihm steht ein kleiner Mann von 1,40 Metern Größe, der durch die Beine des großen Mannes in Richtung Ebertstraße schaut. Die beiden Männer stehen einem regelrecht im Weg, man könnte sich ärgern, wenn sie nicht auf ihre Weise mit Füßen und Blicken die Richtung anzeigen würden.

Pariser Platz 6 A, Ebertstraße 24, 10117 Berlin (15)

GROSSER PHÖNIX III

Skulptur, 1966/92, Bernhard Heiliger

In der Passage durch einen Lichthof des Zollernhofs steht die Bronzeskulptur »Großer Phönix III« des Bildhauers Bernhard Heiliger (1915–1995). Die vier Meter hohe Plastik auf einer quadratischen, schwarzen Plinthe wird auf 1966/92 datiert. Ein angedeuteter Flügel ragt als Schwinge empor, der Vogelkörper ist an einer Seite glänzend poliert. Die goldene gewellte Fläche kontrastiert mit den anderen dunklen und rauen Flächen. Das Auffliegen des Phönix aus der Asche wird durch starke Dynamik und Raumwirkung inszeniert.

Unter den Linden 36–38, 10117 Berlin 16

GRUNDGESETZ 49

Denkmal, 1997–2002, Dani Karavan

Eine 50 Meter lange und drei Meter hohe durchsichtige Glaswand durchbricht die Hecke, welche die Spreepromenade vom Grundstück des Parlamentsgebäudes Jakob-Kaiser-Haus trennt. In das Glas sind die 19 Grundrechte des Grundgesetzes der Bundesrepublik

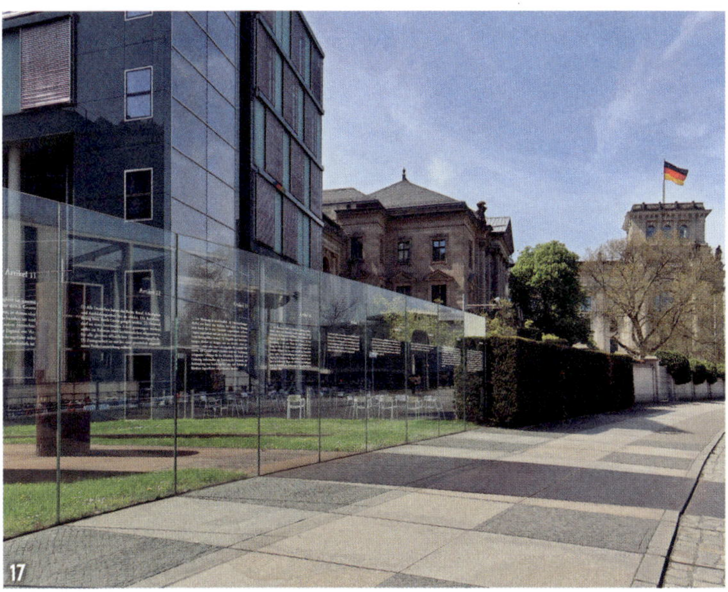

17

Deutschland in der Fassung von 1949 eingraviert. Die Installation des Künstlers Dani Karavan (1930–2021) verbindet mit durchsichtiger Glaswand, Baum, Wegen und Strahlen die parlamentarische Ebene mit der öffentlichen Sphäre. Wie eine durchlässige Membran stehen zwischen Politik und Bevölkerung die verfassungsrechtlichen Grundrechte als gemeinsame Basis der demokratischen Gesellschaft.

Jakob-Kaiser-Haus, Haus 3, Spreepromenade, 10117 Berlin ⑰

HOUSEBALL

Skulptur, 1995–1997, Claes Oldenburg

Seit 1997 liegt auf dem Bethlehemkirchplatz der »Houseball« von Claes Oldenburg (1929–2022). Die Skulptur von rund 7,40 Metern Durchmesser stellt ein kugeliges Stoffbündel mit häuslichen Gegenständen dar, das mit dicken Seilen zusammengeschnürt wurde, und erinnert an Geflüchtete, die ihr ganzes Hab und Gut in einem Bündel mit sich tragen.

Bethlehemkirchplatz, 10117 Berlin ⑱

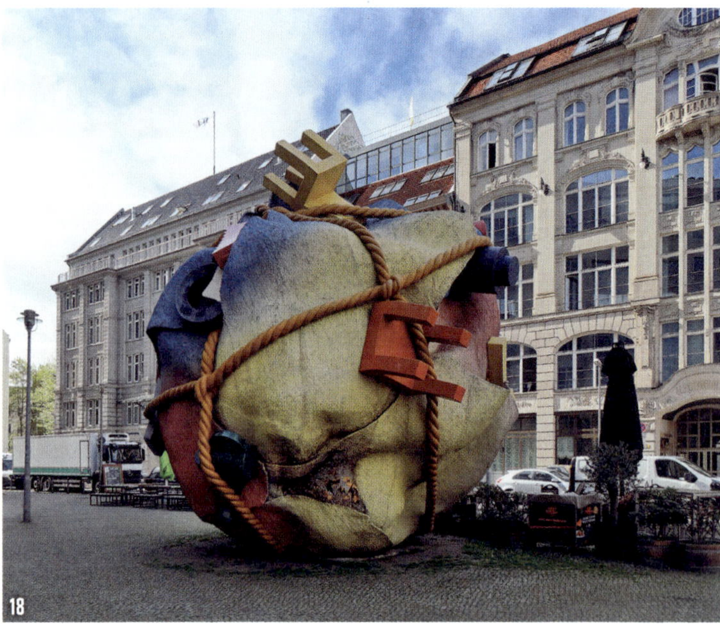

18

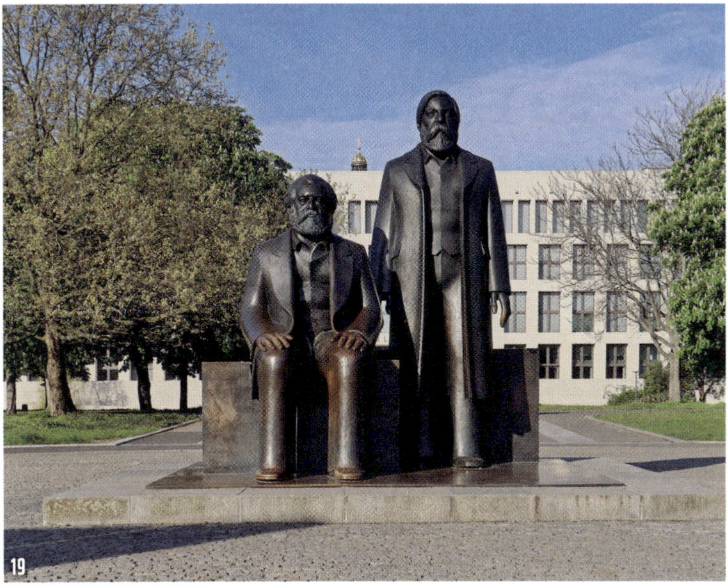

19

MARX-ENGELS-DENKMAL

Denkmal, 1985/86, Ludwig Engelhardt, Margret Middell und Werner Stötzer

Bei der Gestaltung der Hauptstadt der DDR in den 1970er Jahren entstand zwischen Spree und Spandauer Straße das Marx-Engels-Forum, in dem 1986 das »Marx-Engels-Denkmal« eingeweiht wurde. Zentral steht eine Bronzeplastik des Bildhauers Ludwig Engelhardt (1924–2001) mit großen Figuren von Karl Marx (1818–1883) und Friedrich Engels (1820–1895). Hinter ihnen befindet sich das wandähnliche Marmorrelief »Alte Welt« von Werner Stötzer (1931–2010) mit Darstellungen prekär lebender Menschengruppen vor dem Sozialismus. Vor Karl Marx und Friedrich Engels stehen zwei Bronzereliefs mit dem Titel »Die Würde und Schönheit freier Menschen« von Margret Middell (*1940) mit Eindrücken von einer vom kapitalistischen Joch befreiten Gesellschaft. 144 Fotografien aus der Geschichte der Arbeiterbewegung wurden auf acht Stelen aus Edelmetall von Arno Fischer (1927–2011) und Peter Voigt (1933–2015) eingeätzt.

Marx-Engels-Forum, Karl-Liebknecht-Straße 2, 10117 Berlin (19)

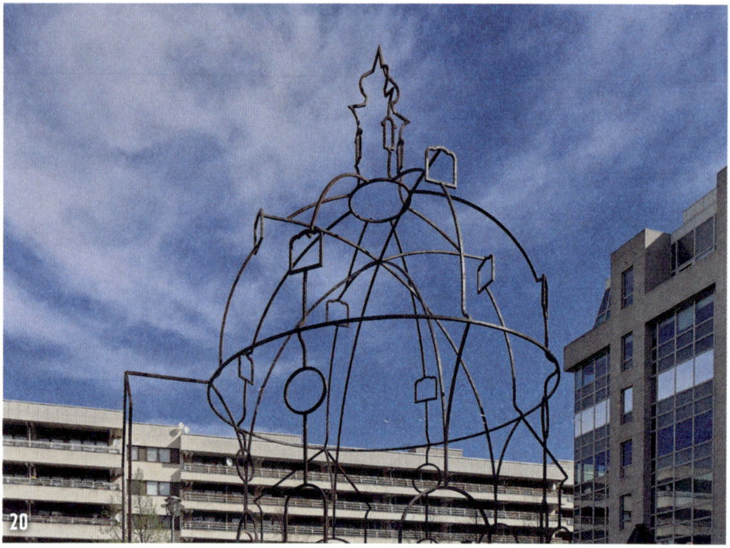

MEMORIA URBANA BERLIN

Installation, 2012, Juan Garaizábal

Als Teil seiner Reihe »Memorias Urbanas« in verschiedenen internationalen Städten errichtete der spanische Künstler Juan Garaizábal (*1971) zuerst als temporäres Kunstwerk am Standort der Bethlehemskirche, der bereits durch ein Bodenmosaik gekennzeichnet war, eine Stahlkonstruktion aus rechteckigen Stahlrohren. Ihre Linienführung folgt der Form der Bethlehemskirche in ihrer damaligen Größe.
An den Stellen, an denen bei der Bethlehemskirche Licht einfallen konnte, brachte der Künstler eine Beleuchtung mit LED-Leuchtschnüren an. Nach der Genehmigung 2014 als dauerhafte Skulptur wurden halbrunde weiße Sockel angebracht, auf denen das Wort Hope eingraviert ist, zu Deutsch: Hoffnung.

Bethlehemkirchplatz, 10117 Berlin (20)

NEPTUNBRUNNEN

Brunnen, 1886–1891, Reinhold Begas

Vor dem Roten Rathaus sprudelt im Sommer der imposante »Neptunbrunnen« von Reinhold Begas (1831–1911), dem bekanntesten Berliner

Bildhauer seiner Zeit. Die Stadt Berlin initiierte und finanzierte den 1891 eingeweihten und ursprünglich vor dem Schloss aufgestellten Brunnen als Geschenk an Kaiser Wilhelm II. Gut gesichert überstand er den Zweiten Weltkrieg, erst nach Entfernung des Schutzes beschädigten Edelmetalldiebe die Bronzefiguren. Bei der Sprengung des kriegsbeschädigten Schlosses durch die DDR im Jahr 1950 erlitt er weiteren Schaden. Der Brunnen wurde 1951 entfernt, eingelagert und nach Reparaturarbeiten durch den Bildhauer und Bronzegießer Hans Füssel 1969 an seinem heutigen Standort aufgestellt.

Spandauer Straße, Rathausvorplatz, 10178 Berlin 21

OHNE TITEL (LEUCHTKASTEN)

Installation, 1998, Frank Thiel

An der Kreuzung mit der Zimmerstraße stellte der Fotograf und Künstler Frank Thiel (*1966) auf Kreuzberger Seite in der Mitte der Friedrichstraße einen fünf Meter hohen Masten mit einem beidseitig beleuchteten Leuchtkasten an seiner Spitze auf, um an den ehemaligen Grenzübergang des geteilten Berlins zu erinnern. Er zeigt von weitem sichtbare überlebensgroße Porträtfotos zweier junger

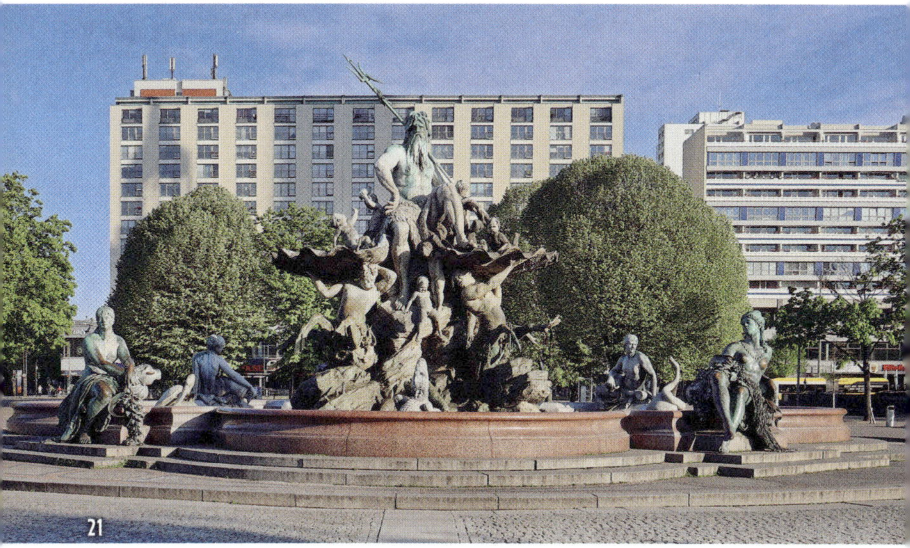

21

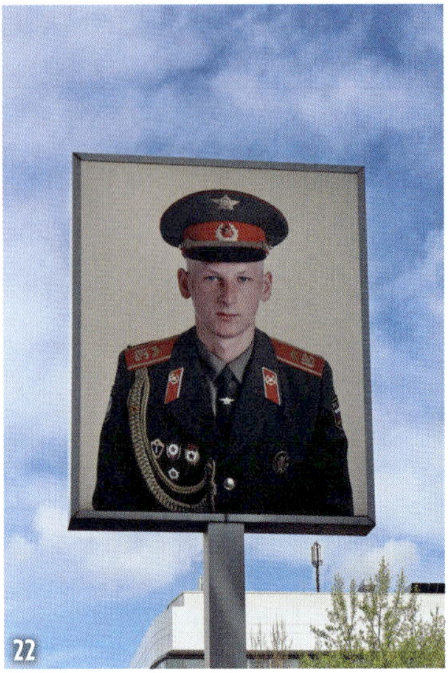

22

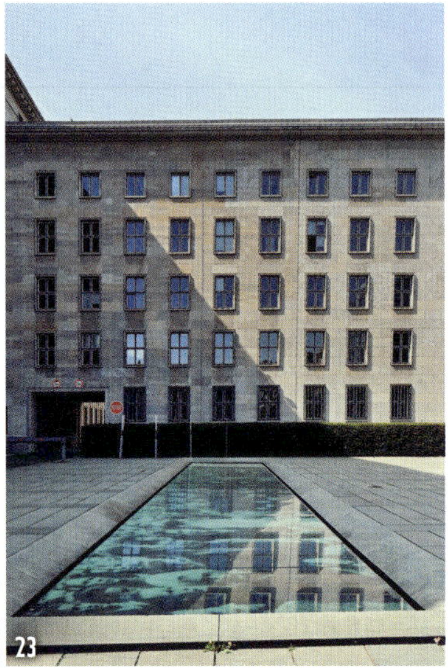

23

Soldaten in Paradeuniform der beiden Großmächte. Nach der Aufstellung wurde 2000 in unmittelbarer Nähe des Kunstwerks zur Belustigung und als Fotomotiv für Touristen ein Grenzposten mit Wachhäuschen und Schauspielern als Grenzsoldaten aufgebaut, was die einfache und klare Leuchtkasten-Installation stört.

Checkpoint Charlie, Friedrichstraße, 10117 Berlin (22)

»AUFBAU DER REPUBLIK« UND »DENKMAL FÜR DIE EREIGNISSE DES SIEBZEHNTEN JUNI NEUNZEHNHUNDERTDREIUNDFÜNFZIG«

Auf dem Platz des Volksaufstandes von 1953 nehmen zwei Kunstwerke aus unterschiedlichen Epochen inhaltlich und künstlerisch Bezug aufeinander. Der Platz wird durch einen Winkel des Detlev-Rohwedder-Hauses gebildet, seit 1999 nutzt das Bundesministerium für Finanzen die Räume. Das monumentale Bürogebäude wurde unter der Herrschaft der Nationalsozialisten als Reichsluftfahrtministerium erbaut. Nach dem Zweiten Weltkrieg war es Sitz der sowjetisch organisierten Deutschen Wirtschaftskommission, wo am 7. Oktober 1949 die DDR gegründet wurde, danach wurde es als »Haus der Ministerien« genutzt. Die DDR ließ in einem Säulengang ein Wandfries mit

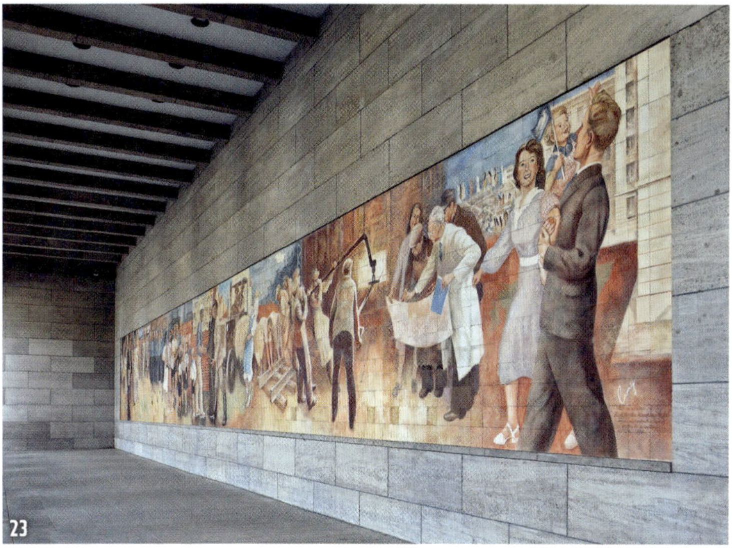
23

nationalsozialistischem Inhalt entfernen und durch das Wandbild »Aufbau der Republik« von 1952 des Malers und Grafikers Max Lingner (1888–1959) ersetzen. Das 24 Meter lange und drei Meter hohe Wandgemälde aus 1.800 Keramikfliesen aus Meißner Porzellan zeigt im Stil des sozialistischen Realismus die gesellschaftlichen Gruppen und Wirtschaftszweige, die eine neue, sozialistisch geprägte Republik, nämlich die DDR, aufbauen werden. Kurze Zeit nach der Einweihung wurde seine Verklärung des künftigen Arbeiter- und Bauernstaates der DDR durch den Volksaufstand des 17. Juni 1953 konterkariert, bei dem Arbeiter gegen schlechte Arbeitsbedingungen und unerfüllbare Leistungsansprüche protestierten. Zum Gedenken an den blutig niedergeschlagenen Aufstand wurde 2000 das »Denkmal für die Ereignisse des siebzehnten Juni Neunzehnhundertdreiundfünfzig« von Wolfgang Rüppel (*1942) eingeweiht. In gleichen Abmessungen wie »Aufbau der Republik« ist es als vergrößerte dokumentarische Fotografie mit Demonstrierenden vom 17. Juni 1953 in den Boden eingelassen, die sich auf dem Weg zum damaligen »Haus der Ministerien« befanden.

Platz des Volksaufstandes von 1953, 10117 Berlin (23)

PREUSSISCHE GENERÄLE AUF DEM BEBELPLATZ

Skulpturen, 19. Jahrhundert, Christian Daniel Rauch

Bedeutende preußische Generäle der Befreiungskriege 1813 bis 1815 wurden in Berlin mit Denkmalen geehrt, die allerdings nicht mehr an ihren ursprünglichen Aufstellungsorten seitlich der Neuen Wache und gegenüber am Boulevard Unter den Linden stehen. Ihr Schöpfer Christian Daniel Rauch (1777–1857) war einer der bedeutendsten Bildhauer des Klassizismus und Vertreter der sogenannten Berliner Bildhauerschule. Die Skulpturen gelten als Meisterwerke dieser Zeit. Die beiden Marmorskulpturen Friedrich Wilhelm Bülow von Dennewitz (1755–1816) und Gerhard von Scharnhorst (1755–1813) wurden 2021 wegen Schäden in die Zitadelle Spandau verlagert und sollen durch Marmorkopien ersetzt werden. Die Bronzedenkmale Gebhard Leberecht von Blücher (1742–1819), aufgestellt 1826, August Neidhardt von Gneisenau (1760–1831), aufgestellt 1855, und General Yorck von Wartenburg (1759–1830), aufgestellt 1855, stehen heute im hinteren

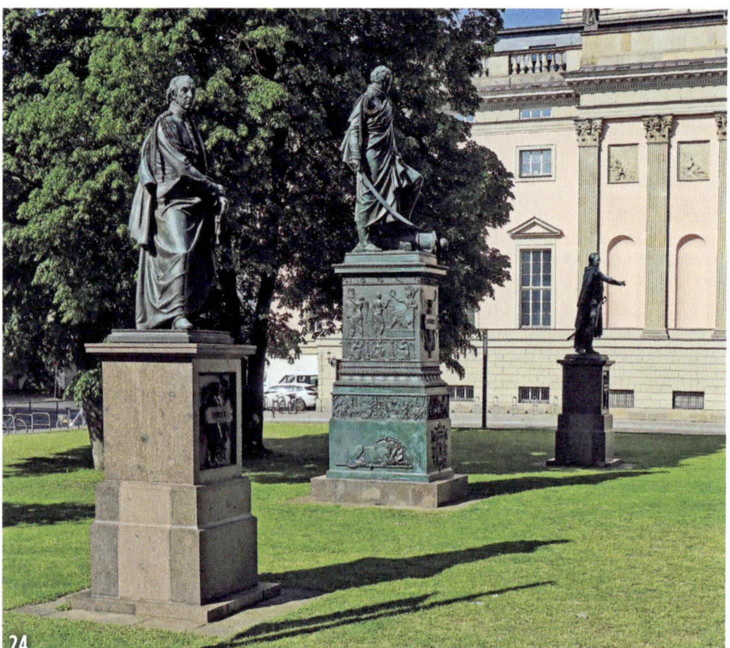
24

Bereich der Grünanlage des Bebelplatzes. Die Bronzefigur von General Yorck von Wartenburg zerbrach wegen Kriegsschäden, 1964 wurde ein neuer Guss aufgestellt. Sobald die Marmorrepliken aufgestellt sind, ist die preußische Generalversammlung wieder vollständig.

Bebelplatz, Grünanlage, Unter den Linden 5, 10117 Berlin 24

REFLEXUM – DENKZEICHEN MODEZENTRUM HAUSVOGTEIPLATZ

Installation, 2002, Rainer Görß

Das Denkzeichen »Reflexum« des Künstlers Rainer Görß (*1960) für die jüdischen Firmen, die den Hausvogteiplatz zu einem Modezentrum machten, besteht aus drei nach innen geneigten Ankleidespiegeln und Namen jüdischer Firmen auf den Stufen zum U-Bahnhof. Es erinnert an die Geschichte der jüdischen Menschen, Mode- und Konfektionsfirmen auf dem Hausvogteiplatz und ihre Verfolgung durch die Nationalsozialisten.

Hausvogteiplatz, 10117 Berlin 25

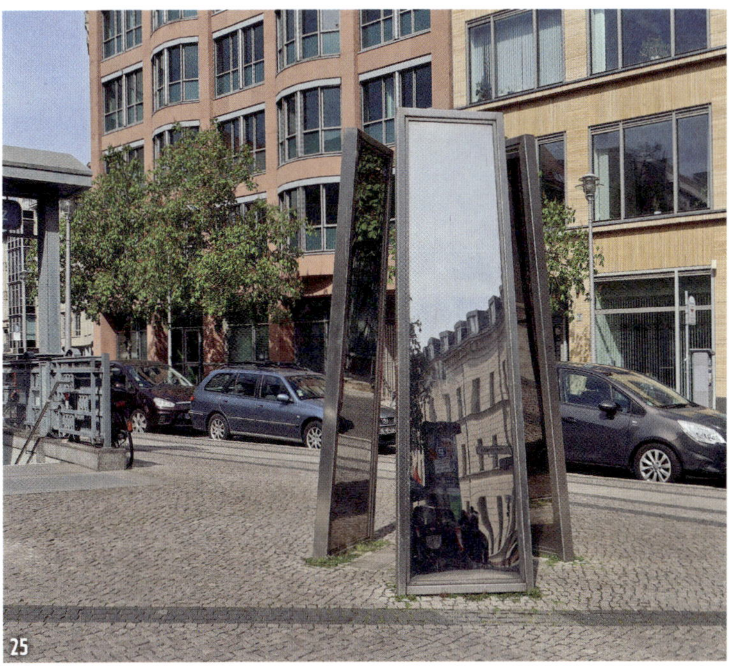

25

REITERSTANDBILD FRIEDRICH DER GROSSE

Denkmal, 1851, Christian Daniel Rauch

Das Reiterstandbild König Friedrichs II. von Preußen (1712–1786) steht vor dem von ihm selbst geplanten »Forum Fridericianum«, einer Erweiterung der Berliner Residenz. Das Denkmal erhebt sich auf einem mehrstufigen Granitsockel von Steinmetz Christian Gottlieb Cantian (1794–1866), der mit plastischen Figuren und Reliefs bekleidet ist. Das Reiterstandbild, das den gealterten König auf seinem Lieblingspferd Condé zeigt, gilt als Meisterwerk des Bildhauers Christian Daniel Rauch (1777–1857). Den Zweiten Weltkrieg überstand das Denkmal, zum Schutze eingemauert, ohne Schaden. Nach dem Abbruch der Schutzummauerung 1950 schädigten Edelmetalldiebe das Denkmal. Die DDR ließ es abbauen und nach Potsdam transportieren, wo es 1962/63 im Hippodrom im Park von Sanssouci in Potsdam aufgestellt wurde. 1980 wurde es dann nach Berlin verfrachtet und sechs Meter entfernt vom ursprünglichen Standort wieder aufgestellt. Am 11. November 2000 wurde es am ursprünglichen historischen Ort abermals auf den Sockel gehoben. Zusätzlich wurde nach historischem Vorbild wieder ein eisernes Gitter als Schutzumzäunung um den Sockel und vier Kandelaberleuchten errichtet.

Unter den Linden 9, 10117 Berlin 26

SCHILLER-DENKMAL AUF DEM GENDARMENMARKT

Denkmal, 1871, Reinhold Begas

Vor der Freitreppe des Konzerthauses am Gendarmenmarkt steht das »Schiller-Denkmal« in Form eines Brunnens. Die Stücke des Dichters und Dramatikers Friedrich Schiller (1759–1805) wurden im Schauspielhaus, wie das Konzerthaus seinerzeit hieß, gerne gespielt. Zum 100. Geburtstag Friedrich Schillers erfolgte am 10. November 1859 die feierliche Grundsteinlegung für das Denkmal. Zwölf Jahre später wurde das marmorne »Schiller-Denkmal« des Bildhauers Reinhold Begas (1831–1911) am 10. November 1871 eingeweiht. Um den Schillerplatz von einer Grünanlage zu einem Aufmarschplatz zu verändern, bauten die Nationalsozialisten 1936 das Denkmal ab, seine Teile wurden getrennt gelagert. Als Folge stand nach Kriegsende die Skulptur

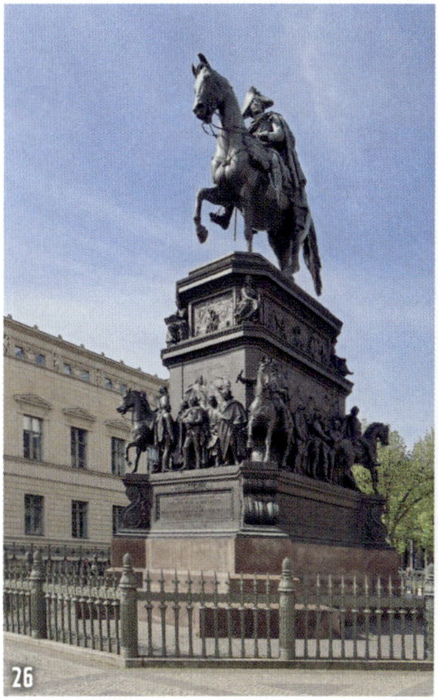
26
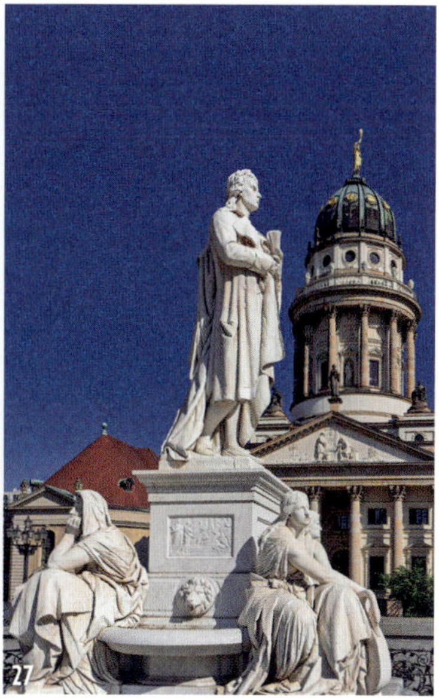
27

Schillers ab 1951 im westlichen Teil Berlins im Park am Lietzensee, die allegorischen Figuren lagerten im Tierpark Friedrichsfelde im Ostteil der Stadt, der Sockel war verschwunden. Im Rahmen eines Kulturabkommens zwischen Ost- und West-Berlin wurden die Einzelteile 1986 aus den beiden Berliner Stadthälften wieder zusammengebracht und 1988 als wiedervereintes Denkmal auf dem Gendarmenmarkt, damals Platz der Akademie, erneut aufgebaut. Im Zuge der Überarbeitung des gesamten Gendarmenmarkts 2006 wurde das »Schiller-Denkmal« gemäß früheren Quellen mit einem umgehenden, schmiedeeisernen Gitter vervollständigt.

Gendarmenmarkt, 10117 Berlin 27

ZENTRALE GEDENKSTÄTTE DER BUNDESREPUBLIK DEUTSCHLAND

Gedenkstätte, 1816–1818, Karl Friedrich Schinkel

Mit der »Zentralen Gedenkstätte der Bundesrepublik Deutschland für die Opfer von Krieg und Gewaltherrschaft« setzt die Bundesrepublik Deutschland die Gedenkstättentradition der Neuen Wache fort. Schon bei der Errichtung des klassizistischen Wachgebäudes 1816 bis 1818

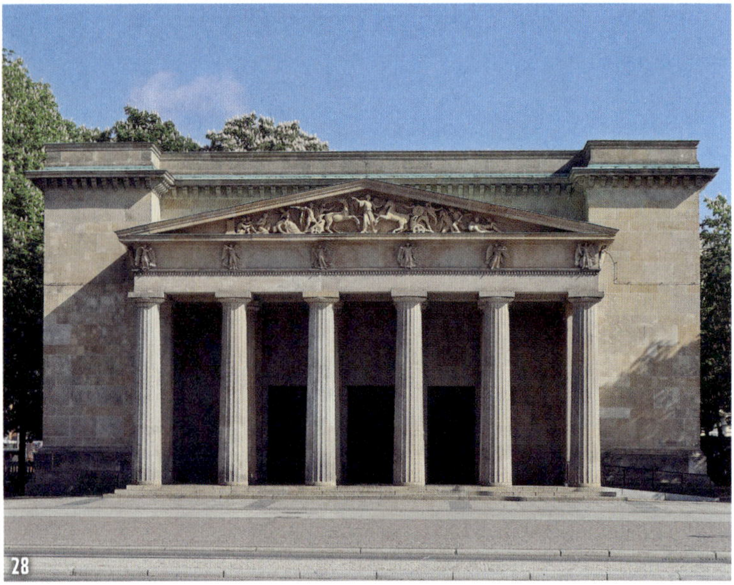
28

von Baumeister Karl Friedrich Schinkel (1781–1841) war es als Erinnerungsstätte für die Opfer der Befreiungskriege gegen Napoleon mitgedacht worden. Bis heute wurde die Neue Wache je nach politischer Dominanz zu einer anders ausgerichteten Gedenkstätte umgewidmet. Nach der deutschen Wiedervereinigung wurde auf Veranlassung des damaligen Bundeskanzlers Helmut Kohl eine von Bildhauer Harald Haacke (1924–2004) angefertigte, von 38 Zentimetern auf rund 1,60 Metern Höhe vergrößerte Kopie der Plastik »Mutter mit totem Sohn« oder »Pietà« von Käthe Kollwitz (1867–1945) aufgestellt. Die Einweihung der nun bundesrepublikanischen »Zentralen Gedenkstätte für die Opfer von Krieg und Gewaltherrschaft« fand am Volkstrauertag 1993 statt.

Neue Wache, Unter den Linden 4, 10117 Berlin (28)

ZÜGE IN DAS LEBEN – ZÜGE IN DEN TOD

Denkmal, 2008, Frank Meisler

Das Denkmal erinnert an die Kindertransporte und Deportationen von jüdischen Kindern, die unter der nationalsozialistischen Herr-

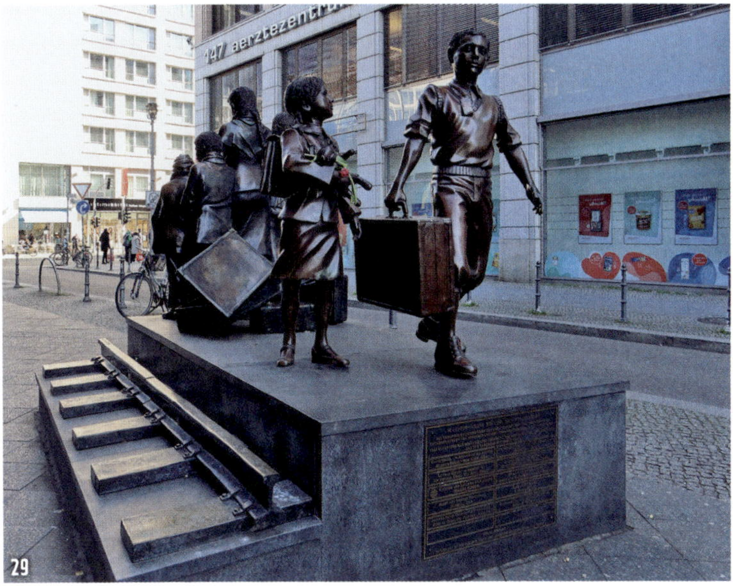

29

schaft zwischen 1938 und 1945 stattfanden. Das realistisch geformte Denkmal von Frank Meisler (1925–2018), der selbst als Kind nach England transportiert worden war, zeigt auf einem Sockel, der einen Bahnsteig darstellt, zwei Kindergruppen in Kleidung der damaligen Zeit. Die eine Gruppe mit älteren und kleinen Kindern wartet niedergeschlagen und bedrückt, stellvertretend für die vielen jüdischen Kinder, die in Konzentrationslager deportiert wurden. Ihnen gegenüber schreiten ein Junge und ein Mädchen ernst, aber hoffnungsvoll aus. Mit gefülltem Koffer und Rucksack versinnbildlichen die beiden die andere Kindergruppe, die von ihren Eltern mit Kindertransporten nach England verschickt und gerettet werden konnte. 70 Jahre nach dem ersten Kindertransport am 1. Dezember 1938 nach London wurde das Denkmal am 30. November 2008 im Beisein von Zeitzeugen enthüllt.

Georgenstraße 14, Dorothea-Schlegel-Platz, 10117 Berlin ㉙

Museen, Kunstgalerien und Sammlungen

AKADEMIE DER KÜNSTE AM PARISER PLATZ

In den beiden Häusern der Akademie der Künste in den Bezirken Mitte und Tiergarten zeigt die 1696 gegründete Akademie Ausstellungen mit künstlerischen Positionen der Gegenwart, veranstaltet Konzerte, Debatten, Lesungen, Preisverleihungen, Film-, Theater- und Tanzaufführungen. Die Akademie versteht sich als ein Ausstellungs- und Veranstaltungsort, eine Stätte der Begegnung von Künstlern und Kunstinteressierten und der öffentlichen Debatten über Kunst und Kulturpolitik.

Pariser Platz 4, 10117 Berlin, www.adk.de (30)

ALTE NATIONALGALERIE

Die Alte Nationalgalerie zeigt Kunst aus dem 19. und frühen 20. Jahrhundert. Die Idee von König Friedrich Wilhelm IV. (1795–1861), eine »Freistätte für Kunst und Wissenschaft« entstehen zu lassen, wurde von Baumeister Friedrich August Stüler (1800–1865) umgesetzt und von Johann Heinrich Strack (1805–1880) vollendet. Am 22. März 1876, dem Geburtstag Kaiser Wilhelms I., wurde die Nationalgalerie als drittes Museum auf der Spreeinsel feierlich eröffnet. Mit der Rekonstruktion und der Modernisierung der technischen Einrichtungen der

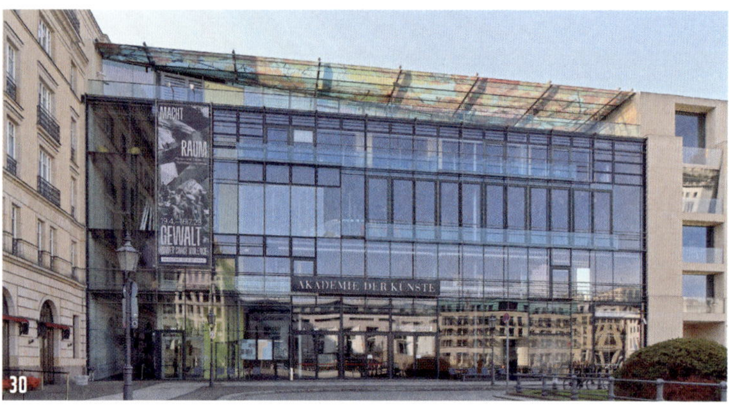

30

Alten Nationalgalerie wurde 1992 das Architekturbüro HG Merz Berlin beauftragt. 125 Jahre nach ihrer Einweihung wurde die Alte Nationalgalerie am 2. Dezember 2001 wiedereröffnet.

Bodestraße, 10178 Berlin, www.smb.museum 31

ALTES MUSEUM

Das Alte Museum beherbergt die Antikensammlung mit einer Dauerausstellung zur Kunst und Kultur der Griechen, Etrusker und Römer. Das Münzkabinett ergänzt diese Gesamtschau des klassischen Altertums. Das Alte Museum entstand von 1823 bis 1830 unter Karl Friedrich Schinkel (1781–1841). Die monumentale Ordnung der 18 ionischen, kannelierten Säulen am Haupteingang, die weit gespannte Vorhalle, die Freitreppe sowie die mit antiken Skulpturen geschmückte Rotunde im Innern sind architektonische Elemente, die bis dahin nur Herrschaftsbauten vorbehalten waren.

Am Lustgarten, 10178 Berlin, www.smb.museum 32

ART CENTER BERLIN

Die Galerie Art Center Berlin bietet aktuelle Malerei und Bildhauerkunst sowie Druckgrafiken der Klassischen Moderne und DDR-Kunst wie von Walter Womacka an. Das Künstler-Portfolio umfasst deutsche und internationale Künstler aus Europa und Asien. Liebhaberinnen und Liebhaber der Druckgrafik finden eine Auswahl an ausgesuchten

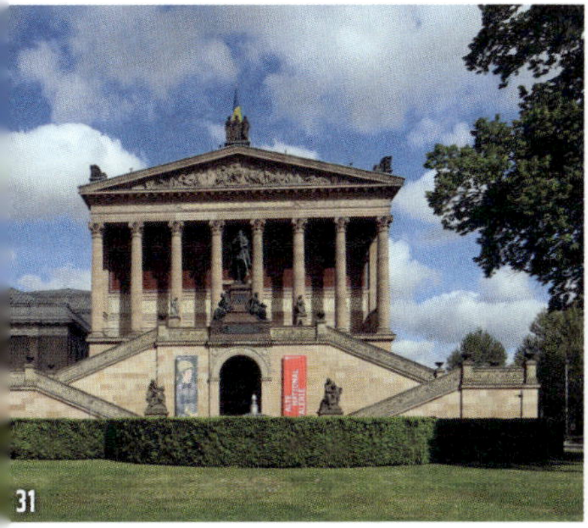

31

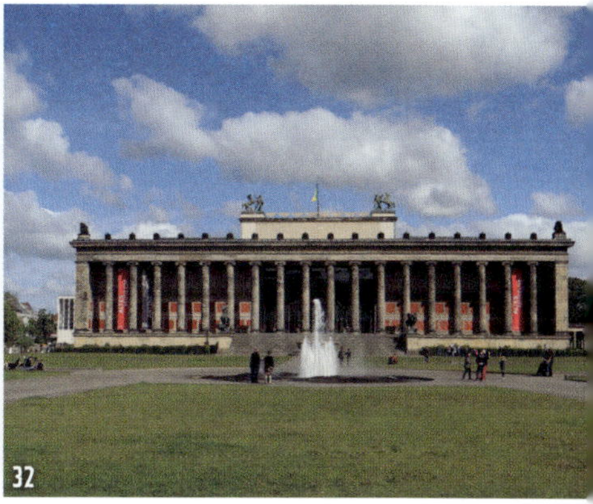

32

handsignierten und nummerierten Original-Lithografien und Radierungen von Künstlerinnen und Künstlern der internationalen sowie der deutschen Moderne.

Georgenstraße 44, 10117 Berlin, www.art-center.berlin 33

BODE-MUSEUM

Nach seiner Wiedereröffnung 2006 zeigt das Bode-Museum an der Nordspitze der Museumsinsel vor allem die Skulpturensammlung und das Museum für Byzantinische Kunst. Das Münzkabinett zeigt im Bode-Museum eine Ausstellung bedeutender historischer Münzen. Das Museum war 1904 unter dem Namen Kaiser-Friedrich-Museum im Gedenken an den sogenannten 99-Tage-Kaiser Friedrich III. (1831–1888) eingeweiht worden. Der Bau geht auf eine Idee seiner Witwe Victoria zurück, die diese in einer Denkschrift von 1883 veröffentlichte. Der Kunsthistoriker und Museumsfachmann Wilhelm von Bode (1845–1929) verwirklichte die Idee des Museums an der Spitze der Spreeinsel. 1897 wurde mit dem Bau des von Hofarchitekt Ernst Eberhard von Ihne (1848–1917) entworfenen Museums begonnen. Im Zweiten Weltkrieg schwer beschädigt, wurde es zwischen 1948 und 1986 sukzessive wiederhergestellt. 1956 wurde es umbenannt in Bode-Museum.

Am Kupfergraben, Eingang über die Monbijoubrücke, 10117 Berlin, www.smb.museum 34

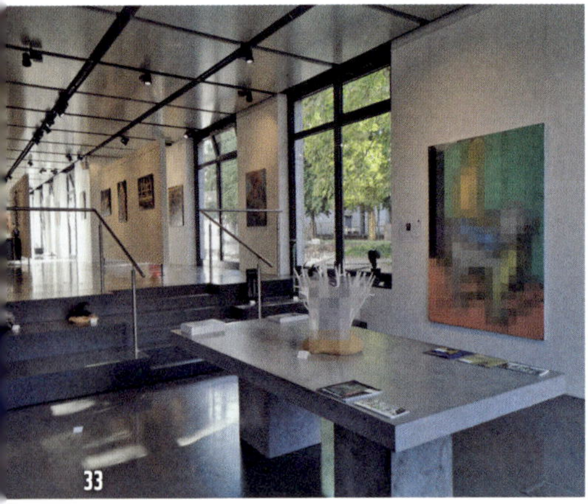

33

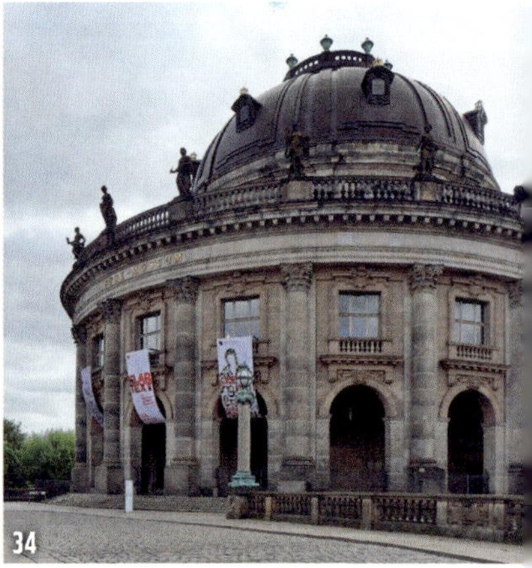

34

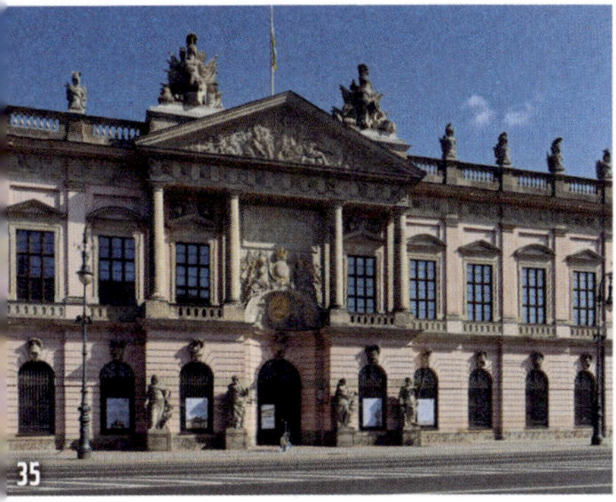

35

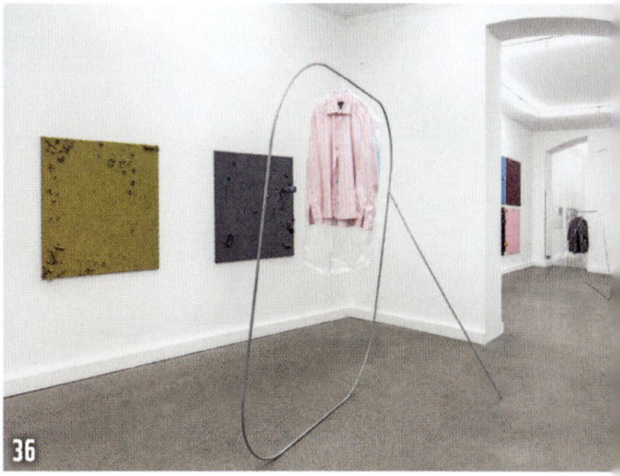

36

DEUTSCHES HISTORISCHES MUSEUM

Im Deutschen Historischen Museum im Zeughaus wird eine ständige Ausstellung zur deutschen Geschichte gezeigt. Die wechselvolle Geschichte des barocken Zeughauses wird in einer eigenen Abteilung dargestellt. Im sogenannten Pei-Bau, der hinter dem historischen Zeughaus nach Plänen des chinesisch-amerikanischen Architekten I. M. Pei (1917–2019) entstand, zeigt das Museum zudem Wechselausstellungen, die sich historischen Ereignissen, Epochen und gesellschaftlichen Entwicklungen widmen. Das barocke Zeughaus wurde zwischen 1695 und 1706 innerhalb der befestigten Stadtmauern des damaligen Berlins errichtet. Nach dem Zweiten Weltkrieg wurde das stark beschädigte Zeughaus als »Museum für Deutsche Geschichte« wiederaufgebaut.

Unter den Linden 2, 10117 Berlin / Hinter dem Gießhaus 3, 10117 Berlin, www.dhm.de 35

FELDBUSCH WIESNER RUDOLPH GALERIE

Die Galerie Feldbusch Wiesner Rudolph zeigt junge internationale zeitgenössische Künstlerinnen und Künstler unterschiedlicher Medien und Positionen. 2016 entstand sie durch den Zusammenschluss zweier erfolgreicher Berliner Galerien. Die Galeristinnen Stefanie Feldbusch, Jette Rudolph und der Galerist Andreas Wiesner stellen etablierte und junge aufstrebende Kunstschaffende aus.

Jägerstraße 5, 10117 Berlin, www.feldbuschwiesnerrudolph.com 36

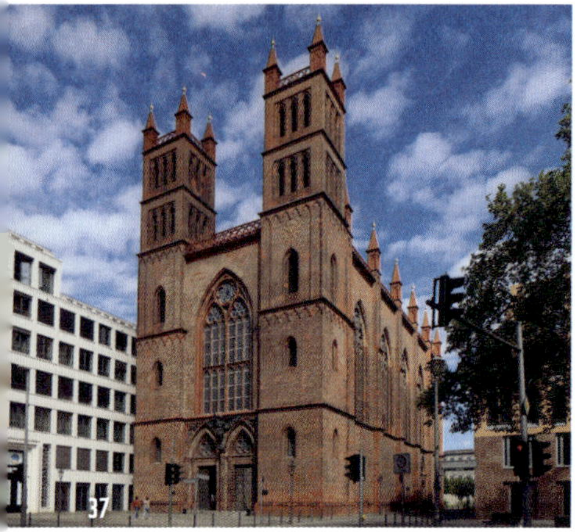
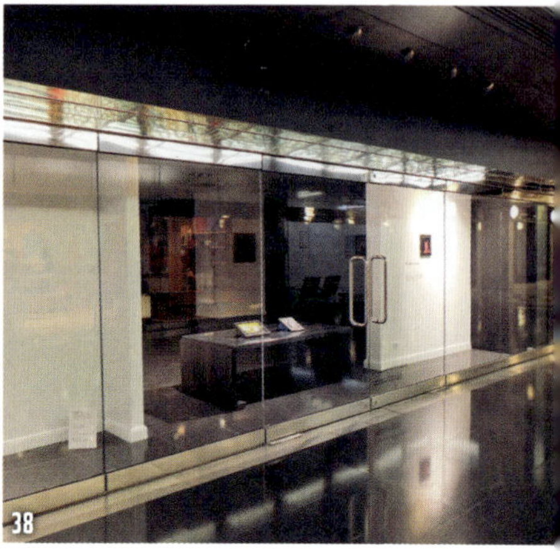

FRIEDRICHSWERDERSCHE KIRCHE

Im Kirchenschiff der Friedrichswerderschen Kirche werden Skulpturen des 19. Jahrhunderts aus der Sammlung der Nationalgalerie gezeigt. Die Ausstellung zeichnet mit Skulpturen und Plastiken die Entwicklungslinien vom 19. Jahrhundert in die Moderne nach und zeigt bedeutende Werke der damaligen Berliner Bildhauerschule. Die von Karl Friedrich Schinkel (1781–1841) geplante und von 1824 bis 1830 erbaute Friedrichswerdersche Kirche ist eine Dependance der Alten Nationalgalerie.

Werderscher Markt, 10117 Berlin, www.smb.museum 37

GALERIE FRANZKOWIAK

Am außergewöhnlichen Ort in der unterirdischen Passage der drei Quartiere 205, 206 und 207 in der Friedrichstraße präsentiert die 2014 gegründete Galerie Franzkowiak junge und etablierte Werke zeitgenössischer Kunst aus Malerei, Skulptur, Zeichnung, Grafik, Fotografie, Video und Film deutscher und internationaler Künstlerinnen und Künstler. Einer der Schwerpunkte des breiten Programmspektrums der Galerie ist die zeitgenössische Fotografie.

Quartier 207, Basement Passage, Friedrichstraße 76-78, 10117 Berlin, www.galerie-franzkowiak.de 38

GALERIE MENSING

Die Galerie Mensing ist in zahlreichen deutschen Städten und international vertreten. Als Kunsthandel hält sie in ihren großzügigen Berliner Ausstellungräumen in ihrem Portfolio ein breites Spektrum der zeitgenössischen Kunst bereit. Es werden Papierarbeiten, Drucke, Malerei, Skulptur, Comic-Kunst, Graffitikunst und Mischtechniken angeboten. Zusätzlich zu ihren bestehenden Angeboten werden internationale Künstlerinnen und Künstler in Einzelauftritten präsentiert.

Friedrichstraße 169–170, 10117 Berlin, www.galerie-mensing.de 39

GALERIE THOMAS SCHULTE

Mit seiner historischen Fassade erinnert das Eckhaus an das frühere Geschäftsviertel. Nach seinem Umbau 1913 durch den Architekten Hermann Muthesius (1861–1927) zog das Damenmodehaus Kersten & Tuteur ein. Seit 2006 präsentiert die Galerie Thomas Schulte im »Tuteurhaus« moderne zeitgenössische Kunst. Der Schwerpunkt der Galerie Thomas Schulte liegt auf der Förderung, Unterstützung und Erhaltung herausragender und inspirierender künstlerischer Positionen in der internationalen Konzeptkunst von den 1960er Jahren bis zur Gegenwart.

Charlottenstraße 24, 10117 Berlin, www.galeriethomasschulte.de 40

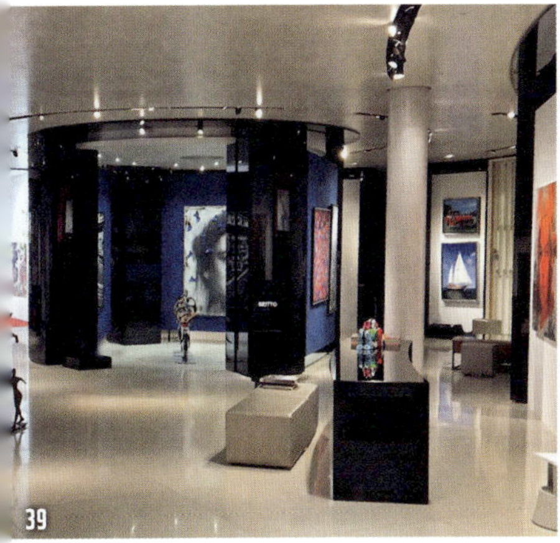

39

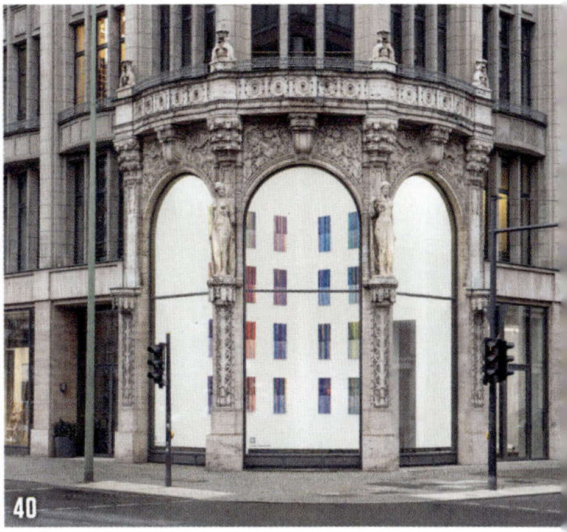

40

HOŠEK CONTEMPORARY

Dass Berlin eine Stadt am Wasser ist, wird bei einem Besuch der Galerie Hošek Contemporary auf dem ehemaligen Frachtschiff MS Heimatland von 1910 deutlich, das fest vertäut an der Fischerinsel liegt. 2016 von Petr Hošek gegründet, übernahm sie 2018 den alten Frachter als Galerie, Veranstaltungsort und Kunstresidenz. Unterstützt wird Hošek von der Kuratorin Linda Toivio aus Finnland. Der Fokus liegt auf Ausstellungen, ortsspezifischen Installationen und experimentellen Klangarbeiten junger experimenteller Künstlerinnen und Künstler.

Motorschiff MS Heimatland, Fischerinsel 3, 10179 Berlin, www.hosekcontemporary.com (41)

HUMBOLDT FORUM

Das 2021 eröffnete Humboldt Forum im wiederaufgebauten Berliner Stadtschloss ist ein zentraler Ort für Ausstellungen, Museum und kulturelle Veranstaltungen. Für das vielfältige Programm, das zudem aus Bildung in Verbindung mit digitalen Angeboten besteht, kooperieren die Stiftung Preußischer Kulturbesitz (SPK) mit dem Ethnologischen Museum und dem Museum für Asiatische Kunst der Staatlichen Museen zu Berlin (SMB), Kulturprojekte Berlin und Stadtmuseum Berlin, der Humboldt-Universität zu Berlin (HU) und der Stiftung Humboldt Forum im Berliner Schloss.

Schlossplatz, 10178 Berlin, www.humboldtforum.org (42)

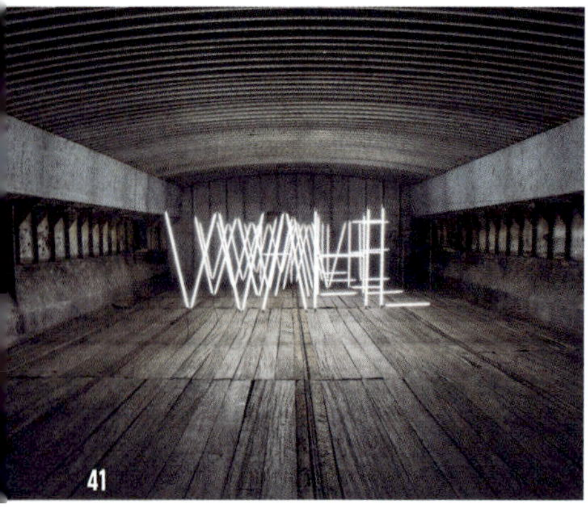

41

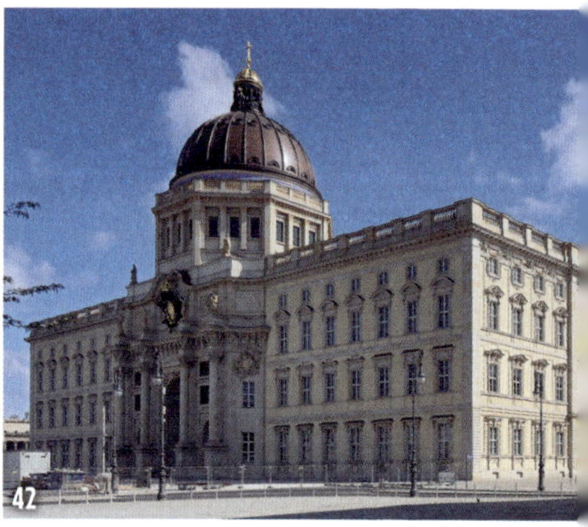

42

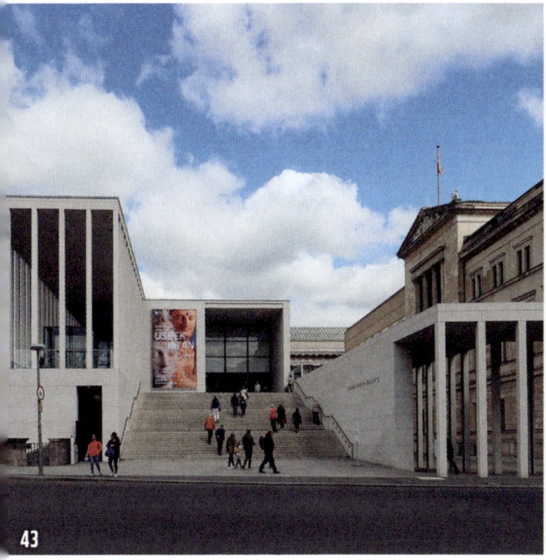

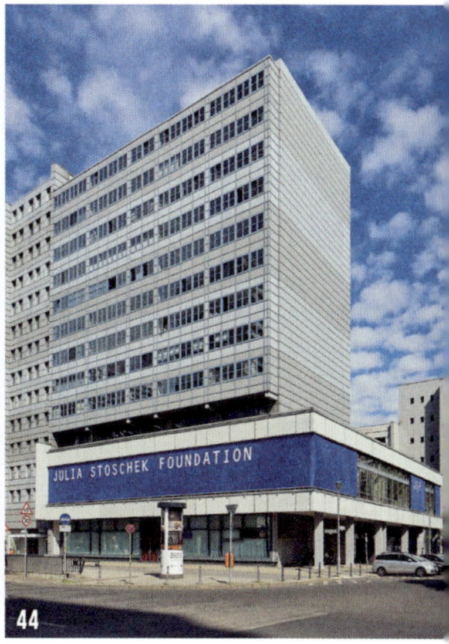

JAMES-SIMON-GALERIE

Die James-Simon-Galerie von David Chipperfield Architects nimmt das Element der Kolonnade auf und variiert das Motiv als Gang und Halle. Die breite Zugangstreppe zitiert klassizistische Architektur in Berlin. Benannt wurde die Galerie nach James Simon (1851–1932), einem bedeutenden Mäzen der Staatlichen Museen zu Berlin. Sie dient als Eingangsgebäude und Besucherzentrum auf der Museumsinsel Berlin. In einem Ausstellungsraum werden thematische Wechselausstellungen gezeigt.

Bodestraße, 10178 Berlin, www.smb.museum (43)

JULIA STOSCHEK COLLECTION

Die 2002 gegründete Julia Stoschek Collection umfasst eine der umfangreichsten Privatsammlungen an Kunst in den Medien Video, Film, Mehrkanal-Videoinstallationen, Multimedia-Environments, Performance-, Sound- und Virtual-Reality-Arbeiten. Positionen in Fotografie, Skulptur und Malerei ergänzen den zeitbasierten Schwerpunkt.

Leipziger Straße 60, 10117 Berlin, www.jsc.art (44)

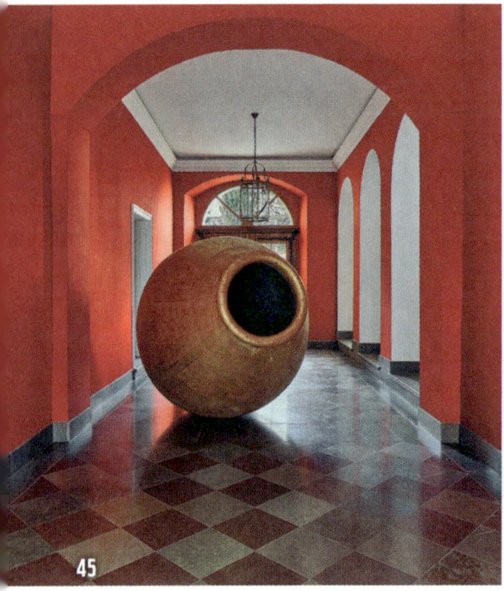
45

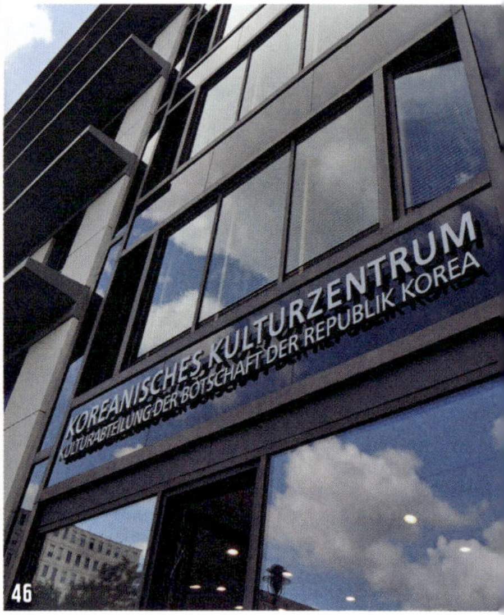

46

KEWENIG GALERIE

Die Galerie Kewenig renovierte eines der ältesten Berliner Bürgerhäuser denkmalgerecht als ihren Hauptsitz, der Umzug der Galerie nach Berlin erfolgte 2013. Als kleineren Showroom eröffnete die Galerie Kewenig in Charlottenburg die Galerie »pied-à-tierre«. Die Spezialisierung der Galerie liegt auf internationaler Gegenwartskunst seit den 1960er Jahren. Sie begleitet, unterstützt und fördert die Karrieren zahlreicher moderner und zeitgenössischer Künstler.

Brüderstraße 10, 10178 Berlin, www.kewenig.com (45)

KOREANISCHES KULTURZENTRUM – GALERIE DAMDAM

In der Galerie DamDam im Erdgeschoss des Koreanischen Kulturzentrums der Republik Korea wird in Wechselausstellungen zeitgenössische Kunst südkoreanischer und ostasiatischer Künstlerinnen und Künstler präsentiert. Im Foyer werden Artefakte wie Keramik, Geschirr, Schmuck und Instrumente gezeigt, die einen Eindruck von der jahrtausendealten Kultur des Landes vermitteln. Weitere kulturelle Veranstaltungen wie Konzerte ergänzen das Programm.

Leipziger Platz 3, 10117 Berlin, www.kulturkorea.org (46)

KVOST – KUNSTVEREIN OST E. V.

Der Schwerpunkt des Kunstvereins Ost, KVOST, ist die Förderung von Künstlerinnen und Künstlern aus Zentral- und Osteuropa, deren Lebensweg und Arbeitsweise von der Erfahrung des ehemaligen Ostblocks geprägt wurden. Mit seinen Ausstellungen möchte KVOST eine Lücke in der Berliner Kulturlandschaft schließen, in welcher der Osten als ein Resonanzraum für die zeitgenössische Kunstproduktion begriffen wird.

Leipziger Straße 47, Eingang Jerusalemer Straße, 10117 Berlin, www.kvost.de (47)

MAX LIEBERMANN HAUS

Rechts neben dem Brandenburger Tor wohnte der Maler Max Liebermann (1847–1935) mit einem Atelier im Dachgeschoss. Im Zuge der Neubebauung des Pariser Platzes wurde das kriegszerstörte Haus in Anlehnung an das historische Vorbild neu errichtet. In dem Gebäude ist das »Max Liebermann Haus« untergebracht, dessen Träger die Stiftung Brandenburger Tor ist, eine Kulturstiftung der Berliner Sparkasse. Neben Ausstellungen mit Bezügen zu Max Liebermann werden aktuelle künstlerische Positionen gezeigt.

Pariser Platz 7, 10117 Berlin, www.stiftungbrandenburgertor.de (48)

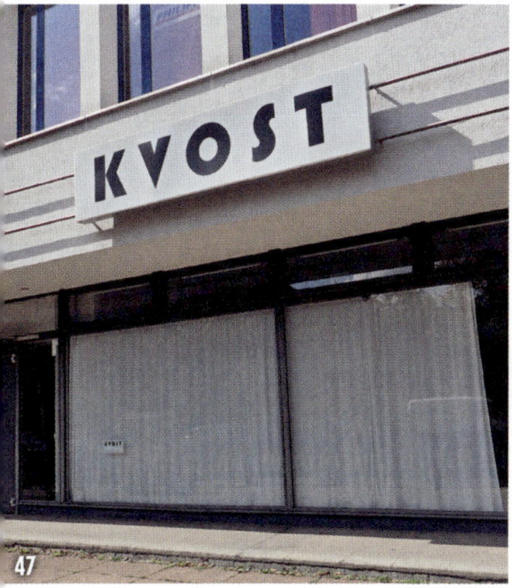

47

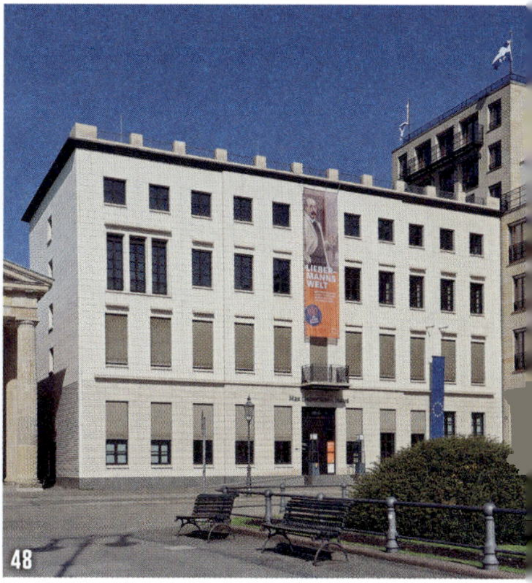

48

NEUES MUSEUM

Das Neue Museum zeigt Exponate aus den musealen Sammlungen Ägyptisches Museum und Papyrussammlung, Museum für Vor- und Frühgeschichte und der Antikensammlung. Übergreifend wird die Entwicklung der vor- und frühzeitlichen Kulturen vom Vorderen Orient bis zum Atlantik, von Nordafrika bis Skandinavien präsentiert. Nach Plänen Friedrich August Stülers (1800–1865) zwischen 1843 und 1855 als ein zu dieser Zeit in Entwurf und Bautechnik moderner Museumsbau errichtet, erlitt das Bauwerk im Zweiten Weltkrieg schwere Schäden. Erst in den 1980er Jahren wurde es gesichert. 2003 bis 2009 fand eine Sanierung und ein Umbau durch den britischen Architekten David Chipperfield statt. Eine behutsame Restaurierung setzte die Spuren von Krieg und Vernachlässigung in Spannung zu neuen Um- und Einbauten. Zu den ständigen Ausstellungen, mit der Büste der Nofretete als bekanntes Highlight, werden thematische Wechselausstellungen aus den Beständen und Sonderausstellungen mit zeitgenössischen Bezügen gezeigt.

Bodestraße, 10178 Berlin, www.smb.museum 49

NÜÜD.BERLIN GALLERY

Die nüüd.berlin gallery wurde 2019 von Henner Merle gegründet und legt den Schwerpunkt auf zeitgenössische Malerei und Fotografie. Die Künstlerinnen und Künstler der Galerie und ihre Werke sind divers

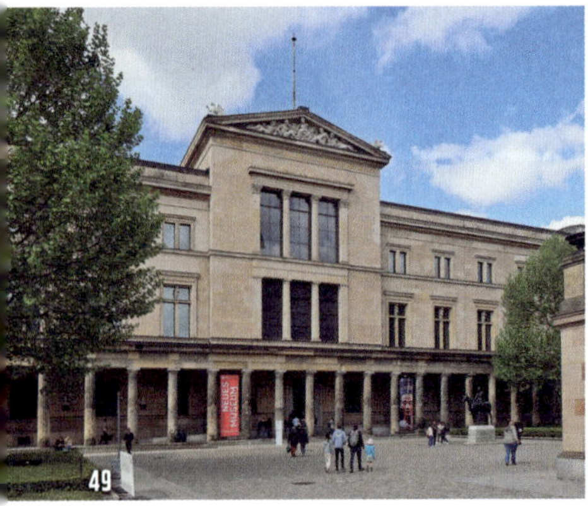

49

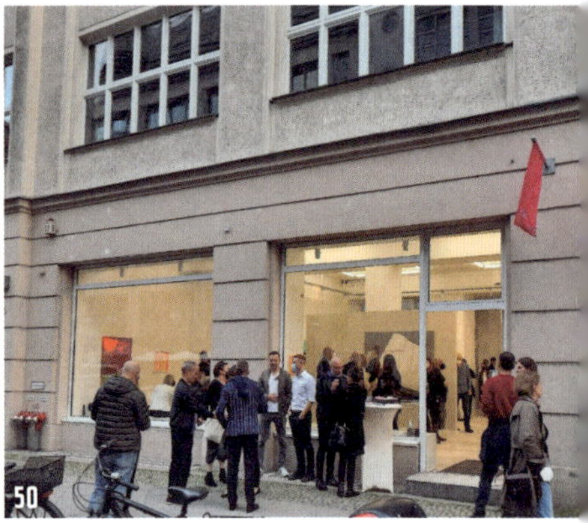
50

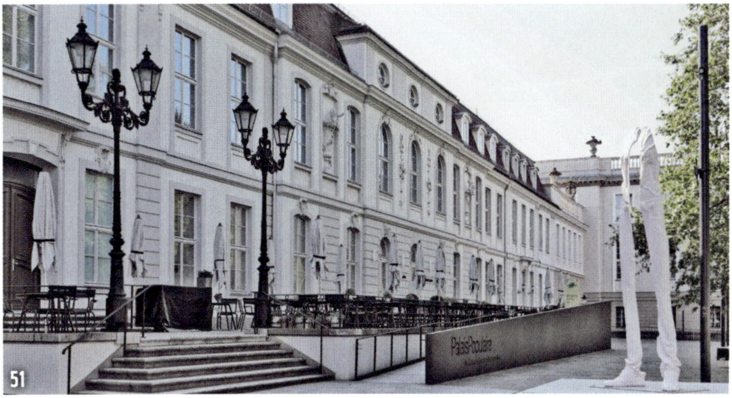

und vielschichtig. Der Galerist versteht die Galerie als einen innovativen Ort, an dem sich Menschen begegnen und mit den Kunstschaffenden neue Ideen entwickelt und realisiert werden. Dabei ist es Henner Merle ein besonderes Anliegen, auch Kunstneulinge in die Galerie einzuladen, um sich von der Begeisterung für Kunst anstecken zu lassen.

Kronenstraße 18, 10117 Berlin, www.nüüd.berlin 50

PALAISPOPULAIRE

Das PalaisPopulaire im Prinzessinnenpalais ist ein Kulturforum der Deutschen Bank, das in Einzel- und Gruppenausstellungen zeitgenössische internationale Kunst zeigt. Im Außenbereich werden wechselnd Skulpturen internationaler Künstler präsentiert. Begleitet werden die Ausstellungen von Rahmenprogrammen wie Führungen, Gespräche, Workshops, Konzerte oder Vorträge. Das Gebäude mit klassizistischer Fassade war ab dem 19. Jahrhundert Wohnsitz preußischer Prinzessinnen, der kleine Park, zu dem die Terrasse zeigt, war der Prinzessinnengarten. Das kriegsbeschädigte Haus wurde nach seiner Wiederherrichtung in der DDR und nach der Wiedervereinigung gastronomisch genutzt. Für die Eröffnung als PalaisPopulaire im Herbst 2018 wurde es umfassend saniert und im Innern teilweise umgebaut.

Unter den Linden 5, 10117 Berlin, www.palaispopulaire.db.com 51

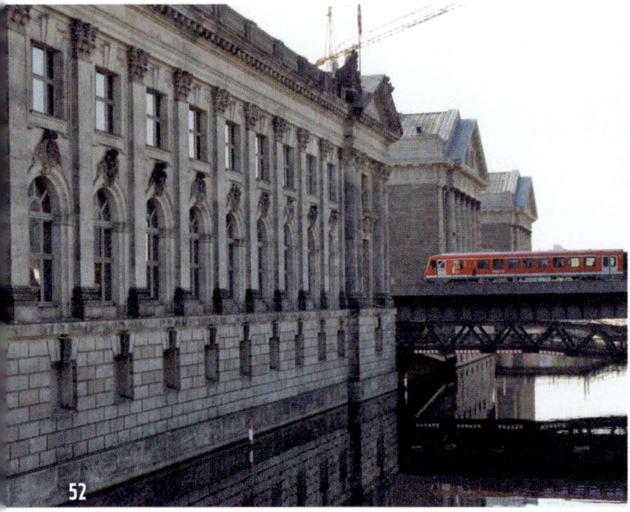

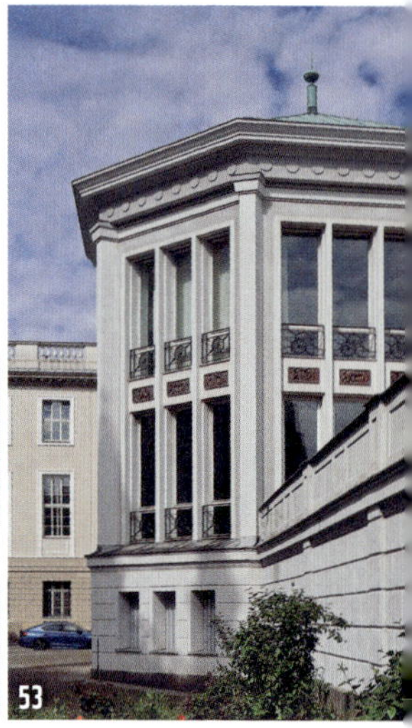

PERGAMONMUSEUM

Das voraussichtlich bis 2027 wegen Renovierungsarbeiten geschlossene Pergamonmuseum beherbergt die Antikensammlung, das Vorderasiatische Museum und das Museum für Islamische Kunst. Durch die imposanten Rekonstruktionen archäologischer Bauensembles wie Pergamonaltar, Markttor von Milet, Ischtar-Tor mit Prozessionsstraße von Babylon und Mschatta-Fassade erlangte das Pergamonmuseum weltweite Berühmtheit.

Bodestraße, 10178 Berlin, www.smb.museum 52

SCHINKEL PAVILLON

Der Kunstverein Schinkel Pavillon e. V. organisiert im denkmalgeschützten Schinkel Pavillon Ausstellungen zeitgenössischer nationaler und internationaler Kunst. Der 1969 von dem Architekten Richard Paulick (1903–1979) erbaute achteckige Pavillon liegt im Park des Kronprinzenpalais. In dem verglasten Pavillon und den Räumen der ehemaligen Schinkel-Klause zeigt der Verein unter Leitung und Kuratierung der Fotografin Nina Pohl Positionen zeitgenössischer Skulptur, Installation und Medienkunst.

Oberwallstraße 32, 10117 Berlin, www.schinkelpavillon.de 53

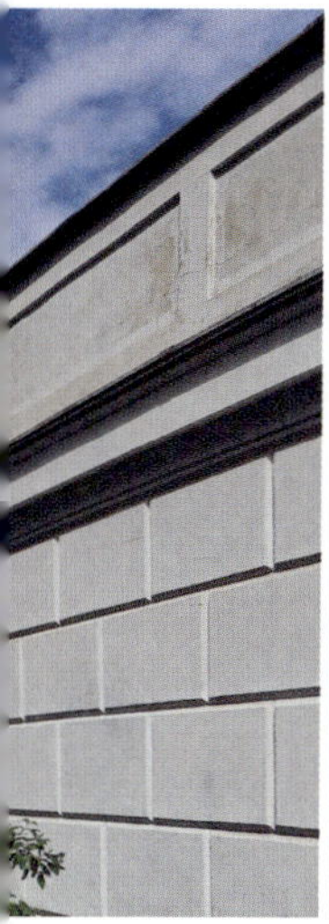

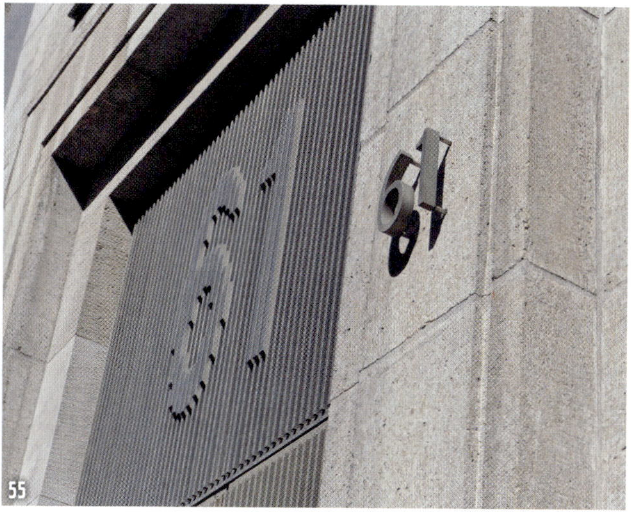

55

SWEETWATER

Die Galerie Sweetwater für zeitgenössische Kunst wurde 2018 von Lucas Cassio in Kreuzberg gegründet. Im April 2021 wechselte die Galerie an ihren jetzigen Standort in der Leipziger Straße in Berlin-Mitte. Die Galerie präsentiert internationale Künstlerinnen und Künstler in allen medialen Positionen. Neben regelmäßigen Einzel- und Gruppenausstellungen nimmt Sweetwater auch an Offsite-Projekten teil.

Leipziger Straße 56–58, 10117 Berlin, www.sweetwaterberlin.com 54

WURLITZER PIED À TERRE COLLECTION

Die private Sammlung Wurlitzer Pied à Terre Collection mit zeitgenössischen Kunstwerken in verschiedenen Medien ist zu besonderen Anlässen und nur nach vorheriger Anmeldung zu besichtigen.

Mohrenstraße 61, 10117 Deutschland, www.wurlitzercollection.com 55

ZWISCHEN ALEXANDERPLATZ UND TIERGARTEN

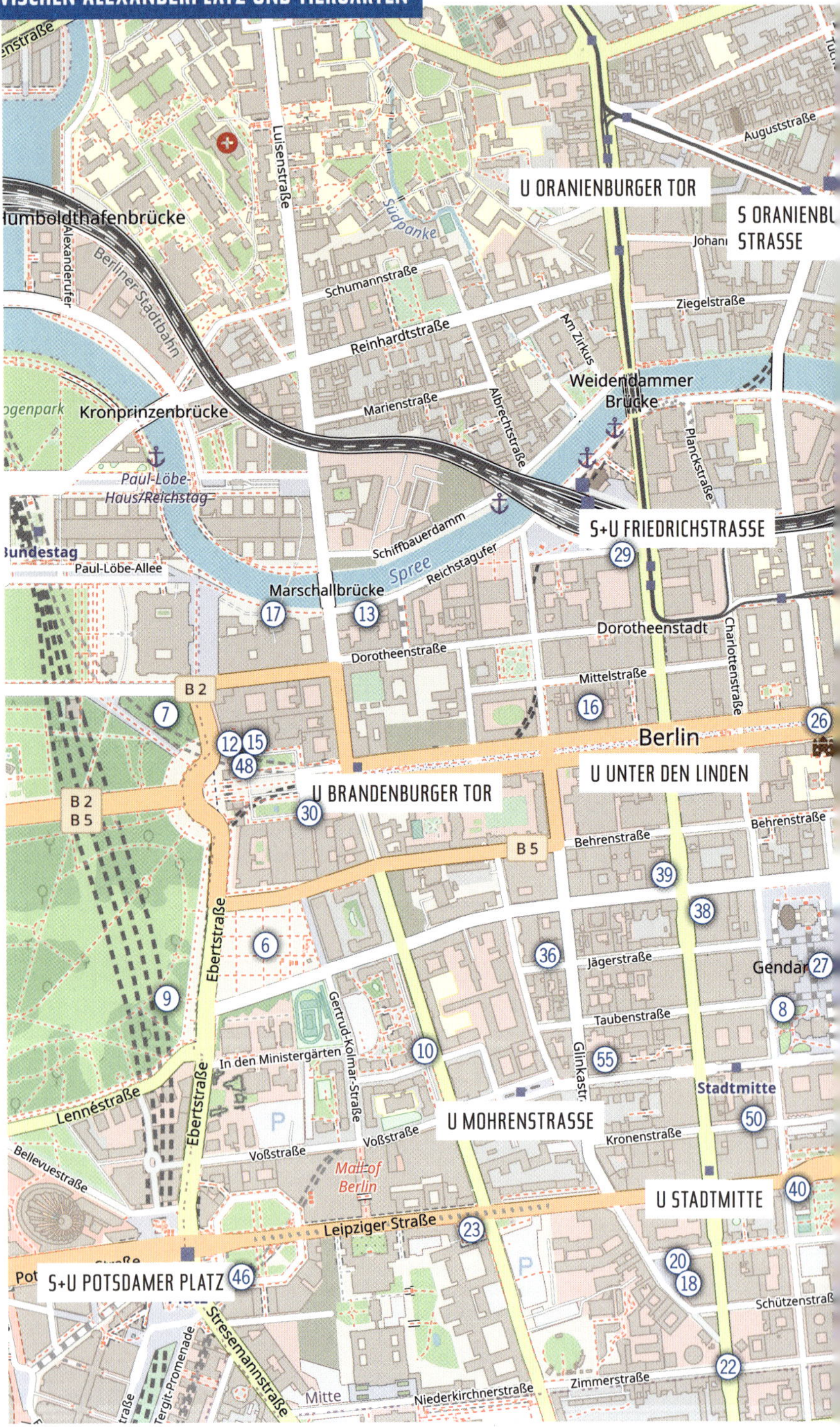

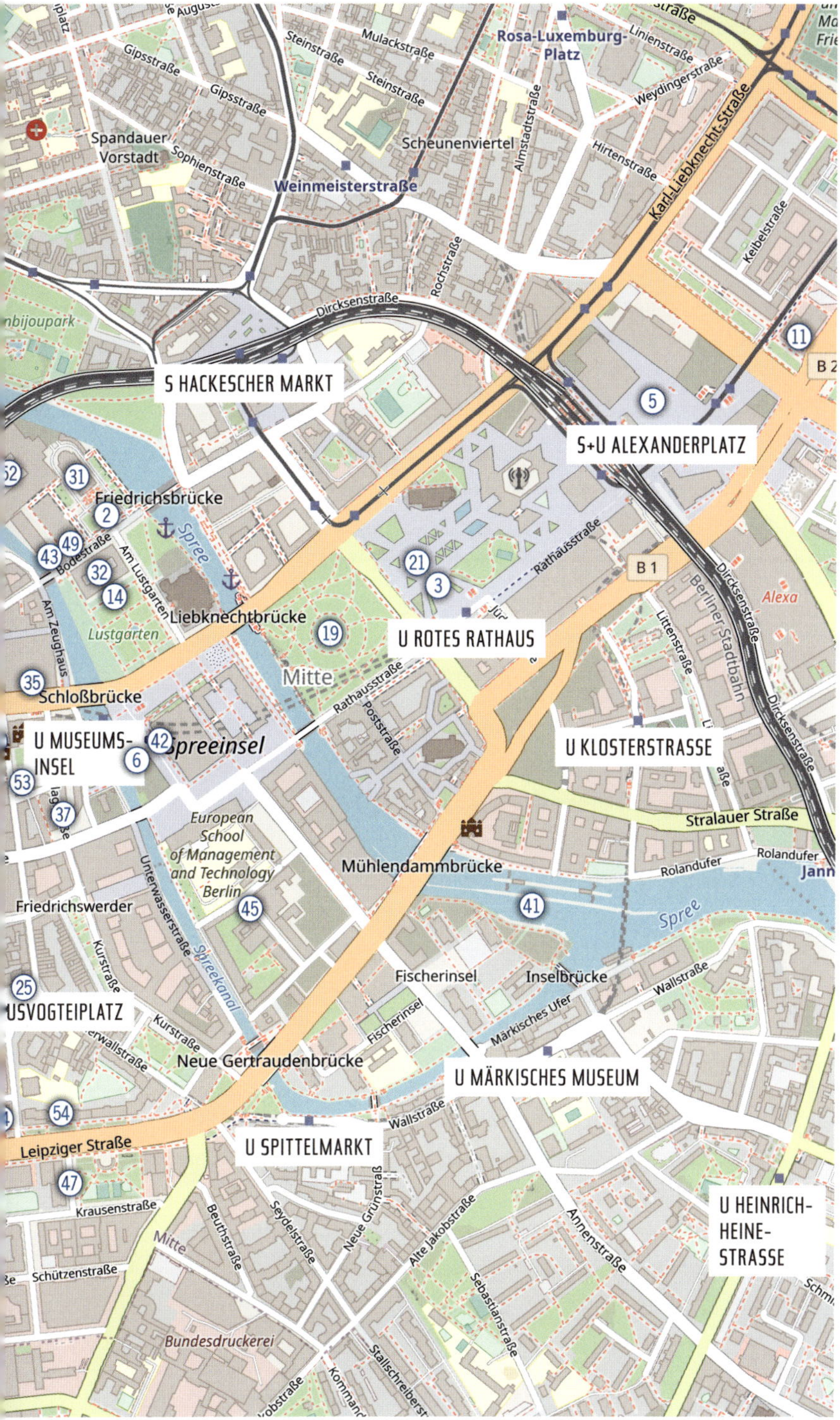

Rosa-Luxemburg-Platz
Weinmeisterstraße
Scheunenviertel
Spandauer Vorstadt
Gipsstraße
Sophienstraße
Steinstraße
Mulackstraße
Linienstraße
Weydingerstraße
Almstadtstraße
Hirtenstraße
Karl-Liebknecht-Straße
Keibelstraße
Rochstraße
Dircksenstraße
S HACKESCHER MARKT
S+U ALEXANDERPLATZ
Friedrichsbrücke
Bodestraße
Am Lustgarten
Spree
Liebknechtbrücke
Lustgarten
Am Zeughaus
Rathausstraße
B 1
Berliner Stadtbahn
Littenstraße
Alexa
U ROTES RATHAUS
Mitte
Poststraße
Schloßbrücke
U MUSEUMS-INSEL
Spreeinsel
U KLOSTERSTRASSE
Stralauer Straße
Rolandufer
European School of Management and Technology Berlin
Mühlendammbrücke
Friedrichswerder
Unterwasserstraße
Kurstraße
Spreekanal
Fischerinsel
Inselbrücke
Wallstraße
Märkisches Ufer
Neue Gertraudenbrücke
U MÄRKISCHES MUSEUM
Leipziger Straße
U SPITTELMARKT
Krausenstraße
Beuthstraße
Seydelstraße
Neue Grünstraße
Alte Jakobstraße
Sebastianstraße
Annenstraße
U HEINRICH-HEINE-STRASSE
Schützenstraße
Bundesdruckerei

Um die Auguststraße und ein bisschen weiter

In den 1990er Jahren fühlte sich der Galerienrundgang in der Auguststraße wie eine riesige Vernissage an. Die schmale, fast einen Kilometer lange Auguststraße zwischen Oranienburger und Rosenthaler Straße bot nach der Wende viele leerstehende Läden, Hinterhofräume, ganze Häuser und mittendrin eine alte Margarinefabrik auf drei Etagen, die unter dem Namen »Kunstwerke« bekannt wurde. Junge Galeristinnen und Galeristen richteten in leeren Ladengeschäften ihre Galerien ein. Bald schwappte die Kunstgalerienwelle in die Nachbarstraßen. Dass plötzlich in der Mitte einer Großstadt so gehäuft Räume zu günstigen Mieten für Kunstgalerien angeboten wurden und junge Galerien eine Chance bekamen, war eine Einmaligkeit in europäischen Städten, hervorgerufen durch den Fall der Berliner Mauer.

Als ein bedeutender kultureller Ort in Berlin hat sich die ehemalige Margarinefabrik, heute KW Institute for Contemporary Art, etabliert. Eine Baulücke im Innenhof wurde 1999 vom Architekturbüro Johanne Nalbach mit zwei Glaskuben zum Innenhof geschlossen. Das »KW« bildet im Galerienviertel rund um die Auguststraße so etwas wie das Zentrum, von dem alles auszugehen scheint. Einige Galerien, die noch heute in der Auguststraße oder in den Seitenstraßen ihre Räume haben, zählten zu den Pionieren, die in den 1990er Jahren eröffneten wie Galerie Deschler, Eigen+Art in einer früheren Wäscherei, Friedrich Loock mit seiner Wohnmaschine, seit 2022 in der Ackerstraße.

Die ersten Galerienrundgänge am Wochenende vor Jahren zogen als Kunstereignis Scharen von Menschen in die Auguststraße. Heute heißen die Veranstaltungen Gallery Weekend Berlin oder Art Week und immer noch ist die Auguststraße und ihr Kiez bei diesen Events ein Treffpunkt für Kunstinteressierte aus Berlin und aller Welt.

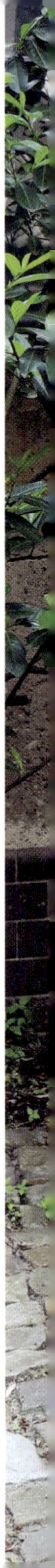

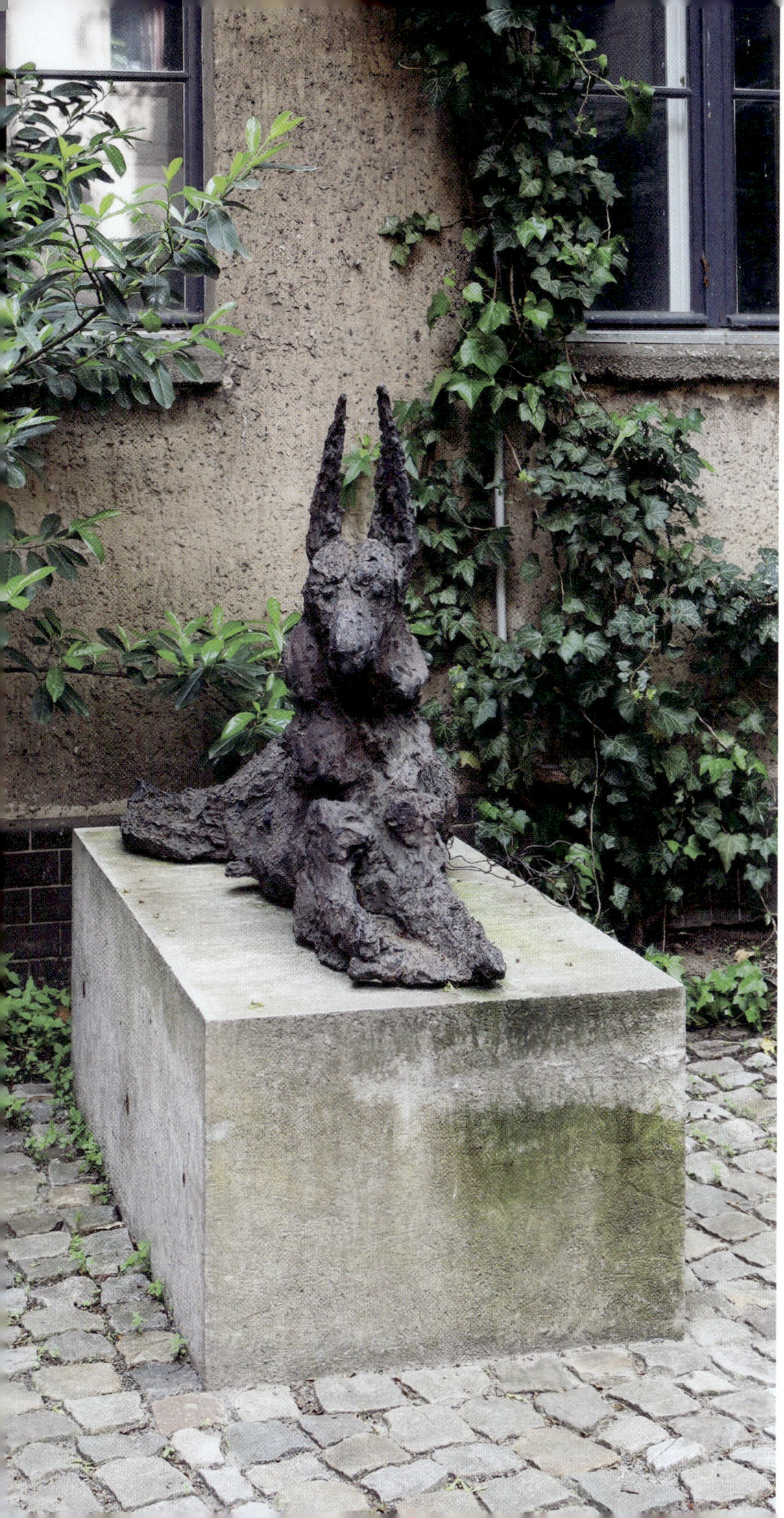

CAFÉ BRAVO

Installation, 1999, Dan Graham, Johanne Nalbach

Im Zuge der Schließung einer Baulücke im historischen Innenhof des KW Institute for Contemporary Art, eines Ensembles aus Wohngebäuden und einer ehemaligen Margarinefabrik, entstanden nach Plänen des amerikanischen Künstlers Dan Graham (1942–2022) und der Berliner Architektin Johanne Nalbach zwei mehrere Meter hohe würfelähnliche Kuben, die miteinander verbunden sind. Sie bestehen aus einer glänzenden Metallstruktur, die mit durchsichtigen und gleichzeitig spiegelnden Glasflächen bekleidet ist, im Innern befindet sich das »Café Bravo«. Je nach Tageszeit und Witterungsverhältnissen verändert sich die begehbare, leicht grünsilberne Spiegelglasskulptur, in der sich die Umgebung des Hofes spiegelt.

Auguststraße 69, 10117 Berlin 1

DER VERLASSENE RAUM

Denkmal, 1988–1996, Karl Biedermann

Auf der Fläche eines Wohnzimmers steht ein Tisch mit einem Stuhl, ein weiterer liegt auf dem Parkettboden. Um den Boden läuft ein Zitat aus dem 1947 publizierten Gedichtband »In den Wohnungen des Todes« der jüdischstämmigen Literaturnobelpreisträgerin Nelly

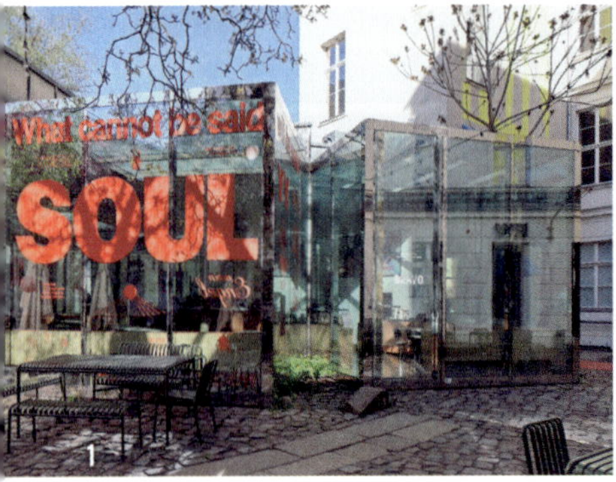

1

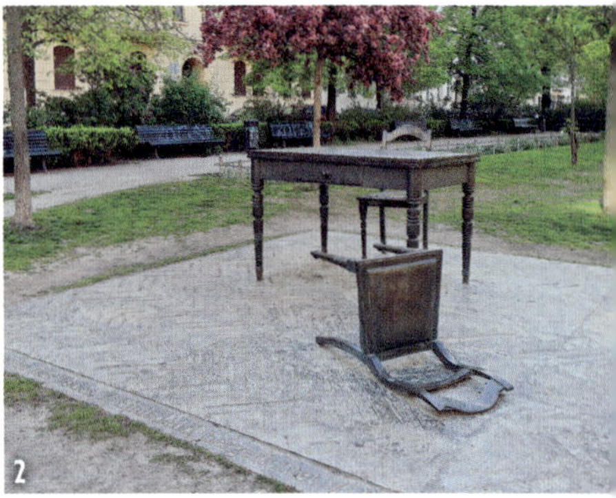
2

Sachs (1891–1970). Der Magistrat von Berlin (Ost) schrieb 1988 einen Wettbewerb für ein »Denkmal für das Wirken der jüdischen Bürger in Berlin« aus. Gewinner war der Berliner Bildhauer Karl Biedermann (*1947) in Zusammenarbeit mit der Landschaftsarchitektin Eva Butzmann (*1945). Erst 1996 konnte das Denkmal im Rahmen des Senatsprogramms »Kunst im Stadtraum« aufgestellt werden.

Koppenplatz, 10115 Berlin 2

GEDENKSTÄTTE BERLINER MAUER

Gedenkstätte, 1998, Kohlhoff & Kohlhoff

Nach dem Fall der Berliner Mauer verschwand das Schreckensgebilde fast vollständig aus dem Stadtbild. Erst Jahre später wurden der Mauer und den Menschen, die unter ihr gelitten haben, ein Denkmal gesetzt. Ort für das Denkmal ist die Bernauer Straße. Die »Gedenkstätte Berliner Mauer« erstreckt sich als Erinnerungslandschaft entlang der Bernauer Straße auf einer Länge von 1,4 Kilometern. Auf dem ehemaligen Grenzstreifen wurde der Mauerverlauf mit Mauerstücken und rostigen Stahlstangen visualisiert, Grundrisse abgerissener Häuser nachgezeichnet, Grundmauern im Sinne archäologischer Fenster freigelegt und die Verläufe von Fluchttunneln oberirdisch sichtbar gemacht. Ein Besucher-, ein Dokumentationszentrum und Informationsstelen auf dem Gelände informieren über die Geschichte der Teilung Berlins. Gegenüber dem Dokumentationszentrum mit seinem Aussichtsturm, von dem die Gedenkstätte überschaut werden

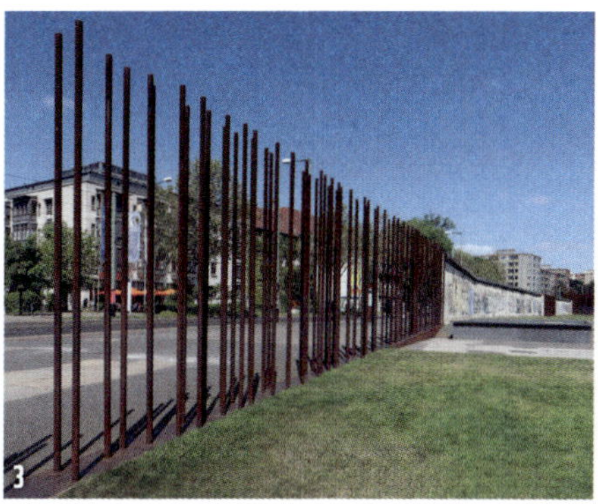

3

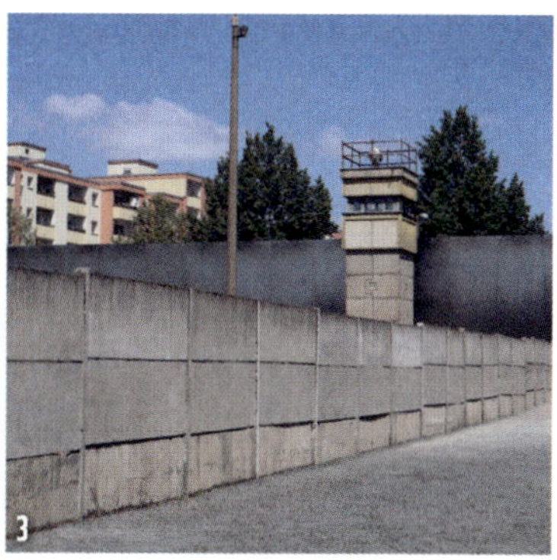

3

kann, wurde 1998 auf dem ehemaligen Mauerstreifen ein Denkmal der Architekten Kohlhoff & Kohlhoff zur Erinnerung an die geteilte Stadt errichtet. Es besteht aus einem etwa 60 Meter langen Teilstück aus originalen Mauerelementen. Etwa 40 Meter gegenüber wurde eine zweite Mauer aus waagrecht übereinander geschichteten, länglichen Steinplatten erbaut, wobei zwischen den Platten die Fugen als Sehschlitze belassen wurden. Dazwischen erstreckt sich ein Stück des ehemaligen Todesstreifens mit einem Weg für Wachfahrzeuge und einem Wachturm. Links und rechts schließen sechs Meter hohe, glänzend polierte Stahlwände das Geviert, das nicht betreten werden kann. Es scheint, als ob ein Abschnitt der Berliner Mauer mit seiner rückwärtigen Befestigungsanlage für immer konserviert worden wäre.

Bernauer Straße 111, 13355 Berlin ③

JÜDISCHE OPFER DES FASCHISMUS

Denkmal, 1957/1985, Will Lammert

Wo heute das Denkmal »Jüdische Opfer des Faschismus« steht, befand sich bis zu seiner Zerstörung im Zweiten Weltkrieg 1943 das jüdische Altersheim mit dem Zugang zum Alten Jüdischen Friedhof. Zusammen mit der jüdischen Schule wurden sie von der Gestapo als Sammellager für die Deportation Berliner Juden in Konzentrationslager zweckentfremdet. An der Stelle des Altersheims und vor dem Eingang zum Friedhof steht seit 1985 eine Figurengruppe von Will Lammert (1892–1957), die an das Leid der 55.000 jüdischen Bürgerinnen und Bürger erinnert, die von hier aus verschleppt wurden.

Alter Jüdischer Friedhof, Große Hamburger Straße 26, 10115 Berlin ④

KUNSTWERKE IN DEN SOPHIE-GIPS-HÖFEN

Installation, Wandkunst, Skulptur

In den Sophie-Gips-Höfen sind Kunstwerke namhafter Künstlerinnen und Künstler aus der Sammlung Hoffnung zu sehen. Bei der Lichtinstallation »5 Durchgänge« von Gunda Förster (*1967), die sie 1997 in den Durchgängen zwischen den Höfen des Ensembles Sophie-Gips-Höfe anbrachte, ist jeder Durchgang mit einer andersartigen Anordnung von Leuchtröhren in verschiedenen Farben aus-

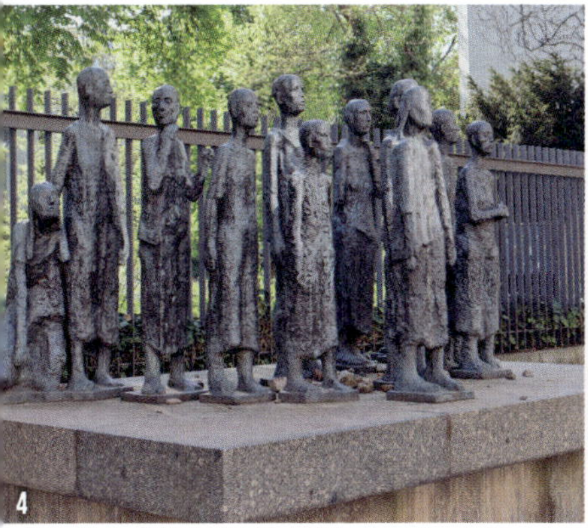

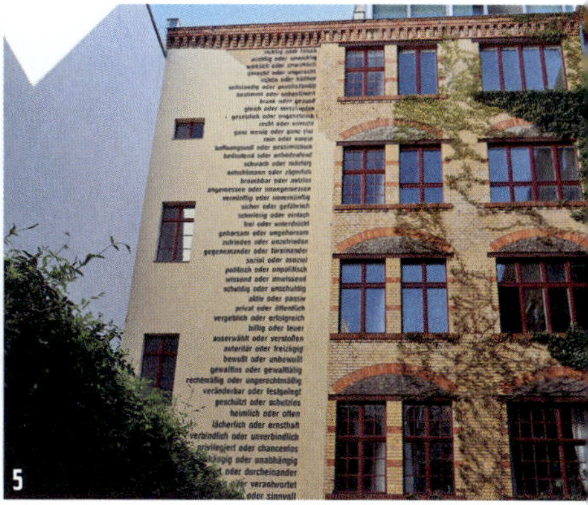

geleuchtet. An einer Glasfassade des modernen Dachaufbaus ist auf einer weißen Wand zu lesen: »Milk and honey taken far far away« und darunter die deutsche Übertragung »Milch und Honig weit weit weggebracht«. Die Wort-Skulptur von 1994 ist ein Werk des amerikanischen Konzeptkünstlers Lawrence Weiner (1942–2021). Betritt man die Durchwegung der Sophie-Gips-Höfe von der Gipsstraße her, führt im ersten Hof der Weg an einer rechteckigen »Rasen-Skulptur« der polnischen Künstlerin Teresa Murak (*1949) vorbei. Ungefähr einen halben Meter erhöht und an den Seiten durch Randsteine umfriedet, fällt eine ebene Rasenfläche schräg nach hinten ab. Ein kleineres, ebenfalls viereckiges Rasenstück wurde in der Mitte herausgeschnitten und schräg verkantet, sodass zwei Ecken überstehen. Die Schnitte werden von korrodierten Stahlplatten markiert. Es ist, als ob von der großen Rasenfläche ein Rasenstück herauskippen würde. An einem haushohen Wandstreifen eines Innenhofs der ehemaligen Fabrik ließ Thomas Locher (*1956), ein Vertreter der Konzeptkunst, 1996 im Auftrag der Sammlung Hoffnung die typografische Wandskulptur »Wunsch und Wille (Entweder / Oder)« anbringen. In rechtsbündiger Anordnung sind über die Höhe der Wand untereinander kurze Zeilen aus nur drei Wörtern angebracht. Jede Zeile enthält gegensätzliche Eigenschaften, die mit »oder« verknüpft sind, wie z. B. »zufrieden oder unzufrieden«.

Sophienstraße 21, 10178 Berlin 5

MONUMENT FOR HISTORICAL CHANGE

Installation, 2004, Clegg & Guttmann

An der Ecke Weydinger- und Linienstraße gibt das ungewöhnliche Denkmal »Monument for Historical Change« Rätsel auf. Die Künstler Michael Clegg (*1957) und Yair Martin Guttmann (*1957) realisieren seit 1980 zahlreiche Kunstwerke gemeinsam. Clegg & Guttmann konzipierten ein Denkmal, das die Idee von Denkmalen hinterfragt und eine Assemblage aus Elementen verschiedener Denkmale in Berlin ist. Eine Treppenanlage mit wenigen Stufen wird von einer halbrunden Mauer gefasst. Sie zitiert die Ummauerung des runden Delphinbrunnens im Volkspark Friedrichshain, der zum Gesamtensemble des Märchenbrunnens gehört. Auf der oberen Plattform steht eine dreistufige Plinthe. Im Original steht darauf »Der Rufer« von Gerhard Marcks, der 1989 kurz vor der Maueröffnung auf dem Mittelstreifen der Straße des 17. Juni aufgestellt wurde. Zu dieser Zeit hatte die Plinthe noch diese Form, inzwischen wurde sie geändert. Auch stehen nicht mehr die Berliner Poller bei der Skulptur, an die im »Monument for Historical Change« erinnert wird. Auf der einen Seite steht die Bronzeskulptur des ersten Preußischen Königs Friedrich Wilhelm I., im Original von 1797, der die ehrenvolle Darstellung einer historischen Person verkörpert. Auf der anderen Seite befindet sich ein würfelförmiges Denkmal. Es ist eine Replik des Herbert-Baum-Denkmals, das seit 1981 im Lustgarten auf der Museumsinsel steht. Seine Inschrift lautet »Unvergessen die mutigen Taten und die Standhaftigkeit der von dem Jungkommunisten Herbert Baum (1912–1942) geleiteten antifaschistischen Widerstandsgruppe«. Herbert Baum und weitere junge Kommunistinnen und Kommunisten seiner Gruppe wurden von Nationalsozialisten erschossen. Die 34 Namen der Widerstandskämpfer stehen auf einer anderen Seite des Denkmals. Auf den breiten Stufen der Anlage liegt eine Platte mit der Inschrift »Gedenkstätte der deutschen Interbrigadisten, Spanien 1936–1939«, im Original ist sie Teil des sogenannten Spanienkämpferdenkmals von 1968, das sich im Volkspark Friedrichshain befindet. So steht an der Straßenecke ein Monument, das Elemente anerkannter Denkmale enthält, aber sich in seiner Gesamtheit auf keinen bestimmten denk-

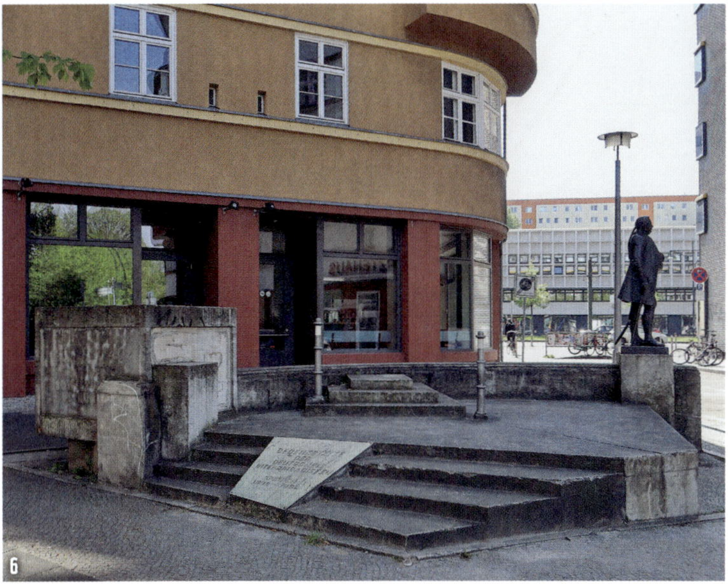
6

würdigen Anlass bezieht. Für einen Interpretationsversuch für das »Monument for Historical Change« oder frei übersetzt »Denkmal für historischen Wandel« wird auf einer Tafel über die Denkmale informiert, aus denen die Fragmente stammen.

Weydingerstraße 20, 10178 Berlin 6

SYNAGOGE

Wandkunst, 2006, GRACO

Wo heute eine Kindertagesstätte steht, befand sich seit 1905 die Synagoge der Vereinigten Synagogenvereine Ahawas Scholaum (Die Friedliebenden) und Mogen David (Stern/Schild des Davids). In der Pogromnacht am 9. November 1938 wurde die Synagoge von den Nationalsozialisten zerstört. Am 5. März 2004 wurde für die verschwundene Synagoge eine Gedenkstätte eingeweiht. In einem kleinen Park steht ein Lesepult mit einer Gedenktafel vor einem großen Bild, das die Brandwand des Nachbarhauses ausfüllt. Es zeigt ein glattgestrichenes, zerknülltes Blatt Papier mit der Bleistiftskizze der Fassade der Synagoge. Es wirkt, als ob jemand aus den Trümmern

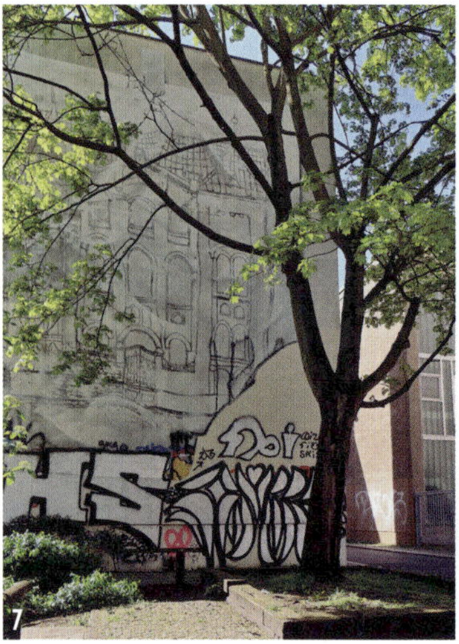
7

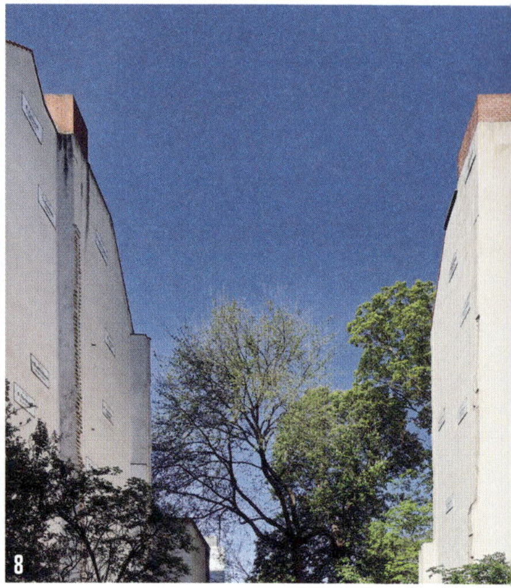
8

der zerstörten Synagoge diese Skizze gerettet und sie zur Erinnerung, Gedenken und Mahnung an die Brandwand des Nachbarhauses geklebt hat.

Kleine Auguststraße 10, 10119 Berlin 7

THE MISSING HOUSE

Denkmal, 1990, Christian Boltanski

Die Bauweise der zwei dunkelgelben Häuser von 1911 veranschaulicht die vielfältige Wohn- und Gewerbestruktur, die vor dem Zweiten Weltkrieg in dieser Straße vorhanden war. Im hinteren Teil fehlt das Quergebäude, das bei einem Bombenangriff im Zweiten Weltkrieg zerstört wurde. Der Künstler Christian Boltanski (1944–2021) recherchierte die Einwohnerinnen und Einwohner und installierte mit diesen Informationen das Denkmal »The Missing House«, ins Deutsche übertragen »Das fehlende Haus«. Auf den Etagen brachte er weiße Schilder mit Namen, den Wohndaten und dem Beruf der damaligen Bewohner an. Den Jahreszahlen zufolge verließen einige vor der Zerstörung ihre Wohnung, die Gründe bleiben offen. Mehrere von ihnen starben 1945, es war wohl das Jahr, als die Bombe das Haus traf.

Große Hamburger Straße 15/16, 10115 Berlin 8

ALFRED EHRHARDT STIFTUNG

Die Alfred Ehrhardt Stiftung widmet sich der wissenschaftlichen Erschließung des Werks von Alfred Ehrhardt (1901–1984). Als Fotograf und Kulturfilmer zählt Alfred Ehrhardt zu den Vertretern der Neuen Sachlichkeit. Die Stiftung wurde im November 2002 vom Sohn des Künstlers, Dr. Jens Ehrhardt, ins Leben gerufen. Der künstlerische Nachlass besteht aus Gemälden, Zeichnungen, Grafiken, Fotografien, Negativen, Filmen und Dokumenten. Daneben beschäftigt sich die Stiftung in Ausstellungen und Veranstaltungen mit zeitgenössischer Fotografie und Medienkunst.

Auguststraße 75, 10117 Berlin, www.aestiftung.de (9)

ARTES BERLIN

Das Angebot von Artes Berlin umfasst Werke der Klassischen Moderne, der Kunst nach 1945, der Pop Art und der zeitgenössischen Kunst. In der Galerie in der Auguststraße werden in wechselnden Ausstellungen Malerei, Grafik und Skulptur des Programms und neue Positionen präsentiert.

Auguststraße 19, 10117 Berlin, www.kunsthaus-artes.de (10)

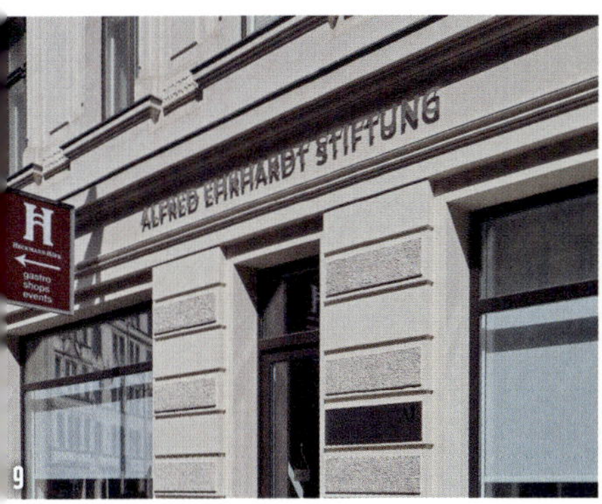

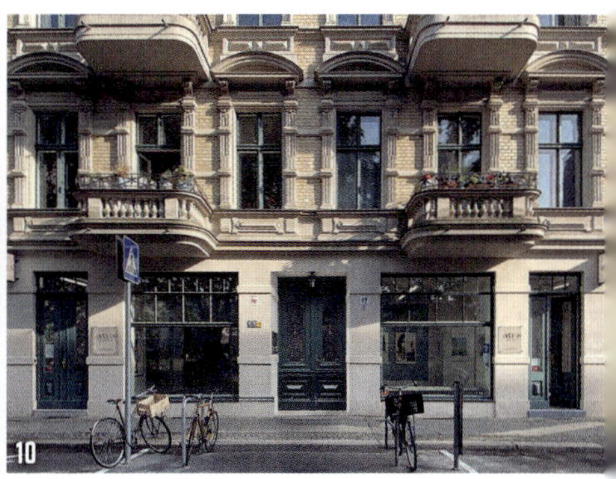

BQ

Die Galerie BQ von Jörn Bötnagel und Yvonne Quirmbach wurde in Köln im Jahr 1998 als Projektraum gegründet. Künstlerinnen und Künstler aus dieser Zeit werden heute noch von BQ vertreten. Seit 2011 befindet sich die Galerie am Rosa-Luxemburg-Platz. BQ arbeitet regelmäßig mit jungen Künstlerinnen und Künstlern sowie etablierten Positionen zusammen.

Weydingerstraße 10, 10178 Berlin, www.bqberlin.de 11

CIRCLE CULTURE GALLERY

Die Circle Culture Gallery wurde 2001 von Dirk Staudinger und Johann Haehling von Lanzenauer als kultureller Projektraum Cc:room gegründet. Die Galerie zeichnet sich durch ein vielfältiges Angebot an Perspektiven von international anerkannten bis hin zu jungen aufstrebenden Künstlerinnen und Künstlern aus. Dirk Staudinger betreibt zudem Meinungs- und Zukunftsforschung innerhalb seines global-thinkers networks und überträgt seine Erfahrungen auf die Ausstellungstätigkeit. Neben anderen künstlerischen Entwicklungen des Zeitgeistes wird auch Street- und Urban Art von weltbekannten Street-Art-Künstlern wie Banksy gezeigt.

Gipsstraße 11, 10119 Berlin, www.circleculture-gallery.com 12

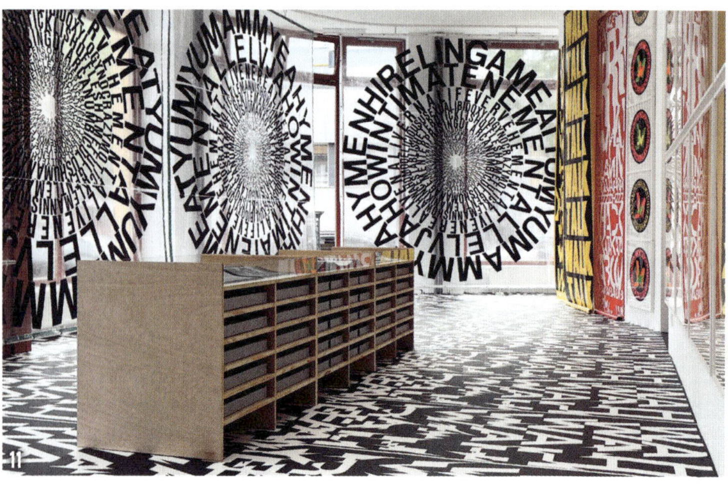

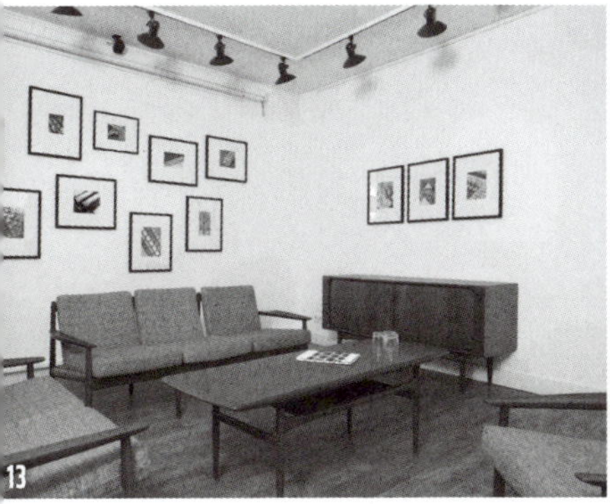

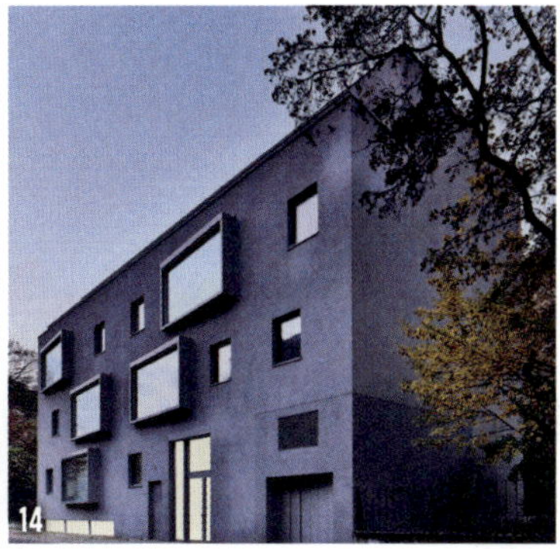

COLLECTION REGARD

Die Collection Regard ist eine private Fotografie-Sammlung von Marc Barbey, die seit 2011 ihre Räume an bestimmten Tagen dem Publikum öffnet. Die Sammlung enthält Werke von den Anfängen der Fotografie bis zu den 1990er Jahren. Besondere Schwerpunkte bilden die Themen Berlin und deutsche Fotografie. Eine Sonderstellung nimmt das umfangreiche Œuvre von Hein Gorny (1904–1967) ein, da Marc Barbey den Nachlass betreut. Es finden fotografische Salons in Form von Buchpräsentationen, Filmabenden oder Künstlergesprächen statt.

Steinstraße 12, 10119 Berlin, www.collectionregard.com 13

DITTRICH & SCHLECHTRIEM

Lars Dittrich und André Schlechtriem gründeten die gleichnamige Galerie 2011 in einem Ausstellungsraum in der Tucholskystraße, wo Lars Dittrich seit 2006 die Pool Gallery betrieb. Von Beginn an lag der Schwerpunkt der Ausstellungen auf konzeptueller zeitgenössischer Kunst in vielfältigen Medien. Besonders jungen Künstlerinnen und Künstlern bietet die Galerie eine Plattform.

Linienstraße 23, 10178 Berlin, www.dittrich-schlechtriem.com 14

EIGEN + ART

Die Galerie EIGEN + ART zählt zu den ersten Galerien in der Auguststraße, wo sie 1992 eröffnete. Gerd Harry Lybke gründete die Galerie 1983 in Leipzig durch eine Wohnungsausstellung mit Werken

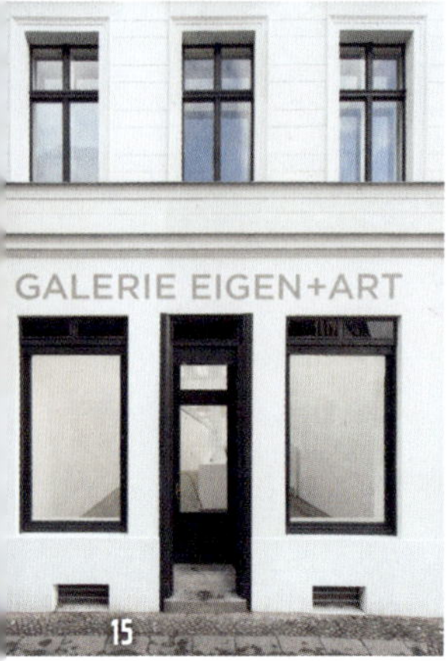

15

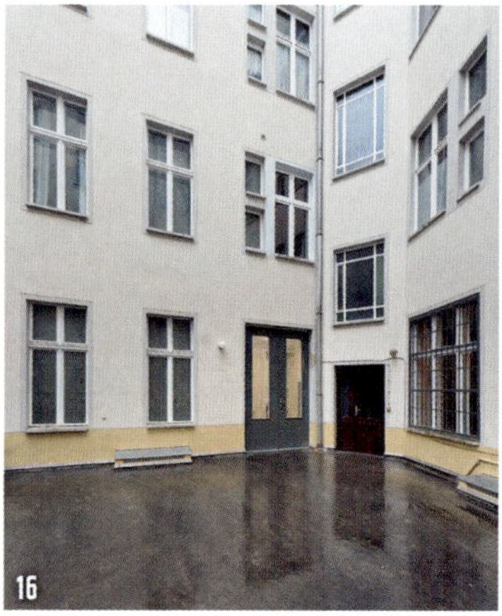
16

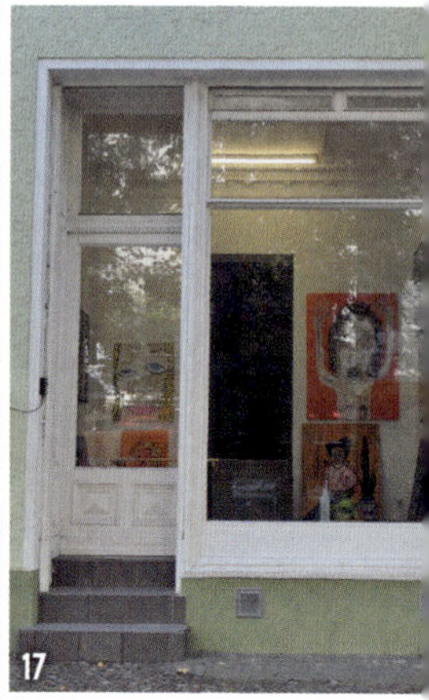
17

befreundeter Künstlerinnen und Künstlern. In Leipzig bezog die Galerie 2005 Räume in der Spinnerei. Die Galerie EIGEN + ART vertritt etablierte namhafte und junge Künstler, die in den Medien Film, Video, Fotografie, Installation, Malerei und Skulptur sowie mit konzeptueller Kunst und Performance arbeiten.

Auguststraße 26, 10117 Berlin, www.eigen-art.com (15)

EIGEN + ART LAB

Die Galerie EIGEN + ART betreibt in der Torstraße das EIGEN + ART Lab, in dem Künstlerinnen und Künstler mit jungen, zeitgenössischen Positionen in unterschiedlichen Medien außerhalb des festen Künstlerstammes der Galerie ausgestellt werden.

Torstraße 220, 10115 Berlin, www.eigen-art-lab.com (16)

FATA MORGANA GALERIE

Die Fata Morgana Galerie ist eine Zusammenarbeit zwischen Kreativen mit interdisziplinären und zeitgenössischen Kunstproduktionen wie Malerei, Fotografie, Mapping, Video, Lichtarbeiten und Performance. Die Galerie ist ein Projektraum für kreative Projekte, aktuelle Entwicklungen und experimentelle Prozesse der Kunst. Träger ist »Kulturverein ...wechsel... e. V.

Torstraße 170, 10115 Berlin, www.fatamorganagalerie.com (17)

GALERIE ART CRU BERLIN

Die Galerie ART CRU Berlin stellt als Schwerpunkt Kunst von Menschen mit Behinderungen und psychischen Ausnahmeerfahrungen aus. Die Galerie ART CRU Berlin, deren Betreiber ein gemeinnütziger Verein ist, möchte die ursprünglichen und unverfälschten Werke dieser Künstlerinnen und Künstler in den etabliertem Kunstbetrieb integrieren. Werke internationaler Künstlerinnen und Künstlern mit ähnlichen persönlichen Erfahrungen werden ebenfalls in der Galerie ART CRU Berlin gezeigt.

Im Kunsthof, Oranienburger Straße 27, 10117 Berlin, www.art-cru.de 18

GALERIE DESCHLER BERLIN

In der Aufbruchstimmung nach der Wende gründete Marcus Deschler 1995 seine Galerie. Die Galerie arbeitet eng mit Künstlerinnen und Künstlern zusammen, die seit Jahren im Ausstellungsprogramm sind. Der Schwerpunkt liegt auf technisch innovativen Erkundungen künstlerischer Traditionen. Die Galerie vertritt eine Reihe von international namhaften Künstlern, darunter auch Künstler der »Neuen Berliner Wilden«.

Auguststraße 61, 10117 Berlin, www.deschler-berlin.de 19

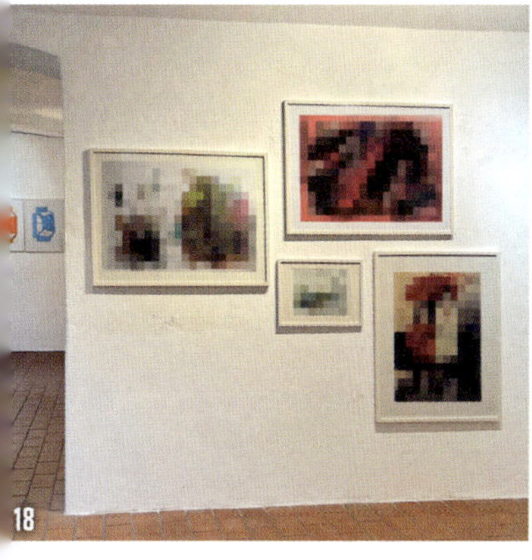
18

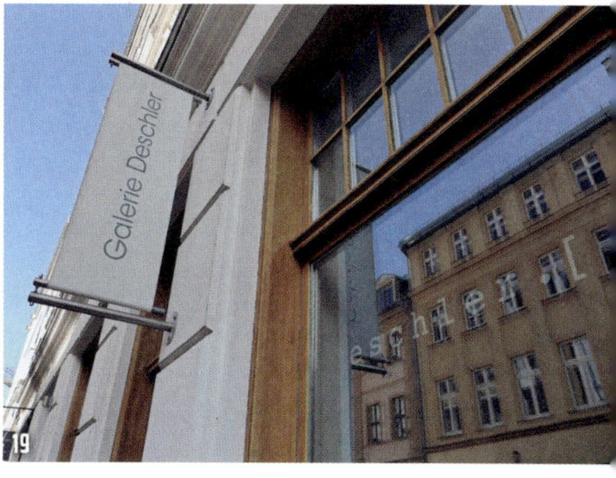

19

GALERIE DITTMAR

Die Galerie Dittmar zeigt internationale, moderne und zeitgenössische Kunst aus den Bereichen Zeichnung, Malerei, Skulptur und Fotografie. Vertreten werden renommierte wie aufstrebende Künstler. In der eigenen Edition veröffentlicht Galerist Dr. Peter Dittmar sorgfältig redigierte monografische Kataloge mit qualifizierten Essays von Kunsthistorikern, die international Beachtung finden.

Auguststraße 22, 10117 Berlin, www.galerie-dittmar.de 20

GALERIE MARTIN MERTENS

Die Galerie Martin Mertens präsentiert ein Programm mit junger internationaler Kunst. Die Positionen umfassen verschiedene Medien der zeitgenössischen Kunst wie reduziert abstrakte, geometrische Malerei, gegenständliche Malerei und Zeichnung, Fotokunst, Objektkunst und Skulptur. Es finden sich auch Beiträge zu neo-surrealen Positionen.

Linienstraße 148, 10115 Berlin, www.martinmertens.com 21

GALERIE NAGEL DRAXLER

Die Kölner Galerie Nagel Draxler unter der Leitung von Christian Nagel und Saskia Draxler erweiterte sich 2002 mit Ausstellungsräumen am Rosa-Luxemburg-Platz in Berlin und seit 2019 mit einem Standort in München. Im Ausstellungsprogramm sind eine etablierte

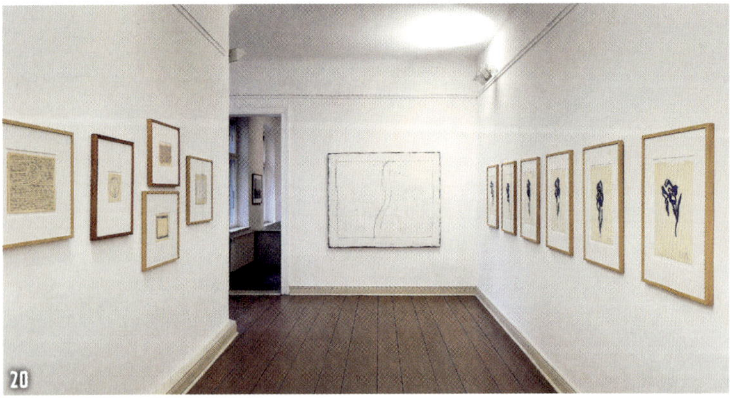

20

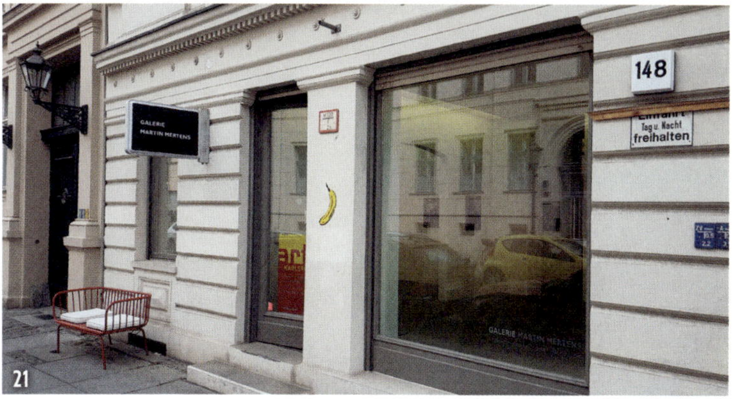

Künstlergeneration, die weitgehend seit den Kölner Anfängen der Galerie betreut wird, und junge Künstlerinnen und Künstlern, die in unterschiedlichen Medien arbeiten.

Weydingerstraße 2/4, 10178 Berlin, www.nagel-draxler.de 22

GALERIE NEU

Als Studenten gründeten die beiden Galeristen Thilo Wermke und Alexander Schröder die Galerie NEU 1994 während der Aufbruchszeit in der Auguststraße. Es folgten weitere Standorte, bis die Galerie 2014 in einem Innenhof in das Gebäude eines ehemaligen Heizkraftwerks für die umliegenden DDR-Plattenbauten einzog. Die Galerie NEU zeigt zeitgenössische Kunst mit unterschiedlichen Positionen junger und international renommierter Künstlerinnen und Künstlern.

Linienstraße 119 abc, 10115 Berlin, www.galerieneu.net 23

GALERIE NEUGERRIEMSCHNEIDER

Die Galerie neugerriemschneider hat neben dem Standort in der Linienstraße einen Ausstellungsraum in dem ehemaligen Brauereigelände Pfefferberg in Prenzlauer Berg. Die Galerie für zeitgenössische Kunst stellte schon früh junge Künstlerinnen und Künstler aus, die inzwischen etabliert und international bekannt sind.

Linienstraße 155, 10115 Berlin / Galerie neugerriemschneider Pfefferberg, Christinenstraße 18–19, 10119 Berlin, www.neugerriemschneider.com 24

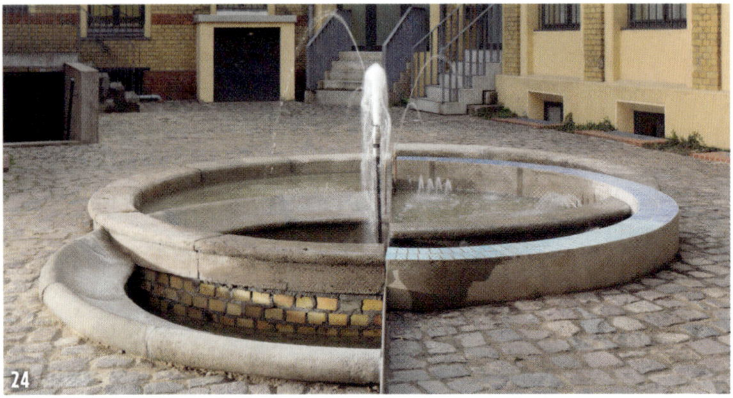
24

GALERIE NEUROTITAN

Der langgestreckte Hof des Hauses Schwarzenberg versprüht noch immer die Stimmung eines ungezügelten kreativen Aufbruchs in der Berliner Nachwendezeit. In den historischen Gebäuden sind Künstlerateliers, Programmkino, Gedenkstätten, Bar, Gewerbe und die Galerie neurotitan angesiedelt. Die Galerie neurotitan fördert interdisziplinäre Kunst und Kultur und präsentiert hauptsächlich junge und unbekannte Künstlerinnen und Künstler mit Werken zwischen Avantgarde, Subkultur und etablierter Kunst. Das vielseitige Galerieprogramm setzt sich zusammen aus Street Art, Comics, Illustration, Siebdruck und Bildender Kunst.

Haus Schwarzenberg, Rosenthaler Straße 39, 10178 Berlin, www.neurotitan.de 25

GALERIE POLL BERLIN

Die Galerie Poll wird von Nana Poll und ihrer Mutter Eva Poll geleitet. Die Galerie eröffnete 1968 in Charlottenburg. Damit setzten Eva und Lothar C. Poll die Tradition der Produzentengalerie Großgörschen 35 (1964–1968) fort, deren ehrenamtlicher Geschäftsführer Lothar C. Poll war. Seit 2015 hat die Galerie Poll ihren Sitz in der Gipsstraße, wo auch die 1986 von Eva und Lothar C. Poll gegründete Kunststiftung Poll beheimatet ist. Der Programmschwerpunkt der Galerie liegt auf figurativen Positionen der Malerei, Zeichnung, Fotografie und Skulptur.

Gipsstraße 3, 10119 Berlin, www.poll-berlin.de 26

GALERIE THOMAS FISCHER

Bis die Galerie Thomas Fischer 2021 ihre Räume in der Mulackstraße in Mitte bezog, arbeitete sie in Kooperationen mit anderen Galerien wie Andreas Murkudis oder Soy Capitán. Die Galerie Thomas Fischer präsentiert medienübergreifende Kunst in Malerei, Zeichnung, Installation, Fotografie und Videokunst von jungen sowie bereits etablierten Künstlern.

Mulackstraße 14, 10119 Berlin, www.galeriethomasfischer.de (27)

HAMBURGER BAHNHOF – NATIONALGALERIE DER GEGENWART

Der Hamburger Bahnhof beherbergt bedeutende Sammlungen zeitgenössischer Kunst, die in einer Vielzahl von wechselnden Ausstellungen gezeigt werden. Er ist das größte Haus der Nationalgalerie, deren umfassende Bestände außerdem in der Alten und der Neuen Nationalgalerie, dem Museum Berggruen und der Sammlung Scharf-Gerstenberg zu finden sind. Für die zwischen 2004 und 2021 ins Haus gelangte Dauerleihgabe der Friedrich Christian Flick Collection wurde das Museum im Hamburger Bahnhof mit umgebauten Speditionshallen, den sogenannten Rieckhallen, erweitert und durch einen Übergang mit ihnen verbunden. Die Nationalgalerie im Hamburger Bahnhof – Nationalgalerie der Gegenwart gehört mit zu den größten und wichtigsten öffentlichen Sammlungen für zeitgenössische Kunst.

Invalidenstraße 50–51, 10557 Berlin, www.smb.museum (28)

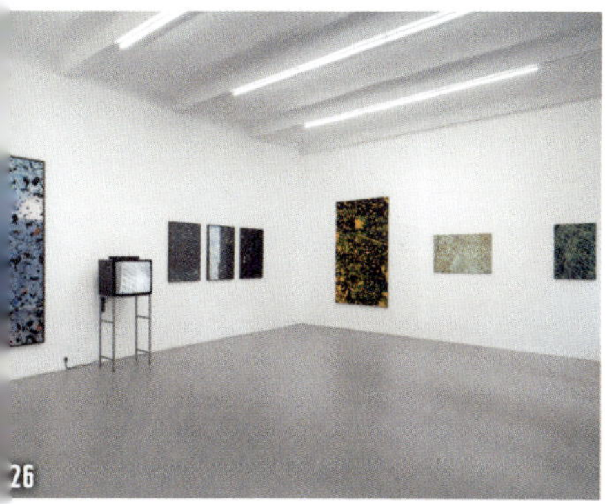
26

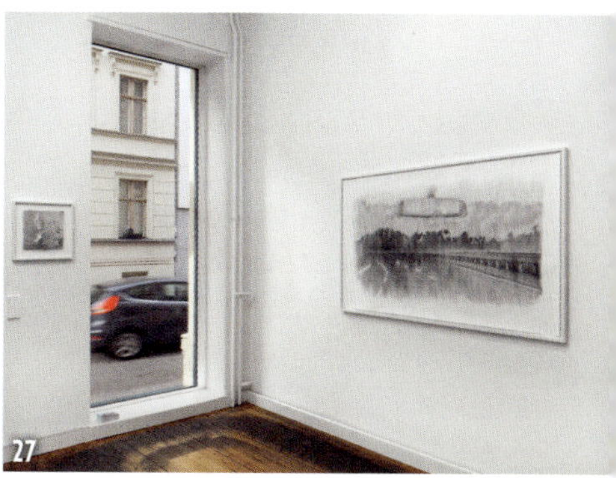
27

IFA GALERIE – INSTITUT FÜR AUSLANDSBEZIEHUNGEN

Die ifa-Galerie Berlin des Instituts für Auslandsbeziehungen bringt Kunst und Kultur in Dialog, ist Treffpunkt und digitale Plattform zugleich. Mit dem transdisziplinären Ausstellungs- und Vermittlungsprojekt »Untie to Tie« lädt die ifa-Galerie Berlin seit 2017 zu einem Diskurs über koloniale Vermächtnisse, Bewegung, Migration und Umwelt ein. Das Institut für Auslandsbeziehungen engagiert sich weltweit für ein friedliches Zusammenleben von Menschen und Kulturen und fördert den Kulturaustausch in Ausstellungs-, Dialog- und Konferenzprogrammen. Die ifa-Galerie Berlin zeigt zeitgenössische Kunst, Architektur und Design aus aller Welt.

Linienstraße 139 / 140, 10115 Berlin, www.ifa.de 29

JANINEBEANGALLERY

Die janinebeangallery wurde 2004 von Janine Bean gegründet und fördert internationale zeitgenössische Kunst in Mixed-Media, Fotografie, Zeichnung, Skulptur, Installationen und der Malerei. Sie legt Wert auf die langfristige, konzentrierte Zusammenarbeit mit jungen und etablierten Künstlerinnen und Künstlern.

Torstraße 154, 10115 Berlin, www.janinebeangallery.com 30

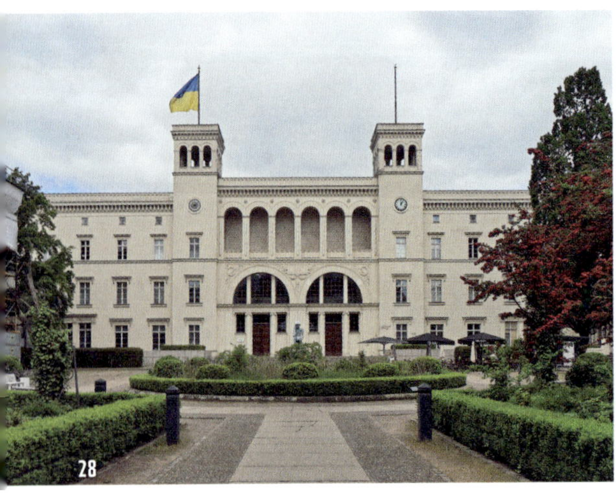

28

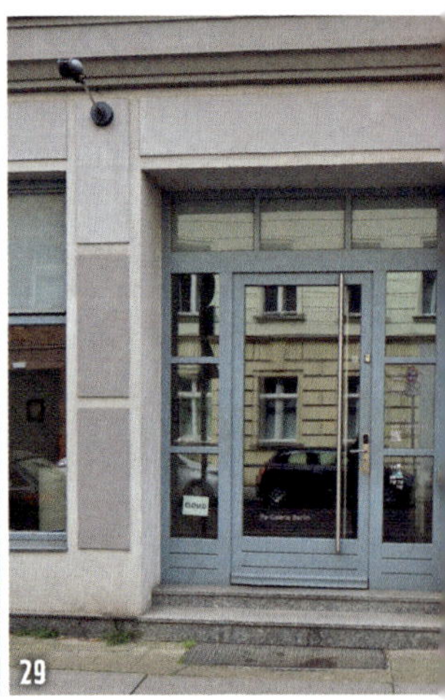

29

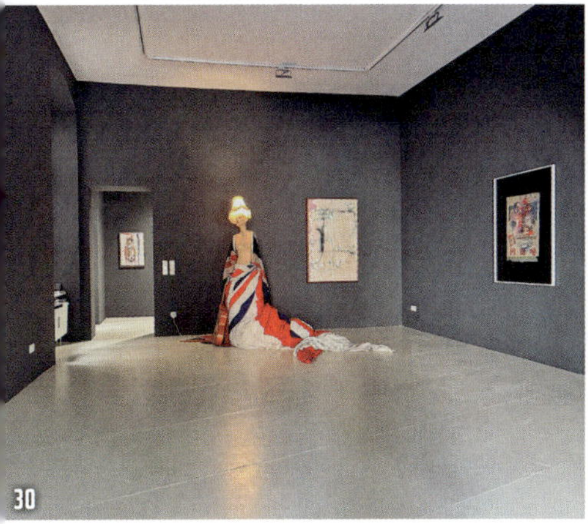

30

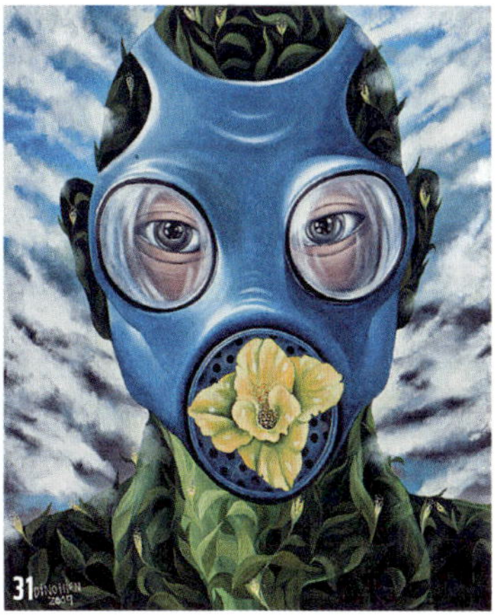

31

KAYSERTRADEGALLERIES

KayserTradeGalleries wurde 2014/15 von der Ärztin Sonja A. Fischer in Hamburg gegründet und befindet sich seit 2017 in Berlin. Die Galeristin ist seit vielen Jahren als Sammlerin vietnamesischer Kunst und Vertreterin zeitgenössischer vietnamesischer Künstlerinnen und Künstler und der Kunstszene Hoi Ans, Hues, Hanois und HCMC bekannt. KayserTradeGalleries fördert den Austausch vietnamesischer und deutscher Kunst in Zusammenarbeit mit der Artist Residency 665/16 in Hoi An, Quang Nam, Vietnam.

Gormannstraße 14, 10119 Berlin, www.kaysertradegalleries.com 31

KUCKEI + KUCKEI

Mit ihrer Galerie zogen die Brüder Ben und Hannes Kuckei 1998 aus Berlin-Wilmersdorf in die Linienstraße, wo 2015 ein weiterer Ausstellungsraum eröffnet wurde. Das Programm der Galerie versammelt zeitgenössische Positionen aus den Medien Fotografie, Malerei, Papierarbeiten, Zeichnung, Objekte und Video-Installationen.

Linienstraße 107/108 und 158, 10115 Berlin, www.kuckei-kuckei.de 32

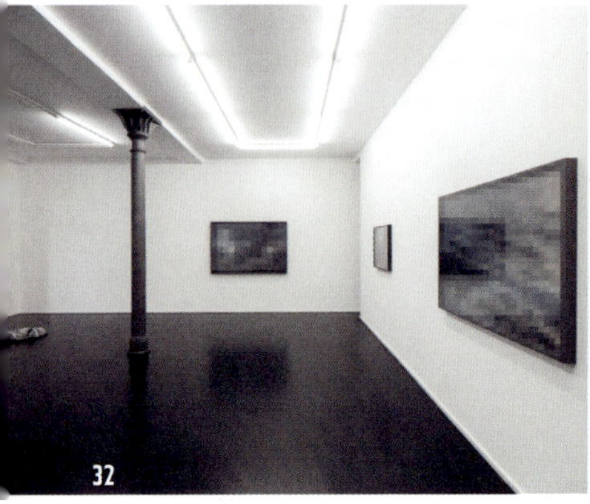

32

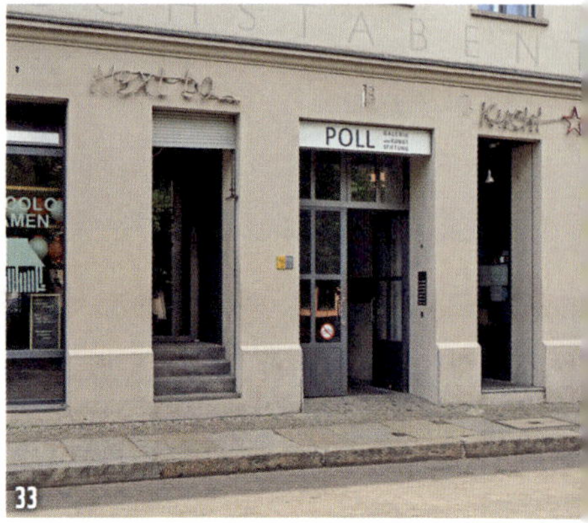

33

KUNSTSTIFTUNG POLL

Die 1986 gegründete gemeinnützige Kunststiftung Poll widmet sich der Förderung und Erforschung figurativer Kunst im 20. und 21. Jahrhundert. Sie macht bestimmte künstlerische Einzelpositionen des Realismus für die Öffentlichkeit zugänglich und fördert ihre kunstgeschichtliche Wahrnehmung. Die Stiftung kümmert sich um die künstlerischen Nachlässe, Zustiftungen und Werkgruppen einzelner Künstlerinnen und Künstler sowie Arbeiten europäischer Künstler aus der zweiten Hälfte des 20. Jahrhunderts. Ein Besuch ist nach Anmeldung möglich.

Gipsstraße 3, 10119 Berlin, www.poll-berlin.de (33)

KW INSTITUTE FOR CONTEMPORARY ART

Das KW Institute for Contemporary Art bildet mit Entstehungsgeschichte und Ausstellungsprogramm zeitgenössischer Kunst die Keimzelle aus den Nachwendejahren und seither das Herzstück des Galerienviertels rund um die Auguststraße. Der heute renovierte Innenhof mit historischen Wohn- und Fabrikgebäuden und dem Café Bravo war ein baufälliger Innenhof mit einer stark sanierungsbedürftigen ehemaligen Margarinefabrik. Hier wurden Anfang der 1990er Jahre die »Kunstwerke«, später genannt das KW Institute for Contemporary Art, als private Initiative von Klaus Biesenbach, Alexandra Binswanger, Clemens Homburger, Philipp von Doering und Alfonso

Rutigliano gegründet. Seit der Wiedereröffnung im Herbst 1999 nach einer grundlegenden Sanierung der denkmalgeschützten Gebäude sowie der Ergänzung durch zwei Neubauten stehen dem KW Institute for Contemporary Art mehrere Büro- und Atelierräume in den Seitenflügeln, im Innenhof ein kommunikatives Café als Ort der Begegnung und des Austauschs und eine Ausstellungsfläche von 2.000 Quadratmetern über fünf Etagen zur Verfügung. Das KW Institute for Contemporary Art widmet sich durch die Produktion, Präsentation und Vermittlung zeitgenössischer Kunst zentralen Fragen unserer Gegenwart und zeigt wechselnde Ausstellungen internationaler zeitgenössischer Kunst.

Auguststraße 69, 10117 Berlin, www.kw-berlin.de 34

LOOCK GALERIE

1988 begründete Friedrich Loock die »Galerie Wohnmaschine«, die später in »LOOCK Galerie« umbenannt wurde. Seit 2022 in der Ackerstraße, präsentiert sie mit Fokus auf zeitgenössische Kunst internationale Künstlerinnen und Künstler in den Medien Fotografie, Malerei und Installationskunst sowie das Schaffen ostdeutscher Fotografen und vielfältige Künstlernachlässe.

Ackerstraße 171, 10115 Berlin, www.loock.info 35

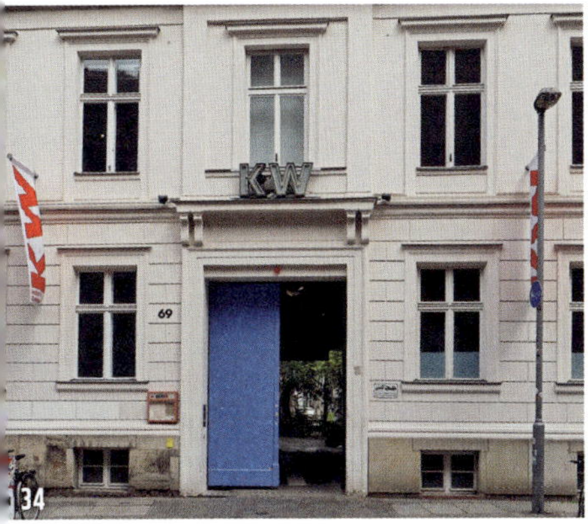

34

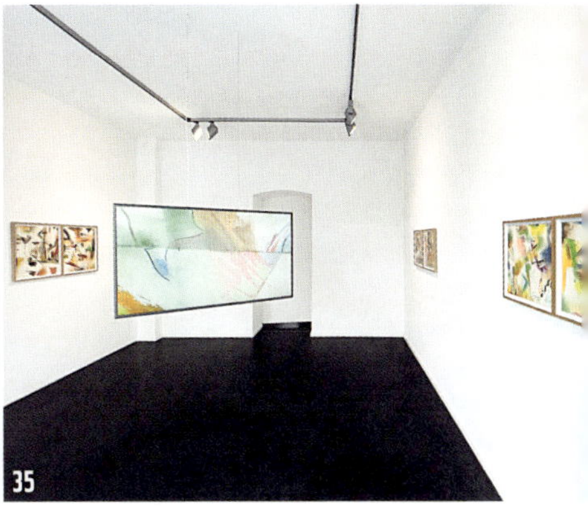

35

MICHAEL FUCHS GALERIE

Mit dem Umbau der ehemaligen Jüdischen Mädchenschule schuf der Galerist Michael Fuchs einen »Ort der Kunst und Esskultur«. In dem Gebäude eröffnete er 2012 in den ehemaligen Klassenräumen und in der Aula seine Kunstgalerie. Für die Esskultur zog in die ehemalige Schulturnhalle ein Restaurant ein. In der Michael Fuchs Galerie finden wechselnde Einzel- und Gruppenausstellungen mit Künstlerinnen und Künstlern statt, die unterschiedliche Positionen der zeitgenössischen klassischen Kunst vertreten.

Auguststraße 11–13, 10117 Berlin, www.michaelfuchsgalerie.com 36

MIGRANT BIRD SPACE

Seit 2015 stellt die Kunststiftung und Galerie Migrant Bird Space junge chinesische und deutsche Künstlerinnen und Künstler aus. Die Galeristin Lu Mei versteht sich und die Galerie Migrant Bird Space auch als Mittler zwischen Kunstagenturen in China und Europa. Der Schwerpunkt liegt auf zeitgenössischer chinesischer Kunst.

Koppenplatz 5, 10115 Berlin, www.migrantbirdspace.com 37

MOUNTAINS

Die Galerie Mountains ist eine 2019 von Markus Summerer und Klaus Voss gegründete Kunstgalerie am Rosa-Luxemburg-Platz. Sie zeigt zeitgenössische Positionen aus Malerei, Skulptur und Konzeptkunst

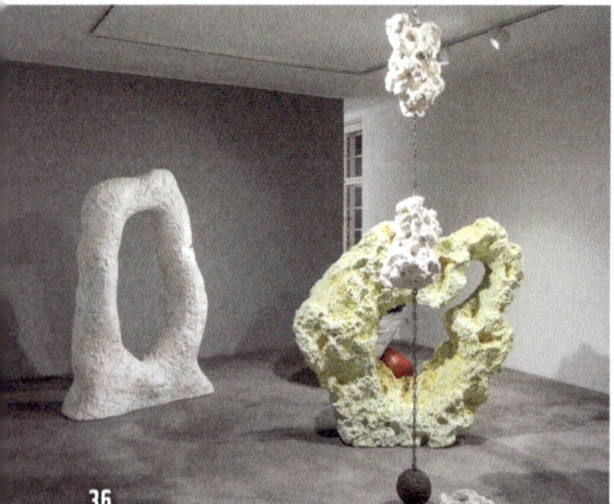
36

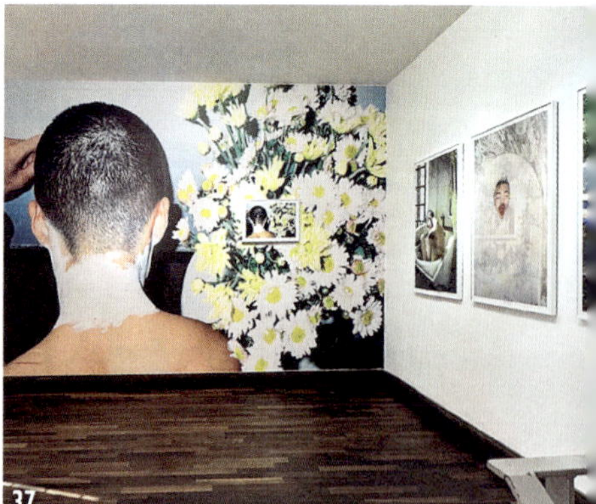
37

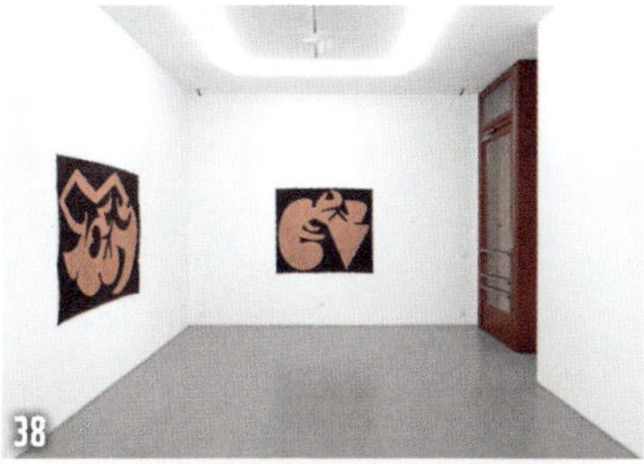

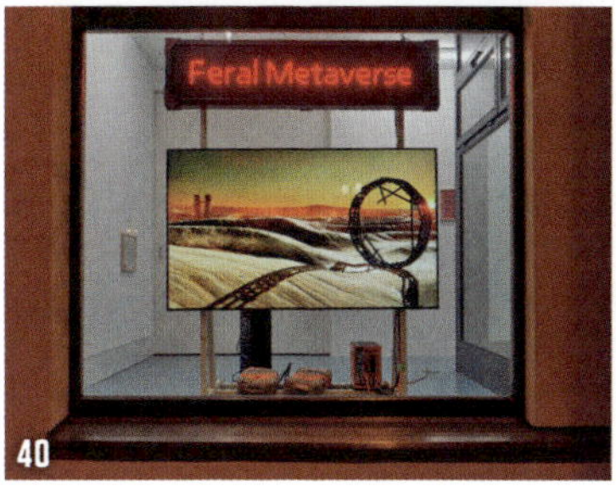

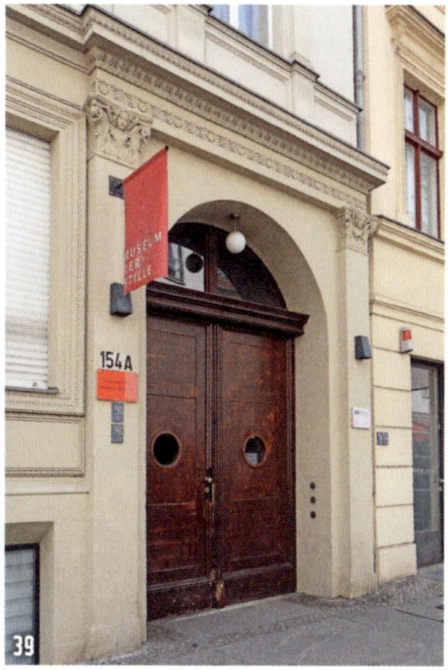

vor allem junger Künstlerinnen und Künstler mit internationaler Ausrichtung.

Weydingerstraße 6, 10178 Berlin, www.mountains.gallery (38)

MUSEUM DER STILLE

Das Museum der Stille wurde 1994 von dem Maler Nikolai Makarov eröffnet. Die dezent ausgeleuchteten Ausstellungsräume sind in dunklem Rot gehalten, großformatige Gemälde von Makarov mit Wolken- und Landschaftsfragmenten laden zur Kontemplation ein. Mit dem Museum der Stille wurde ein Raum für Stille, Einkehr und Ruhe geschaffen.

Linienstraße 154 A, 10115 Berlin, www.museum-der-stille.de (39)

NAGEL DRAXLER CRYPTO KIOSK

In der Nähe der Berliner Dependance stellt die Galerie Nagel Draxler im »Crypto Kiosk« seit 2022 eine Avantgarde von Künstlerinnen und Künstlern aus, die sich mit dem neuen digitalen Zeitalter der NFTs, Blockchains, des Metaversums und des Web3 auseinandersetzen.

Rosa-Luxemburg-Straße 33, 10178 Berlin, www.nagel-draxler.de (40)

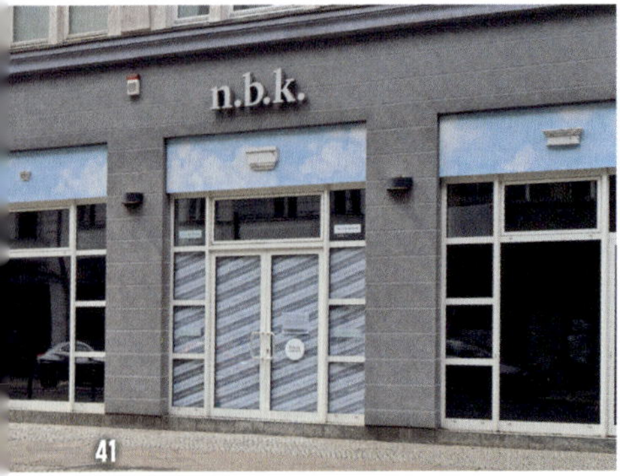

41

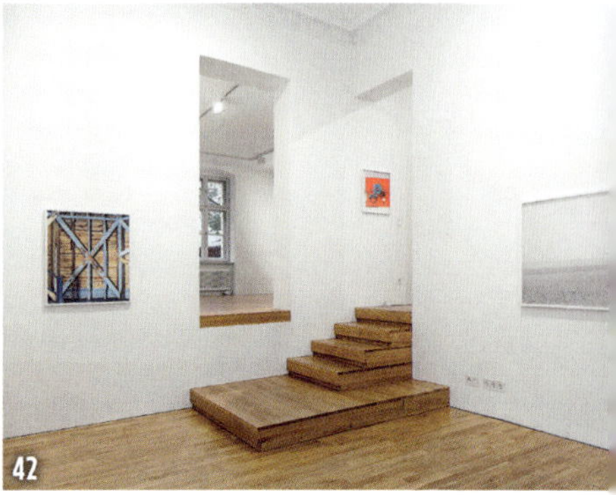
42

NEUER BERLINER KUNSTVEREIN (N.B.K.)

Der Neue Berliner Kunstverein (n.b.k.) mit Ausstellungsräumen, Artothek und Video-Forum versteht sich als ein Ort zeitgenössischer Kunst- und Diskursproduktion. Der Verein wurde 1969 mit dem Ziel gegründet, zeitgenössische bildende Kunst der Öffentlichkeit zu präsentieren. Der n.b.k. zeigt Gegenwartskunst von internationalen Künstlerinnen und Künstlern sowie junge Positionen aus Berlin.
Chausseestraße 128/129, 10115 Berlin, www.nbk.org 41

ROBERT MORAT GALERIE

Die Robert Morat Galerie beschäftigt sich hauptsächlich mit neuen Positionen in der zeitgenössischen Fotografie. Sie zeigt wechselnde Ausstellungen deutscher und internationaler Fotografen. Neben der Fotografie werden medienübergreifende künstlerische Positionen wie Collagen, Zeichnungen, Video, Malerei oder Skulpturen präsentiert.
Linienstraße 107, 10115 Berlin, www.robertmorat.de 42

SALON BERLIN

Im Herbst 2016 eröffnete das Museum Frieder Burda aus Baden-Baden den Salon Berlin in der ehemaligen Jüdischen Mädchenschule in der Auguststraße. Der Ort hat sich der Förderung und Vermittlung neuer künstlerischer Ausdrucksformen verschrieben. Der Salon Berlin möchte mit seinen thematisch und ästhetisch erarbeiteten Ausstellungsformaten intellektuelle und emotionale Anstöße geben, um notwendige Visionen für eine gemeinsame Zukunft zu entwickeln. Ein Besuch ist nur nach vorheriger Anmeldung möglich.

Auguststraße 11–13, 10117 Berlin, www.museum-frieder-burda.de 43

SAMMLUNG BOROS

Die Sammlung Boros ist eine Sammlung zeitgenössischer Kunst von Karen und Christian Boros innerhalb der BOROS Foundation und umfasst Werkgruppen internationaler Künstlerinnen und Künstler ab 1990. In wechselnden Präsentationen werden Werke aus der Sammlung in einem umgebauten Hochbunker aus dem Zweiten Weltkrieg der Öffentlichkeit gezeigt. Bei geführten Rundgängen in kleinen Gruppen durch den Bunker werden Inhalte zu den ausgestellten Arbeiten, der Geschichte des Gebäudes und der Architektur vermittelt.

Reinhardtstraße 20, 10117 Berlin, www.sammlung-boros.de 44

SAMMLUNG HOFFMANN

Erika und Rolf Hoffmann zeigten ab 1997 in ihren Wohn- und Arbeitsräumen Ausschnitte ihrer Sammlung zeitgenössischer Kunst. Seit 2001 setzt Erika Hoffmann das gemeinsam Begonnene fort und prä-

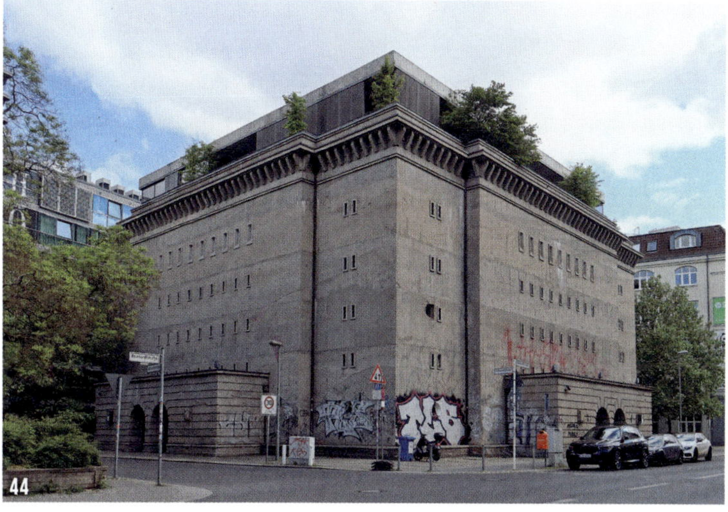

sentiert an bestimmten Terminen thematisch kuratierte Zusammenstellungen aus der Sammlung. Anmeldung ist erforderlich.
Sophie-Gips-Höfe, Sophienstraße 21, 10178 Berlin, www.sammlung-hoffmann.de 45

SANDAU & LEO GALERIE

Dr. Doris Leo und Jörg Sandau arbeiten seit Jahren mit zahlreichen Künstlerinnen und Künstlern zusammen, darunter auch bekannte Namen aus der Zeit der DDR. Neben Malerei, Papierarbeiten, Grafiken und Skulpturen werden fotografische Arbeiten gezeigt. Die Förderung junger Künstler, die das bisherige figurative Programm in den nonfigurativen Bereich erweitern, ist ein kontinuierliches Anliegen.
Tucholskystraße 38, 10117 Berlin, www.sandau-leo.de 46

SEIBERT COLLECTION

Die private Kunstsammlung von Ulrich Seibert orientiert sich an der persönlichen Freude des Sammlers und an seinem Spaß an den farbigen, figurativen, oft surrealen Bildern. Viele der ausgestellten Künstlerinnen und Künstler kommen von der amerikanischen Westküste und sind in Deutschland weniger bekannt. Besichtigungen sind nach Anmeldung oder spezieller Verabredung möglich.
Oranienburger Straße 32, 10117 Berlin, www.seibert-collection.art 47

SEMJON CONTEMPORARY

Die Galerie für zeitgenössische Kunst präsentiert deutsche und internationale Künstlerinnen und Künstler mit Arbeiten in verschie-

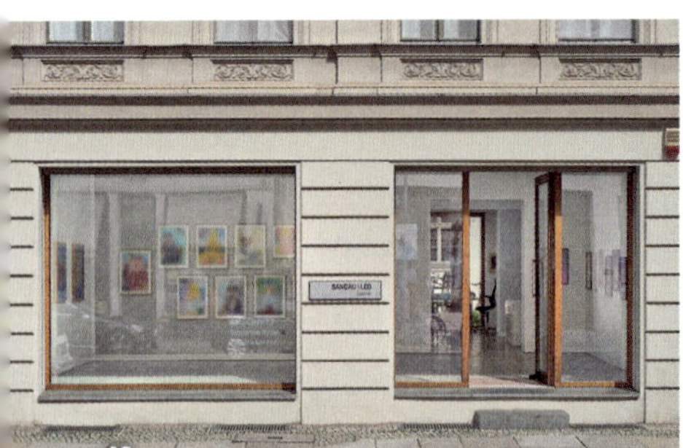
46

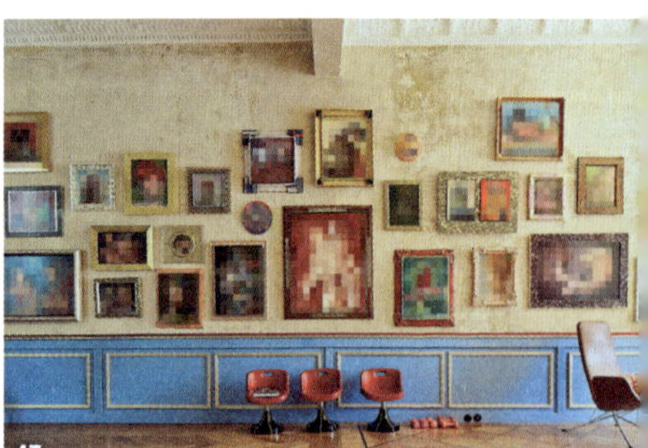
47

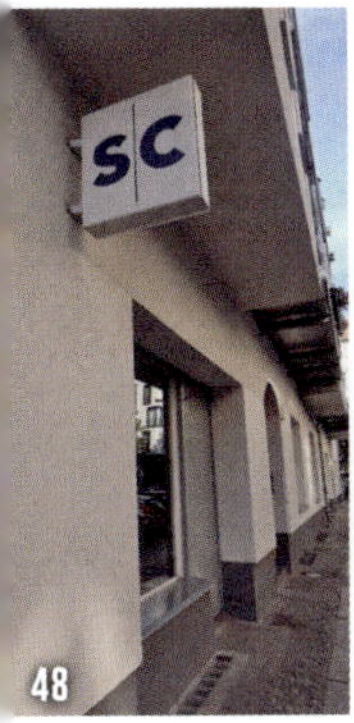

48

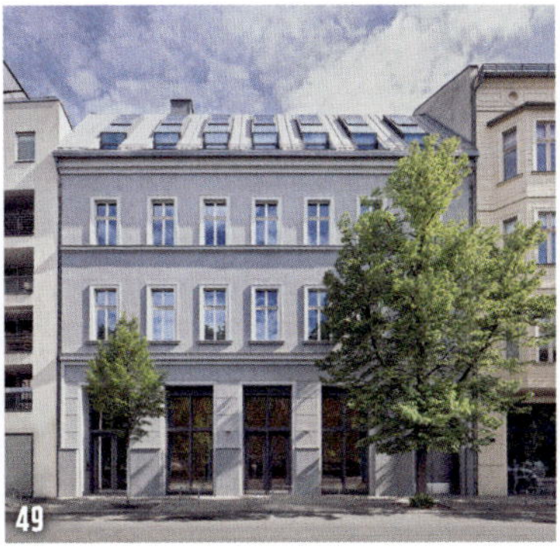

49

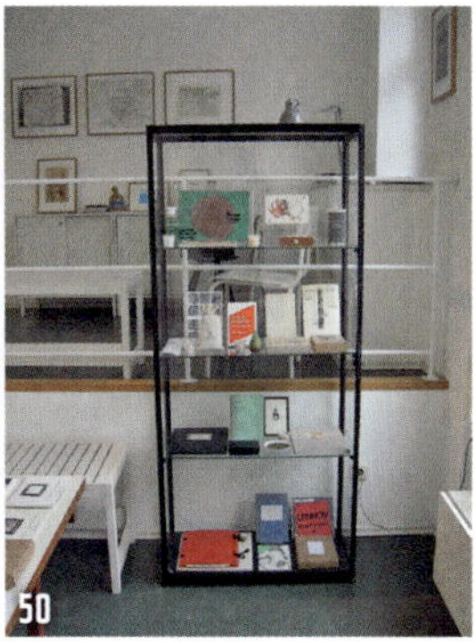

50

denen künstlerischen Medien wie Malerei, Skulptur, Installation, Zeichnung, Fotografie, Video und Performance. Das zeitgenössische Programm der Galerie wird in zwei separaten Ausstellungsräumen präsentiert.

Schröderstraße 1, 10115 Berlin, www.semjoncontemporary.com 48

SPRÜTH MAGERS

Die Galerie Sprüth Magers entwickelte sich zu einer der bedeutendsten und erfolgreichsten Kunstgalerien der internationalen zeitgenössischen Kunst unterschiedlicher Medien und Richtungen. Sprüth Magers zeigt Ausstellungen in ihren Galerien in Berlin, Londons Mayfair, der Miracle Mile in Los Angeles und Manhattan, New York und unterhält Büros in Köln, Seoul und Hongkong.

Oranienburger Straße 18, 10178 Berlin, www.spruethmagers.com 49

STELLA A. GALERIE / EDITION

Die Galerie Stella A. versteht sich als ein Ort für Kunst, die den Betrachter als Teil des kreativen Aktes betrachtet, für Kunstwerke, die sich nicht nur an das Auge, sondern auch an das Denken richten. Zu Ausstellungen erscheinen Editionen in kleiner Auflage. Außerdem werden Editionen und Multiples von bekannten Künstlern angeboten. Zum Programm zählen Künstlerbücher, antiquarische Bücher oder Ausstellungskataloge.

Gipsstraße 4, 10119 Berlin, www.stella-a.de 50

UM DIE AUGUSTSTRASSE UND EIN BISSCHEN WEITER

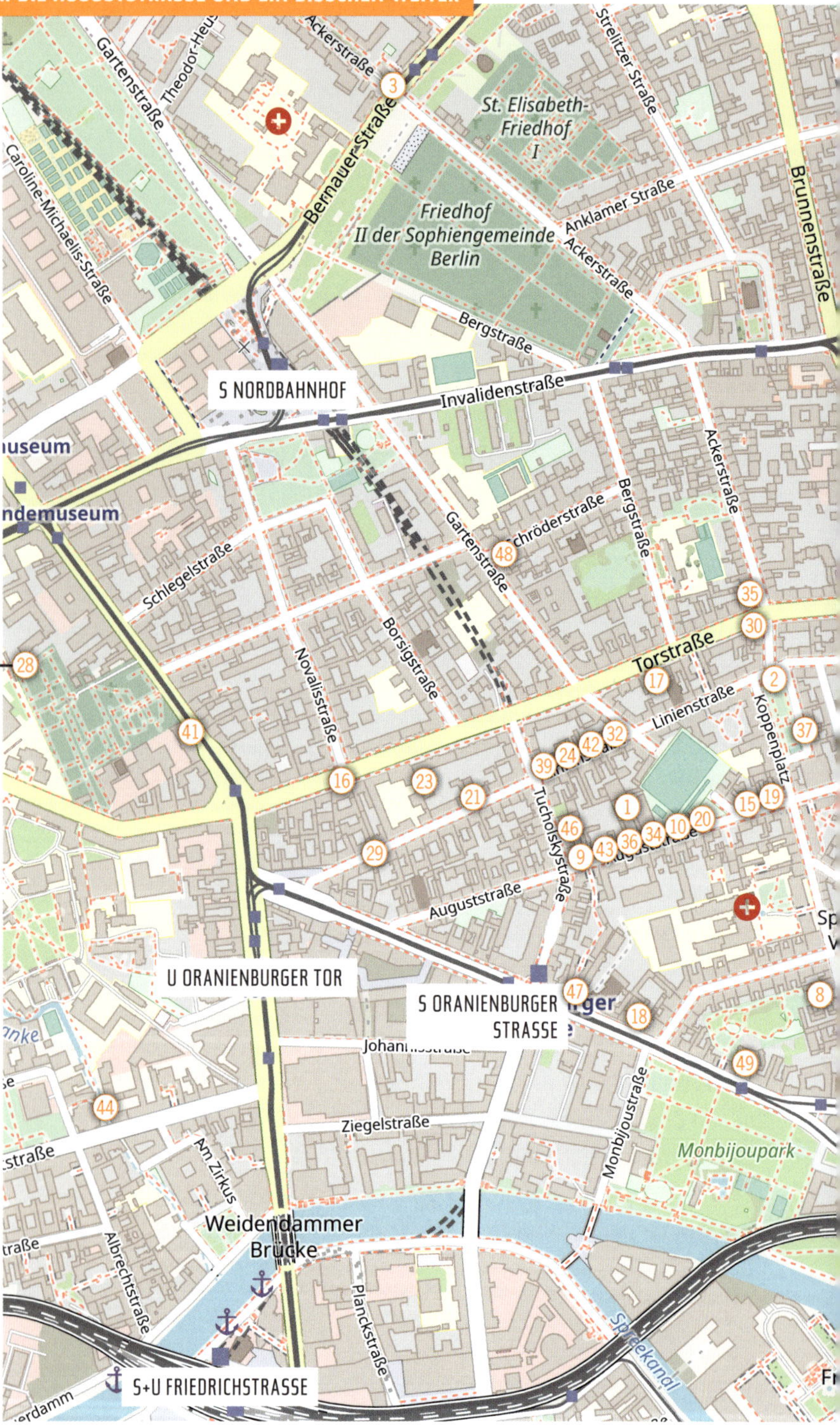

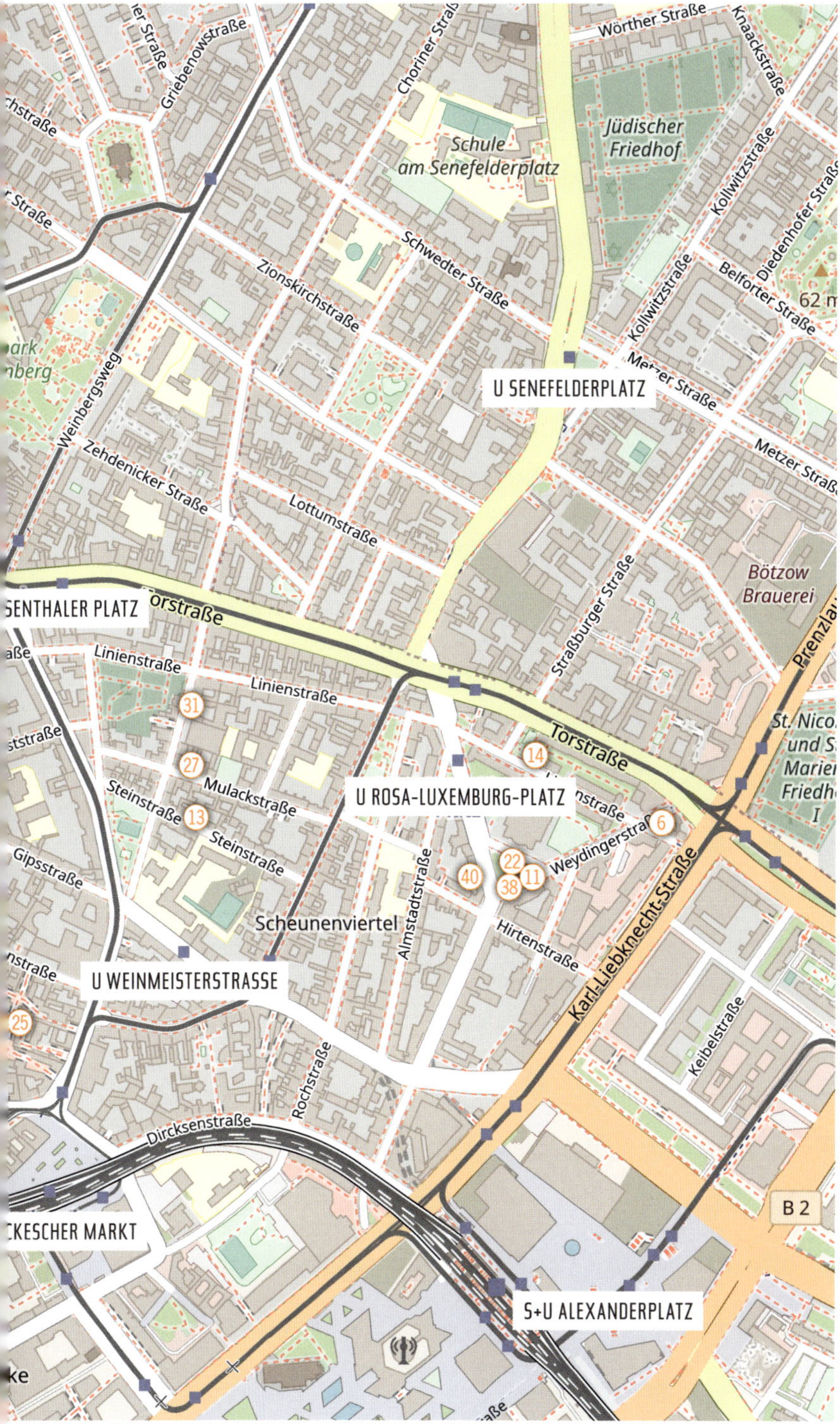

U SENEFELDERPLATZ
U ROSA-LUXEMBURG-PLATZ
U WEINMEISTERSTRASSE
S+U ALEXANDERPLATZ
Schule am Senefelderplatz
Jüdischer Friedhof
Bötzow Brauerei
Scheunenviertel
Wörther Straße
Knaackstraße
Choriner Straße
Griebenowstraße
Kollwitzstraße
Diedenhofer Straße
Belforter Straße
Schwedter Straße
Zionskirchstraße
Metzer Straße
Weinbergsweg
Zehdenicker Straße
Lottumstraße
Torstraße
Straßburger Straße
Linienstraße
Mulackstraße
Steinstraße
Gipsstraße
Almstadtstraße
Weydingerstraße
Hirtenstraße
Karl-Liebknecht-Straße
Keibelstraße
Rochstraße
Dircksenstraße
B 2
31
27
13
14
6
22
40
38
11
25

Prenzlauer Berg

Im Gegensatz zum lange Zeit dörflich geprägten Pankow hatte Prenzlauer Berg den Charakter eines Arbeiterbezirks. Hier fand Käthe Kollwitz die Motive für ihre anklagenden Bilder über soziale Missstände. In der DDR lebte im Viertel eine Mischung aus Arbeitern, Künstlern, Literaten und Intellektuellen. Nach dem Fall der Mauer füllten sich leere, vernachlässigte, aber günstige Wohnungen mit Studenten und Künstlern, bis eine Sanierungswelle die Mieten steigen ließ und die Verwandlung von Mietwohnungen in Teileigentum begann. Heute zählt Prenzlauer Berg zu den gesuchten und teuren Wohngegenden in Berlin. Das Viertel lockt mit Kneipen, Cafés und Clubs auch als Ausgehkiez.

Eine ähnliche, jedoch etwas verlangsamte Entwicklung erlebten Teile von Pankow und der Ortsteil Weißensee, die gemeinsam mit Prenzlauer Berg den Bezirk Pankow bilden. In Weißensee standen die ersten Stummfilmstudios von Berlin. Die Weißensee Kunsthochschule Berlin brachte schon in der DDR viele erfolgreiche Künstler, Bühnenbildner und Designer hervor.

Das lebendige Kulturleben im heutigen Bezirk Pankow ist auch einer interessierten Bezirksverwaltung zu verdanken. Es gibt viel Kunst im öffentlichen Raum zu sehen.

In der DDR wurden in auch im Prenzlauer Berg in öffentlichen Parks und auf Grünflächen kleinere Plastiken aufgestellt, viele in naturalistischer Darstellungsweise aus Bronze und aus Sandstein gearbeitet. Neben menschlichen Darstellungen gibt es zahlreiche Tiermotive zu entdecken. Künstlerisch gestaltete Denkmale an Personen oder geschichtliche Ereignisse sind häufig zu finden.

Dem Galerienboom der nahe gelegenen Auguststraße (siehe Kapitel »Um die Auguststraße und ein bisschen weiter«) fehlte die Kraft, um bis in Prenzlauer Berg hochzuschwappen. Trotzdem gibt es hier einige private und kommunale Galerien, die einen Besuch lohnen – und es werden mehr.

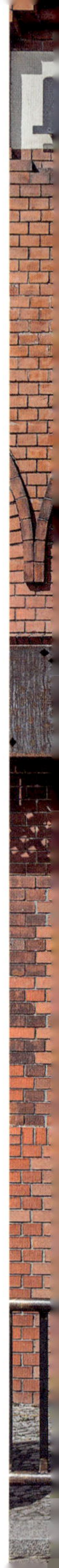

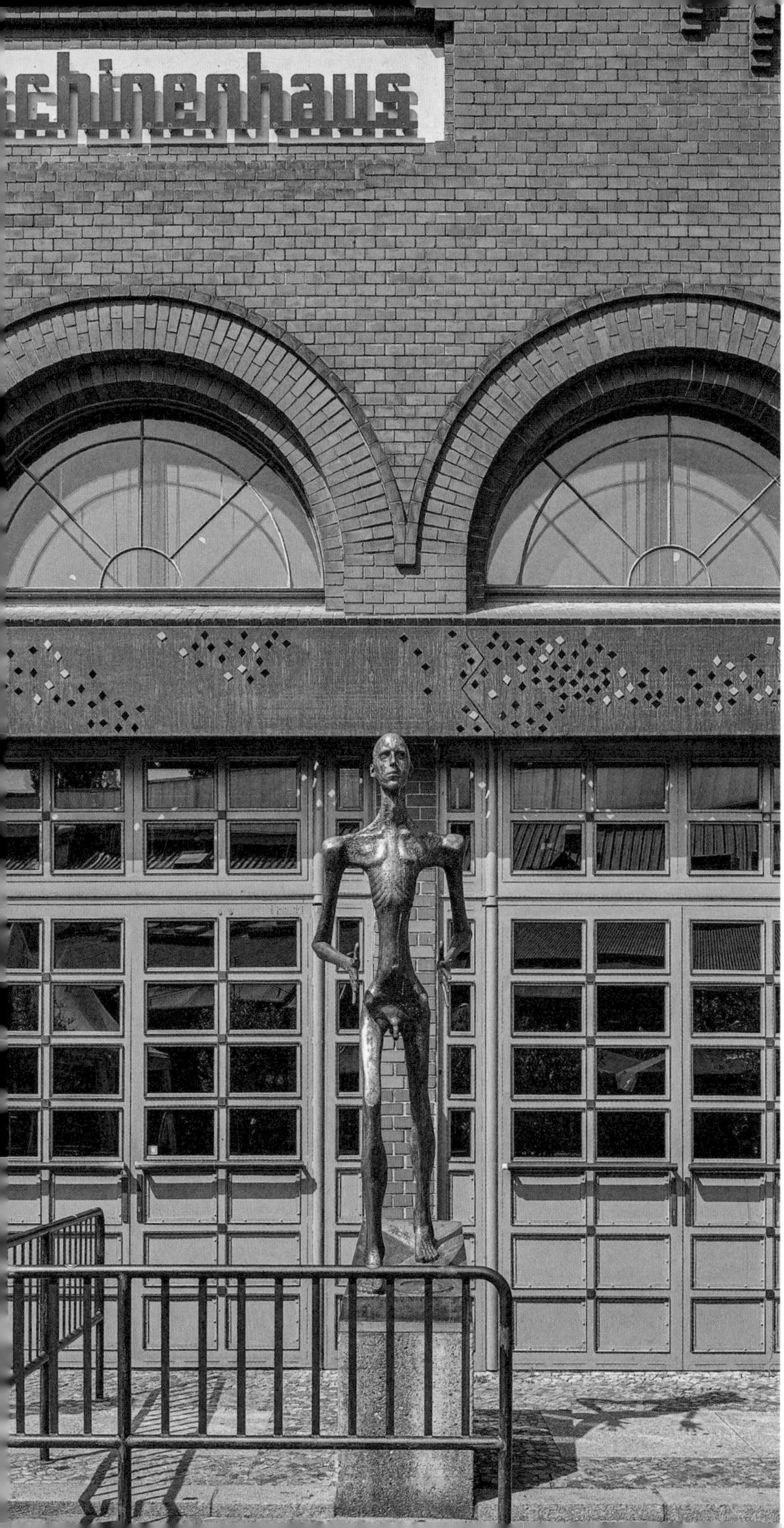
chinenhaus

Kunst auf Straßen, Wegen, Plätzen und in Parks

ADAM UND EVA

Skulpturen, 1986–1990, Rolf Biebl

Die KulturBrauerei ist eine ehemalige Brauerei, deren zahlreiche Räumlichkeiten seit der Wende gewerblich und kulturell genutzt werden. Im weitläufigen Hof, um den sich eine historische, mit rötlichen Ziegelsteinen errichtete Industriearchitektur gruppiert, stehen links und rechts vor dem Tor des ehemaligen Maschinenhauses die beiden Bronzefiguren »Adam und Eva« des Berliner Künstlers Rolf Biebl (*1951). Auf rechteckigen Betonsockeln mit einer oben liegenden Edelmetallplatte stehen die Plastiken auf einer keilförmigen Plinthe aus Kupferblech. Die überlebensgroßen Figuren sind dünn, fast skelettartig geformt. Sie blicken ernst und gehen zielbewusst mit ausgreifendem Schritt nach vorne. Die Zerbrechlichkeit und gleichzeitige Größe von Adam und von Eva, nach der Bibel die ersten Menschen auf der Erde, zeigen symbolisch, wie schwach der Mensch in die Welt gekommen und wie dynamisch er in sie hineingeschritten ist.

KulturBrauerei, Schönhauser Allee 36, 10435 Berlin ❶

BIERFAHRER

Skulpturen, 1986, Jo. Harbort

Vor einem Wohnhochhaus des bis 1986 entstanden Wohngebiets am Ernst-Thälmann-Park steht vor einer Gaststätte auf einem aus Klinkern gemauerten Sockel die bronzene Figurengruppe »Bierfahrer« des Bildhauers Jo. Harbort (*1951). Die Figurengruppe stellt fünf Bierfahrer aus einer älteren Epoche dar, die hölzerne Bierfässer, die sie gerade abgeladen haben, zu ihrem Zielort bringen und sich dabei auch einen Schluck genehmigen. Die Bierfahrer sind volkstümlich und humorvoll dargestellt.

Lilli-Henoch-Straße 19, 10405 Berlin ❷

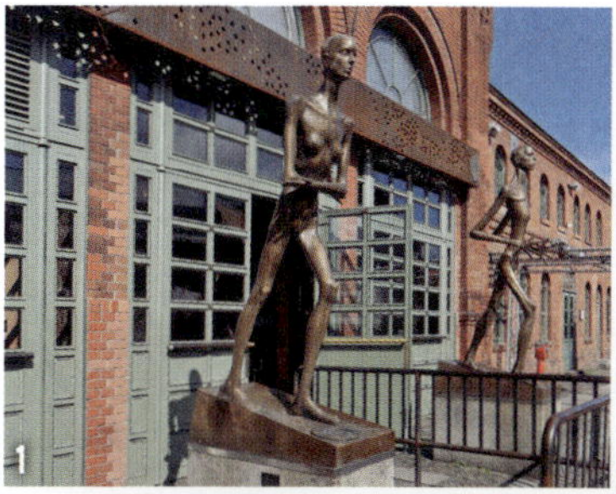

1

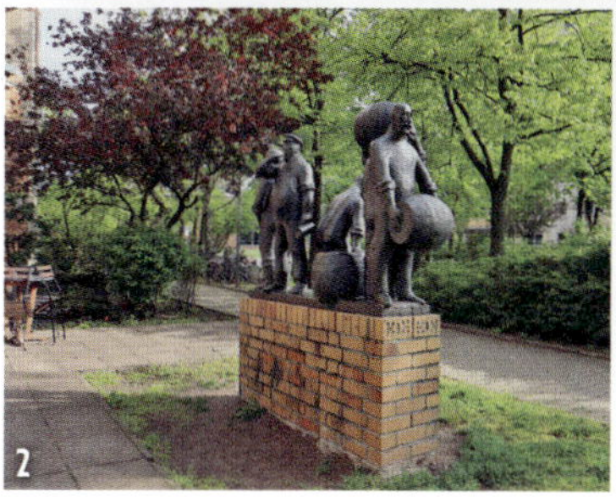

2

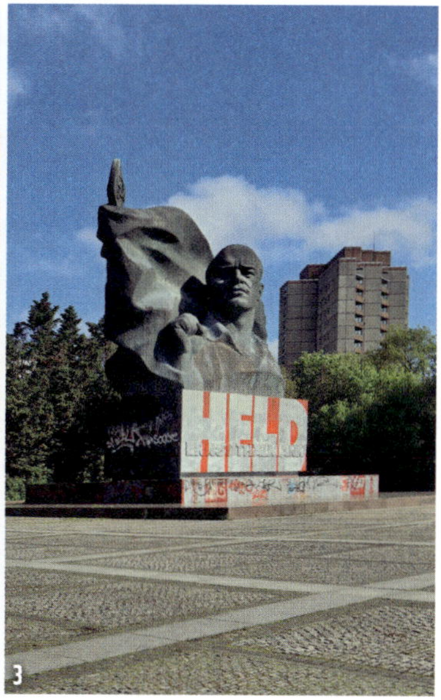

3

ERNST-THÄLMANN-DENKMAL

Denkmal, 1981–1986, Lew Kerbel

Eines der monumentalen Denkmale aus der DDR-Zeit ist jenes für den kommunistischen Führer Ernst Thälmann (1886–1944), der von den Nationalsozialisten im KZ Buchenwald ermordet wurde. Beauftragt wurde der russische Bildhauer Lew Kerbel (1917–2003). Das 14 Meter hohe und 15 Meter breite Denkmal steht auf einem mehrstufigen Sockel aus rötlichem ukrainischem Granit. Das bronzene Monument besteht aus 272 in Lauchhammer gegossenen Einzelteilen, die in Berlin über einer Stahlkonstruktion zusammengefügt wurden. Anschließend wurde das Denkmal mit einem Kran auf den Sockel gehievt. Es zeigt die Büste Thälmanns mit geballter Faust vor einer wehenden Fahne, an deren Stangenspitze Hammer und Sichel zu erkennen sind. Die Fahne und sein offenes Hemd gehen ineinander über. In massiven erhabenen Großbuchstaben sind auf dem Sockel beidseitig die Wörter »Rotfront« und an der Vorderseite »Ernst Thälmann« eingemeißelt. Das Denkmal wurde am 15. April 1986 enthüllt.

Ernst-Thälmann-Park, Greifswalder Straße, 10405 Berlin 3

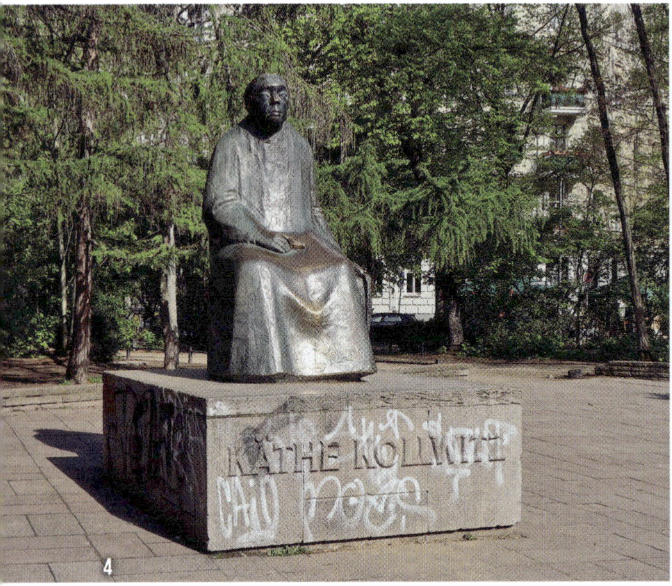

4

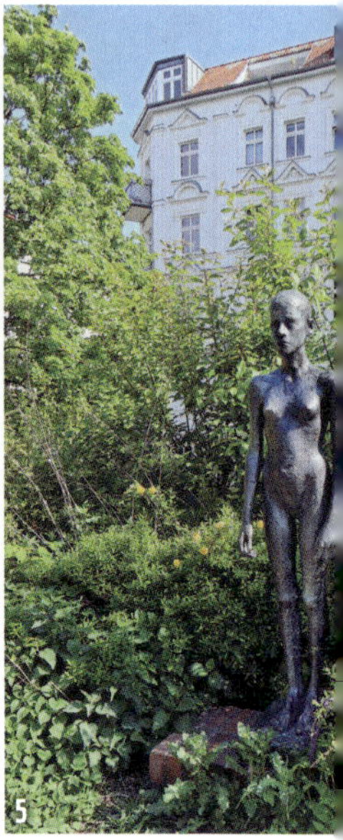
5

KÄTHE-KOLLWITZ-DENKMAL

Denkmal, 1958, Gustav Seitz

Gegenüber ihrer Wohnadresse wurde für die Zeichnerin und Grafikerin Käthe Kollwitz (1867–1945) im Herbst 1960 ein überlebensgroßes Denkmal aufgestellt. Seit ihrer Heirat 1891 mit dem Armenarzt Karl Kollwitz bis zur Zerstörung des Eckhauses durch einen Bombentreffer 1943 lebte sie am Kollwitzplatz, der damals Wörther Platz hieß. Der Bildhauer Gustav Seitz (1906–1969) gestaltete die Denkmalplastik bereits 1958 nach einem Selbstporträt von Käthe Kollwitz. Sie zeigt eine ältere Frau in einem weiten langärmeligen Gewand, das ihre Körperformen verdeckt, auf einer Art Hocker sitzend, etwas nach vorne gebeugt, ruhig und nachdenklich, mit einer geschlossenen Zeichenmappe in der linken und einer Zeichenkreide in der anderen Hand, die in ihrem Schoß ruht. Die Bronze ist dunkel patiniert. Das Denkmal erhebt sich auf einem rechteckigen mit Muschelkalkplatten verkleideten Sockel. Auf der Vorderseite steht mit erhabenen Großbuchstaben der Name »Käthe Kollwitz«.

Kollwitzplatz, 10405 Berlin ④

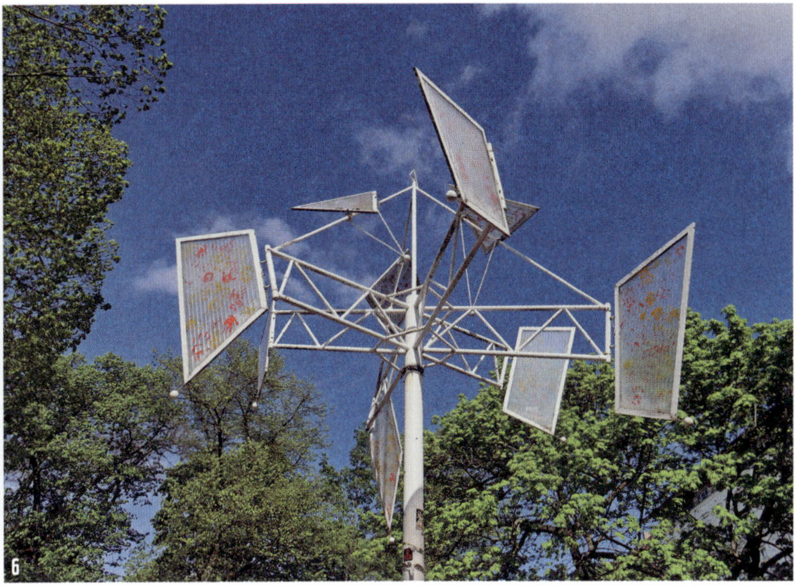

6

MÄDCHEN AUS DEM PRENZLAUER BERG

Skulptur, 2001, Karin Gralki

Als »Mädchen aus dem Prenzlauer Berg« wurde die Bronzefigur »Stehendes Mädchen« von Karin Gralki (*1951) bekannt, die selbst in Prenzlauer Berg lebt. Auf einem rechteckigen Sockel steht das schlanke, knabenhaft wirkende Mädchen mit kurzen Haaren. Ernst blickt die Dreizehnjährige in das neue Jahrtausend, das gerade begonnen hatte. Ein echtes Mädchen aus dem Stadtviertel Prenzlauer Berg stand der Bildhauerin für die lebensgroße Skulptur Modell.

Helmholtzplatz, 10437 Berlin 5

SPURENSUCHE

Installation, 2001–2002, Karsten Kunert

Der Künstler Karsten Kunert (*1964) stellte die rund fünf Meter hohe Windskulptur »Spurensuche« auf, die an einen Baum erinnert. An einem stählernen Mast wird eine drei Meter große »Baumkrone« aus verschiedenen Streben gebildet, an denen sich im Wind drehende Segel aus Plexiglastafeln befestigt sind. Kinder durften mit farbigen

7

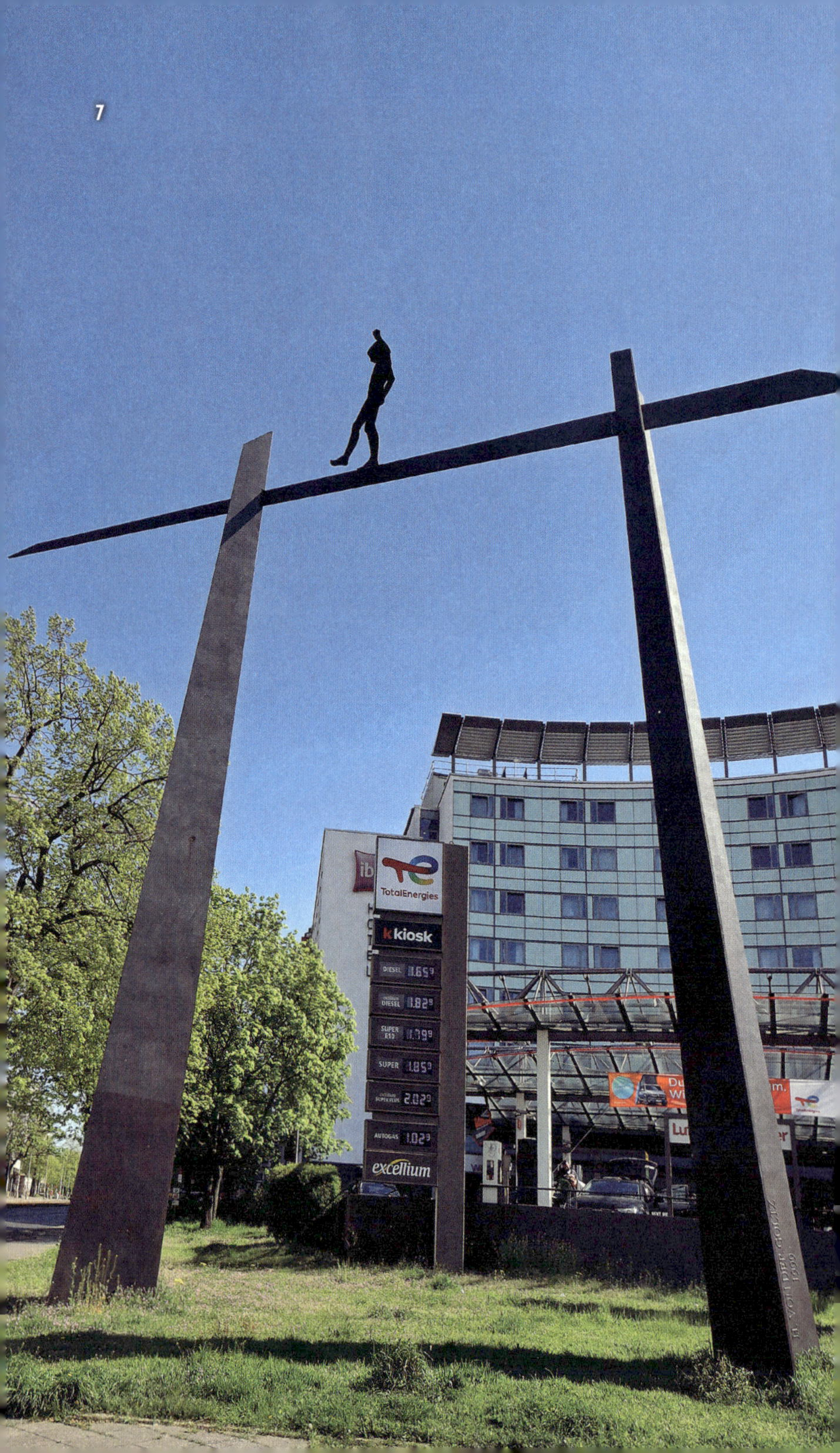

Handabdrücken auf den Tafeln die Skulptur mitgestalten. In einer Aktion hinterließen Anwohner des Helmholtzplatzes im feuchten Beton der Bodenplatte ihre Fußspuren und Initialen.

Helmholtzplatz, 10437 Berlin 6

TOR ZUM PRENZLAUER BERG

Skulptur, 1999–2001, Hubertus von der Goltz

Wo bis zur Schleifung der Berliner Akzisemauer in den 1860er Jahren ganz in der Nähe das Prenzlauer Tor gestanden hatte, errichtete Hubertus von der Goltz (*1941) die Freiplastik »Tor zum Prenzlauer Berg«. An der Einbiegung der Straße Prenzlauer Berg in die Prenzlauer Allee stehen im Abstand von mehreren Metern zwei zueinander geneigte, oben sich verjüngende Pfeiler. Sie tragen eine querliegende, spitz zulaufende Stahlplatte. Auf ihr balanciert eine 2,40 Meter große menschliche Figur mit ausgebreiteten Armen. Sie ist flach als Schattenbild geformt. Die gesamte Installation hat eine Höhe von rund 13 Metern und ist aus Stahlplatten geschweißt. Aus den Pfeilern und der Überbrückung ergibt sich die Form eines Tores, doch statt hindurchzugehen, balanciert die menschliche Figur oben drüber. Bei vielen Arbeiten im öffentlichen Raum von Hubertus von der Goltz sind balancierende Menschen als Silhouette anzutreffen, die sich oft in schwindelnder Höhe an halsbrecherischen Stellen aufhalten.

Prenzlauer Allee 3, 10405 Berlin 7

Museen, Kunstgalerien und Sammlungen

GALERIE LÄKEMÄKER

Der Galerist Johannes Zielke gründete seine Galerie 1990 in Prenzlauer Berg. Nach mehreren Ortswechseln betreibt er seit 2006 seine Galerie unter dem Namen Läkemäker in der Schwedter Straße und unter gleichem Namen eine Dependance im Ostseebad Wustrow. Ausgestellt wird zeitgenössische Kunst mit unterschiedlichen Positionen. Mehrere Künstler zählen bereits seit Jahren zum Ausstellungsprogramm. Öffnung nur nach Vereinbarung.

Schwedter Straße 17, 10119 Berlin, www.laekemaeker.com 8

GALERIE PARTERRE BERLIN

Die kommunale Galerie Parterre Berlin befindet sich im historischen Verwaltungsgebäude der früheren Berliner Gasanstalt. Die Galerie widmet sich in Wechselausstellungen den Positionen zeitgenössischer Künstler. Die Darstellung regionaler Kunstentwicklung, ihre Verknüpfung und Gegenüberstellung mit europäischen künstlerischen Erscheinungen und Tendenzen ist eine der wesentlichen Intentionen des Ausstellungsprogramms.

Danziger Straße 101, 10405 Berlin, www.galerieparterre.de 9

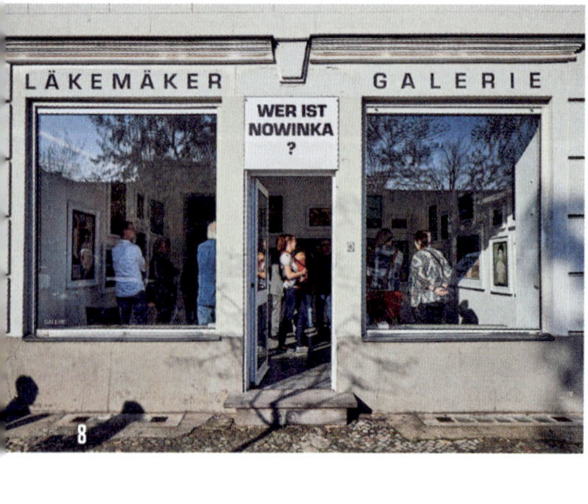

8

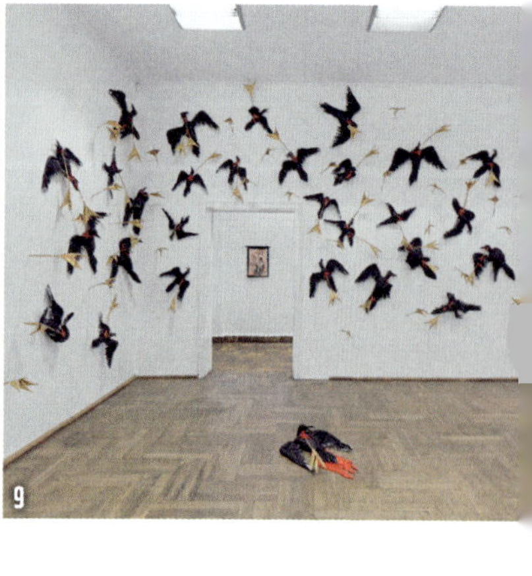
9

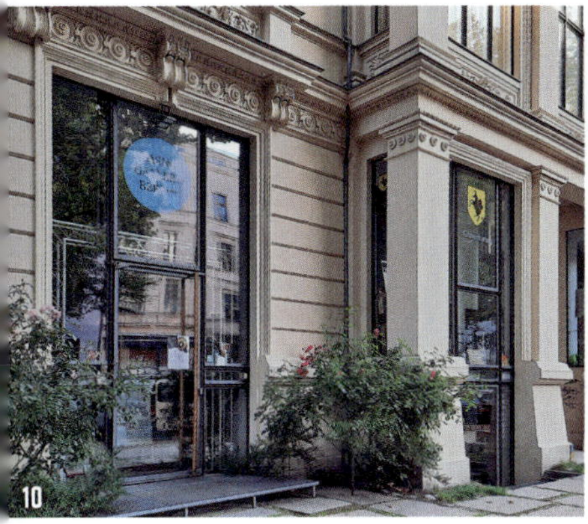

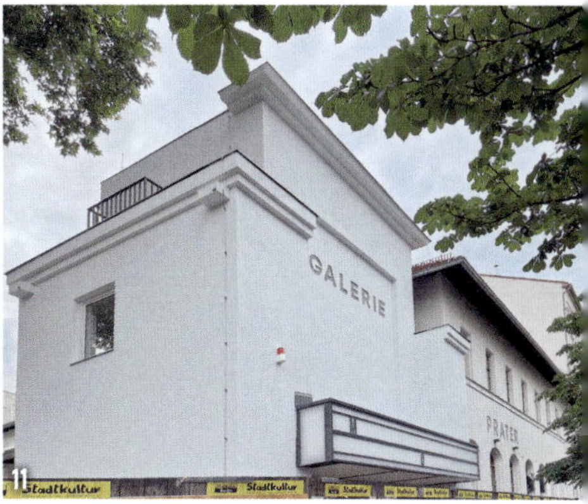

LIVING GALLERY BERLIN

Die Living Gallery Berlin wurde 2017 gegründet. Der Galerist Klaus-Peter Frey hat seine Galerie auf die Erstpräsentation der internationalen zeitgenössischen Kunst ausgerichtet und zeigt die klassischen Bereiche der bildenden Kunst wie Malerei, Grafik und Plastik. Mit durchschnittlich zehn Ausstellungen pro Jahr zeigt die Living Gallery Berlin hauptsächlich Einzelausstellungen. Zwei Mal pro Jahr werden thematische Gemeinschaftsausstellungen veranstaltet.

Kollwitzstraße 53, 10405 Berlin, www.living-gallery.de (10)

PRATER GALERIE

Die kommunale Prater Galerie des Bezirksamts Pankow ist ein Ort der Kommunikation und Vermittlung zeitgenössischer Kunst. Sie ist offen für neue künstlerische Positionen und Fragestellungen. Bis zur Wiedereröffnung 2023 residierte die Galerie an verschiedenen Orten.

Kastanienallee 7–9, 10435 Berlin, www.pratergalerie.de (11)

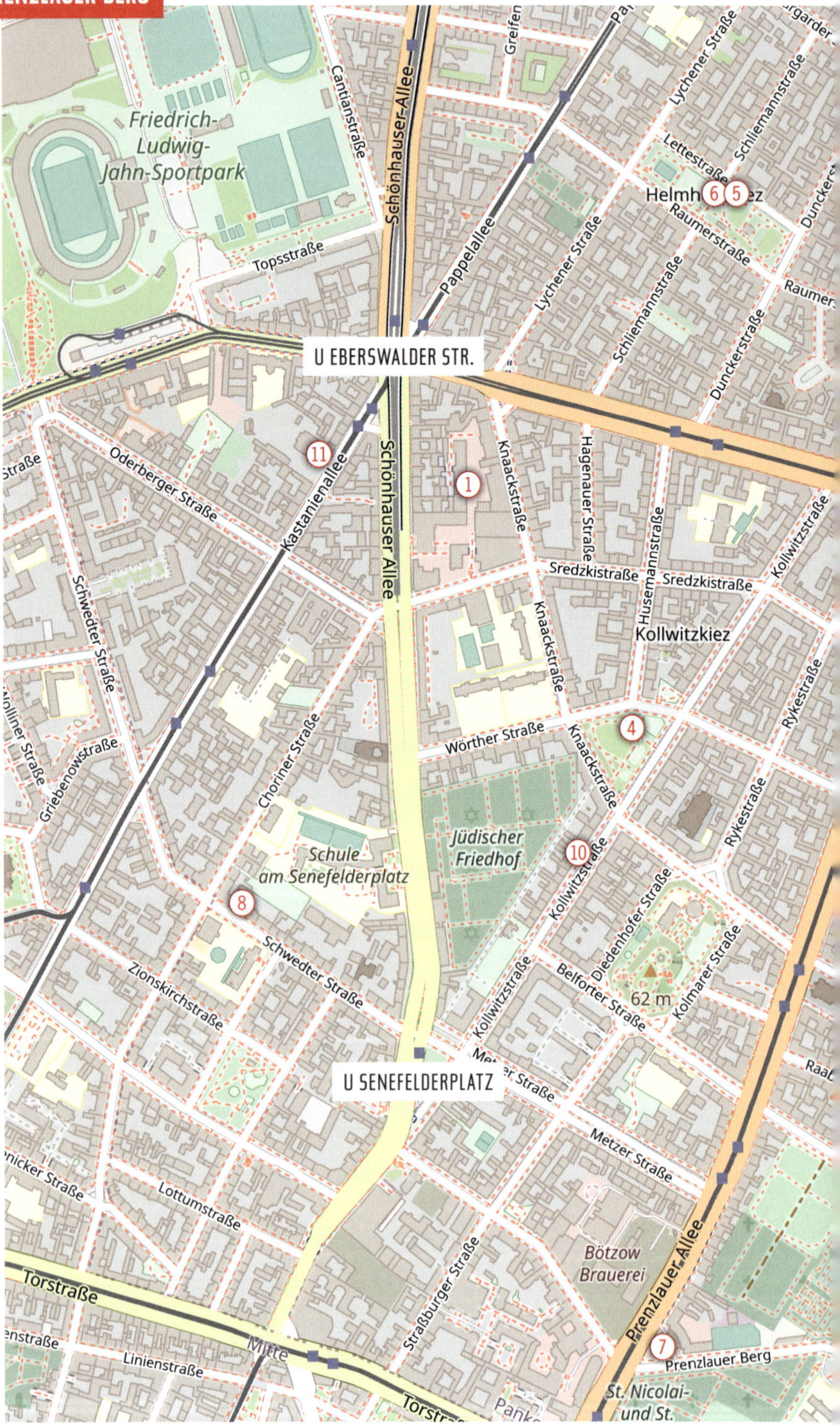
Friedrich-Ludwig-Jahn-Sportpark
Cantianstraße
Schönhauser-Allee
Greifen
Pappelallee
Lychener Straße
Schliemannstraße
Lettestraße
Helmh 6 5 ez
Raumerstraße
Dunckerstraße
Topsstraße
U EBERSWALDER STR.
Oderberger Straße
Kastanienallee
Schönhauser Allee
Knaackstraße
Hagenauer Straße
Husemannstraße
Sredzkistraße
Kollwitzstraße
Kollwitzkiez
Schwedter Straße
Wörther Straße
Rykestraße
Choriner Straße
Griebenowstraße
Jüdischer Friedhof
Schule am Senefelderplatz
Diedenhofer Straße
Belforter Straße
Kolmarer Straße
62 m
Zionskirchstraße
U SENEFELDERPLATZ
Metzer Straße
Lottumstraße
Straßburger Straße
Bötzow Brauerei
Prenzlauer Allee
Torstraße
Linienstraße
Mitte
Prenzlauer Berg
St. Nicolai- und St.
1
4
7
8
10
11

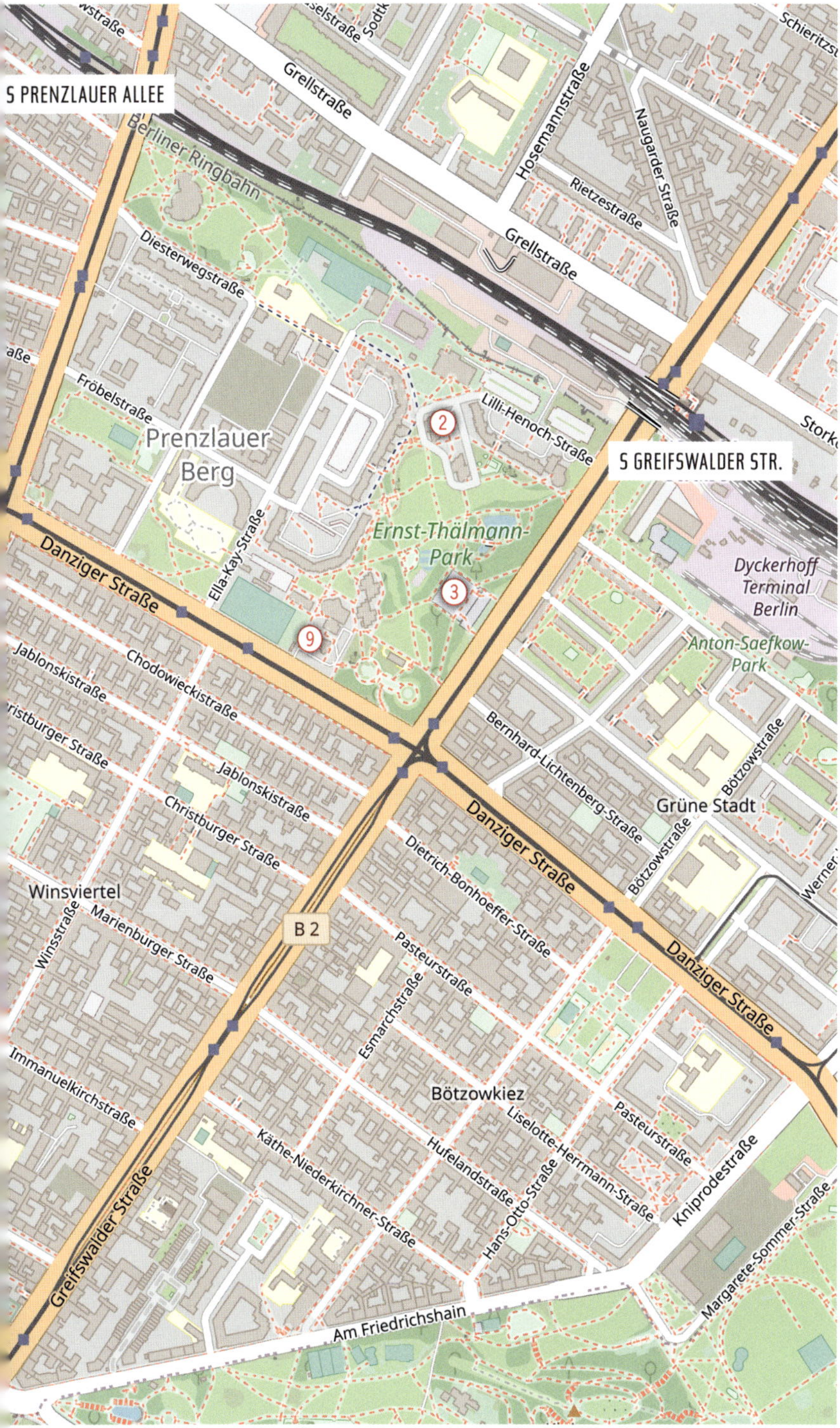

S PRENZLAUER ALLEE
S GREIFSWALDER STR.
Grellstraße
Hosemannstraße
Naugarder Straße
Rietzestraße
Berliner Ringbahn
Diesterwegstraße
Fröbelstraße
Prenzlauer Berg
Lilli-Henoch-Straße
Ernst-Thälmann-Park
Dyckerhoff Terminal Berlin
Anton-Saefkow-Park
Ella-Kay-Straße
Danziger Straße
Chodowieckistraße
Jablonskistraße
Christburger Straße
Bernhard-Lichtenberg-Straße
Bötzowstraße
Grüne Stadt
Dietrich-Bonhoeffer-Straße
Winsviertel
Winsstraße
Marienburger Straße
B 2
Pasteurstraße
Esmarchstraße
Immanuelkirchstraße
Bötzowkiez
Liselotte-Herrmann-Straße
Hufelandstraße
Hans-Otto-Straße
Käthe-Niederkirchner-Straße
Kniprodestraße
Margarete-Sommer-Straße
Greifswalder Straße
Am Friedrichshain
2
3
9

Mit dem Kurfürstendamm in der Mitte

Der Boulevard Kurfürstendamm und die Tauentzienstraße bis zum Wittenbergplatz mit dem Kaufhaus KaDeWe bilden das urbane Zentrum der Berliner City West. Der 3,5 Kilometer lange Kurfürstendamm vermittelt zwischen den beiden mehrheitlich bürgerlich bewohnten Ortsteilen Wilmersdorf und Charlottenburg. Mit Theatern, Kinos, Cabarets, Cafés, Kunsthandel, Kunstsammlern und Galerien waren der Kurfürstendamm und seine Seitenstraßen in der ersten Hälfte des 20. Jahrhunderts ein Zentrum des kulturellen Lebens mit allen künstlerischen Sparten und Varianten. Auch nach dem Ende des Kriegs hatten sich in den 1950er Jahren Kunsthandel, Auktionshäuser und Galerien hier angesiedelt. Nach der Wiedervereinigung fiel zunächst das Augenmerk auf die Kunstgalerien in Berlin-Mitte. Einige Galerien aus Charlottenburg wanderten dorthin ab. Doch mit der Zeit stellte sich eine Balance zwischen den beiden Berliner Schwerpunktvierteln des Kunsthandels ein.

Beigetragen zum Ruf des Stadtviertels als »Kunstort« haben auch zahlreiche zeitgenössische Kunstobjekte im öffentlichen Raum und die vieldebattierte Kunstaktion »Skulpturenboulevard Kurfürstendamm« zur 750-Jahr-Feier Berlins, von der noch drei Großkunstwerke im Stadtraum stehen. Das Museum Berggruen, das Bröhan-Museum und die Sammlung Scharf-Gerstenberg beim Charlottenburger Schloss bilden überregional bedeutende Ausstellungsorte für Kunst.

Für einen Galerienbummel oder Besuch von Sammlungen präsentiert sich Berlin um den Kurfürstendamm als bestens geeignet, allein in den Straßen um den Savignyplatz kann das Gefühl aufkommen, man bräuchte nur die Straßenseite zu wechseln oder um die nächste Ecke zu biegen, um eine Galerie mit einer interessanten Ausstellung besuchen zu können.

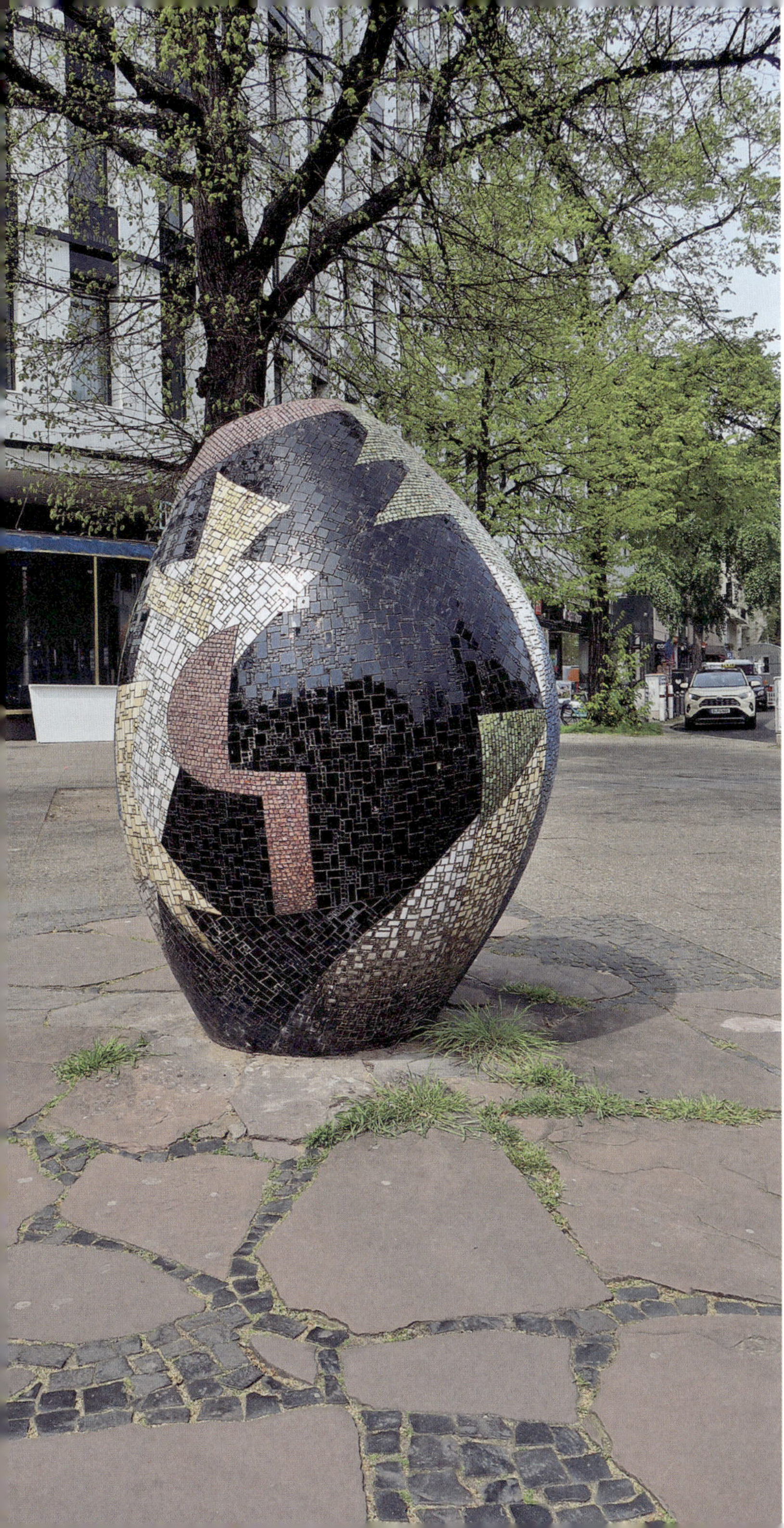

Kunst auf Straßen, Wegen, Plätzen und in Parks

AUGE DER NEMESIS

Skulptur, 1979/80, Bernhard Heiliger

Die Skulptur »Auge der Nemesis« steht am Beginn einer Auseinandersetzung Bernhard Heiligers (1915–1995) mit Kreisscheibe, Blechstreifen, Strebe und Kugel und thematisch mit mythologischen Figuren. Dem Titel der Skulptur gemäß wird der Blick der griechischen Rache- und Gerechtigkeitsgöttin thematisiert. Auf der Vorderseite scheint das Gesicht der Nemesis dargestellt zu sein, mit einem Auge in Form einer Kugel, einer links herabfallenden Haarsträhne und einem angedeuteten lächelnden Mund. Die Rückseite erscheint wie Haare, die von einer runden Spange zusammengehalten werden.

Kurfürstendamm 153, 10709 Berlin 1

BERLIN

Skulptur, 1985–1987, Brigitte und Martin Matschinsky-Denninghoff

Auf dem Mittelstreifen der Tauentzienstraße erhebt sich die acht Meter hohe und insgesamt neun Meter breite Skulptur »Berlin«, die ihm Rahmen des Projekts »Skulpturenboulevard Kurfürstendamm« zur 750-Jahr-Feier Berlins 1987 aufgestellt wurde. Das Künstlerehe-

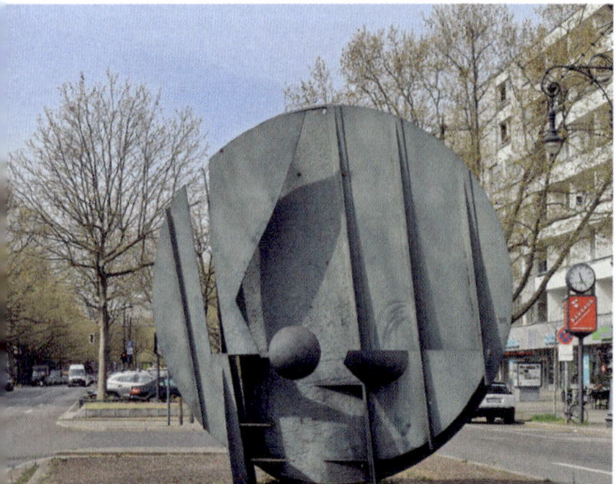

1

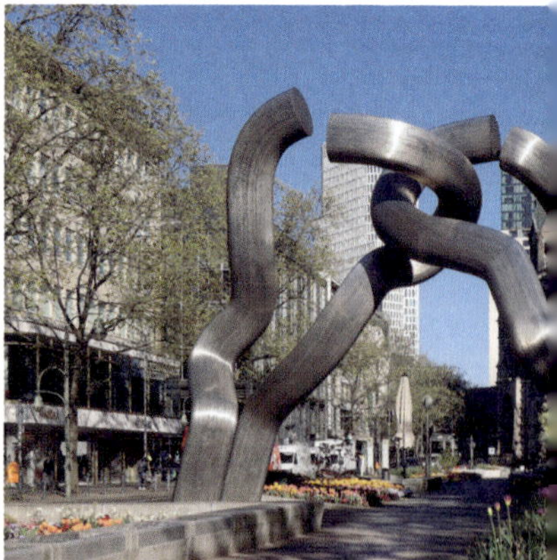

2

paar Brigitte und Martin Matschinsky-Denninghoff (1923–2011 und 1921–2020) entwarf eine Großskulptur aus vier runden Metallelementen. Einander zugeneigt wachsen sie aus dem Boden und verwinden sich in der Höhe. Zwei von ihnen umranken sich wie bei einer bevorstehenden Umarmung. Zur Zeit der Aufstellung wurde die Skulptur »Berlin« als Metapher für die Situation der geteilten Stadt und ihrer Menschen empfunden, heute, nach der Wiedervereinigung, wirkt sie wie ein nach oben offenes, organisches Tor nach Charlottenburg.

Tauentzienstraße 18, 10789 Berlin 2

BOGEN 124,5°

Skulptur, 1987, Bernar Venet

Auf dem Mittelstreifen steht ein großer Stahlbogen, dessen beide Enden in die Höhe ragen. Der »Bogen 124,5°« oder »Arc 124,5°« ist ein Werk des französischen Bildhauers Bernar Venet (*1941). Der Titel bezieht sich auf seinen Kreisausschnitt von 124,5 Grad. Das Kreissegment hat eine Spannweite von 40 Metern und eine Höhe von 21 Metern. Das Kunstwerk wurde zur der 750-Jahr-Feier Berlins als Geschenk Frankreichs unter Mitwirkung der Air France verwirklicht und aufgestellt.

An der Urania 17, 10787 Berlin 3

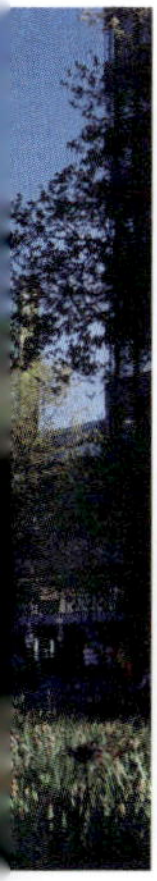

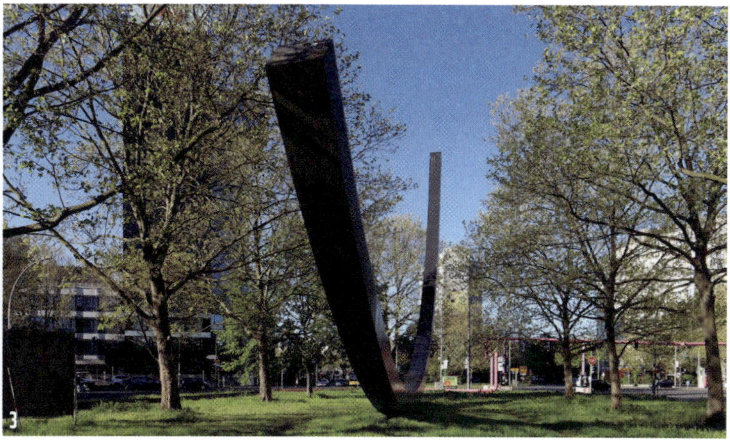

3

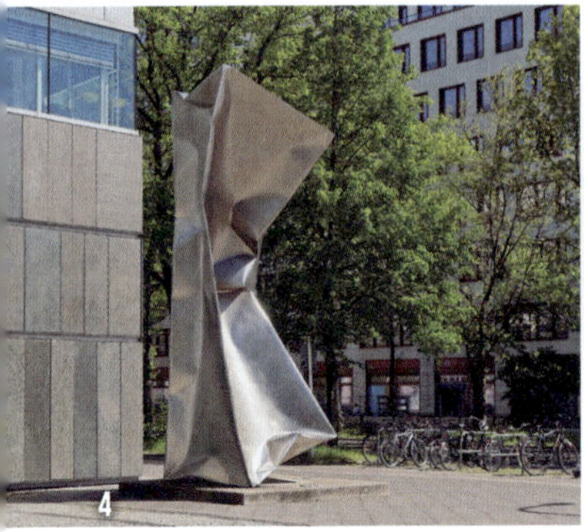

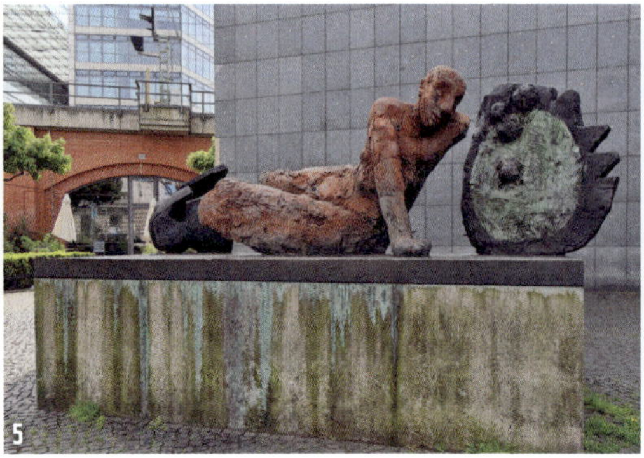

CERBERUS

Skulptur, 2000, Ewerdt Hilgemann

Die Stahlskulptur »Implosion« von Ewerdt Hilgemann (*1938) steht am Eingang der Investitionsbank Berlin (IBB). Einer mehrere Meter hohen quadratischem Säule aus Edelstahlblech wurde die Luft entzogen, wodurch der natürliche Luftdruck der Erdatmosphäre den Rechteckkubus zusammendrückte. Nach Aussage des Künstlers kann die Verformung bis zu einem gewissen Grad gesteuert werden, den Rest besorgen der Zufall und der Luftdruck.

Bundesallee 210, 10719 Berlin 4

DER GESTÜRZTE KRIEGER

Skulptur, 1995, Markus Lüpertz

Auf einem Sockel liegt ein Krieger neben seinem weggerollten Helm. Mit dem rechten Arm stützt er sich auf, mit dem linken hält er das Schild. Seine unvollständig geformten Gliedmaßen verstärken den Eindruck seiner Verletzlichkeit. Der Helm ist blau, der Schild grün und der Krieger fleischfarben angemalt. An der Wange sind mit roten Strichen Verletzungen abgebildet. Der Künstler Markus Lüpertz (*1941) greift mit dem Motiv antike Vorbilder auf und transformiert sie in eine zeitgenössische Form.

Kantstraße 155, 10623 Berlin 5

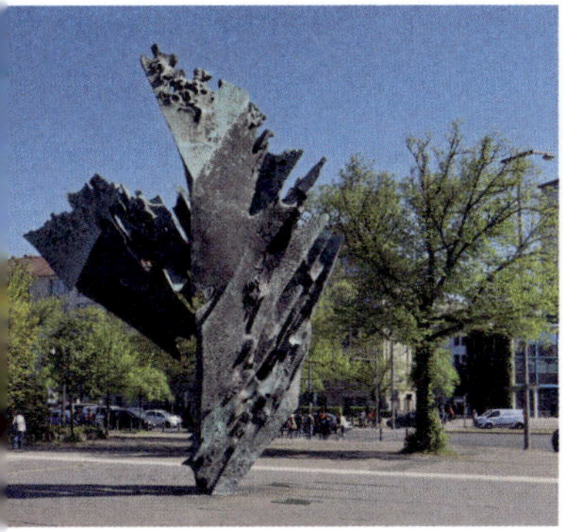

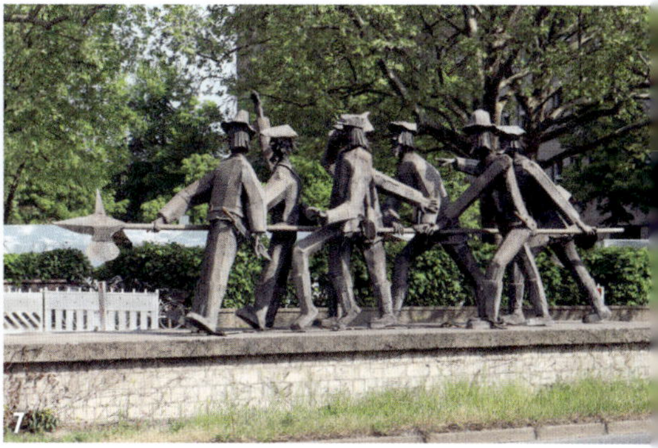

7

DIE FLAMME

Skulptur, 1962/63, Bernhard Heiliger

Vor dem Architekturgebäude der TU Berlin steht die viereinhalb Meter hohe Bronzeskulptur »Die Flamme« von Bernhard Heiliger (1915–1995). Er schuf eine hoch aufflackernde Flamme mit zwei mächtigen Lohen. Die Oberfläche ist grob und die Flammenspitzen sind ausgefranst. In den Boden eingemeißelt wird Ernst Reuter zitiert: »Friede kann nur in Freiheit bestehen.« Als Symbol für Freiheit und Frieden wurde »Die Flamme« am 28. September 1963 von dem Regierenden Bürgermeister Willy Brandt enthüllt.

Ernst-Reuter-Platz, Straße des 17. Juni 152, 10623 Berlin 6

DIE SIEBEN SCHWABEN

Skulptur, 1978, Hans-Georg Damm

Mit einer Hellebarde bewaffnet rücken sieben Schwaben mutig in Richtung Fehrbelliner Platz vor. Die überlebensgroßen Figuren aus verzinktem Eisenblech gehen auf den Bildhauer Hans-Georg Damm (*1930) zurück. Die Skulptur zeigt die einfältigen, aber mutigen Schwaben in altertümlicher Kleidung, die sich eines Hasen erwehren wollen, den sie für ein Ungeheuer halten. Die Erzählung der »Sieben Schwaben« geht auf eine alte, mehrfach veränderte Erzählung über die menschliche Tölpelhaftigkeit zurück.

Fehrbelliner Platz, Hohenzollerndamm 181, 10713 Berlin 7

DREITEILIGES ENSEMBLE

Installation, 1983, Hans Nagel

Vor dem Konzertsaal der Universität der Künste steht eine Installation aus dunkelblauen und schwarzen Röhren, wie sie bei der Sanitärinstallation am Bau Verwendung finden. Der Bildhauer Hans Nagel (1926–1978), der an der damaligen Hochschule der Künste Berlin unterrichtete, wurde mit seinen Röhrenplastiken bekannt. Als Material für seine Skulpturen verwendete er handelsübliche Kunststoffrohre. Die Formgebung der Skulptur wird durch die vorgefertigten Elemente mitbestimmt.

Hardenbergstraße 33, 10623 Berlin 8

ENTENBRUNNEN

Brunnen, 1911, August Gaul

Vor dem Renaissancetheater steht der »Entenbrunnen« von August Gaul (1869–1921). Der Bildhauer August Gaul war bekannt für seine Tierskulpturen, die eine natürliche Erhabenheit der Tiere ausstrahlten, ohne sie künstlich zu überhöhen. Auf dem Rand des steinernen Brunnens, dessen Wasser über einen mittigen Pilz in das Becken fließt, befinden sich zwei Gruppen von je drei Enten aus Bronze. Die Enten hocken oder stehen wie selbstverständlich auf dem Brunnenrand, als ob sie gerade erst gelandet wären.

Knesebeckstraße 100, 10963 Berlin 9

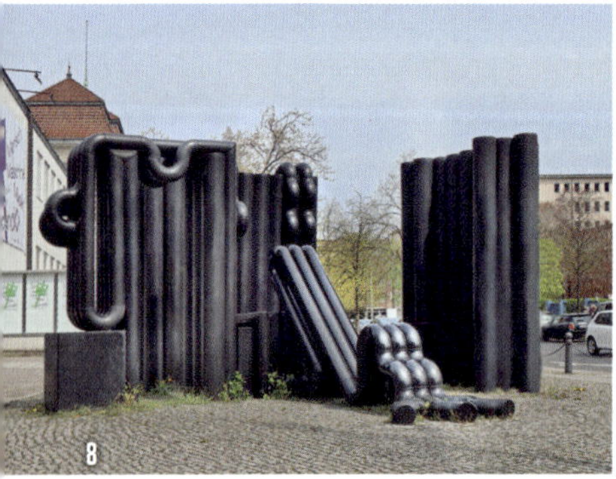

8

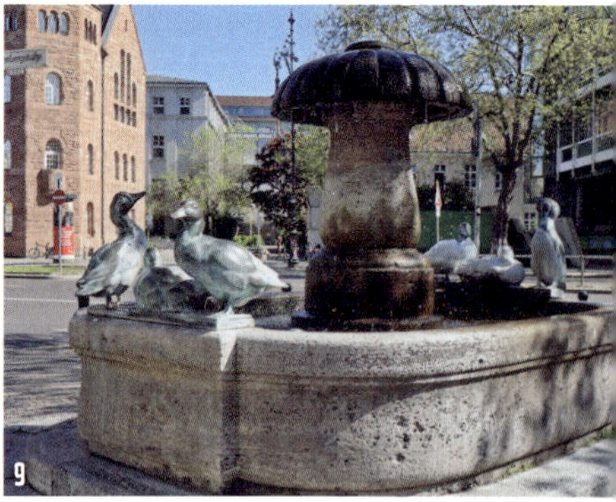

9

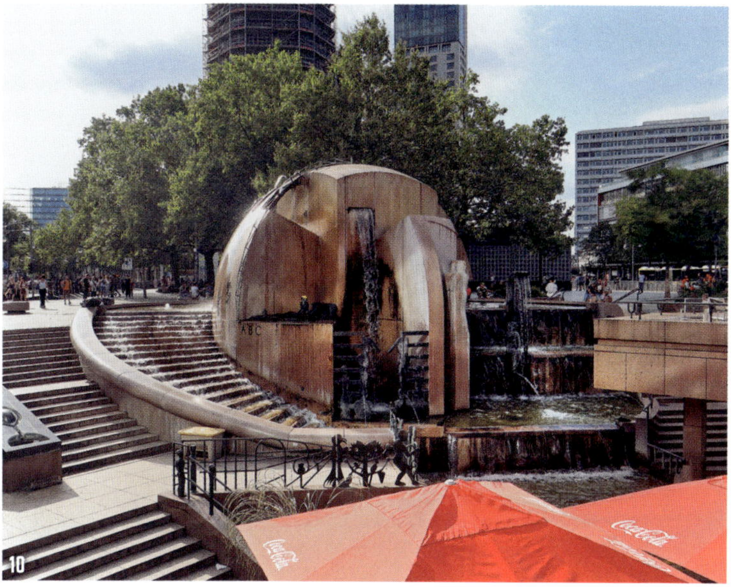

ERDKUGELBRUNNEN

Brunnen, 1983, Joachim Schmettau

Im Zuge der Umgestaltung des Breitscheidplatzes wurde der Erdkugelbrunnen des Bildhauers Joachim Schmettau (*1937) errichtet. Um eine mehrfach in geometrischen Formen aufgebrochene Halbkugel führen zwei Wassertreppen zum Untergeschoss des Europa Centers, wo sich das Brunnenwasser in einem Becken sammelt. Begleitet werden die Wasserstufen von zwei begehbaren Treppen. Gerade Treppen und Terrassen erlauben Blicke auf die architektonisch aufgefasste Brunnenanlage, deren Gestaltung sich auf der ebenen Platzfläche mit Mosaiken im Pflaster, Sitzgruppen oder einem kleineren runden Brunnen fortsetzt. Aus Bronze gegossene oder in Stein gehauene menschliche Figuren aus unterschiedlichen Zusammenhängen wie Mythologie oder karikaturistisch dargestelltem Alltag und exotische Tiere tummeln sich auf den Mauern, Vorsprüngen, Absätzen oder in den Reliefs. Schriftzeichen aus unterschiedlichen Sprachen sind eingraviert.

Breitscheidplatz, 10789 Berlin ⑩

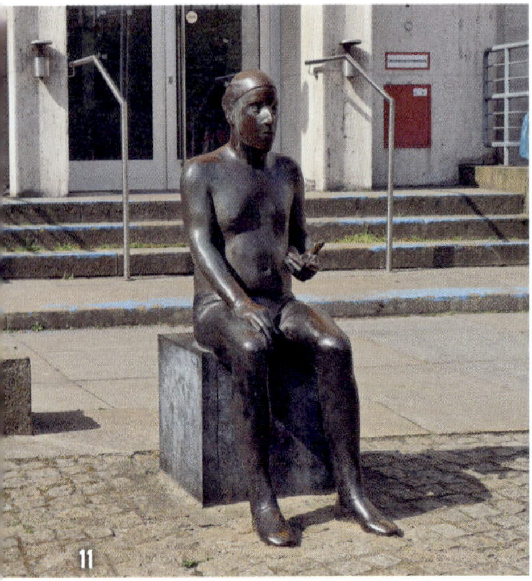

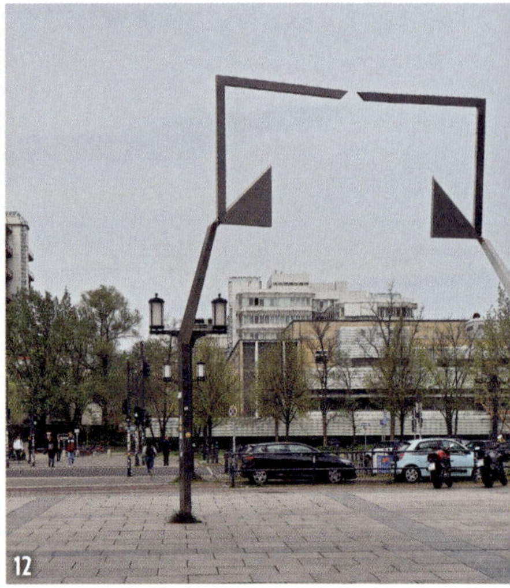

GEDANKEN EINES MIMEN

Skulptur, 1989, Ludmila Seefried-Matějková

Vor dem Eingang zum Bürgeramt Charlottenburg-Wilmersdorf sitzt auf einem Würfel die lebensgroße Bronzefigur eines Schauspielers im mittleren Alter. Leicht bekleidet, mit entblößtem Oberkörper, eine enganliegende Stoffkappe auf dem Kopf, scheint er sich in der Garderobe nochmals seine Rolle zu vergegenwärtigen, bevor er das Theaterkostüm anlegt, die Perücke aufsetzt und sich schminkt. Der sitzende, in Gedanken versunkene Schauspieler nimmt Bezug auf die kleine Theaterbühne Coupé im Bürgeramt.

Julius-Morgenroth-Platz, Hohenzollerndamm 177, 10713 Berlin 11

FLÜGELTOR

Skulptur, 1992/93, Reinhard Haverkamp

Vor der TU Berlin steht eine kinetische Skulptur von Reinhard Haverkamp (*1954). Stahlprofile bilden einen großen Torbogen, dessen obere Querstange in der Mitte mit einer Lücke unterbrochen ist. Die beiden Hälften der Querstange können unabhängig voneinander nach hinten oder nach vorne schwenken, jedoch mit asymmetrischen Drehpunkten. Sie verdrehen sich so kunstvoll, dass die beiden

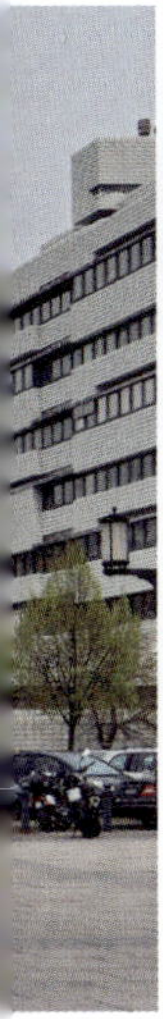

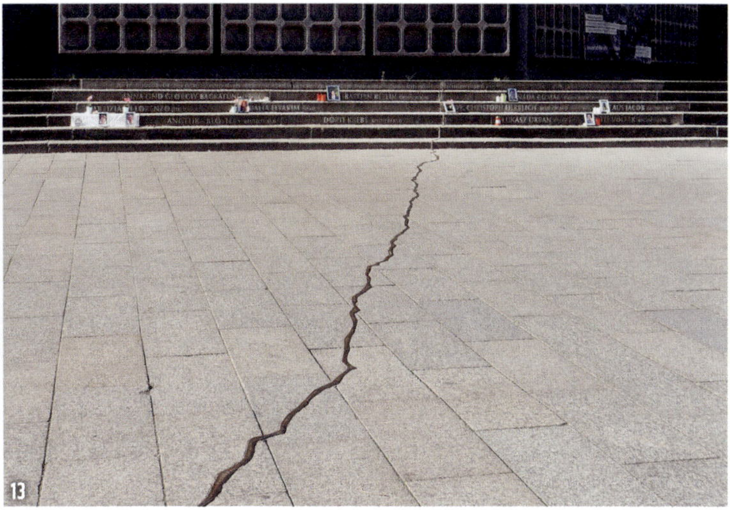

Endspitzen in der Mitte in jeder Stellung berührungslos beieinander bleiben.

Straße des 17. Juni 135, 10623 Berlin (12)

GOLDENER RISS

Denkmal, 2017, Büro Merz Merz

Zwischen Budapester Straße und Gedächtniskirche verläuft über das breite Trottoir und den Stufen zur Kirche ein goldfarbener Riss. In diesem Bereich fuhr am 19. Dezember 2016 ein Attentäter mit einem Lastwagen auf den Fußgängerweg und in den Weihnachtsmarkt auf dem Breitscheidplatz. Bei dem Anschlag verloren zwölf Menschen ihr Leben und mehr als 60 Besucher des Marktes wurden verletzt mit dauerhaften Folgen. Bei dem Denkmal an die Opfer soll die goldfarbene zittrige Linie den Riss symbolisieren, der sich plötzlich im Alltag der Angehörigen und der überlebenden Opfer aufgetan hat. Auf den Setzstufen ist in weißer Schrift eingraviert: »Zur Erinnerung an die Opfer des Terroranschlags am 19. Dezember 2016, Breitscheidplatz«, weiter sind die Namen der Getöteten und ihre Herkunft zu lesen.

Breitscheidplatz, 10623 Berlin (13)

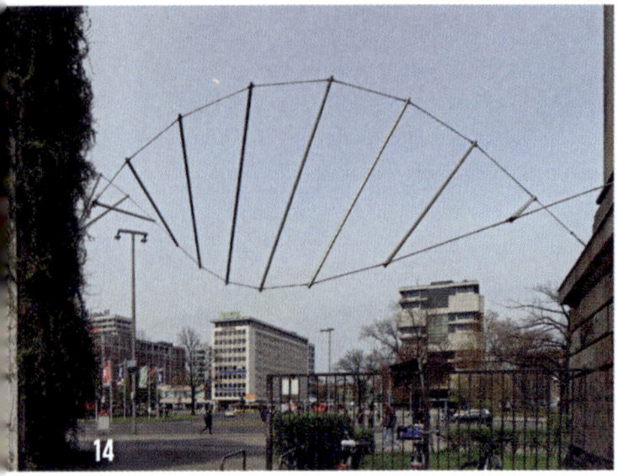
14

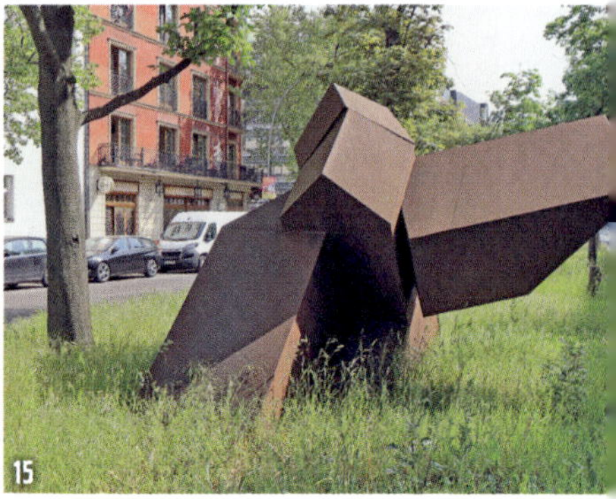
15

HELIX

Installation, 1993, Reinhard Haverkamp

Wo die Straße des 17. Juni in den Ernst-Reuter-Platz einmündet, hängt über dem Durchgang zum Campus der TU die feingliedrige »Helix« von Reinhard Haverkamp (*1954). Elf viereinhalb Meter lange Aluminiumrohre sind ähnlich einer Strickleiter an zwei Drahtseilen aufgefädelt und einmal um die Längsachse verdreht in vier Metern Höhe zwischen zwei Gebäude gespannt, sodass sich eine Helix bildet.

Straße des 17. Juni 145, 10623 Charlottenburg 14

IKARUS

Skulptur, 1994, Georg Seibert

Auf dem begrünten Mittelstreifen des Hohenzollerndamms steht auf Höhe der Kommunalen Galerie Berlin die Stahlplastik »Ikarus« von Georg Seibert (1939–2017). Der Bildhauer schuf mehrere Werke, die sich auf den griechischen Mythos des Ikarus beziehen, nach dem Dädalus und sein Sohn Ikarus aus der Verbannung auf der Insel Kreta mit selbst gebauten Flügeln entkommen wollten. Der junge Ikarus wurde übermütig und flog so hoch, dass die Wärme der Sonne das Wachs, mit dem die Flügelfedern befestigt waren, zum Schmelzen brachte. Er stürzte ab. Darauf Bezug nehmend, steht auf einer Plakette neben der Skulptur »IKARUS oder: fliege höher! aber vergiß nicht deine Bindung nach unten«. Aus geometrischen Elementen zusammengesetzt, ist in der Abstraktion eine Gestalt am Boden zu erkennen mit einem abgespreizten und einem hängenden Flügel. Start und Flug des Ikarus stehen kurz bevor.

Hohenzollerndamm 176, 10713 Berlin 15

KONRAD ADENAUER

Skulptur, 2005, Helga Tiemann

Am herunterhängenden Arm den Hut an der Krempe haltend, der rechte Mantelzipfel weht im Wind, so schreitet Konrad Adenauer (1876–1967) zielstrebig nach vorne. Gestaltet ist die Skulptur nach einem Pressefoto von 1949, dem Jahr, in dem Adenauer zum Bundeskanzler gewählt wurde. Aufgenommen wurde es, als er das Hotel Petersberg in Königswinter bei Bonn verließ, wo er das sogenannte Petersberger Abkommen mit den Alliierten Hohen Kommissaren verhandelte. Die Malerin und Bildhauerin Helga Tiemann (1917–2008) schuf die lebensgroße naturnah geformte Bronzeskulptur, die am 19. April 2005 von der damaligen CDU-Vorsitzenden Angela Merkel auf dem Adenauerplatz in Charlottenburg enthüllt wurde.

Adenauerplatz, 10707 Berlin 16

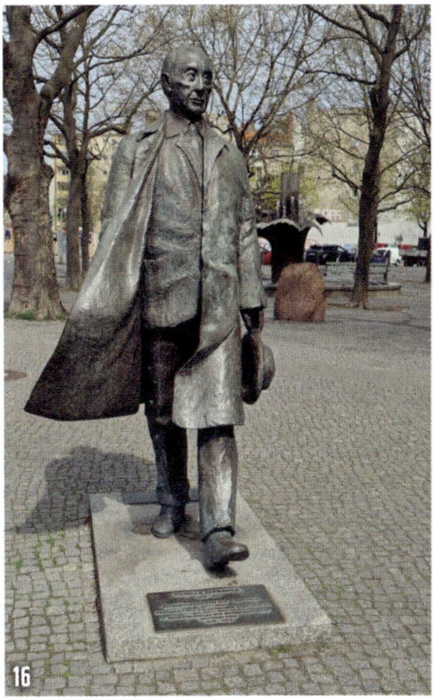

16

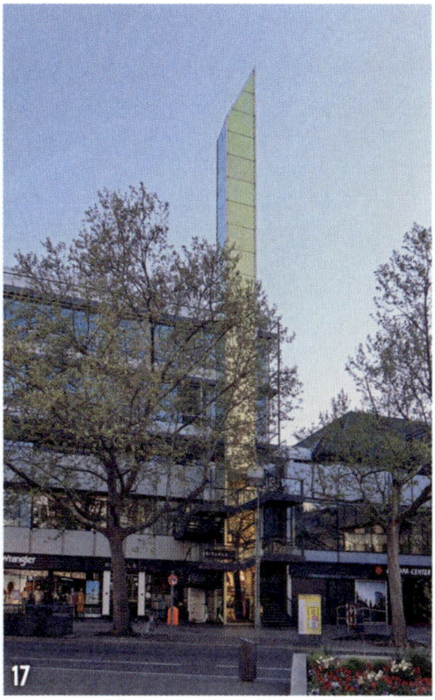

17

LICHTPFEILER

Skulptur, 1983–1987, Heinz Mack

Vor dem Europa Center steht an der Tauentzienstraße die 35 Meter hohe Skulptur »Lichtpfeiler« von Heinz Mack (*1931). Die oben zu einer Spitze abgeschrägte, quadratische Säule mit einer Seitenlänge von etwa zwei Metern hat Seitenflächen aus goldfarbenem transluzentem Glas. Nachts lassen mehrere tausend LED-Leuchten verschiedene Formen und Farbschattierungen durchscheinen. Abhängig vom Betrachtungsstandpunkt spiegelt sich tagsüber das Sonnenlicht unterschiedlich farbig in der Säule.

Tauentzienstraße 9–12, 10789 Berlin 17

OBELISK

Skulptur, 1987, Heinz Mack

Der Künstler Heinz Mack (*1931) gewann den Wettbewerb zur Gestaltung des Henriettenplatzes am Kurfürstendamm im Ortsteil Halensee, der anlässlich der 750-Jahr-Feier Berlins ausgelobt worden war. Als Stadtzeichen schlug er einen 18 Meter hohen Obelisken aus Bronze vor, der mit quadratischem Grundriss auf einem Sockel steht, an seinem oberen Ende ist eine seiner Seiten zu einer Spitze abgeschrägt.

Henriettenplatz, 10711 Berlin 18

PENDELOBELISK

Skulptur, 2003, Karl Schlamminger

Nach dem Künstler Karl Schlamminger (1935–2017) ist der 27 Meter hohe »Pendelobelisk« ein Widerspruch in sich. Denn Obeliske hätten immer starr und unbeweglich gestanden, dagegen sei ein Pendel durch seine Bewegung bestimmt. Der »Pendelobelisk« versucht die Verbindung beider Definitionen. Eine hohe schlanke Spitze steht auf einer Kugel von drei Meter Durchmesser, die beweglich in einer flachen Pfanne liegt. Auf einer Tafel im Boden steht die Aufforderung: »Wünscht euch was, wenn ihr mich anstoßt«.

Joachimsthaler Platz, 10719 Berlin 19

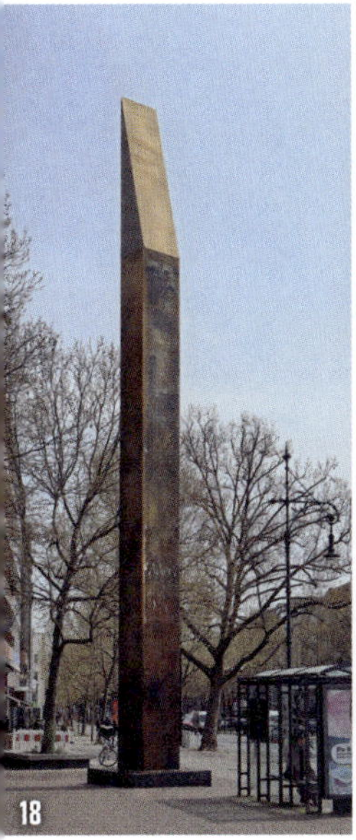

18

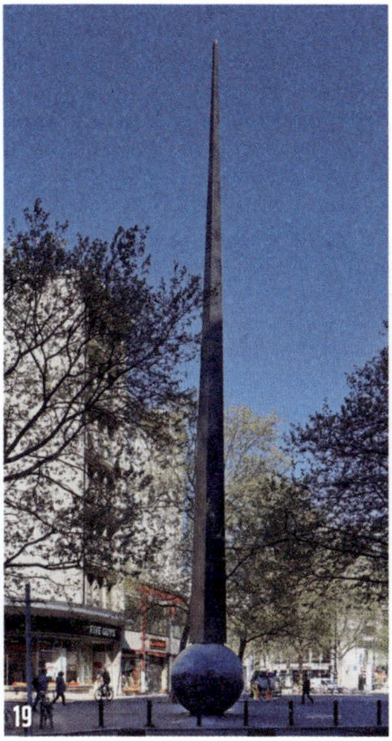

19

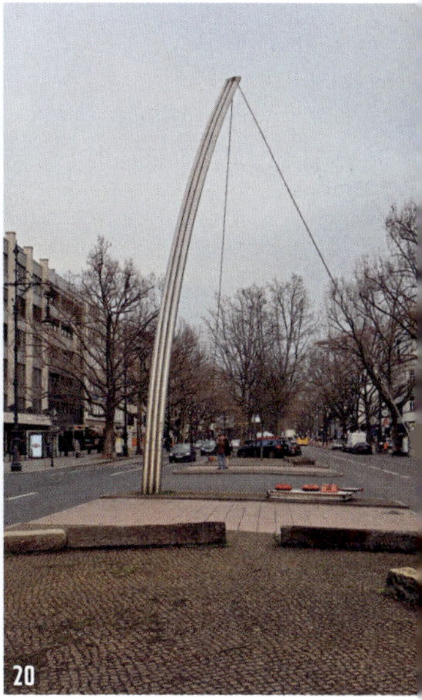

20

PYRAMIDE

Installation, 1985–1987, Josef Erben

Als Beitrag zum »Skulpturenboulevard Kurfürstendamm« anlässlich der 750-Jahr Feier Berlins 1987 ließ der Berliner Künstler Josef Erben (*1936) auf der Kreuzung des Kurfürstendamms mit der Bleibtreustraße eine Groß-Installation errichten. Ein hoher Mast aus drei miteinander verschweißten Rohren biegt sich diagonal über die Kreuzung und spannt über ihr ein Drahtseil in die Höhe. Der Bogen und das zu einem Dreieck hochgespannte Stahlseil bilden die Form einer dreieckigen Pyramide, die jedoch unregelmäßig ist und zudem eine gebogene Kante aufweist. Die »Pyramide« über der Kreuzung wirkt filigran und das dünne Drahtseil, das mit dem Umriss eines Dreiecks wesentlich für die Assoziation einer Pyramide zuständig ist, wird auf den ersten Blick kaum wahrgenommen.

Kurfürstendamm 46, 10707 Berlin (20)

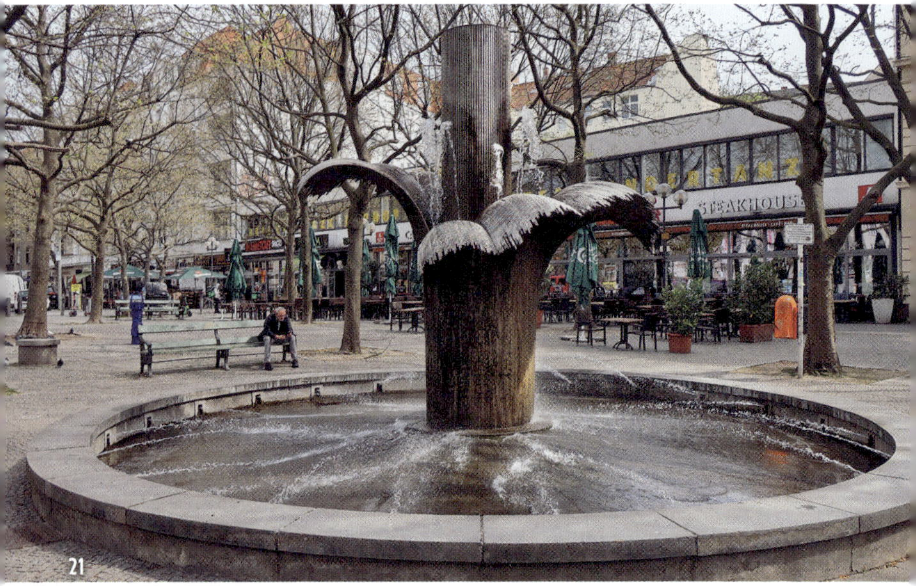

21

SÄULE IN DER BRANDUNG

Brunnen, 1974, Brigitte und Martin Matschinsky-Denninghoff

Wie bei ihrer Skulptur »Berlin« hat das Künstlerehepaar Brigitte und Martin Matschinsky-Denninghoff (1923–2011 und 1921–2020) die Brunnenskulptur »Säule in der Brandung« aus Chrom-Nickel-Stahl gearbeitet. Auf der Oberfläche liegen in Längsrichtung eng aneinander dünne Drähte. Bei dem Brunnen steht eine Säule in der Mitte eines runden Beckens, an der hohe Brandungswellen aufprallen und mit Gischt wieder zurückgeworfen werden. Vom Rand des Beckens spritzen Wasserfontänen in die Mitte.

Adenauerplatz, 10707 Berlin (21)

SKULPTUR VOR DER DEUTSCHEN OPER

Skulptur, 1961, Hans Uhlmann

Der Künstler Hans Uhlmann (1900–1975) errichtete die Skulptur vor der Deutschen Oper und setzte dem riesigen gleichförmigen Betonwandstreifen der Fassade ein 20 Meter hohes, vertikales Element entgegen, das mit seiner Spitze über das Gebäude hinausragt. Die rhythmisch angeordneten, unterschiedlich großen geometrischen Flächen und Flügel der Skulptur aus schwarz getöntem Chromnickelstahl bieten von jedem Standpunkt einen anderen Anblick mit eigener Auseinandersetzung mit der Architektur.

Bismarckstraße 35, 10627 Berlin 22

STADTZEICHEN

Skulptur, 1971, Otto Herbert Hajek

Der Bildhauer Otto Herbert Hajek (1927–2005) schuf eine Reihe von Weg- und Stadtzeichen, die in unterschiedlicher Weise geometrische Elemente kombinieren und Ortschaften und Städte akzentuieren. Das »Stadtzeichen« in der Fasanenstraße ist geschweißt und leuchtend Rot und Blau lackiert. Während eine Seite der 6,40 Meter hohen Skulptur geschlossen bleibt, spreizt sich das Stadtzeichen zur Straße wie ein Fächer auf.

Fasanenstraße 87, 10623 Berlin 23

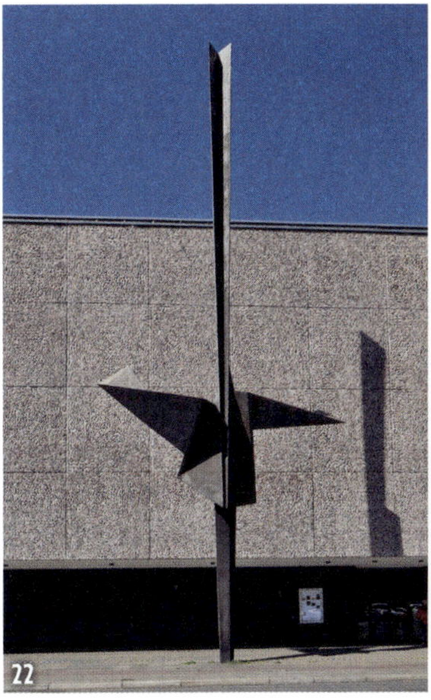

22

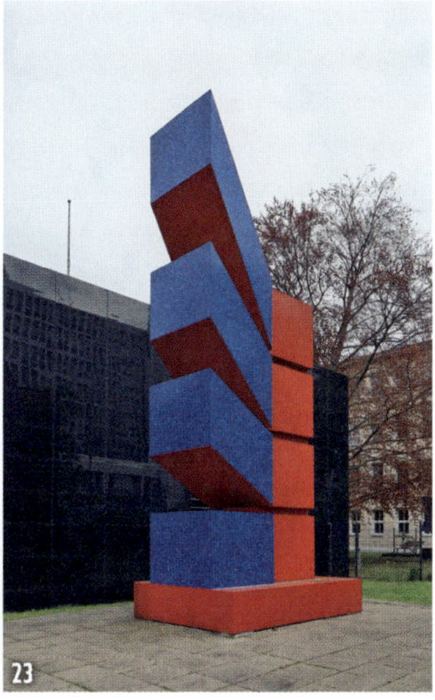

23

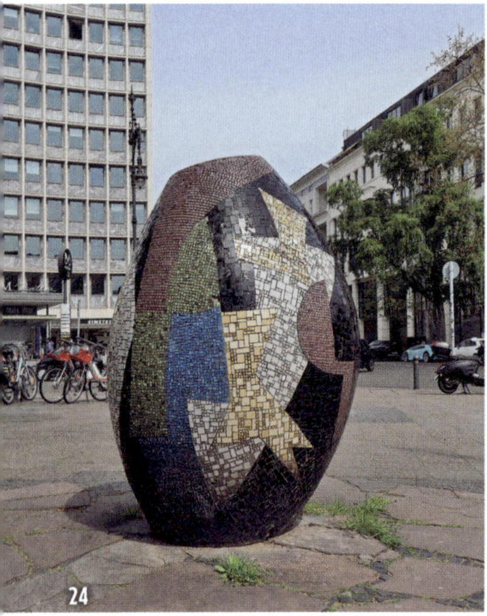
24

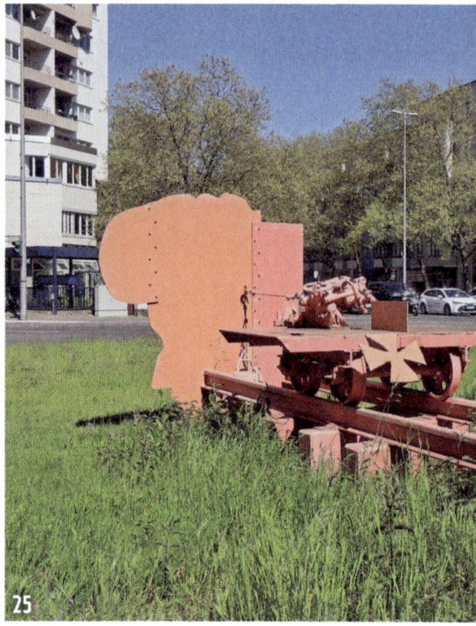
25

VASE MIT MOSAIK, ASYMMETRISCHE VASE

Skulptur, 1957, Gerhard Schultze-Seehof

Eine Erinnerung an die Zerstörung der Kaiser-Wilhelm-Gedächtniskirche im Zweiten Weltkrieg steht auf dem Gehweg des Kurfürstendamms. Die eineinhalb Meter große bauchige, schief wirkende »Vase mit Mosaik« des Künstlers Gerhard Schultze-Seehof (1919–1976) zieren farbige Mosaikflächen, deren Mosaiksteinchen aus Trümmern der Gedächtniskirche hergestellt wurden. Noch etwas schief, aber schon wieder guter Laune und mit Bäuchlein, steht sie für die Wirtschaftswunderjahre.

Kurfürstendamm 33, 10719 Berlin 24

VON DER DICKEN BERTA ZUR ROTEN ROSA

Skulptur, 1991, Igael Tumarkin

Auf einer Verkehrsinsel befindet sich die Metallskulptur »Von der Dicken Berta zur Roten Rosa« des israelischen Bildhauers Igael Tumarkin (1933–2021). Auf zwei Eisenbahnschienen steht eine Lore mit übergroßem Eisernen Kreuz, das auf den Ersten Weltkrieg ver-

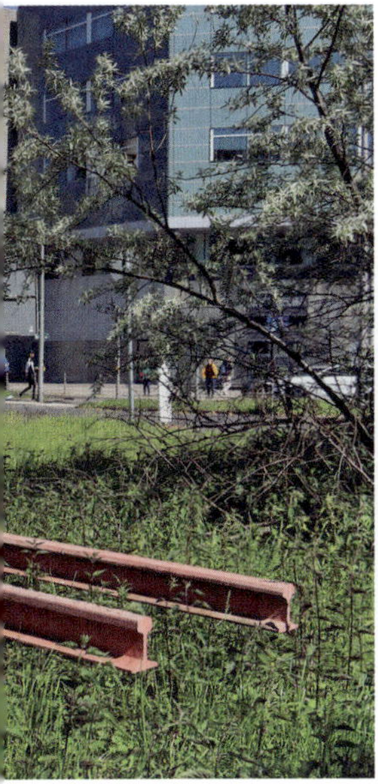

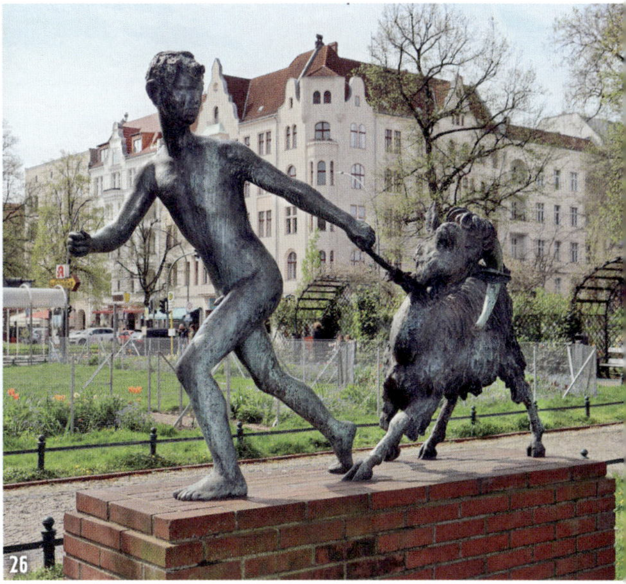

weist. Der Schienenstrang endet an einem Schattenbild des Gesichtsprofils von Rosa Luxemburg, die am 15. Januar 1919 in Berlin das Opfer eines politischen Mordes wurde. Als Dicke Berta wurde im Ersten Weltkrieg eine Kanone mit einem Kaliber von 42 Zentimeter bezeichnet, die auf der Schiene befördert wurde.

Bundesallee, Spichernstraße, 10719 Berlin 25

ZIEGENHIRTEN – KNABE MIT ZIEGE

Skulpturen, 1926–1928, August Kraus

In Verlängerung der Knesebeckstraße stehen auf dem Savignyplatz zwei Ziegenhirten, von denen jeder an einem Seil einen störrischen Ziegenbock hinter sich herzieht. Die beiden Skulpturen »Knabe mit Ziege« von August Kraus (1868–1934) wurden 1931 aufgestellt. In den 1940er Jahren verschwand eine von ihnen, sodass lange nur ein Ziegenhirte sein bockiges Tier hinter sich herzerrte. Im Zuge der Rekonstruktion des Savignyplatzes 1985 wurde eine der beiden Figurengruppen nachgegossen und aufgestellt.

Savignyplatz, 10623 Berlin 26

ZWEI BETON-CADILLACS IN FORM DER NACKTEN MAJA

Skulptur, 1987, Wolf Vostell

Eine der Großskulpturen des Projekts »Skulpturenboulevard Kurfürstendamm« anlässlich der 750-Jahr Feier Berlins 1987 sind die zwei einbetonierten Cadillacs auf dem Kreisverkehr des Rathenauplatzes. Das Kunstwerk war seinerzeit umstritten. Allein der Titel »Zwei Beton-Cadillacs in Form der nackten Maja«, den der Künstler Wolf Vostell (1932–1998) seiner Auto-Beton-Skulptur gab, eckte an. Eine Verbindung zum Gemälde »Die nackte Maja« des spanischen Malers Francisco de Goya (1746–1828) war für viele kaum ersichtlich. Nach Wolf Vostell ging es ihm um den »24-stündigen Tanz der Autofahrer ums Goldene Kalb«, was er mit dem Aufstellungsort innerhalb eines Kreisverkehrs versinnbildlichte.

Rathenauplatz, 10711 Berlin (27)

ZWEI BRUNNEN »LEBENSALTER« UND »TULPE«

Brunnen, 1985, Waldemar Grzimek

Die beiden Brunnen des Künstlers Waldemar Grzimek (1918–1984) wurden 1985 der Öffentlichkeit übergeben. Der Brunnen »Lebensalter« besteht aus einem großen rechteckigen Becken aus unter-

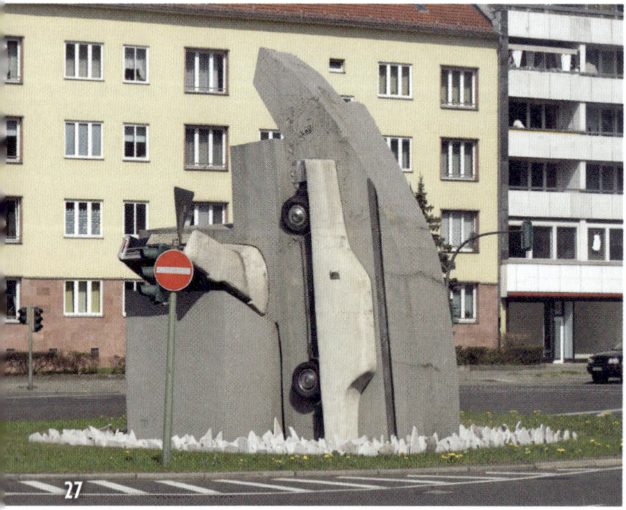

27

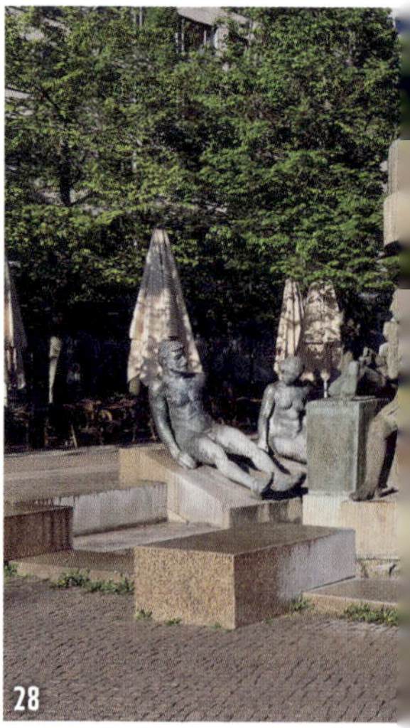

28

schiedlichen Gesteinsarten, in der Mitte erhebt sich eine abstrakte ovale Pilzform. Menschen aller Altersstufen stehen, sitzen oder liegen dort als natürlich gearbeitete Bronzefiguren. Als Brunnen wächst auf der gegenüberliegenden Platzhälfte aus einem quadratischen Becken eine große, blütenähnliche Metallskulptur, weswegen der Brunnen als »Tulpe« bekannt ist.

Wittenbergplatz, 10789 Berlin 28

ZWISCHEN HIMMEL UND ERDE

Installation, 1993, Reinhard Haverkamp

Bereits vom UdK Institut für Kirchenmusik aus ist eine rot lackierte Aluminiumstange zu sehen, die senkrecht in der Luft zu schweben scheint. In ihrer vertikalen Geradlinigkeit stellt sie einen Gegenpol zum verzweigten Geäst der Bäume dar, die sie umgeben. Der Bildhauer Reinhard Haverkamp (*1954) verspannte die Stange kaum sichtbar mit Drahtseilen zwischen den Institutsgebäuden, sodass sie hoch über den Köpfen ihre senkrechte Position behält. Die filigrane Luftskulptur justiert die Wahrnehmung neu.

Hardenbergstraße 38, 10623 Berlin 29

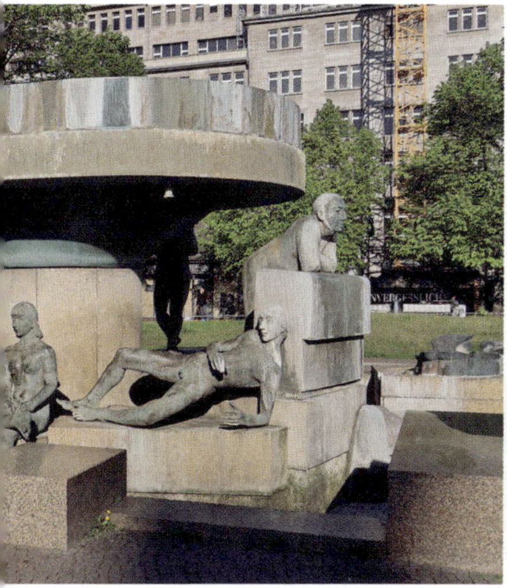

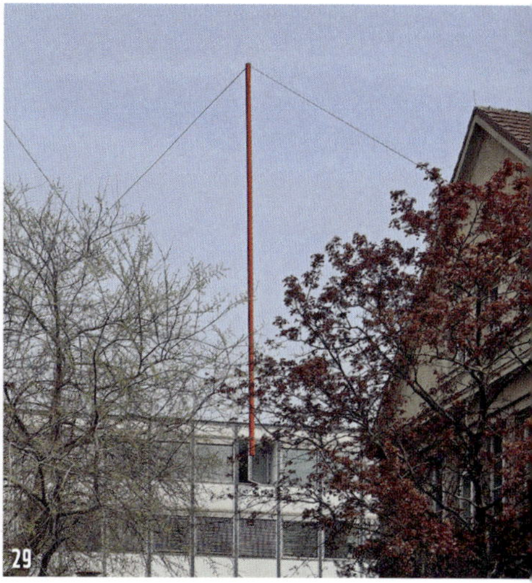

29

Museen, Kunstgalerien und Sammlungen

ANAHITA CONTEMPORARY

Die Galerie Anahita Contemporary von Anahita Sadighi präsentiert internationale Malerei und Fotografie junger Künstlerinnen und Künstlern aus Deutschland und Asien. Mit Ausstellungen, Künstlergesprächen und Diskussionsrunden wird der interkulturelle Dialog weiterentwickelt.

Schlüterstraße 14, 10625 Berlin, www.anahita-contemporary.com 30

BERMEL VON LUXBURG GALLERY

Die Bermel von Luxburg Gallery der Galeristen Mario Bermel und Aleksandra von Luxburg stellt internationale moderne und zeitgenössische Positionen aus. Die Galerie organisiert und tauscht Ausstellungen zwischen Berlin, Paris, London, Seoul und Tokio aus und arbeitet mit dem neuen Samurai Museum Berlin in der Auguststraße zusammen.

Fasanenstraße 29, 10719 Berlin, www.bermelvonluxburg.gallery 31

BRENNECKE FINE ART

Die Galerie Brennecke Fine Art präsentiert zeitgenössische Malerei im Spannungsfeld abstrakt-gegenständlicher Tendenzen sowie speziell ausgewählte Fotografie und Skulptur. Im Kunsthandel besteht eine

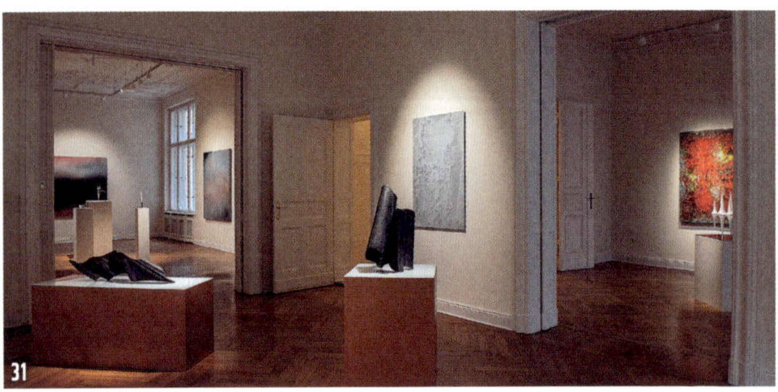

31

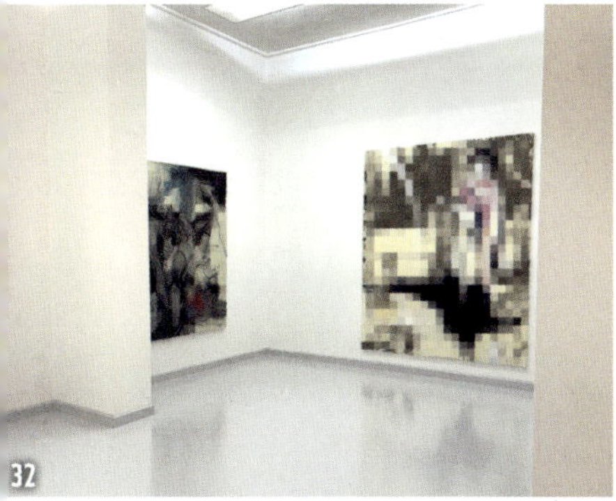

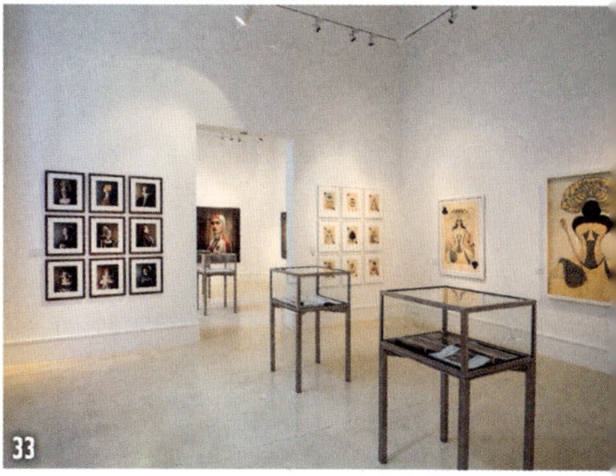

Spezialisierung auf deutsche Malerei der 1970er bis späten 1980er Jahre. Die Galerie fördert Nachwuchstalente, die sich in aktuellen Mixed-Media-Techniken ausdrücken.

Mommsenstraße 45, 10629 Berlin, www.galerie-brennecke.de 32

CAMERA WORK GALLERY

Die CAMERA WORK Gallery wurde 1997 in einem Ateliergebäude in einem Hinterhof gegründet und zählt zu den bedeutenden Galerien für Fotokunst. Neben den wichtigsten Künstlerinnen und Künstlern der Geschichte der Fotografie werden zeitgenössische Künstler vertreten.

Kantstraße 149, 10623 Berlin, www.camerawork.de 33

C/O BERLIN FOUNDATION

Die gemeinnützige Stiftung C/O Berlin Foundation präsentiert fotografische Werke internationaler Künstlerinnen und Künstler und fördert junge Talente. Das C/O Berlin einwickelte sich aus einer privaten Initiative des Fotografen Stephan Erfurt, des Designers Marc Naroska und des Architekten Ingo Pott. Mit seinem vielseitigen Programm ist C/O Berlin ein inspirierender Ort der Auseinandersetzung mit dem Medium Fotografie.

Hardenbergstraße 22-24, 10623 Berlin, www.co-berlin.org 34

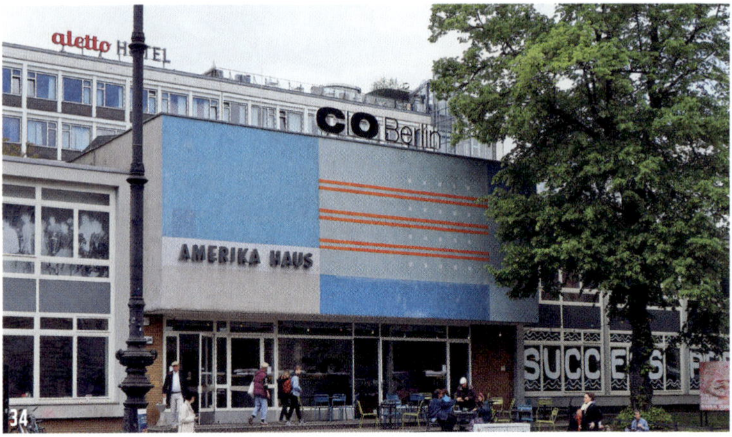

CONRADS

Das Galerieprogramm umfasst internationale Positionen aus unterschiedlichen Kulturkreisen und Generationen, die sich mit Fragen der Gegenwart in einer globalisierten Welt auseinandersetzen. Jüngere und jüngste Positionen stehen im Dialog mit etablierten internationalen Künstlern wie aus den USA, der Ukraine, den Niederlanden, Marokko, Australien oder Japan.

Horstweg 33, 14059 Berlin, www.galerieconrads.de 35

CONTEMPORARY FINE ARTS

Die Galerie Contemporary Fine Arts präsentiert zeitgenössische Künstlerinnen und Künstler, die in unterschiedlichen Medien wie Malerei, Skulptur oder Installation arbeiten. Neben jungen Künstlern stellt die Galerie auch Künstler aus den Anfangszeiten ihrer Ausstellungstätigkeit aus.

Grolmanstraße 32/33, 10623 Berlin, www.cfa-berlin.de 36

CRONE BERLIN

Galerie Crone wurde 1982 von Ascan Crone und Mechthild von Dannenberg in Hamburg gegründet und hat heute ihren Hauptsitz in Berlin. Die Galerie präsentiert zeitgenössische Kunst, die sich sozialen Realitäten und gesellschaftspolitischen Herausforderungen stellt. Sie vertritt Künstler unterschiedlicher Generationen, Herkunft, kultureller Prägung und sexueller Orientierung, die das Ziel einer freien, toleranten, aufgeklärten Gesellschaft und Kultur eint.

Fasanenstraße 29, 10719 Berlin, www.galeriecrone.com 37

EAM COLLECTION

Die Sammlung von Elke und Arno Morenz wurde 1968 in Paris begonnen. Sie sammelten Werke der vorherrschenden Gegenkulturen wie »Lettrisme« und »Internationale Lettriste«, später »Internationale Situationniste«. Die Sammlung mit Schwerpunkt der Lettristen gilt weltweit als bedeutend. Die EAM-Sammlung hat keine regulären Öffnungszeiten, Führungen und Besichtigungen sind nach Anmeldung möglich.

Sybelstraße 62, 10629 Berlin, www.eam-collection.de 38

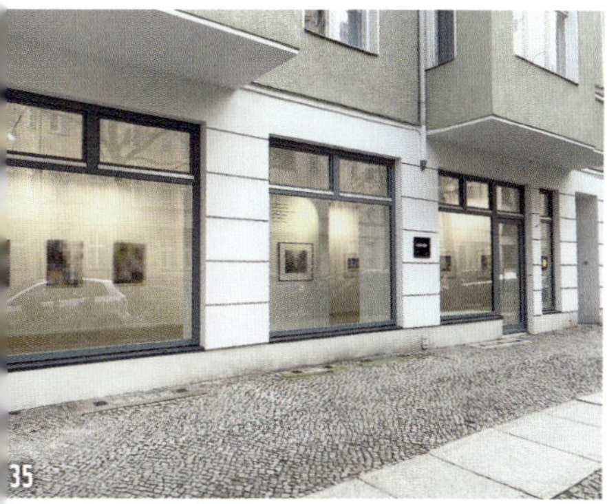

35

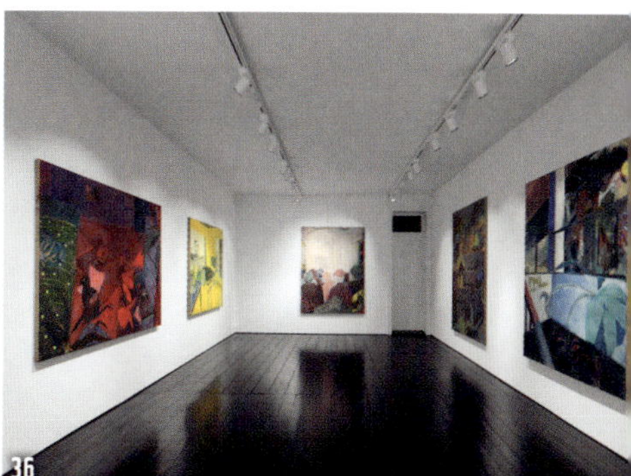

36

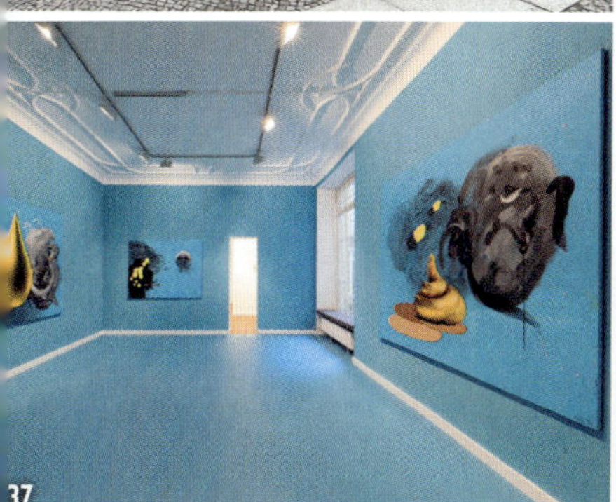

37

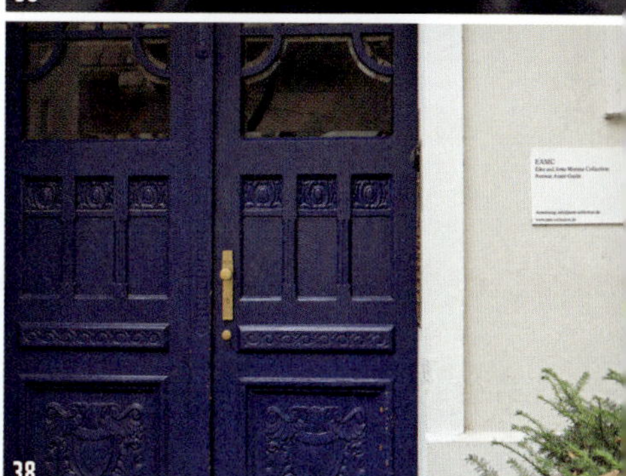

38

EFREMIDIS

Die Galerie Efremidis eröffnete im September 2018 in einer schaufensterverglasten Ladenfläche im Erdgeschoss eines Hochhauses am Ernst-Reuter-Platz. Die von Kunstsammler Stavros Efremidis und Galerist Tom Woo gegründete Galerie konzentriert sich auf kuratierte Ausstellungen von in Berlin lebenden und internationalen Künstlerinnen und Künstlern. Die Galerie stellt Positionen zeitgenössischer Kunst aus von aufstrebenden und bereits etablierten Künstlern.

Ernst-Reuter-Platz 2, 10587 Berlin, www.efremidisgallery.com 39

GALERIE ALBRECHT

Die Galerie Albrecht zeigt zeitgenössische Kunst der Medien Malerei, Fotografie, Zeichnung und Skulptur. Sie stellt regelmäßig Künstlerinnen und Künstler aus Deutschland und internationale künstlerische Positionen aus, darunter seit rund 20 Jahren Künstlerinnen und Künstler aus China und Japan.

Bleibtreustraße 48, 10623 Berlin, www.galeriesusannealbrecht.de 40

GALERIE BERNET BERTRAM

Die 2015 von Christian Bertram und Dr. Simone Bernet gegründete Galerie befindet sich in Charlottenburg im ehemaligen Postgebäude Goethe-/Ecke Knesebeckstraße, Aufgang B. Sie stellt zeitgenössische künstlerische Positionen vor und präsentiert Arbeiten figurativer

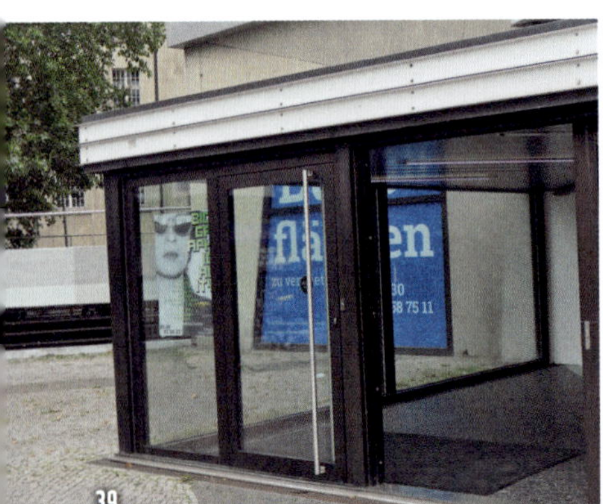

39

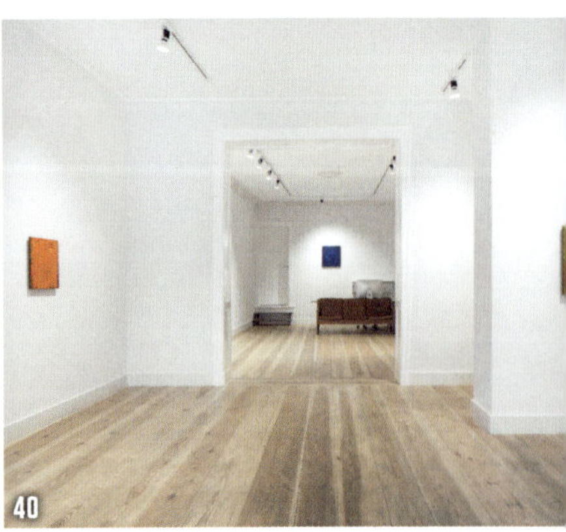

40

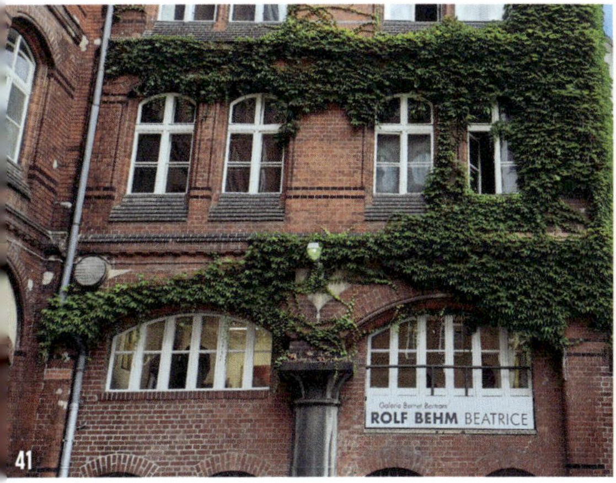

41

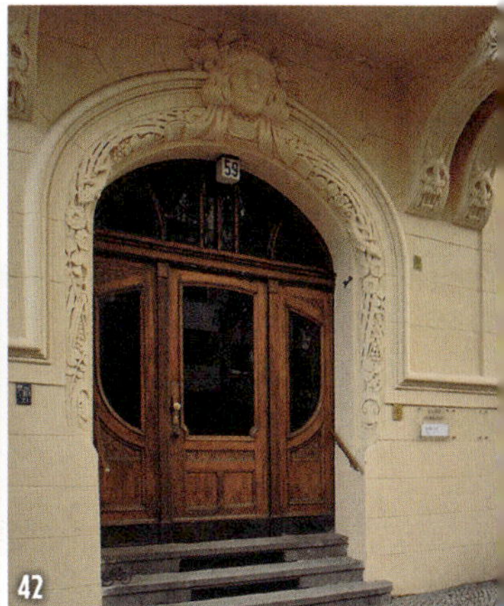

42

und abstrakter Kunst im Form von Malerei, Zeichnungen, Fotografie, Druckgrafiken, Editionen und Skulpturen. Veranstaltet werden auch Künstlergespräche, Lesungen, Performances und Filmabende.

Goethestraße 23, 10623 Berlin, www.bernet-bertram.de 41

GALERIE BROCKSTEDT

Die Galerie Brockstedt wurde bereits 1957 von Hans Brockstedt gegründet und ist seit 1992 auch in Berlin ansässig. Sie widmet sich der modernen und zeitgenössischen Malerei und Skulptur. Neben der Ausstellungstätigkeit mit einem eigenständigen Programm zeitgenössischer Kunst wird die jahrzehntelange Tradition des Hauses Brockstedt fortgeführt.

Mommsenstraße 59, 10629 Berlin, www.brockstedt.com 42

GALERIE BRUSBERG »WUNDERKAMMER«

Der Ausstellungsraum »Wunderkammer« der Galerie Brusberg wurde 2016 eröffnet. Dort werden sparsame Dialoge zwischen freier und angewandter Kunst der klassischen Moderne, Readymades sowie vorwiegend figürliche Malerei, Plastik und Fotografie von 1950 bis heute gezeigt.

Friedbergstraße 29, 14057 Berlin, www.galerie-brusberg.de 43

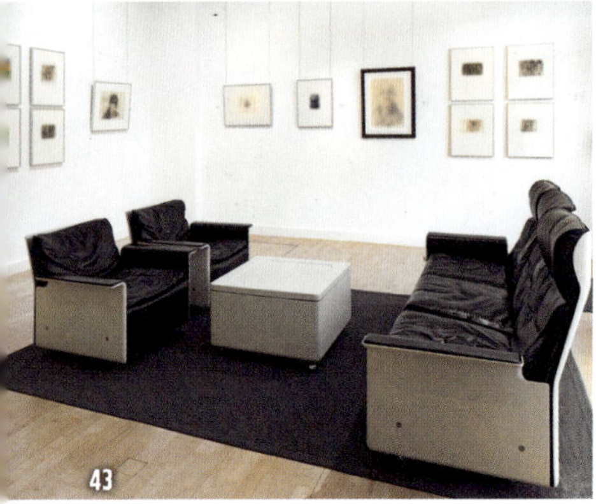

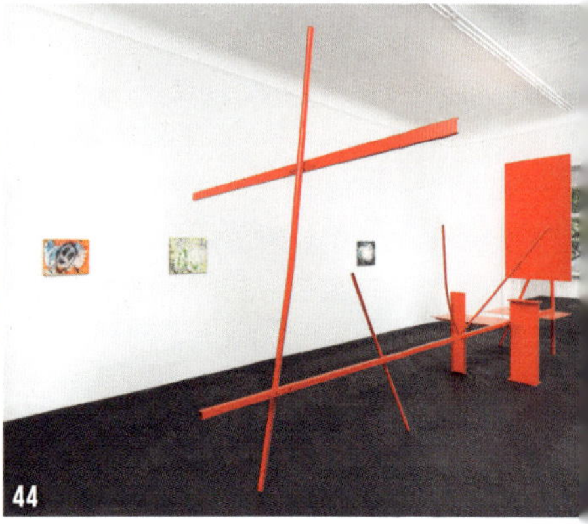

GALERIE BUCHHOLZ

Die Galerie Buchholz zeigt zeitgenössische Kunst deutscher und internationaler Künstlerinnen und Künstler unterschiedlicher Medien. Sie wurde 1986 von Daniel Buchholz in Köln gegründet, wo ihr Hauptsitz ist, und ist seit 2008 in Berlin.

Fasanenstraße 30 & 31, 10719 Berlin, www.galeriebuchholz.de 44

GALERIE BURSTER

Die galerie burster zeigt aktuelle internationale Aspekte der zeitgenössischen Malerei, Skulptur, Konzept- und Medienkunst. Junge Positionen werden gefördert und in Ausstellungen präsentiert.

Ludwigkirchstraße 11, 10719 Berlin, www.galerieburster.com 45

GALERIE FRIEDMANN-HAHN

Alexander Friedmann-Hahn gründete die Galerie 2005 in seinem ehemaligen Künstleratelier. Es werden zeitgenössische künstlerische Positionen mit Schwerpunkt auf figurativer Malerei, Fotografie und Skulptur sowie Urban Art internationaler Künstlerinnen und Künstler gezeigt.

Wielandstraße 14, 10629 Berlin, www.galeriefriedmann-hahn.com 46

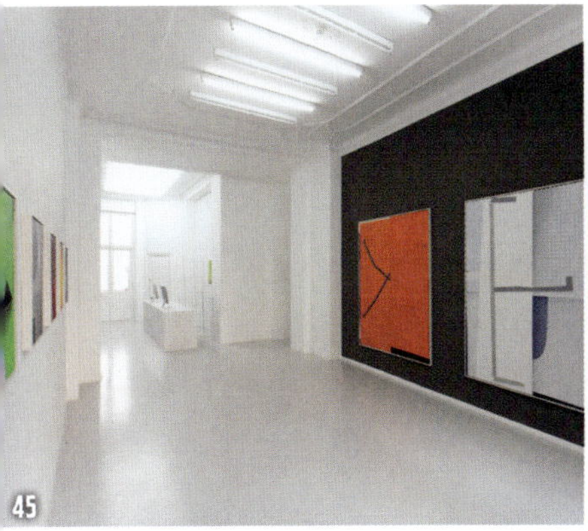

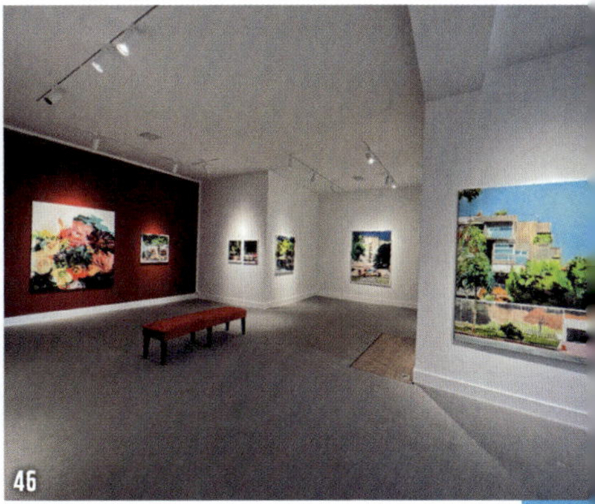

GALERIE FRIESE

Das Programm der Galerie Friese spannt einen Bogen von der Klassischen Moderne bis zur zeitgenössischen Kunst. Die Galerie repräsentiert Künstler mit kunsthistorisch bedeutenden Positionen sowie Positionen einer jungen Generation von Künstlerinnen und Künstlern. Mit einer auf Malerei und Zeichnung fokussierten Ausrichtung werden historische Entwicklungen, Themen und Techniken in diesen Medien aufgezeigt.

Meierottostraße 1, 10719 Berlin, www.galeriefriese.de 47

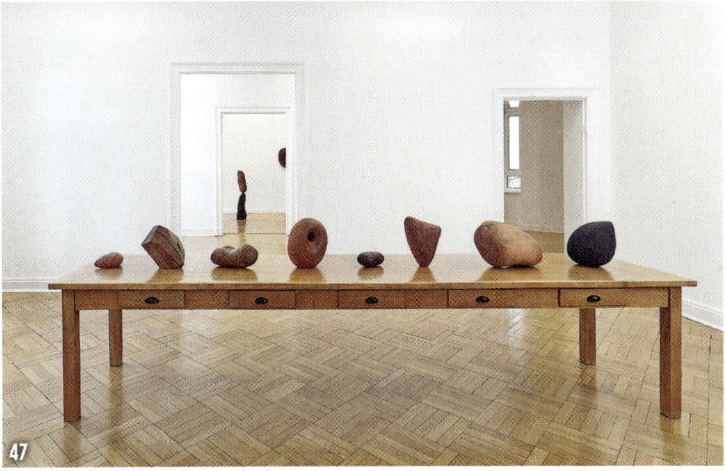

GALERIE GEORG NOTHELFER – SHOWROOM

Im Herbst 2010 wurde in Charlottenburg in der Grolmannstraße der Showroom der Galerie Georg Nothelfer eröffnet, die ihren Hauptsitz im Tiergartendreieck hat. Die Galerie präsentiert im Schwerpunkt Informel, Tachismus und gestische Malerei, zeigt aber auch zeitgenössische Kunst, die sich mit dem Erbe des abstrakten Nachkriegsexpressionismus auseinandersetzt. Darüber hinaus ist eine Vielzahl von Publikationen und Künstler-Editionen entstanden.

Grolmanstraße 28, 10623 Berlin, www.galerie-nothelfer.de 48

GALERIE HORST DIETRICH

Der Fokus der Galerie Horst Dietrich liegt auf zeitgenössischer Kunst zwischen Gegenständlichkeit und Abstraktion. Das Gesamtangebot umfasst Malerei, Zeichnungen und Skulpturen. Besonders ist eine außerordentliche Sammlung von Malerbüchern. Die Galerie verlegt bibliophile Mappenwerke, Multiples, Graphik und Bücher.

Giesebrechtstraße 19, 10629 Berlin, www.galerie-dietrich.de 49

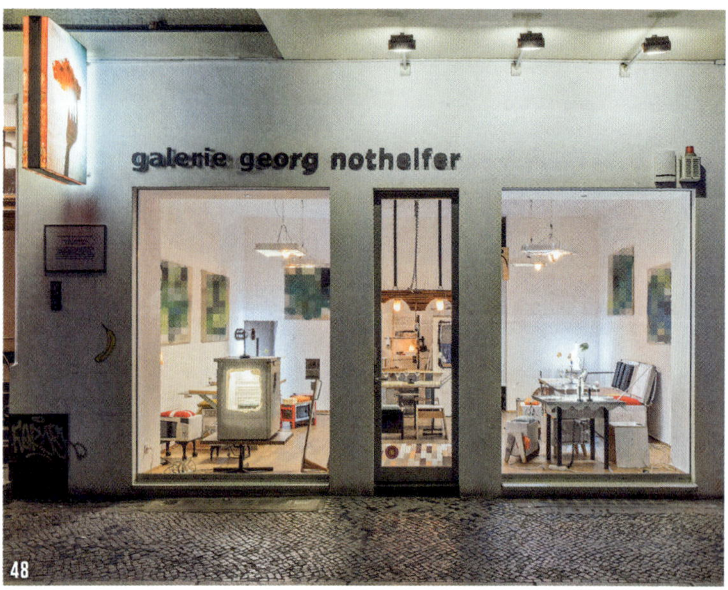

48

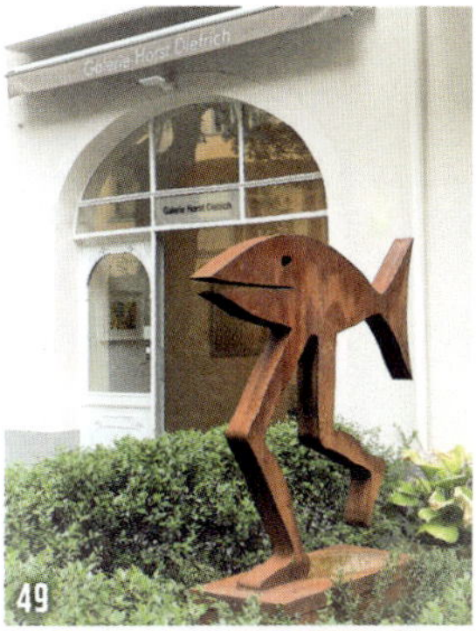

49

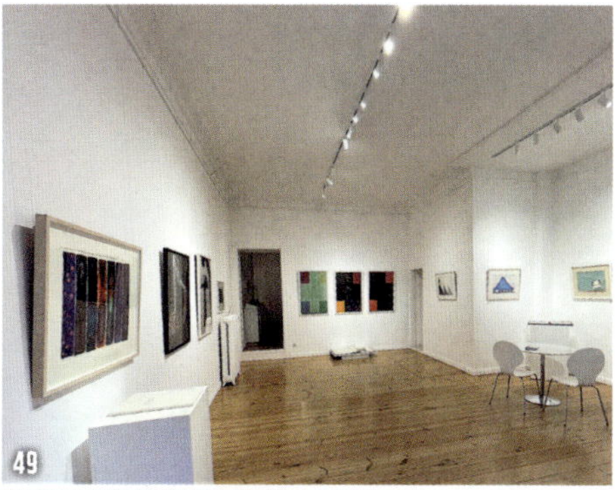

49

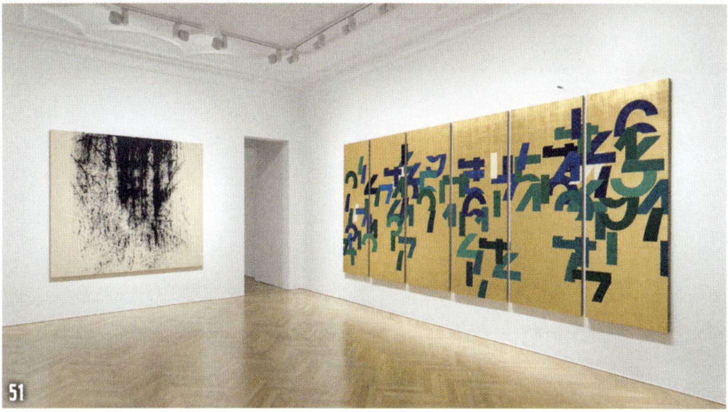

51

GALERIE LARS FRIEDRICH

Die Galerie Lars Friedrich wurde 2011 gegründet. Sie zeigt zeitgenössische Kunst junger Künstlerinnen und Künstlern aus dem In- und Ausland in Zeichnung, Malerei, Skulptur und Installation.

Kantstraße 154A, 10623 Berlin, www.larsfriedrich.net 50

GALERIE MAX HETZLER

Die Galerie Max Hetzler zeigt zeitgenössische Kunst von Künstlerinnen und Künstlern mit internationaler Bekanntheit an drei Standorten in Charlottenburg und zusätzlich seit 2021 in den Mercator Höfen in Tiergarten. Werke von Künstlerinnen und Künstlern der Galerie finden sich in Sammlungen und Kunstmuseen.

Goethestraße 2/3, Bleibtreustraße 15/16 und 45, 10623 Berlin, www.maxhetzler.com 51

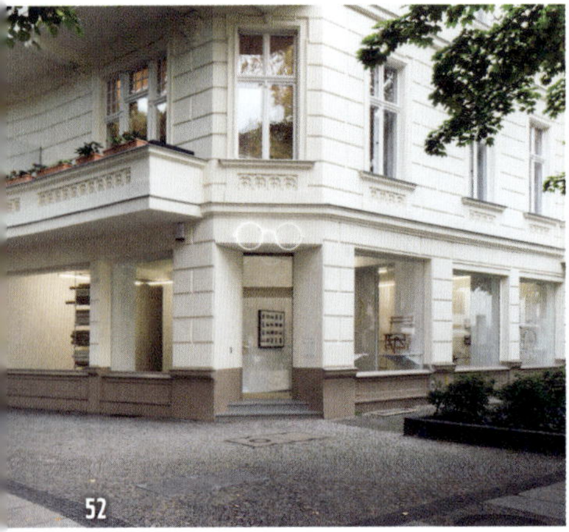

52

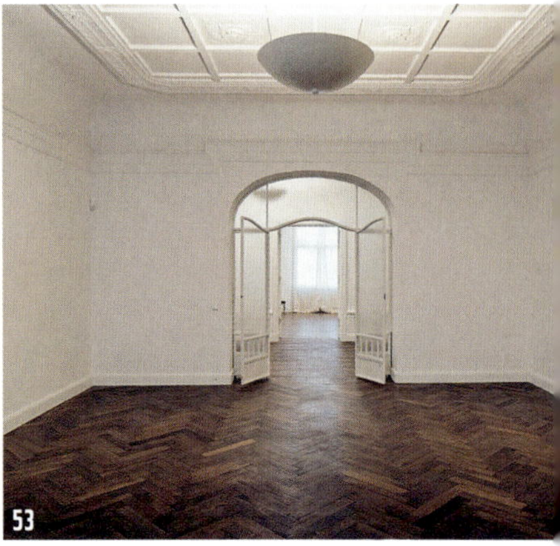

53

GALERIE MEHDI CHOUAKRI

Zur ersten Galerienwelle im Auguststraßenkiez zählte die Galerie Mehdi Chouakri, die 1996 in der Gipsstraße eröffnete. Seit 2017 präsentiert sie am Fasanenplatz zeitgenössische internationale Künstlerinnen und Künstler. Um seine Ausstellungsmöglichkeiten zu erweitern, eröffnete Mehdi Chouakri 2023 in den Wilhelmhallen in Reinickendorf einen weiteren Ausstellungsraum.

Fasanenstraße 61, 10719 Berlin, www.mehdi-chouakri.com 52

GALERIE MICHAEL WERNER

Michael Werner eröffnete 1963 mit B. Katz die Galerie Werner & Katz in Berlin. 1968 siedelte er nach Köln über, übernahm die Galerie Hake, die er als Galerie Michael Werner weiterführte. Es folgen Dependancen in NY und London. 2021 wurde in der Hardenbergstraße in Berlin ein neuer Standort eingerichtet. Die Galerie vertritt wichtige deutsche Nachkriegskünstler sowie internationale Künstler.

Hardenbergstraße 9a, 10623 Berlin, www.michaelwerner.de 53

GALERIE MOND FINE ARTS

Die Galerie Mond Fine Arts vertritt zeitgenössische Kunst unterschiedlicher Medien und künstlerischer Positionen. Neben bereits etablierten Künstlerinnen und Künstlern werden aufstrebende junge Künstler ausgestellt. Die Galeristin Frieda Vogel möchte dazu beitragen, mit einem diversen Künstler-Angebot und kontrovers bleibender Kunst Berlin als Kunstmetropole zu stärken.

Bleibtreustraße 17, 10623 Berlin, www.mondgalerie.de 54

GALERIE MUTARE

Die Galerie Mutare vertritt zeitgenössische Künstlerinnen und Künstler, die stilistisch hauptsächlich der Figuration zuzuordnen sind. Expressionismus, Abstraktion, Neue Sachlichkeit, Dadaismus, Surrealismus, aber auch Pop Art, Informel sowie experimentelle Positionen schwingen mit. Das Spektrum reicht von Gemälden, Druckgrafiken, Arbeiten auf Papier und Skulpturen bis hin zu Objekten, Installationen und Hinterglasbildern.

Giesebrechtstraße 12, 10629 Berlin, www.galeriemutare.de 55

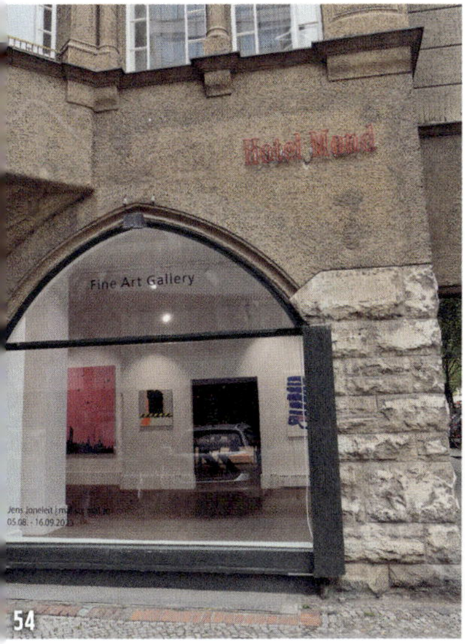

54

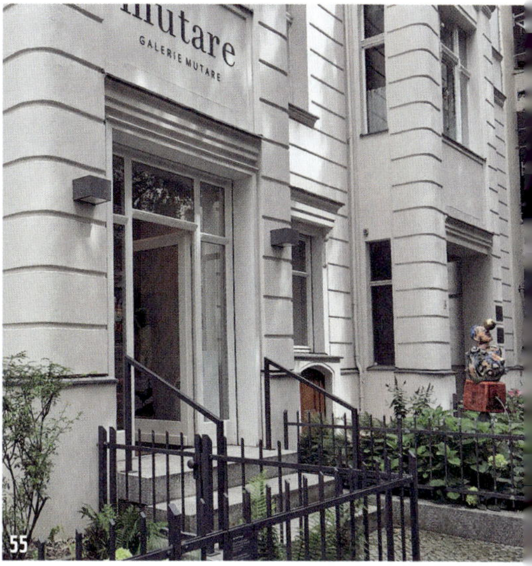

55

GALERIE NIERENDORF

Die Galerie Nierendorf blickt zurück auf eine langjährige Geschichte, die mit der Gründung eines Kunsthandels mit Ausstellungen durch die Brüder Karl und Josef Nierendorf 1920 in Köln begann. Die Galerie wurde 1926 nach Berlin verlegt und wird bis heute von Mitgliedern der Familie geleitet. Ihr Programm umfasst bekannte Namen ab der Jahrhundertwende vom 19. zum 20. Jahrhundert mit einem Fokus auf Expressionismus.

Hardenbergstraße 19, 10623 Berlin, www.nierendorf.com 56

GALERIE PROBST

Die galerie probst vertritt Gegenwartskunst etablierter und junger internationaler Künstlerinnen und Künstler. Seit 2022 kuratiert die galerie probst auch NFT-Kunst. Dabei werden neben den digitalen Unikaten (NFTs) auch limitierte analoge Drucke angeboten. Für das NFT-Kunst- und Umweltprojekt »999 by GAMA« haben der Künstler GAMA und die galerie probst zusammen den ifungiclub gegründet, dessen Anliegen es ist, Kunst und Umweltschutz zu verbinden.

Suarezstraße 55, 14057 Berlin, www.galerie-probst.de 57

GALERIE SPRINGER BERLIN

Das Programm der Galerie Springer Berlin umfasst internationale Künstlerinnen und Künstler mit einer Fokussierung auf die klassische und zeitgenössische Fotografie. In den Räumen der Galerie

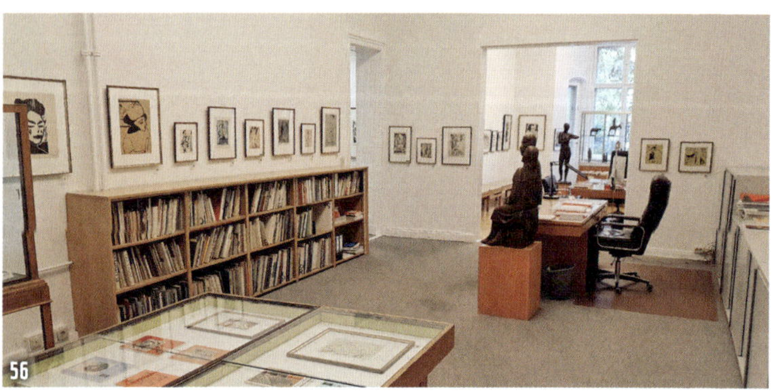

56

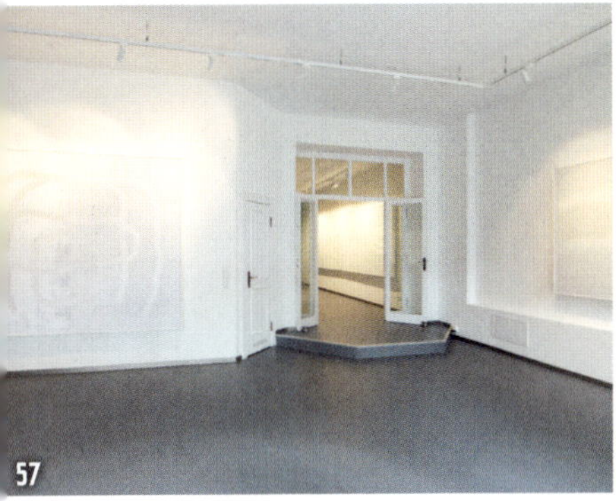

57

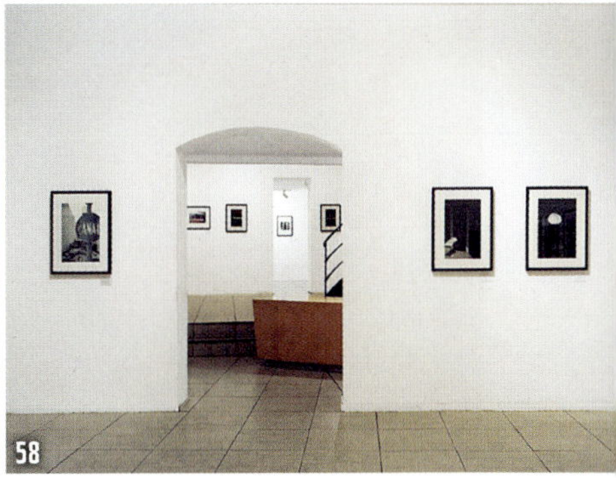

58

stellte früher der bekannte Galerist Rudolf Springer aus. Seit 2012 wird die Galerie von Heide und Robert Springer unter dem traditionsreichen Namen Galerie Springer Berlin geführt.

Fasanenstraße 13, 10623 Berlin, www.galeriespringer.de 58

HAVERKAMPF LEISTENSCHNEIDER

Die 2017 gegründete Galerie Haverkampf Leistenschneider präsentiert Malerei und malereiverwandte Objekte von jungen, lokalen Künstlerinnen und Künstlern sowie etablierte, internationale Positionen. Ergänzt wird der analoge Ausstellungsraum durch Videoführungen, digitale Live Talks und die Online-Reihe SPOT ON, in der Werkgruppen einzelner Künstler digital beleuchtet werden.

Mommsenstraße 67, 10629 Berlin, www.haverkampfleistenschneider.com 59

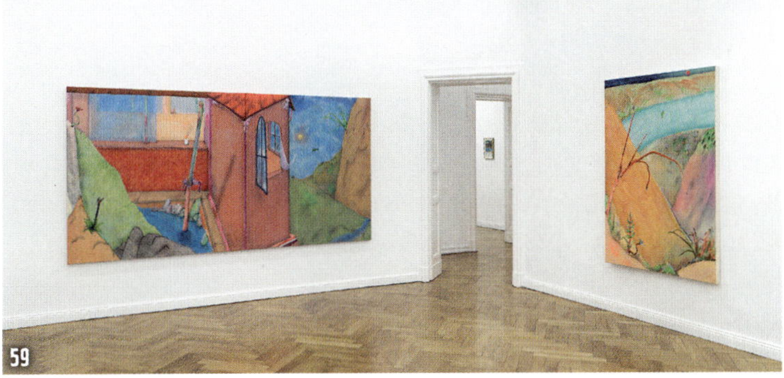

59

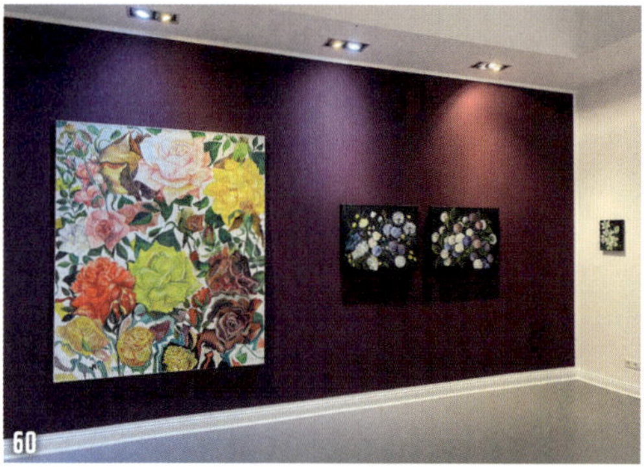

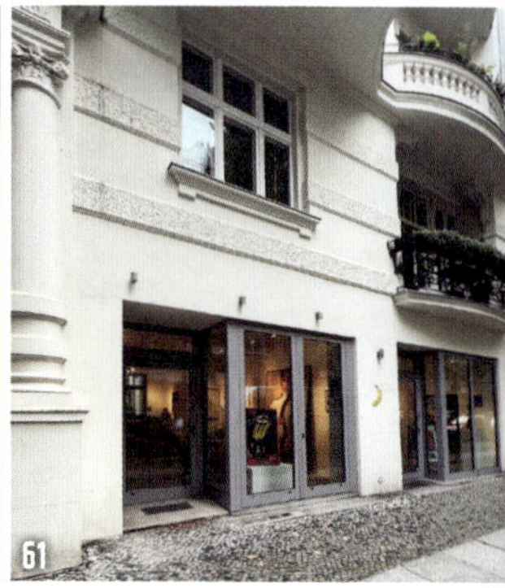

HILLECKES GALLERY

Die Hilleckes Gallery eröffnete im Sommer 2021. Sie zeigt junge Künstlerinnen und Künstler mit neuen Positionen zeitgenössischer Kunst. Das Künstlerprogramm umfasst narrative und figurative wie abstrakte Darstellung in verschiedenen Medien.

Wielandstraße 30, 10629 Berlin, www.hilleckesgallery.art 60

JRGALLERY

Die JRGallery präsentiert ein Programm von jungen internationalen Künstlern mit Positionen der figurativen Kunst mit einer Fokussierung auf gegenständliche Malerei, Street Art, POP Art und Urban Art. Die jungen Künstlerinnen und Künstler aus dem In- und Ausland arbeiten in einem der Popart verwandten Stil, gegenständlich und farbintensiv.

Goethestraße 81, 10623 Berlin, www.jrgallery.de 61

KICKEN BERLIN

Die Galeristin Annette Kicken widmet sich musealen Ausstellungen, kuratorischen Projekten, Kooperationen und Publikationen. Die 1974 gegründete Galerie wird von der Mission ihres Gründers Rudolf Kicken (1947–2014) geleitet, die Fotografie in einen produktiven Dialog mit anderen künstlerischen Medien treten zu lassen und als Kunstform zu vermitteln.

Kaiserdamm 118, 14057 Berlin, www.kicken-gallery.com 62

KIENZLE ART FOUNDATION

Ein Schwerpunkt der Sammlung Jochen Kienzle ist die Kunst der 1970er Jahre aus den USA und Europa. Erklärtes Ziel der Foundation ist es, wenig bekannte Positionen der 1960er Jahre bis heute wiederzuentdecken und deren Impulse für nachrückende Künstlergenerationen aufzunehmen. Es finden kuratierte thematische Ausstellungen, Gruppenausstellungen aus dem Sammlungsbestand sowie Ausstellungen von Gastkünstlern statt.

Bleibtreustraße 54, 10623 Berlin, www.kienzleartfoundation.de 63

KOMMUNALE GALERIE BERLIN

Die Kommunale Galerie Berlin ist ein aktuelles Forum für alle Sparten der Kunst der Gegenwart in Wilmersdorf wie Malerei, Fotografie, Grafik, Video, Performance oder Installation. Sie fördert und bietet erste Plattform für junge Positionen aus Berlin. Ein Schwerpunkt ist die künstlerische Fotografie.

Hohenzollerndamm 176, 10713 Berlin, www.kommunalegalerie-berlin.de 64

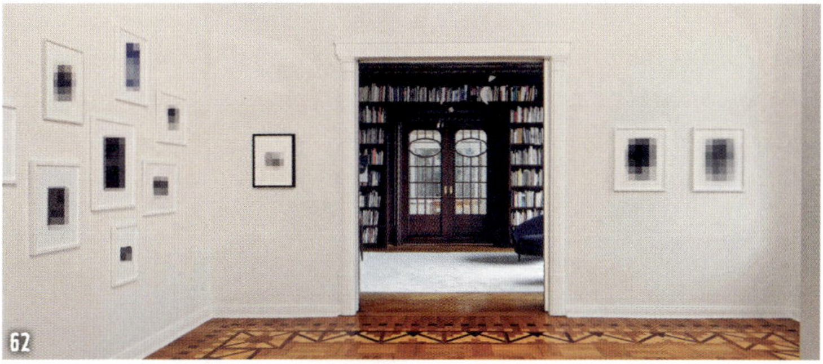

62

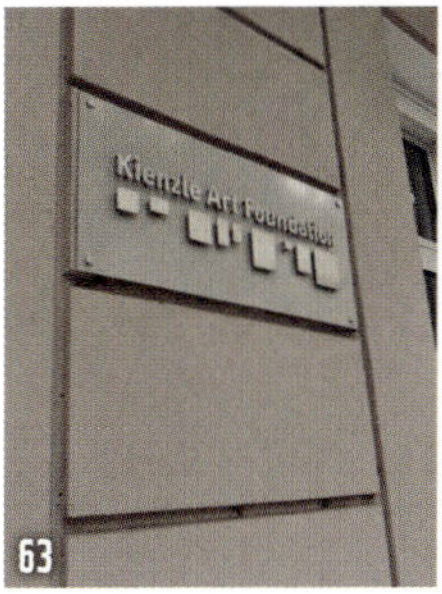

63

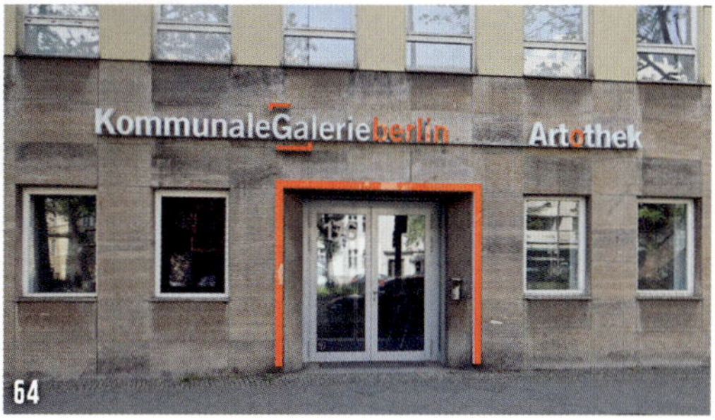

64

MEYER RIEGGER

Das Programm der Galerie Meyer Riegger ist kuratorisch orientiert mit Einzelausstellungen, Gruppenausstellungen und Sonderprojekten. Die Galerie zeigt eine Kombination aus Malerei, Zeichnung, Skulptur, Fotografie, Film, Performance sowie installativen Arbeiten und vertritt internationale Künstler verschiedener Generationen, von denen die Galerie viele seit Beginn ihrer Karriere begleitet.

Schaperstraße 14, 10719 Berlin, www.meyer-riegger.de 65

MIETTINEN COLLECTION – SALON DAHLMANN

Der aus Finnland stammende Timo Miettinen begann früh finnische Landschaftsmalerei des 19. und 20. Jahrhunderts zu sammeln. Die Sammlung wird mit internationaler zeitgenössischer Kunst erweitert. Neben abstrakter sowie gegenständlicher Malerei und Zeichnung umfasst die Sammlung auch Skulptur. Die Sammlung Miettinen ist nur auf Anfrage zugänglich.

Marburger Straße 3, 10789 Berlin, www.miettinen-collection.de 66

MUSEUM FÜR FOTOGRAFIE – HELMUT NEWTON FOUNDATION

Ende 2003 gründete der Fotograf Helmut Newton (1920–2004) die Helmut Newton Foundation. Die Stiftung widmet sich dem fotografi-

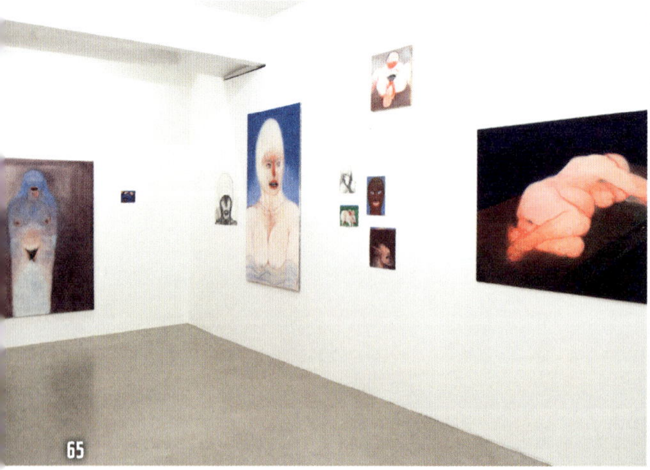
65

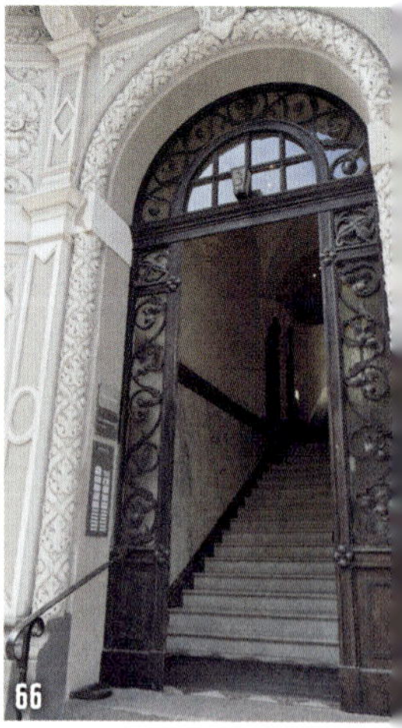
66

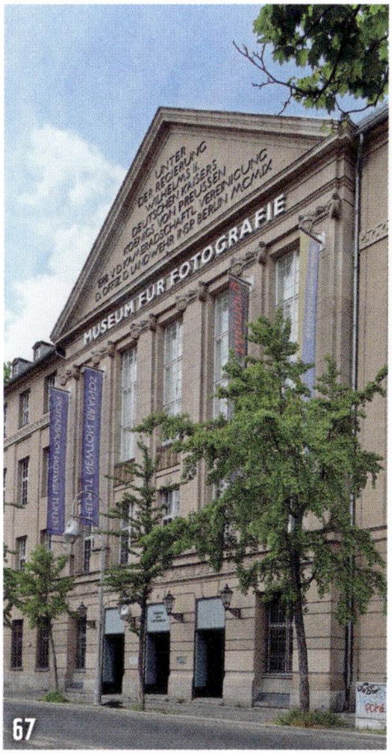

67

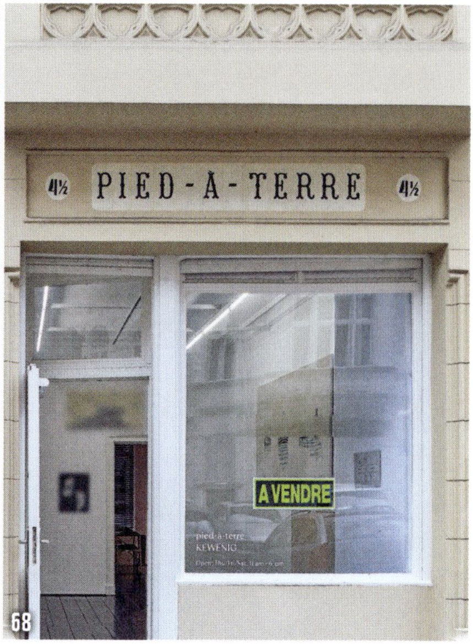

68

schen Werk von Helmut und June Newton, die unter dem Pseudonym Alice Springs bekannt wurde. Neben der Dauerausstellung werden die unterschiedlichen Aspekte des fotografischen Werks von Helmut Newton und anderen renommierten Fotografen in einer Dialogsituation gegenübergestellt.

Jebensstraße 2, 10623 Berlin, www.helmut-newton-foundation.org 67

PIED-À-TERRE

In einem kleinen Ladenlokal in der Mommsenstraße eröffnete die Galerie Kewenig zu ihrem Hauptstandort in Mitte die Galerie pied-à-terre. Sie wird als ein lebendiger Ort mit einem vielfältigen Beitrag zur Präsentation und Vermittlung von zeitgenössischer Kunst unterschiedlicher Positionen und Medien geführt. Ausgestellt werden vornehmlich Künstlerinnen und Künstler aus dem Programm der Galerie Kewenig.

Mommsenstraße 4, 10623 Berlin, www.kewenig.com 68

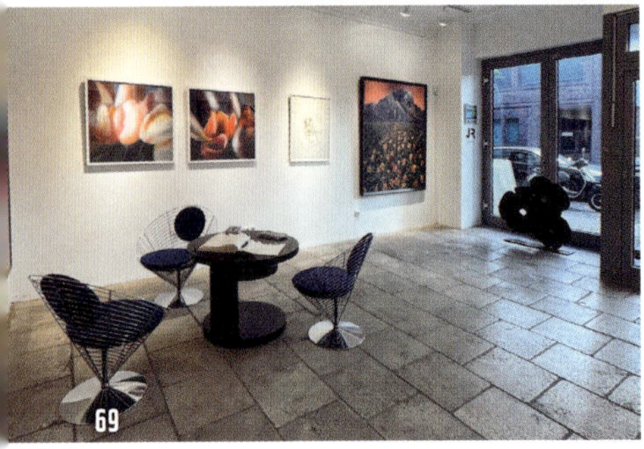

69

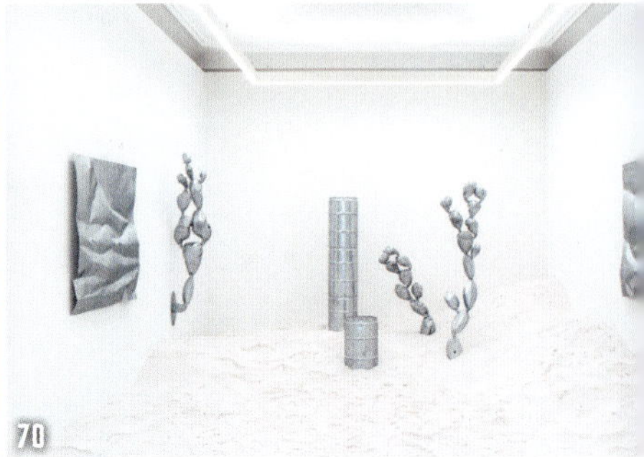

70

RAAB GALERIE

Die Raab Galerie wurde 1978 in West-Berlin gegründet und präsentierte Künstler der damaligen »Neuen Wilden«. In Charlottenburg stellen Ingrid und Julia Raab junge internationale Künstlerinnen und Künstler mit unterschiedlichen Positionen aus, darunter Künstler der Street und Urban Art.

Goethestraße 81, 10623 Berlin, www.raab-galerie.de (69)

ROBERT GRUNENBERG

Die Galerie Robert Grunenberg wurde 2018 in Charlottenburg gegründet. Sie vertritt hauptsächlich jüngere Künstler, die zwischen 1984 und Anfang der 1990er Jahre geboren wurden und mit digitalen Medien, dem Internet in einer globalisierten Welt aufgewachsen sind. Die Künstler arbeiten meist überwiegend figurativ oder figural, mit »klassischen« Materialien und Medien, die sie inhaltlich und formal radikal erweitern.

Marburger Straße 3, 10789 Berlin, www.robertgrunenberg.com (70)

SCHMALFUSS BERLIN

Im Jahr 1998 gründete Michael W. Schmalfuß die »GALERIE MICHAEL W. SCHMALFUSS« in Marburg a. d. Lahn. Bereits 2011 expandierte der Galerist mit der Eröffnung der »GALERIE SCHMALFUSS BERLIN – contemporary fine arts« in Berlin-Charlottenburg. Hier können Kunstsammlerinnen und Kunstsammler in der stilvollen Atmosphäre einer Berliner Belle-Etage Gemälde, Objekte und Skulpturen etablierter ebenso wie aufstrebender Künstlerinnen und Künstler aus dem In- und Ausland erwerben.

Knesebeckstraße 96, 10623 Berlin, www.galerie-schmalfuss.de 71

SOCIÉTÉ

Seit 2020 präsentiert die Galerie Société in neuen Räumen in der Wielandstraße in Charlottenburg Ausstellungen aktueller zeitgenössischer Kunst. Société von Galerist Daniel von Wichelhaus ist eine Galerie mit internationalem Profil. In ihren Arbeiten zeigen die

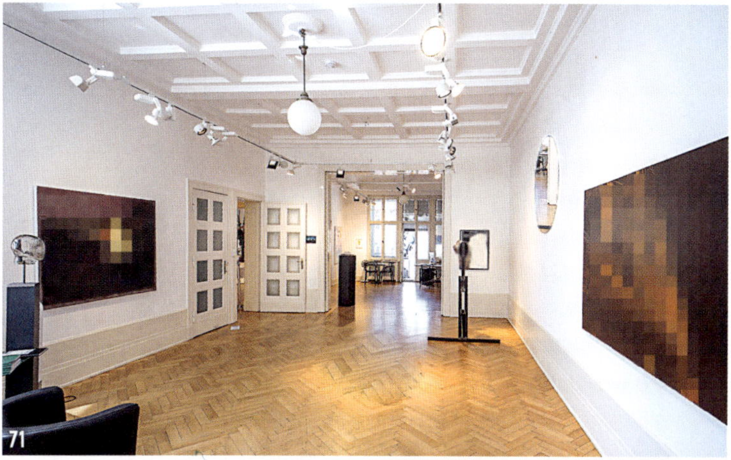

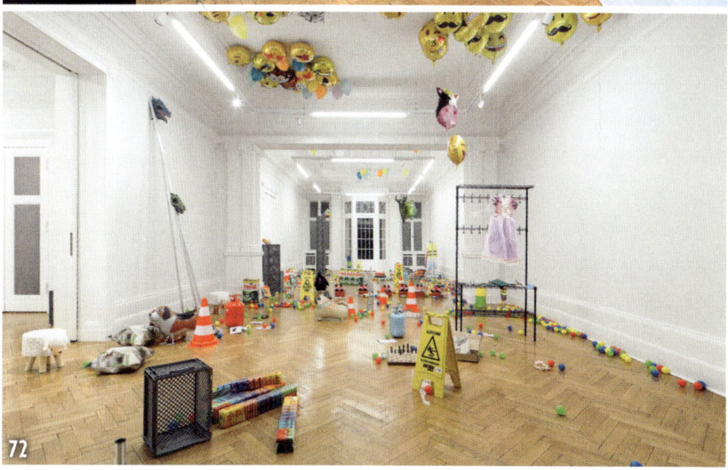

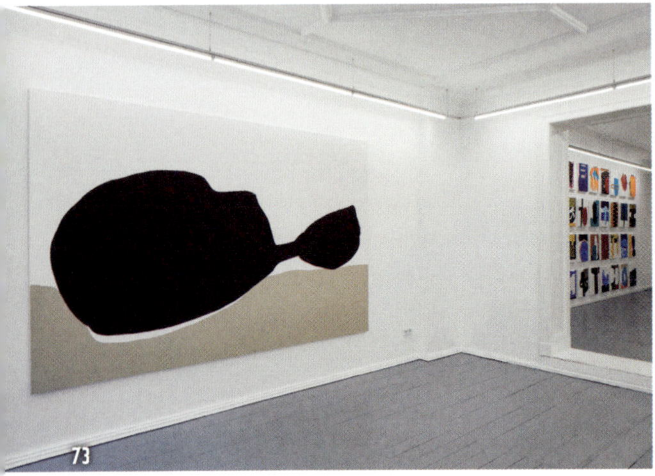
73

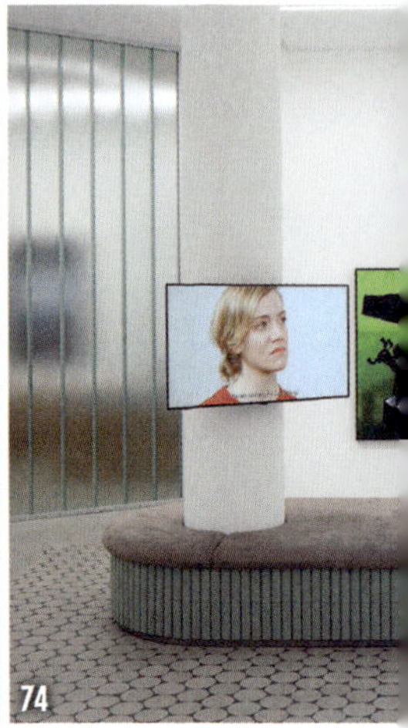
74

Künstlerinnen und Künstler der Galerie Société Bezüge zu gesellschaftlichen Themenbereichen wie beispielsweise Warenwelt und Konsum.

Wielandstraße 26, 10707 Berlin, www.societeberlin.com 72

TAUBERT CONTEMPORARY

Der Schwerpunkt der Galerie Taubert Contemporary liegt auf abstrakter Malerei, Fotografie und ortsbezogene Arbeiten und Projekte. Sie repräsentiert nationale und internationale junge wie etablierte Künstlerinnen und Künstler. Die Galerie lädt nationale und internationale Gastkünstler ein und baut internationale Austauschausstellungen auf.

Knesebeckstraße 90, 10623 Berlin, www.taubertcontemporary.com 73

WENTRUP GALLERY

Das interdisziplinäre und generationenübergreifende Portfolio der Wentrup Gallery umfasst eine vielseitige Gruppe internationaler zeitgenössischer Künstlerinnen und Künstler unterschiedlicher Positionen mit Malerei, Zeichnung, Skulptur und raumbezogenen Arbeiten. Ein zweiter Galerieraum wurde in der Goethestraße 2 eröffnet.

Knesebeckstraße 95, 10623 Berlin, www.wentrupgallery.com 74

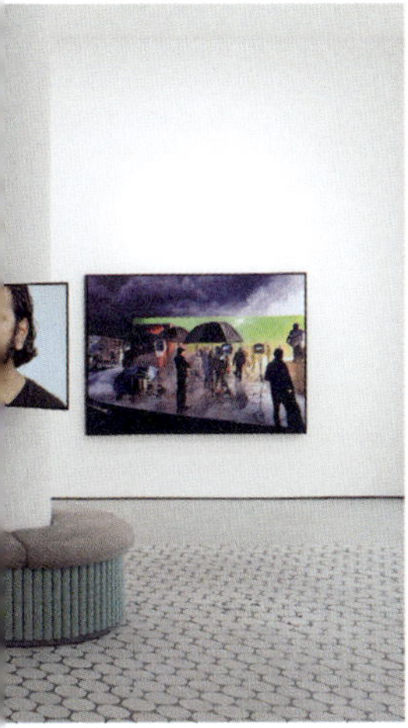

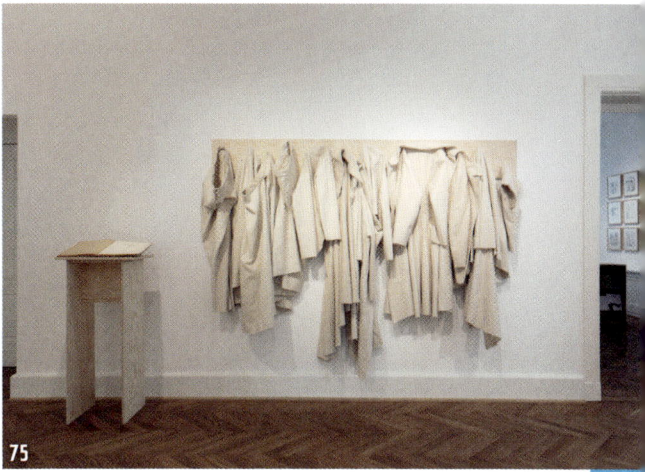

ZILBERMAN

Die Zilberman Gallery aus Istanbul stellt zeitgenössische Künstlerinnen und Künstler überwiegend aus der Türkei international vor. Seit September 2023 hat die Galerie ihren Berliner Hauptstandort in der Schlüterstraße, im 2016 eröffneten Standort in der Goethestraße 82 ist der Projektraum: Platform | Berlin entstanden.

Schlüterstraße 45, 10707 Berlin, www.zilbermangallery.com 75

MIT DEM KURFÜRSTENDAMM IN DER MITTE

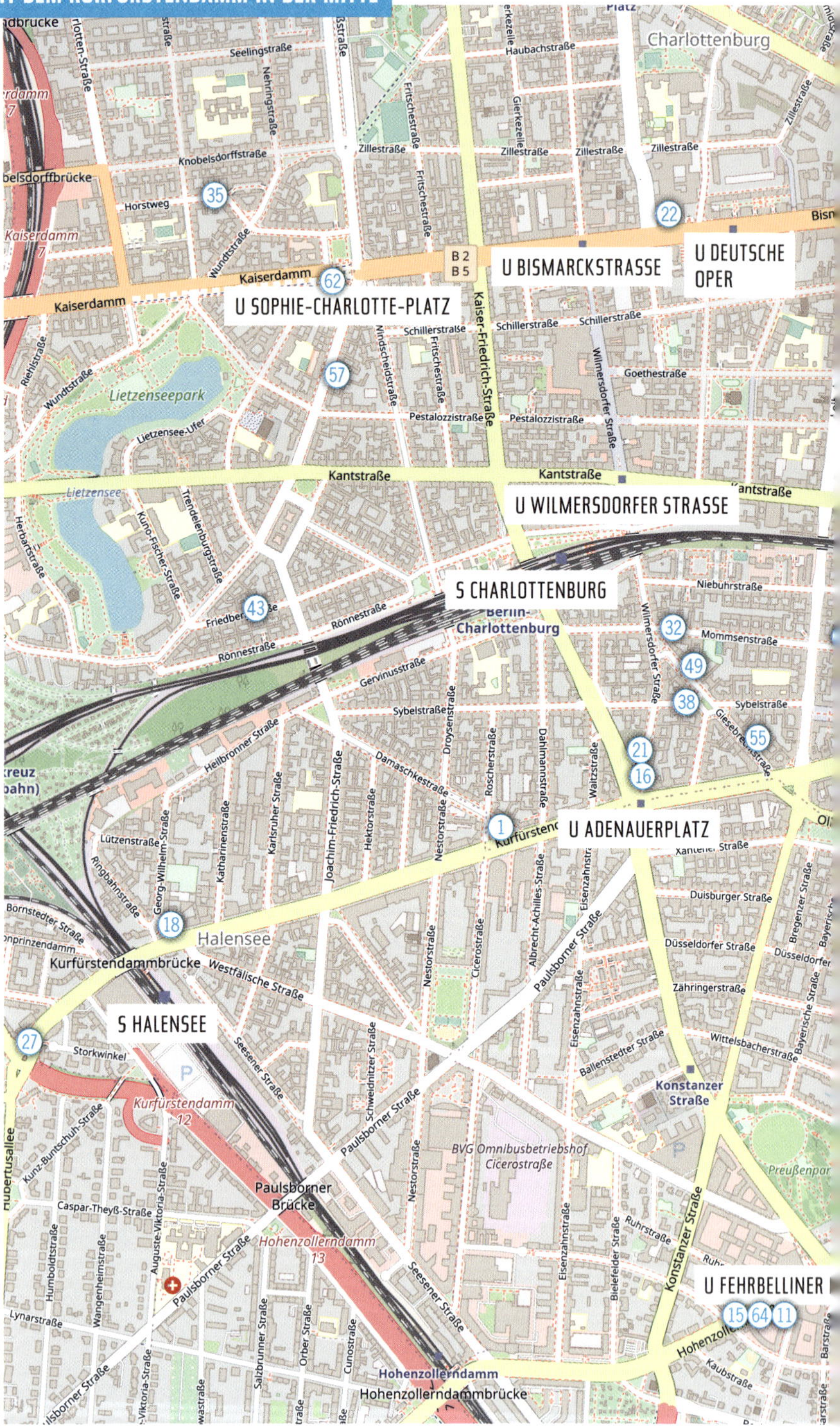

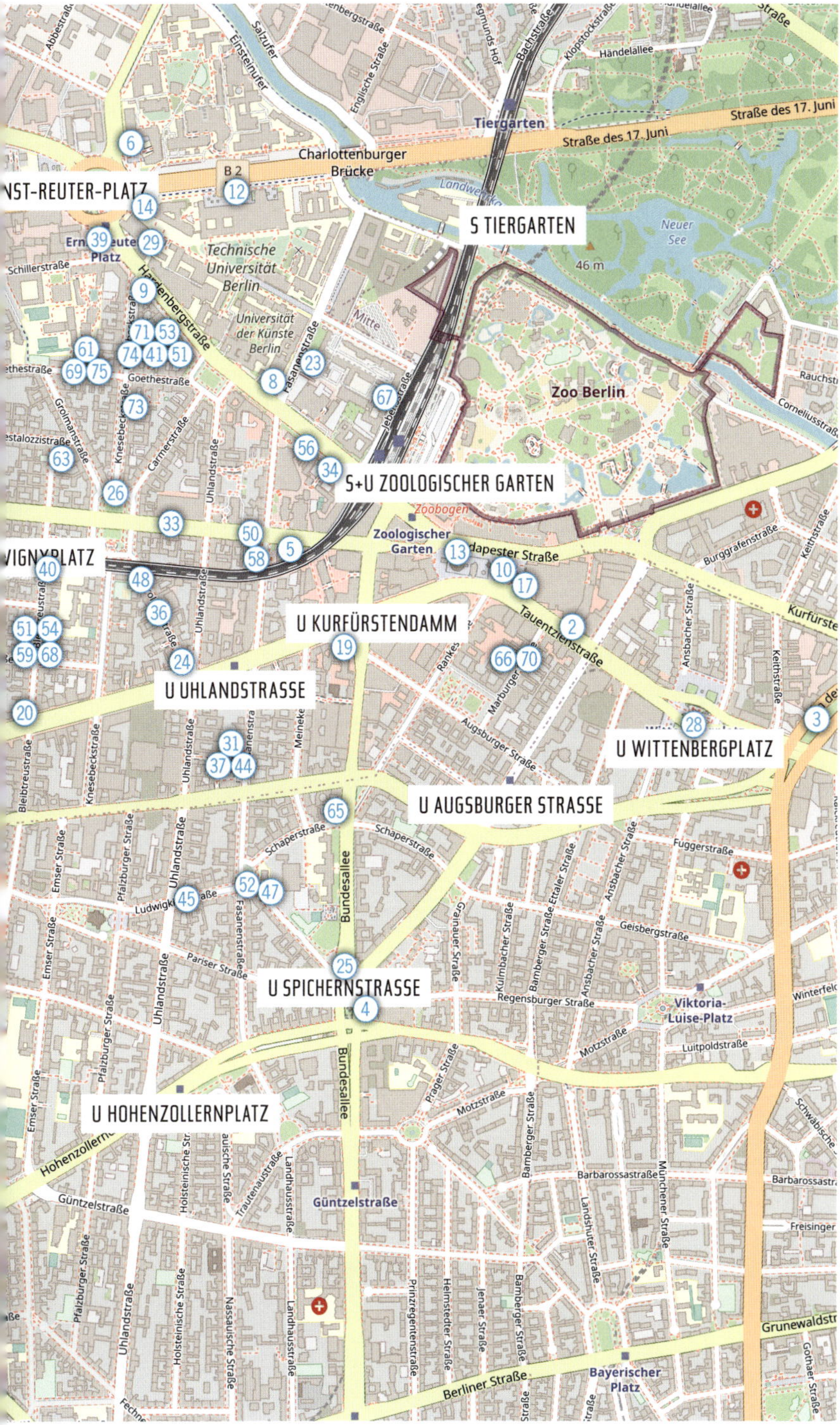

S TIERGARTEN
S+U ZOOLOGISCHER GARTEN
U KURFÜRSTENDAMM
U UHLANDSTRASSE
U WITTENBERGPLATZ
U AUGSBURGER STRASSE
U SPICHERNSTRASSE
U HOHENZOLLERNPLATZ
Zoo Berlin
Technische Universität Berlin
Universität der Künste Berlin
Charlottenburger Brücke
Straße des 17. Juni
Tiergarten
Neuer See
Zoologischer Garten
Viktoria-Luise-Platz
Güntzelstraße
Bayerischer Platz

Potsdamer Straße, Kulturforum und Potsdamer Platz

Das wild durchmischte Viertel um die Potsdamer Straße zwischen Landwehrkanal und Bülowstraße mit Gastronomie, Läden, Imbissen, Straßenprostitution und einem Varietétheater zieht immer öfter auch Galerien an. Ein Impuls für diese Entwicklung war der Wegzug des »Tagesspiegels« von seinem Standort in der Potsdamer Straße im Herbst 2009. In die freigewordenen Räume zogen Galerien, Läden und Gewerbe ein. Seither ist das ehemalige »Tagesspiegel-Areal« unter »Mercator Höfe« eine bekannte Adresse für Präsentationen zeitgenössischer Kunst.

Bald tauchten auch in den Seitenstraßen und am Schöneberger Ufer am Landwehrkanal die Namen bekannter oder neugegründeter Galerien auf. In der Nähe der Neuen Nationalgalerie gelegen, bieten sich diese Galerienstandorte als weiteres Ziel der Museumsbesucher an. Mit dem Neubau des Museums des 20. Jahrhunderts neben der Neuen Nationalgalerie wird dieser Anziehungseffekt noch verstärkt werden. Bildet das Kulturforum mit Gemäldegalerie, Kupferstichkabinett, Neuer Nationalgalerie und zukünftig auch dem Museum des 20. Jahrhunderts bereits ein Zentrum für bildende Kunst, so geben die Kunstgalerien auf der anderen Seite des Landwehrkanals um die Potsdamer Straße das Sahnehäubchen dazu. Die große Ansammlung von Kunstgalerien, Sammlungen und Ausstellungen im Kunstforum bilden den spannendsten Berliner Schmelztiegel für Alte Meister, Stiche und Radierungen, Kunst der Moderne und aktuelle zeitgenössische Positionen.

Die Potsdamer Brücke über den Landwehrkanal verbindet das Kunstforum mit Sammlungen und Ausstellungen von Institutionen mit dem Galerienviertel um die Potsdamer Straße mit seinem privaten Kunsthandel und seiner unschätzbaren Möglichkeit, aktuelle Kunstwerke sehen zu können, noch bevor sie in Sammlungen oder Museen ausgestellt werden, wie sich einige »über der Brücke« befinden.

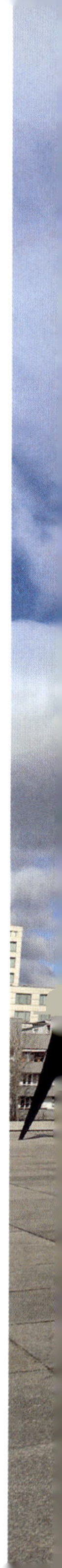

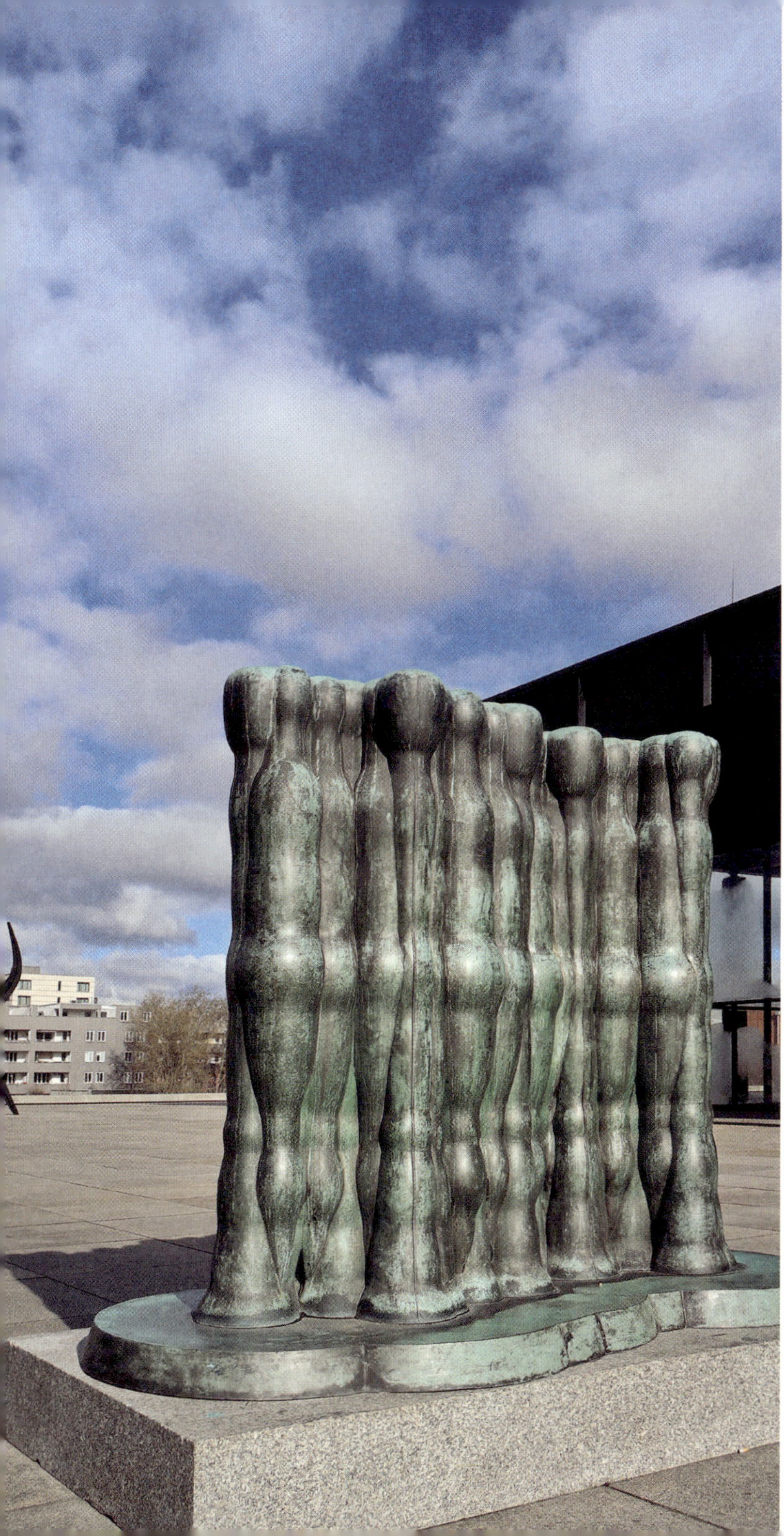

BERLIN JUNCTION

Skulptur, 1987, Richard Serra

Zwei gebogene 14 Meter lange und 3,40 Meter hohe korrodierte Stahlplatten sind so aufgestellt, dass zwischen ihnen ein schmaler Durchgang entsteht. Zwischen den beiden Platten verändert sich sowohl der obere als auch der untere Abstand, ebenso ihre Neigung zueinander. Es entsteht der Eindruck von Instabilität. Die beiden Stahlplatten sind eine Skulptur des amerikanischen Bildhauers Richard Serra (*1938), die für eine Ausstellung 1987 im Martin-Gropius-Bau vorgesehen war. Die Stadt Berlin kaufte die Skulptur und ließ sie neben der Philharmonie aufstellen. Es gab jedoch auch Widerspruch gegen die Aufstellung, weil sie den Platz für ein mögliches Denkmal für Euthanasieopfer durch die Nationalsozialisten besetzte, denn hier wurden in einer nicht mehr vorhandenen Villa die nationalsozialistischen Euthanasie-Morde geplant.

Herbert-von-Karajan-Straße 1, 10785 Berlin ①

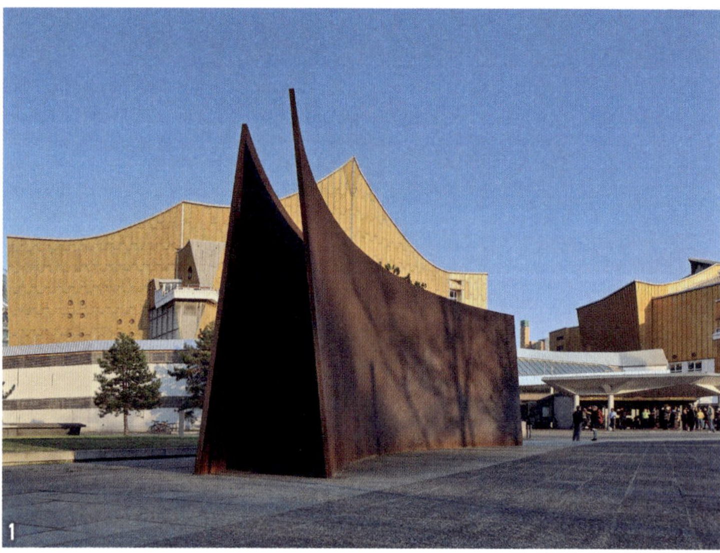

1

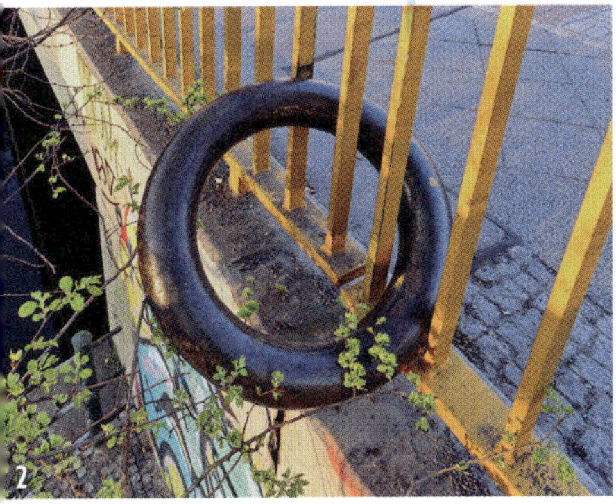

2

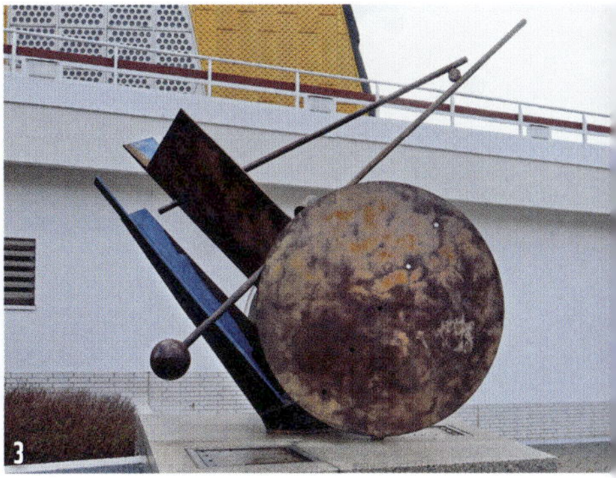

3

DER RING

Skulptur, 1985–1998, Norbert Radermacher

Auf der westlichen Seite der Potsdamer Brücke fällt im gelben Metallgeländer ein bronzener Ring von 58 Zentimeter Durchmesser und zehn Zentmeter Dicke auf. Der Ring ist beweglich und trotz seines Gewichts liegt er immer wieder anders verkantet im Geländer, weil Passanten seine Lage verändern. Den Ring installierte Norbert Radermacher (*1953) anlässlich der Ausstellung »1945–1985. Kunst in der Bundesrepublik Deutschland« 1985 in der Neuen Nationalgalerie. In seinem Verständnis für künstlerische Eingriffe im öffentlichen Raum brachte er den Ring ohne Genehmigung an, gleichwohl drückte das zuständige Amt ein Auge zu und der Ring blieb unbehelligt. Doch dann kam es 1993 zu Bauarbeiten an der Brücke und die Bauarbeiter entsorgten das Kunstwerk. Norbert Radermacher ließ einen weiteren Bronzeabguss machen und brachte den neuen Ring wieder an das Geländer an – nun mit amtlicher Genehmigung.

Potsdamer Brücke, 10785 Berlin ②

»ECHO I« UND »ECHO II«

Skulpturen, 1987/88, Bernhard Heiliger

Auf weißen Mauern stehen am Eingang des Kammermusiksaals die Stahlskulpturen »Echo I« und »Echo II« von Bernhard Heiliger (1915–1995). Sie zählen zu einer Reihe von Großskulpturen mit den Elementen Kreisform, Kugel und Stäben. Bei einigen der Skulpturen

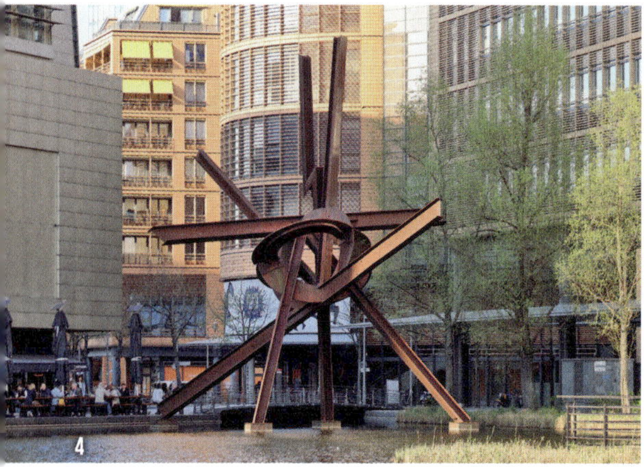

4

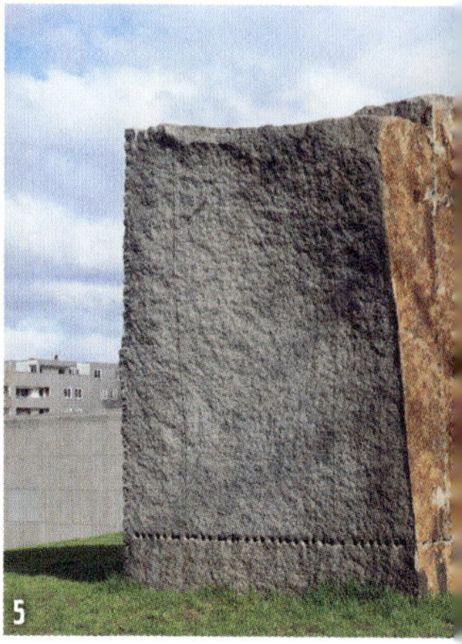

5

mit diesen Elementen nahm Bernhard Heiliger als Motiv Figuren aus der Mythologie. Auch bei »Echo I« und »Echo II« dürfte demzufolge eine Abstraktion der Nymphe Echo in zwei Varianten zu sehen sein. Der Erzählung nach konnte Echo nur die drei letzten Wörter des Gesprächspartners wiederholen. Sie beobachtete Narziss im Wald, wie er sich im Spiegelbild des Wassers eines Teichs betrachtete. Dieser sprach sie an und sie »echote« immer nur die letzten drei Wörter seiner Fragen.

Kammermusiksaal, Herbert-von-Karajan-Straße 1, 10785 Berlin 3

GALILEO

Skulptur, 1996, Mark di Suvero

Im See beim Marlene-Dietrich-Platz steht die 14 Meter hohe Stahlskulptur »Galileo« des amerikanischen Bildhauers Mark di Suvero (*1933), die Bezug auf den Wissenschaftler Galileo Galilei (1564–1642) nimmt. Mehrere Stahlträger ragen in alle Richtungen überkreuzt in den Himmel und werden an einem Knotenpunkt von zwei Scheiben zusammenhalten.

Potsdamer Platz, Marlene-Dietrich-Platz, 10785 Berlin 4

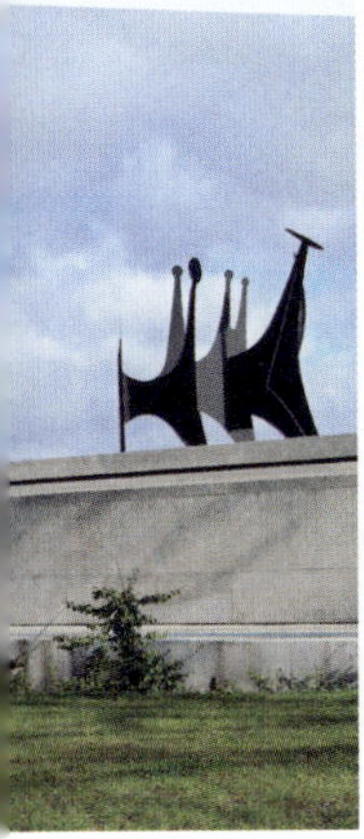

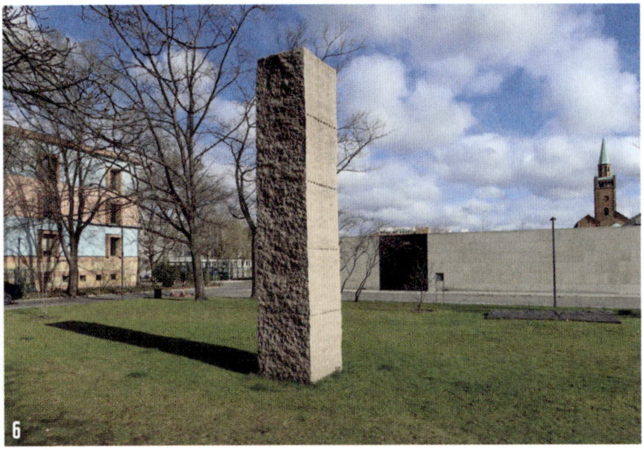

6

GRANIT (NORMANDIE)

Skulptur, 1985, Ulrich Rückriem

Neben der Neuen Nationalgalerie steht auf einer Grünfläche am Reichpietschufer die Steinskulptur »Granit (Normandie)« von Ulrich Rückriem (*1938). Auf den ersten Blick sieht sie aus wie ein hochkant stehender rechteckiger Block, der unbearbeitet ist. Doch gleich mehrere Reihen von eng nebeneinander liegenden Bohrlöchern durchziehen den Stein. Entlang dieser Reihen wurde der Block in mehrere Teile geschnitten, die wieder an ihre ursprüngliche Position gebracht wurden.

Neue Nationalgalerie, Grünanlage, Reichpietschufer 48, 10785 Berlin 5

GRAU BROBY GRANIT

Skulptur, 1986, Ulrich Rückriem

Auf der Grünanlage bei der Neuen Nationalgalerie am Reichpietschufer steht die Steinskulptur »Grau Broby Granit« von Ulrich Rückriem (*1938). Eine etwa sechs Meter hohe Säule mit quadratischem Grundriss von ungefähr einem Meter Kantenlänge und rau belassener Oberfläche wurde mit Hilfe einer Reihe Bohrlöcher vier Mal horizontal geteilt. Die waagrechten Risse sind kaum sichtbar. Die Skulptur, die monolithisch wirkt, besteht so aus fünf würfelförmigen Teilstücken.

Neue Nationalgalerie, Grünanlage, Reichpietschufer 48, 10785 Berlin 6

NEUE NATIONALGALERIE – TERRASSE

Skulpturen, Installationen

Auf der Terrasse der Neuen Nationalgalerie stehen mehrere Skulpturen. In voluminösen Formen stellt die Bronzeskulptur »Archer (Bogenschütze)« von 1966 des englischen Bildhauers Henry Moore (1898–1986) die abstrakte Form eines Bogenschützen dar. Die Eisenskulptur »Berlin Block for Charlie Chaplin« von 1978 des amerikanischen Bildhauers Richard Serra (*1938) besteht aus einem massiven geschmiedeten Würfel mit einer Kantenlänge von 1,91 Meter. Zur Neuen Nationalgalerie hin ist der Block 7,5 Zentimeter tief in den Boden eingesunken. Gegenüber der geordneten Architektur wirkt der gekippte und verdrehte Eisenblock wie ein Ausrutscher, der an die Schauspielkunst Charlie Chaplins erinnert. Bei der acht Meter hohen Stahlskulptur »Broken Obelisk« (1963–1967) von Barnett Newman (1905–1970) balanciert auf der Spitze einer Pyramide senkrecht die abgebrochene Spitze eines Obelisks. Mit zwei ägyptischen Kulturformen wird der spezielle Moment eines labilen Gleichgewichts skulptural festgehalten. Auf einem etwa fünf Meter langen, 1,5 Meter breiten und 60 Zentimeter hohen schwarzen Sockel steht der seit den 1960er Jahren bekannte poppige Schriftzug LOVE. Der amerikanische Künstler Robert Indiana (1928–2018) formte 2006 seine typographische Ikone zu der Stahlskulptur »Imperial Love«. Auf einem Granitsockel steht auf einer geschwungenen Plinthe die Bronzeskulptur »Polis« von 1968 des griechisch-österreichischen Bildhauers Joannis Avramidis (1922–2016). Sie stellt eine zusammengedrängte Menschengruppe dar, die daran erinnert, dass der Kern einer Polis seine Menschen bilden. Mit seinen kinetischen Objekten »Mobiles« wurde der amerikanische Bildhauer Alexander Calder (1898–1976) berühmt. Bei dem Stabile »Têtes et Queue« oder »Köpfe und Schweif«, einer 5,5 Meter hohen Skulptur aus dunkelgrau lackierten Stahlplatten und Stahlstreifen mit geschwungenen Formen, ragen sieben Spitzen in die Höhe, auf sechs von ihnen sitzen runde Scheiben wie Köpfe, nur eine Spitze geht wie ein gebogener Schweif in die Höhe. Es scheint, als sähe man eine Gruppe abstrahierter menschlicher Figuren mit einem Hund in ihrer Mitte. Bei der kinetischen Skulptur »Vier Vierecke im Geviert« von

1969 von George Rickey (1907–2002) sind an einer sechs Meter hohen Stange vier quadratische flache Körper aus nichtrostendem, glänzendem Edelstahl befestigt. Bei Luftzug können die oberen Platten an einer horizontalen Drehachse schwenken und die unteren kippen.
Potsdamer Straße 50, 10785 Berlin 7

STEIN

Skulptur, 1984, Karl Prantl
Dass Skulpturen auch flach sein können, zeigt der österreichische Bildhauer Karl Prantl (1923–2010) mit seiner Steinskulptur auf der Grünanlage neben der Neuen Nationalgalerie am Reichpietschufer. Eine rechteckige schwarze Marmorplatte von vier Meter Länge und etwa zwei Meter Breite liegt auf der Wiese. Sie ist 30 Zentimeter hoch. Die Liegeskulptur zeigt die Bearbeitungsmöglichkeiten von Stein wie schneiden, behauen, meißeln, bossieren, schleifen, glätten und polieren.
Neue Nationalgalerie, Grünanlage, Reichpietschufer 48, 10785 Berlin 8

UNTITLED (BOXERS)

Skulptur, 1987, Keith Haring
In einem Wasserbecken steht eine poppig rot und blau lackierte Stahlskulptur von 1987 des amerikanischen Künstlers Keith Haring (1958–1990). Zwei aus Flachstahl ausgeschnittene, in ihrer Vereinfachung Comic-artige Figuren stehen sich gegenüber. Die eine

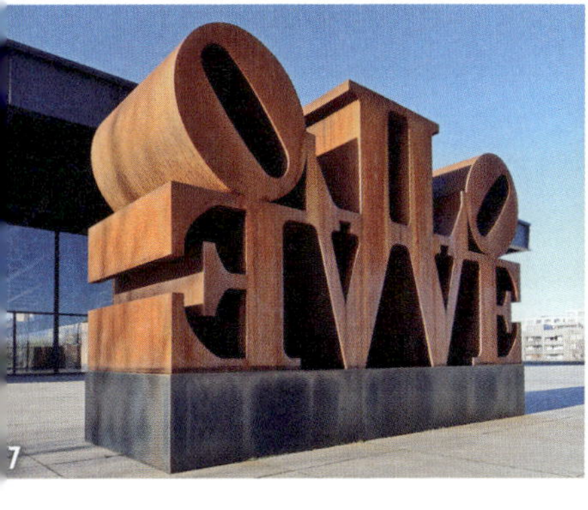

7

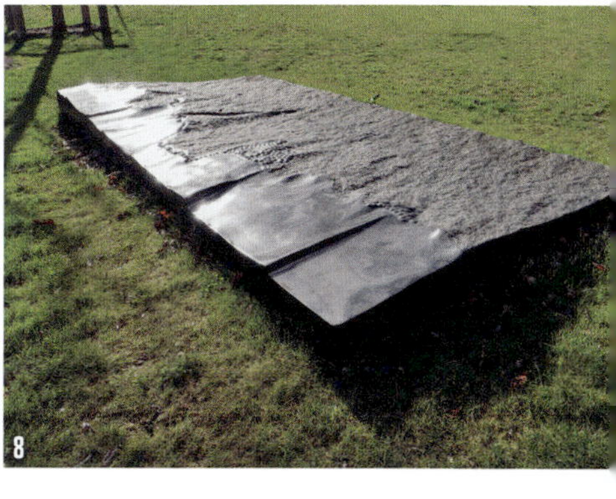
8

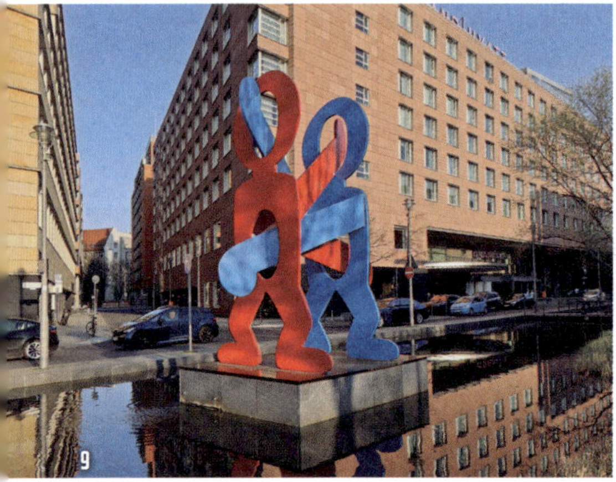
9

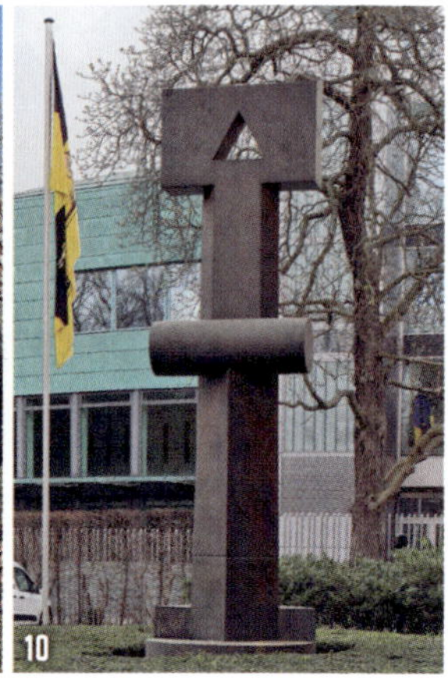
10

leuchtend blau, die andere leuchtend rot lackiert. Beide stecken dem anderen einen gestreckten Arm durch ein Loch im Bauch und einen gestreckten Arm durch ein Loch im Kopf wie Magenschlag und Kinnhaken von Boxern.

Potsdamer Platz, Eichhornstraße, 10785 Berlin (9)

WEGZEICHEN 3A

Skulptur, 1990/1997, Otto Herbert Hajek

Der in der Tschechoslowakei geborene Künstler Otto Herbert Hajek (1927–2005) leitete an der Kunstakademie Stuttgart eine Bildhauerklasse. Nicht zuletzt aus der Verbundenheit zu Stuttgart und Baden-Württemberg wurde vor der Landesvertretung Baden-Württemberg 2021 die 1997 entstandene Bronzeskulptur »Wegzeichen 3A« auf dem Vorplatz an der Tiergartenstraße aufgestellt. Eine sieben Meter hohe rechteckige Säule wird von einem Rechteck abgeschlossen, in dem eine dreieckige Öffnung ist. Ein runder Klotz ist etwas über der halben Höhe quer auf der Säule angebracht. Hajeks frühere Skulpturen entsprachen noch einer traditionellen Auffassung. Ab Mitte der 1960er Jahre entwickelte er eine neue Formensprache mit dem geometrischen Repertoire der konkreten Kunst. Das »Wegzeichen 3A« hat in dieser Zeit seine künstlerischen Wurzeln.

Tiergartenstraße 15, 10785 Berlin (10)

Museen, Kunstgalerien und Sammlungen

ALEXANDER UND RENATA CAMARO STIFTUNG

Die Alexander und Renata Camaro Stiftung pflegt vor allem das Werk des Künstlerpaars. Als Maler, Tänzer, Kabarettist, Bühnenkünstler und Literat hatte Alexander Camaro Einfluss auf die Berliner Boheme und Kunstszene. Er trat als ein maßgeblicher Vertreter der deutschen Nachkriegsmoderne auf. Den interdisziplinären Gedanken fördert die Camaro Stiftung in Form eigener Projekte sowie der Auseinandersetzung mit ausgewählten, zeitgenössischen künstlerischen Positionen.

Potsdamer Straße 98a, 10785 Berlin, www.camaro-stiftung.de (11)

BARBARA WIEN

Die Galerie Barbara Wien vertritt seit 35 Jahren internationale Künstlerinnen und Künstler verschiedener Generationen. Das konzeptuell ausgerichtete Programm umfasst die Medien Installation, Skulptur, Video, Film, Zeichnung, Fotografie und Malerei. Ein Schwerpunkt liegt auf der Auseinandersetzung mit Sprache und Wahrnehmung in der zeitgenössischen Kunst. Neben eigenen Publikationen werden Künstlerbücher, ausgewählte Kataloge und Texte von Künstlern angeboten.

Schöneberger Ufer 65, 10785 Berlin, www.barbarawien.de (12)

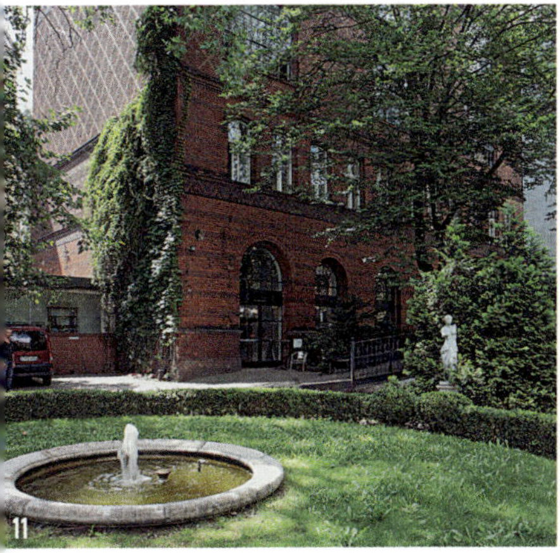
11

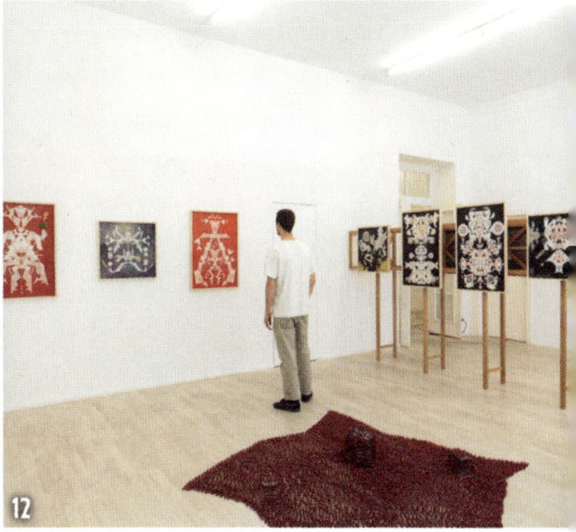
12

CHERTLÜDDE

In der Galerie ChertLüdde in der Nähe der Mercator Höfe stellen Jennifer Chert, Florian Lüdde und Clarissa Tempestini junge Künstlerinnen und Künstler aus dem In- und Ausland mit zeitgenössischer Kunst aus. Einer der Ausstellungsräume »Bungalow« wird als Präsentationsraum für Ausstellungen unbekannter junger Künstler genutzt. Ein weiteres Feld ist die Produktion von Künstlerbüchern, Katalogen und thematischen Editionen.

Hauptstraße 18, 10827 Berlin, www.chertluedde.com (13)

DAS KLEINE GROSZ MUSEUM

Das hinter einer weißen Mauer liegende Grundstück einer ehemaligen Tankstelle stellte der Galerist Juerg Judin dem George Grosz in Berlin e. V. für ein Museum über den Künstler George Grosz zur Verfügung. In den historischen Gebäuden der Tankstelle aus den 1960er Jahren und in angebauten neuen Räumlichkeiten werden Fotografien, Originaldokumente sowie beispielhafte Originale aus dem Leben von George Grosz präsentiert. Im Obergeschoss werden thematische Wechselausstellungen gezeigt.

Bülowstraße 18, 10783 Berlin, www.daskleinegroszmuseum.berlin (14)

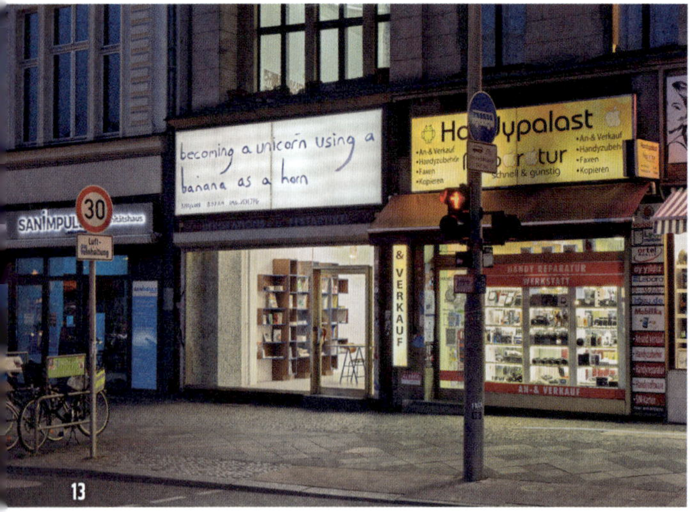

13

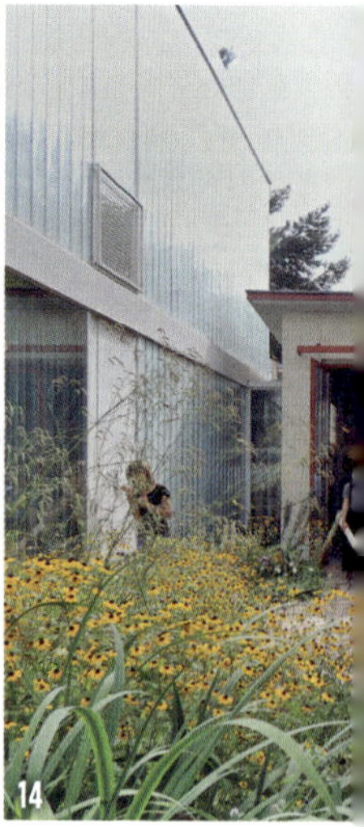
14

DOROTHÉE NILSSON GALERIE

Die Dorothée Nilsson Gallery der gleichnamigen schwedischen Galeristin vertritt sowohl Künstlernachlässe als auch internationale Künstlerinnen und Künstler. Es sind zeitgenössische Positionen in verschiedenen Medien und Fotografie zu sehen. In den Galerieräumen finden neben Ausstellungen auch Veranstaltungen wie Künstlergespräche statt.

Potsdamer Straße 65, 10785 Berlin, www.dorotheenilsson.com ⑮

ESTHER SCHIPPER

In den Mercator Höfen präsentiert Esther Schipper in einem oberen Stockwerk zeitgenössische Kunst von internationalen Künstlerinnen und Künstlern. Die Galerie ist hauptsächlich auf dem Primärmarkt tätig und vertritt ihre Künstler auf internationalen Kunstmessen. Das Programm reicht von etablierten Künstlern bis hin zu neu entdeckten Talenten. Neben Standorten in Berlin, Paris und Seoul hat die Galerie Repräsentanzen in Barcelona, Peking, London, New York, Monaco, Nizza und Taipei.

Potsdamer Straße 81e, 10785 Berlin, www.estherschipper.com ⑯

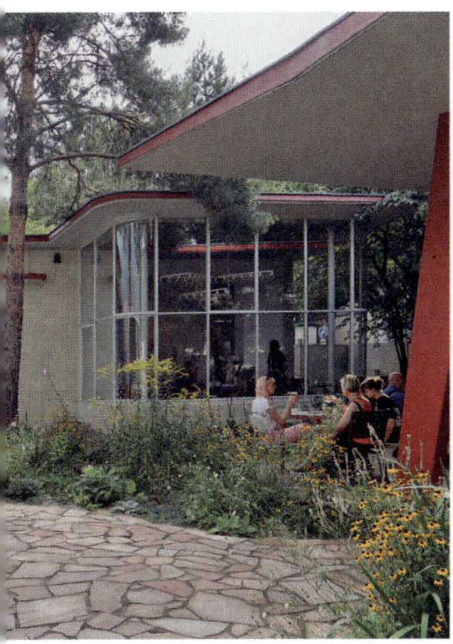

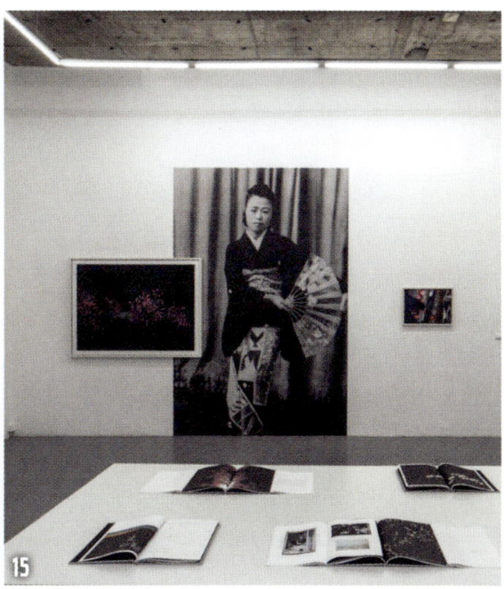

15

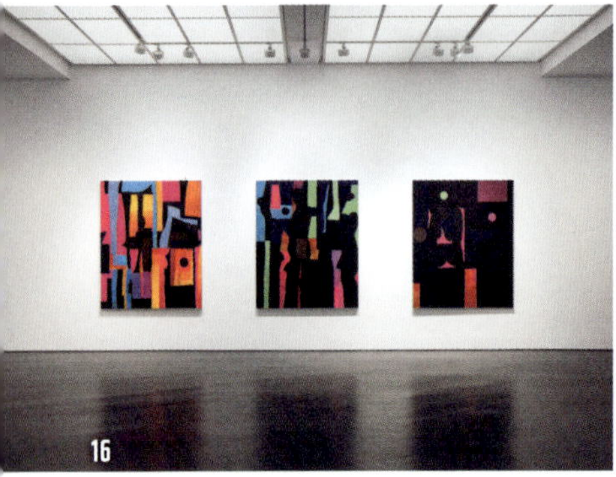
16

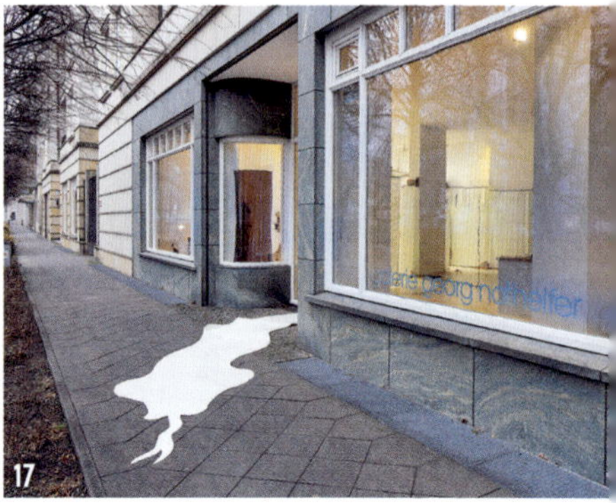
17

GALERIE GEORG NOTHELFER – SHOWROOM

Die 1971 gegründete Berliner Galerie Georg Nothelfer wurde nach dem Tod von Georg Nothelfer 2020 zunächst von zwei langjährigen Mitarbeiterinnen geführt. Seit 2023 ist Vera Ehe alleinig mit der Leitung der Galerie betraut. Im Schwerpunkt zeigt die Galerie internationale Positionen des Informel, Tachismus und gestischer Malerei sowie zeitgenössische Kunst, die sich mit dem Erbe des abstrakten Nachkriegsexpressionismus auseinandersetzt.

Corneliusstraße 3, 10787 Berlin, www.galerie-nothelfer.de ⑰

GALERIE GILLA LÖRCHER – CONTEMPORARY ART

Die Kunstkritikerin Gilla Lörcher gründete 2009 die Galerie Gilla Lörcher – Contemporary Art. Die Galerie vertritt aufstrebende und etablierte internationale Künstlerinnen und Künstler zeitgenössischer Positionen. Das Galerieprogramm zeigt konzeptionelle, forschende und raumbasierte Ansätze in verschiedenen Medien wie Skulptur, Malerei, Zeichnung, Installation, Video oder Fotografie.

Pohlstraße 73, 10785 Berlin, www.galeriegillaloercher.de ⑱

GALERIE GUIDO W. BAUDACH

Als Anfang der 1990er Jahre leerstehende Räume um die Auguststraße als Galerieräume übernommen wurden, entstand 2001 die Galerie Guido W. Baudach aus einem Projektraum in einem leerstehenden Kaufhaus in Mitte. Nach verschiedenen Standorten stellt die Galerie seit 2019 in der Pohlstraße zeitgenössische Kunst junger sowie etablierter Künstlerinnen und Künstler unterschiedlicher Disziplinen aus. Bis heute werden Künstler aus der Gründungsphase vertreten.

Pohlstraße 67, 10785 Berlin, www.guidowbaudach.com 19

GALERIE ISABELLA BORTOLOZZI

Mit einem feinen Gespür für junge aufstrebende Künstlerinnen und Künstler zeigt Isabella Bortolozzi in ihrer Galerie neue und aktuelle Kunst in verschiedenen Medien. Viele Künstler der Galerie nahmen

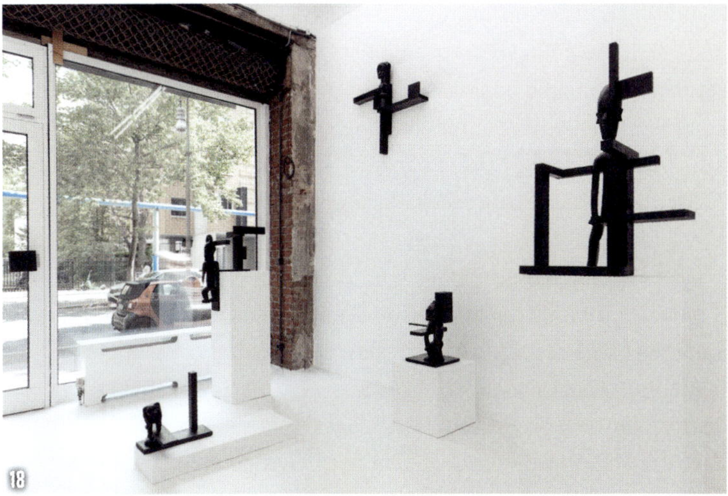

18

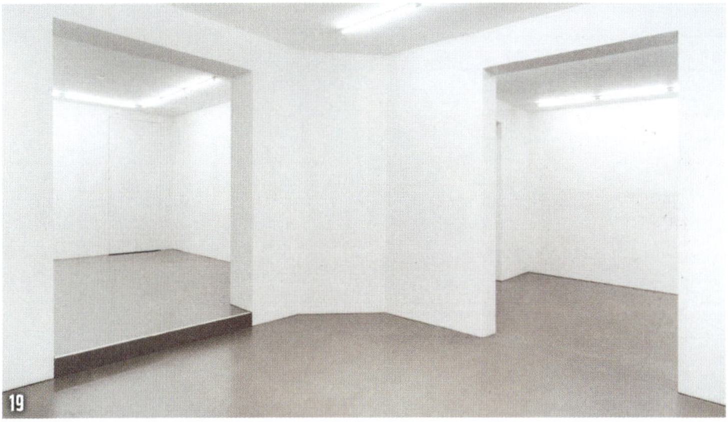

19

nach Erstauftritten bei Isabella Bortolozzi erfolgreich an internationalen Ausstellungen teil. Neben Newcomern präsentiert die Galerie Isabella Bortolozzi auch etablierte Positionen oder entdeckt ältere Positionen neu.

Schöneberger Ufer 61, 10785 Berlin, www.bortolozzi.com 20

GALERIE JUDIN

Die in Zürich gegründete und seit 2008 in Berlin ausstellende Galerie Judin präsentiert in den Mercator Höfen sowohl etablierte Künstlerinnen und Künstler als auch junge, aufstrebende Positionen. Der Figurativismus ist ein verbindendes Element der Arbeiten in Malerei und Zeichnung. Ein Schwerpunkt liegt auf Papierarbeiten. Skulptur kann als Ergänzung oder in Beziehung zu den Bildwerken hinzukommen. Seit 2016 leitet Juerg Judin die Galerie gemeinsam mit dem Kunsthistoriker Pay Matthis Karstens.

Potsdamer Straße 83, 10785 Berlin, www.galeriejudin.com 21

GALERIE MAX HETZLER

Neben den drei Ausstellungsräumen in der Goethe- und Bleibtreustraße in Charlottenburg besteht seit 2021 ein vierter Berliner Standort der Galerie Max Hetzler in den Mercator Höfen. Die ehemalige Halle der Rotationsdruckmaschine des »Tagesspiegels« bietet mit zusätzlichen Ausstellungsräumlichkeiten im Obergeschoss erweiterte Prä-

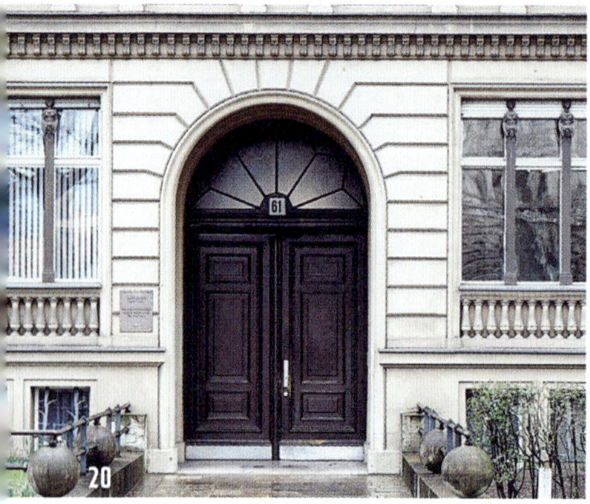

20

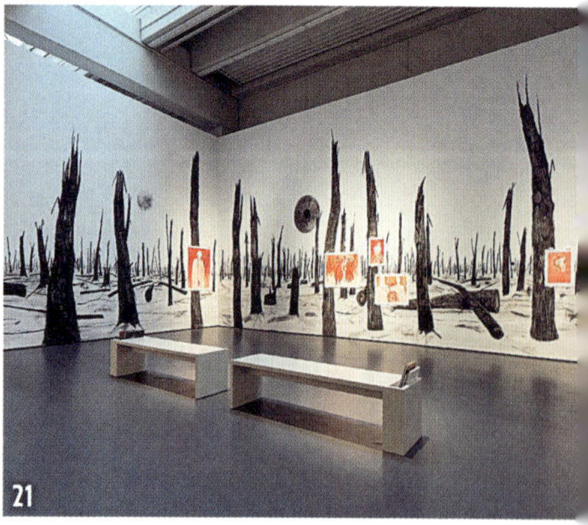
21

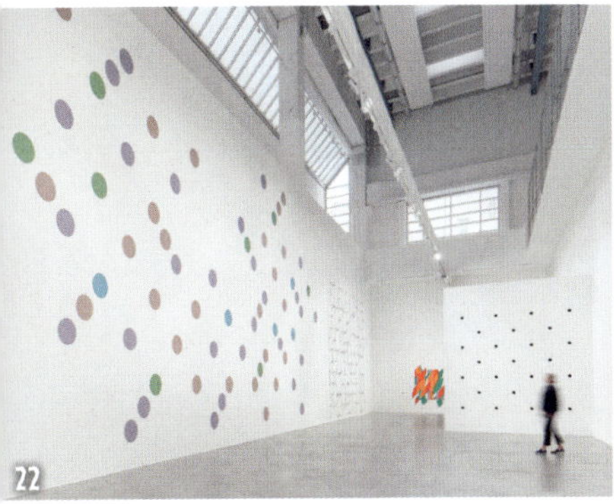

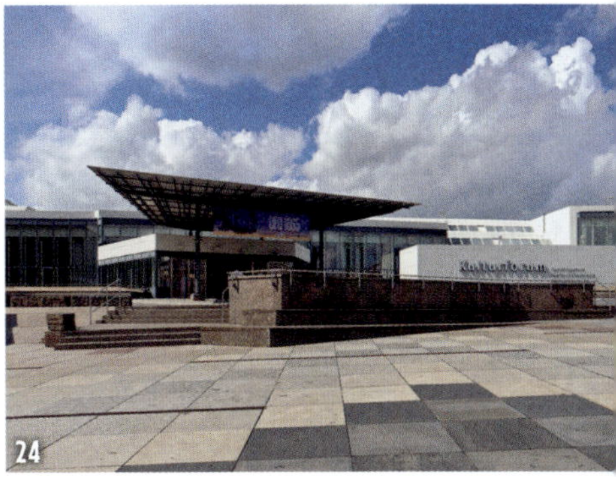

sentationsmöglichkeiten namhafter internationaler Künstlerinnen und Künstler in Malerei, Installation und Skulptur.

Potsdamer Straße 77–87, 10785 Berlin, www.maxhetzler.com (22)

GALERIE TANJA WAGNER

Das Programm der Galerie Tanja Wagner basiert auf einem kollaborativen kuratorischen Ansatz und der Präsentation junger aufstrebender Künstlerinnen und Künstler. Die von der Galerie vertretenen Künstler bieten durch unterschiedliche Erfahrungen und globale Perspektiven neue Visionen und Sensibilitäten gesellschaftlicher Zusammenhänge. Die Bestrebungen der Galeristin Tanja Wagner liegen im Aufbau eines integrativen und geschlechtergerechten Kunstmarktes.

Pohlstraße 64, 10785 Berlin, www.tanjawagner.com (23)

GEMÄLDEGALERIE

Die Gemäldegalerie besitzt eine der bedeutendsten Sammlungen europäischer Malerei vom 13. bis zum 18. Jahrhundert. Darunter sind Meisterwerke aus allen kunsthistorischen Epochen. Vor allem die deutsche und italienische Malerei des 13. bis 16. sowie die niederländische Malerei des 15. bis 17. Jahrhunderts werden umfassend gezeigt. Wechselnde thematische Ausstellungen aus dem Bestand und Ausstellungen mit zeitgenössischer Kunst in Bezug zu historischen Themen ergänzen die Dauerausstellung.

Matthäikirchplatz, 10785 Berlin, www.smb.museum (24)

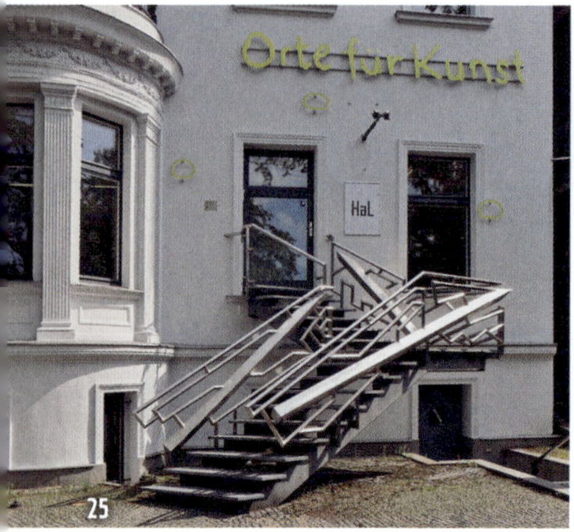

25

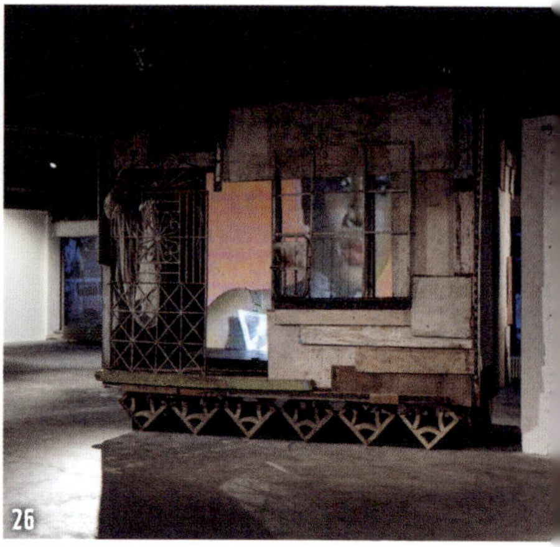
26

HAUS AM LÜTZOWPLATZ

Im Haus am Lützowplatz finden Ausstellungen, Vorträge, Diskussionen, Künstlergespräche und Lesungen statt. Es werden Ausstellungen von zeitgenössischen Künstlerinnen und Künstlern unterschiedlicher Medien wie Fotografie, Malerei oder Konzeptkunst gezeigt. Träger der Institution ist der 1960 gegründete Kunstverein »Haus am Lützowplatz – Fördererkreis Kulturzentrum Berlin e. V.«, der auf eine Initiative des damaligen Berliner Bürgermeisters Willy Brandt (1913–1992) ins Leben gerufen wurde.

Lützowplatz 9, 10785 Berlin, www.hal-berlin.de (25)

HEIDI

In einem leerstehenden Ladengeschäft eröffnete die Pariserin Pauline Seguin im September 2021 ihre Kunstgalerie. Zuvor sammelte die Galeristin in New York Erfahrungen in der Galerietätigkeit. Die Galerie Heidi stellt deutsche und internationale junge und etablierte Künstlerinnen und Künstler mit verschiedenen Positionen aus. Die Ausstellungen bewegen sich in unterschiedlichen Medien und sind häufig raumbezogen.

Kurfürstenstraße 145, 10785 Berlin, www.heidigallery.com (26)

JARMUSCHEK + PARTNER

Der Galerist Kristian Jarmuschek zog mit der Kunstgalerie Jarmuschek + Partner 2013 in die historische Villa in den Mercator Höfen. Die Galerie vertritt zeitgenössische Künstlerinnen und Künstler. Viele der gezeigten Positionen bewegen sich zwischen figürlich-gegenständlicher Darstellung und Abstraktion. Schwerpunkte liegen auf Malerei und auf dem Medium Papier.

Potsdamer Straße 81a, 10785 Berlin, www.jarmuschek.de 27

KLOSTERFELDE EDITION

Im Mittelpunkt des Galerieprogramms steht die Produktion von Editionen und Multiples. Die in enger Kooperation mit aufstrebenden und etablierten Künstlerinnen und Künstlern entstandenen limitierten Editionen werden international ausgestellt und sind in privaten und öffentlichen Sammlungen wie u. a. im MoMA, Baltimore Museum of Art, Museum Ludwig und in der Berlinischen Galerie vertreten.

Potsdamer Straße 97, 10785 Berlin, www.klosterfeldeedition.de 28

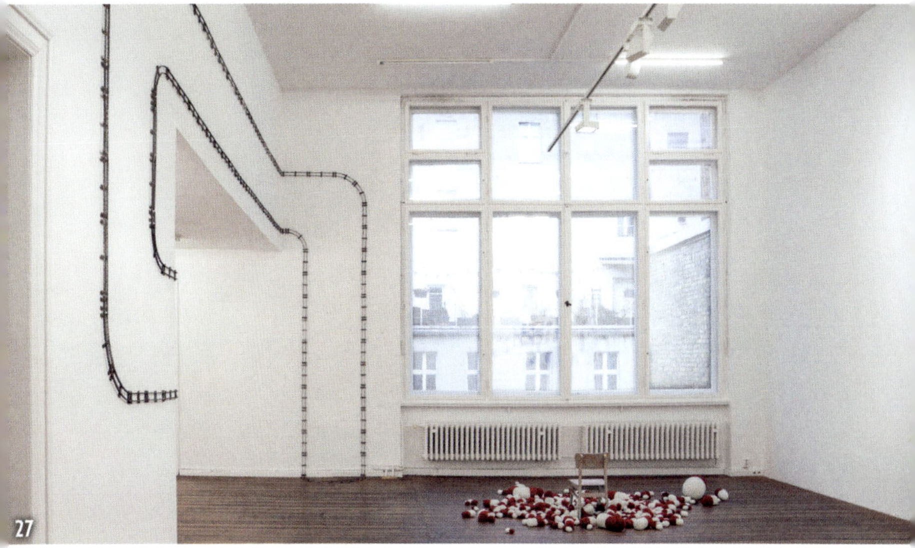

27

NEUE NATIONALGALERIE

Die Neue Nationalgalerie zeigt die bildende Kunst des 20. Jahrhunderts aus ihrer Sammlung. In der großen Halle im Obergeschoss finden wechselnde Rauminstallationen und Ausstellungen moderner zeitgenössischer Kunst statt. Im Untergeschoss sind neben der Präsentation der Sammlung wechselnde thematische Ausstellungen zu sehen. Mit ihrer reduzierten Formensprache, dem flachen Stahldach und offenen Raumerlebnis gilt die Neue Nationalgalerie als eines der bedeutenden Gebäude der modernen Architektur des 20. Jahrhunderts. Sie war das letzte Werk des Architekten Ludwig Mies van der Rohe (1886–1969). Mit der gläsernen Oberen Halle des Museums vollendete er seine langjährige Beschäftigung mit dem fließenden, offenen Raum.

Potsdamer Straße 50, 10785 Berlin, www.smb.museum 29

PSM

PSM ist eine Galerie für zeitgenössische Kunst. Die Galeristin Sabine Schmidt übernahm für ihre Galerie den Namen PSM und das Logo der Paul Schmidt Maschinenfabrik ihres Großvaters. Die Galerie präsentiert aufstrebende internationale Künstlerinnen und Künstler aus dem Bereich konzeptueller Mixed-Media-Kunst mit einem Schwerpunkt auf dreidimensionalen und performativen Arbeiten.

Schöneberger Ufer 61, 10785 Berlin, www.psm-gallery.com 30

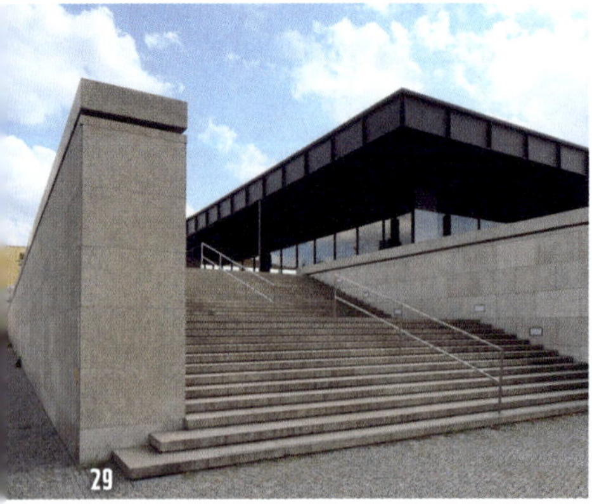

29

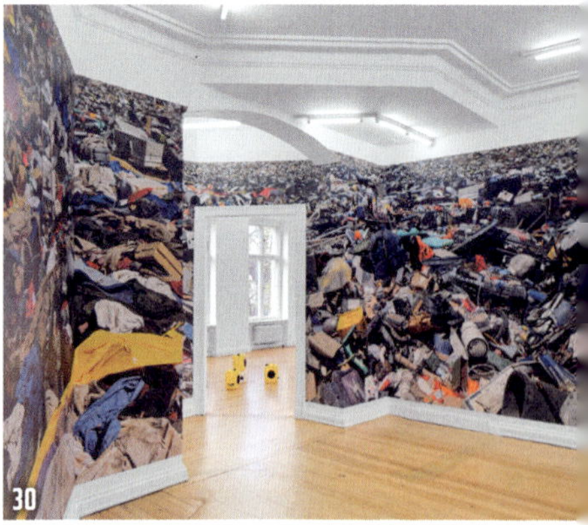

30

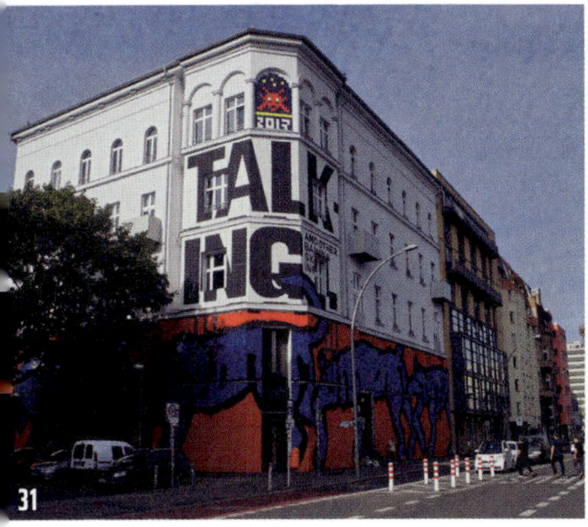

31

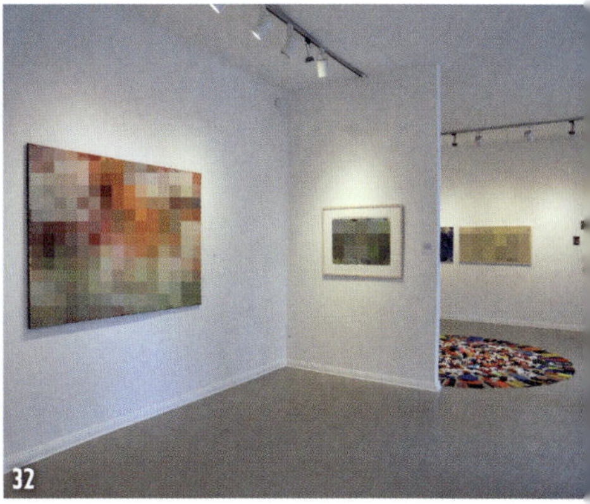
32

URBAN NATION – MUSEUM FOR URBAN CONTEMPORARY ART

Urban Nation und das Urban Nation Museum sind eine Initiative der gemeinnützigen Stiftung Berliner Leben. Das Museum rückt die Wandmalerei und den Muralismus im urbanen Kontext in den Mittelpunkt. Es werden internationale Künstlerinnen und Künstler der Urban Art ausgestellt. Für die Ausstellungen entstehen die Werke in Residenz-Ateliers oder im Rahmen von Projekten in Berlin. Sie zeigen die aktuelle internationale Kunst von Graffiti, Street Art und Urban Art.

Bülowstraße 7, 10783 Berlin, www.urban-nation.com (31)

VEREIN BERLINER KÜNSTLER (VBK)

Der Verein geht auf die Gründung eines Künstlervereins am 19. Mai 1841 im Atelier des Malers Karl Ludwig Rosenfelder zurück. Nach verschiedenen Bezeichnungen erhielt er 1859 seinen Namen »Verein Berliner Künstler«, den er noch heute trägt. Er gilt als der älteste noch existierende Künstlerverein Deutschlands und unterhält eine Galerie mit Wechselausstellungen. Gezeigt werden Werke der Mitglieder mit unterschiedlichen Positionen, Medien und Techniken.

Schöneberger Ufer 57, 10785 Berlin, www.vbk-art.de (32)

POTSDAMER STRASSE, KULTURFORUM UND POTSDAMER PLATZ

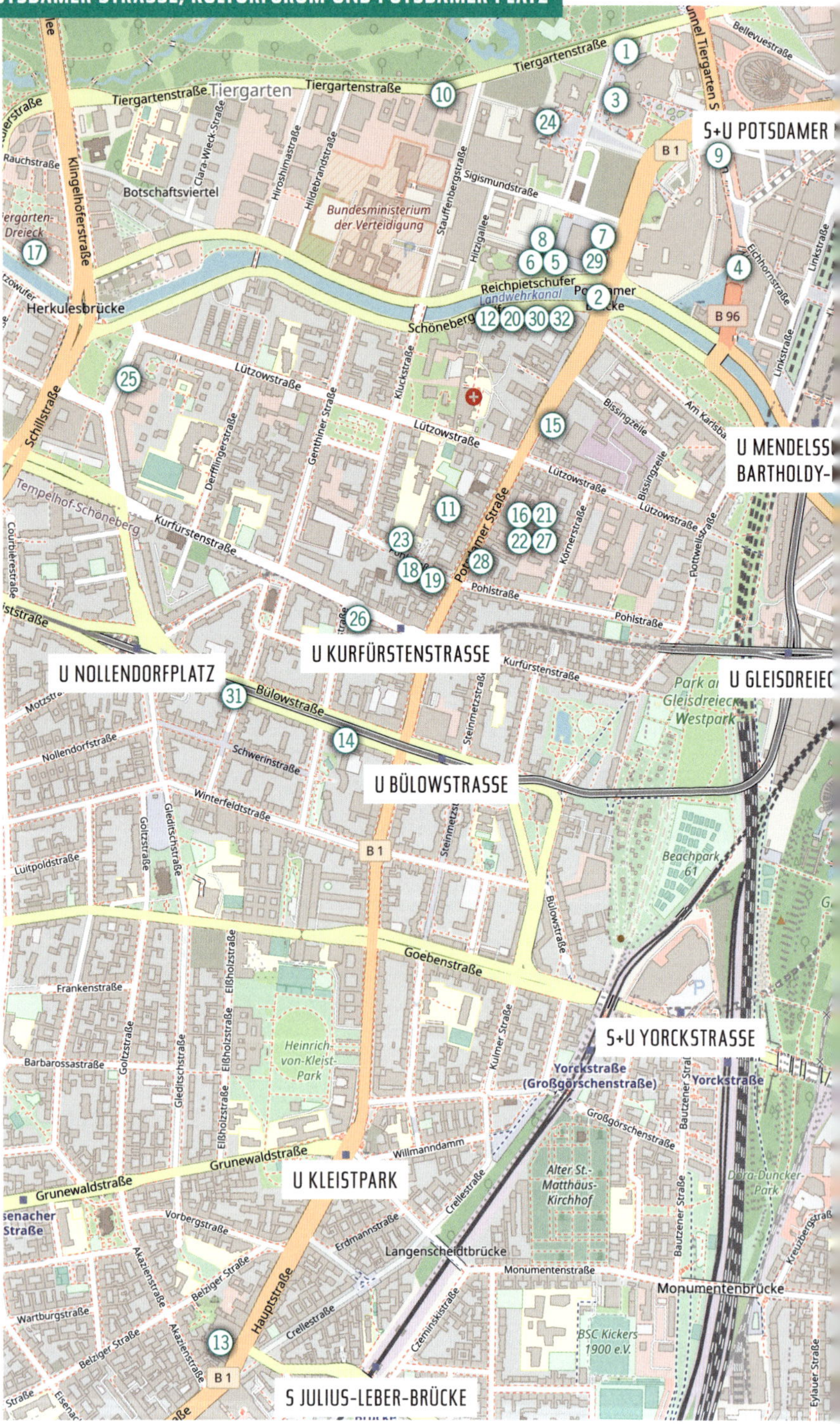

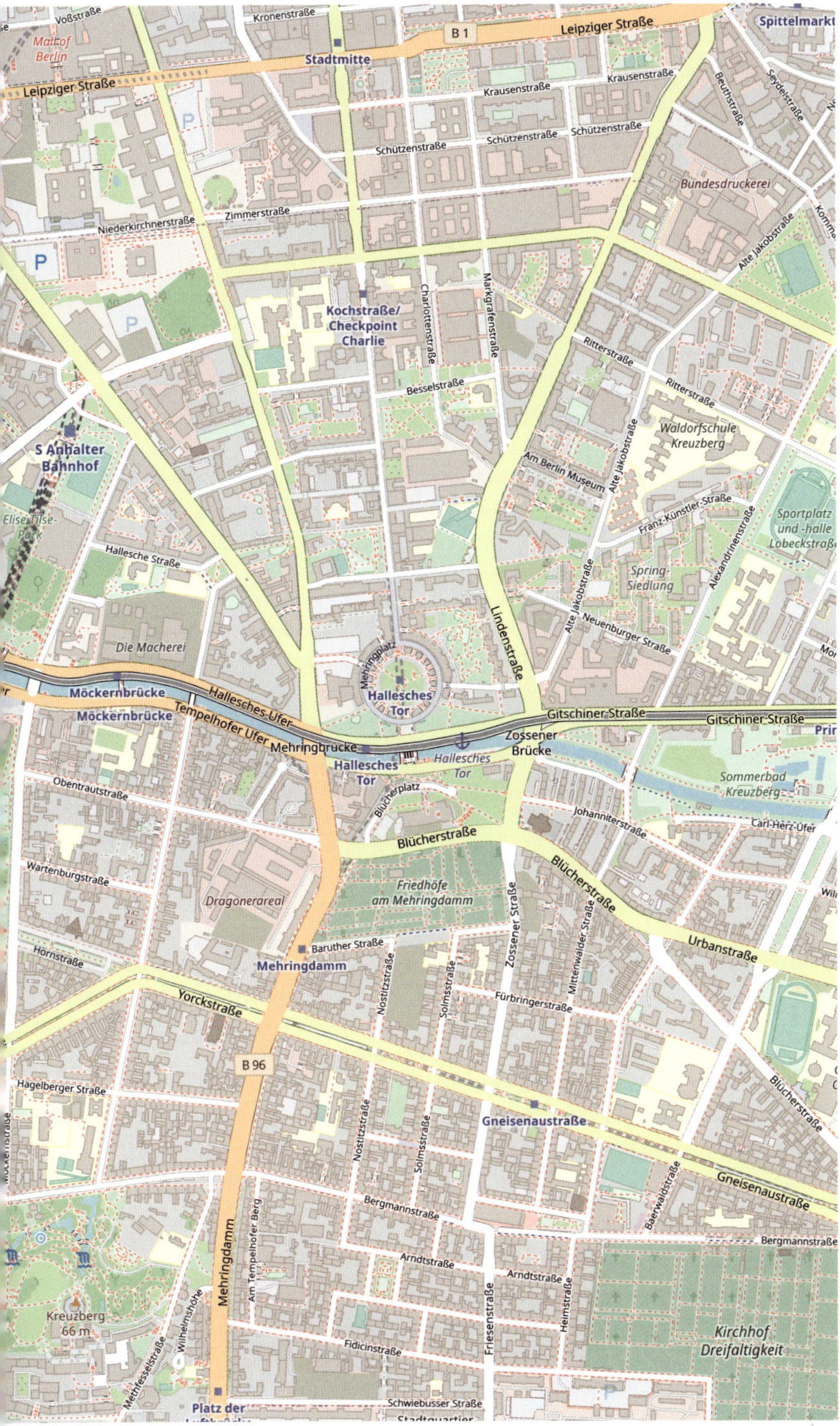

Voßstraße
Mall of Berlin
Leipziger Straße
Kronenstraße
Stadtmitte
B 1
Leipziger Straße
Spittelmarkt
Krausenstraße
Krausenstraße
Beuthstraße
Seydelstraße
Schützenstraße
Schützenstraße
Schützenstraße
Bundesdruckerei
Niederkirchnerstraße
Zimmerstraße
Alte Jakobstraße
Kochstraße/
Checkpoint
Charlie
Charlottenstraße
Markgrafenstraße
Ritterstraße
Ritterstraße
Besselstraße
Waldorfschule
Kreuzberg
S Anhalter
Bahnhof
Am Berlin Museum
Alte Jakobstraße
Franz-Künstler-Straße
Alexandrinenstraße
Sportplatz
und -halle
Lobeckstraße
Elise-Tilse-Park
Hallesche Straße
Spring-
Siedlung
Lindenstraße
Alte Jakobstraße
Neuenburger Straße
Die Macherei
Mehringplatz
Möckernbrücke
Möckernbrücke
Hallesches-Ufer
Hallesches
Tor
Tempelhofer Ufer
Mehringbrücke
Gitschiner Straße
Gitschiner Straße
Zossener
Brücke
Hallesches
Tor
Hallesches
Tor
Sommerbad
Kreuzberg
Obentrautstraße
Blücherplatz
Johanniterstraße
Carl-Herz-Ufer
Blücherstraße
Blücherstraße
Friedhöfe
am Mehringdamm
Wartenburgstraße
Dragonerareal
Zossener Straße
Mittenwalder Straße
Urbanstraße
Baruther Straße
Mehringdamm
Hornstraße
Nostitzstraße
Solmsstraße
Fürbringerstraße
Yorckstraße
B 96
Hagelberger Straße
Blücherstraße
Gneisenaustraße
Nostitzstraße
Solmsstraße
Baerwaldstraße
Gneisenaustraße
Bergmannstraße
Bergmannstraße
Arndtstraße
Arndtstraße
Am Tempelhofer Berg
Mehringdamm
Friesenstraße
Heimstraße
Kreuzberg
66 m
Wilhelmshöhe
Methfesselstraße
Kirchhof
Dreifaltigkeit
Fidicinstraße
Schwiebusser Straße
Platz der

Schöneberg mit dem EUREF-Campus

Aus nicht näher erfassbaren Gründen setzte sich die Galerienwelle der Potsdamer Straße vorerst nicht über die Bülowstraße fort, sondern verteilte sich auf die Seitenstraßen. Wie lange das so bleiben wird, kann im unvorhersehbaren Berlin niemand wissen.

Für Galerien mit und ohne internationale Standorte steht Schöneberg in Wartestellung. Das interessierte Kunstpublikum muss jedenfalls nicht erst nach Schöneberg ziehen, es ist schon längst dort. Bis dahin werden die Galerien und kommunalen Kunsträume, die in Schöneberg das Kunst- und Kulturleben bereichern, weiterhin aufregende Ausstellungen organisieren und interessante Positionen in Malerei, Zeichnung, Skulptur und Fotografie vorstellen.

Neben den Kunstgalerien mit Präsentationen aufstrebender und etablierter Künstlerinnen und Künstler, spielt das Haus am Kleistpark als Kulturort eine wichtige Rolle. In dem größtenteils erhalten gebliebenen, ehemaligen »Königlich Botanischen Museum« von 1880 bildet die kommunale Galerie von Tempelhof-Schöneberg einen bedeutenden Vermittlungsort für zeitgenössische Kunst mit einem Schwerpunkt auf die Förderung künstlerischer Fotografie. Als weiteren Präsentationsort für zeitgenössische Kunst haben sich die Hangars im Flughafengebäude des stillgelegten Flughafens Tempelhof bewährt.

Rund um den unter Denkmalschutz stehenden, weithin sichtbaren Schöneberger Gasometer wurde das Gelände des ehemaligen Gaswerks von dem Berliner Architekten und Stadtplaner Reinhard Müller zum Europäischen Energieforum, dem EUREF-Campus, entwickelt. Als leidenschaftlicher Kunstsammler ließ Reinhard Müller aus seiner Sammlung Kunstwerke international renommierter Künstler auf dem Campus aufstellen, sodass parallel zum Energieforum ein Skulpturenpark zeitgenössischer Kunst entstand, der zu den Öffnungszeiten des EUREF-Campus besichtigt werden kann.

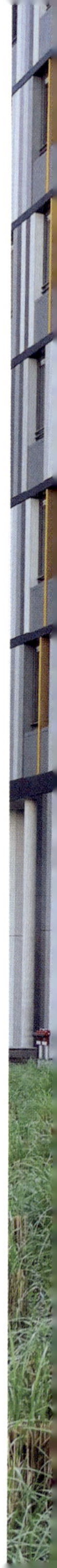

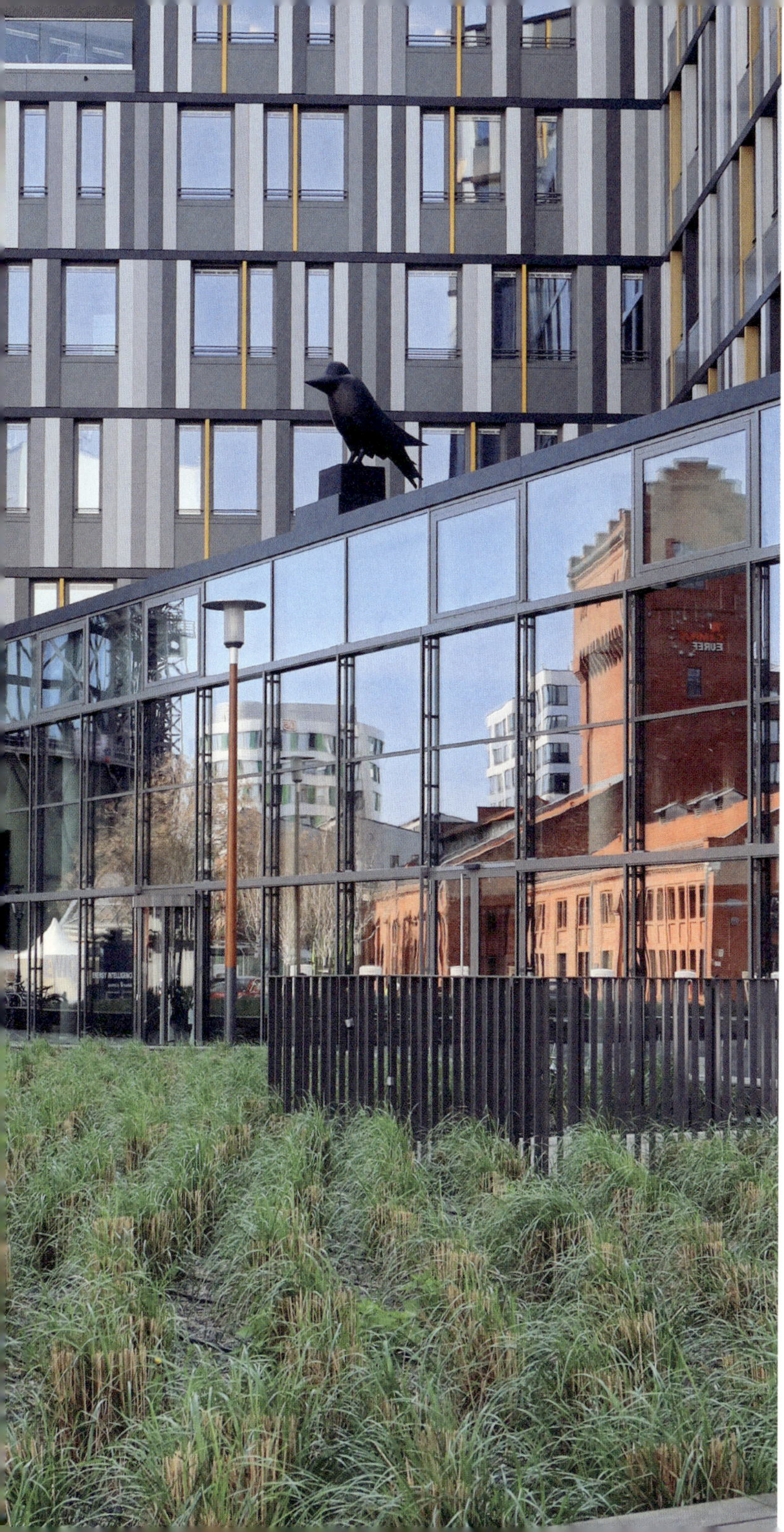

13. 4. 1981

Installation, 1987, Olaf Metzel

Beim »Skulpturenboulevard« zur 750-Jahr-Feier Berlins provozierte die Installation »13. 4. 1981« aus nachgebildeten rot-weißen Polizeiabsperrgittern an der Ecke Kurfürstendamm/Joachimsthaler Straße von Olaf Metzel (*1952) eine große Diskussion. Olaf Metzel erinnerte mit der Installation an eine Demonstration vom 13. April 1981, die die Falschmeldung ausgelöst hatte, dass ein inhaftiertes RAF-Mitglied an den Folgen seines Hungerstreiks gestorben sei. Die Demonstration eskalierte zur Randale. Heute steht die Installation restauriert, respektiert und geachtet auf dem EUREF-Campus in Schöneberg.

EUREF-Campus, Torgauer Straße, 10829 Berlin (1)

BRONZE CROW III

Skulptur, 2018, Arie van Selm

Über dem Eingang eines Bürogebäudes mit einer Glasfassade sitzt eine große schwarze Krähe des niederländischen Malers und Bildhauers Arie van Selm (*1950). Die Krähe ist stilisiert glatt gearbeitet, ohne

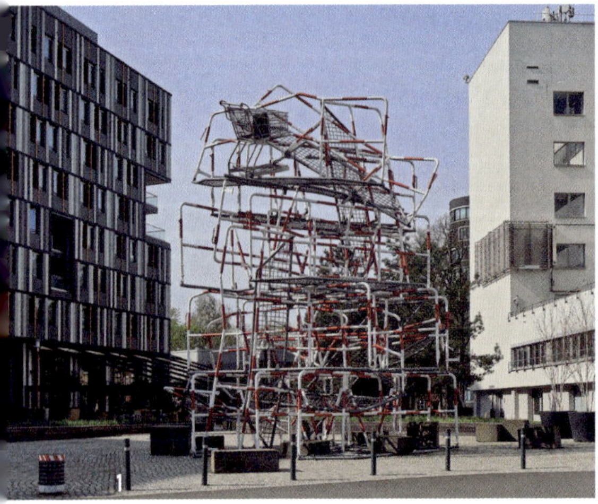
1

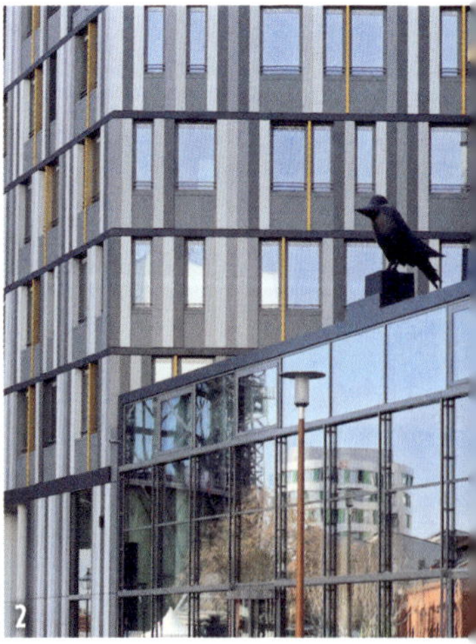
2

auf Details des Vogels einzugehen. Ihre Höhe von zwei Metern lässt sie wie das Monument eines in sich ruhenden Rabenvogels wirken.

EUREF-Campus, Torgauer Straße, 10829 Berlin 2

CASA DEL POETA

Skulptur, 2010, Eduard Habicher

Das »Haus des Dichters« möchte gefunden werden. Vielleicht, damit der Dichter seine Ruhe hat, entzieht sich die Stahlskulptur »Casa del Poeta« des Südtiroler Künstlers Eduard Habicher (*1956) einer Präsentation auf der Campus-Promenade. Ähnlich einer Kinderzeichnung, wird mit rotlackierten Stahlprofilen der Umriss eines schmalen hohen Hauses mit Spitzdach dargestellt, über dem mit glänzenden Stahlrohren angedeutet eine große Wolke schwebt.

EUREF-Campus, Torgauer Straße, 10829 Berlin 3

DER GROSSE WURF

Skulptur, 2000, Ajit Kai Dräger

Zum Gedenken an den von den Nazis verfolgten Kurt Hiller (1885–1972), Jurist, Philosoph, Schriftsteller, Publizist und Aktiver in der ersten Schwulenbewegung, wurde der Park am U-Bahnhof Kleistpark auf Initiative des Lesben- und Schwulenverbands Berlin-Brandenburg

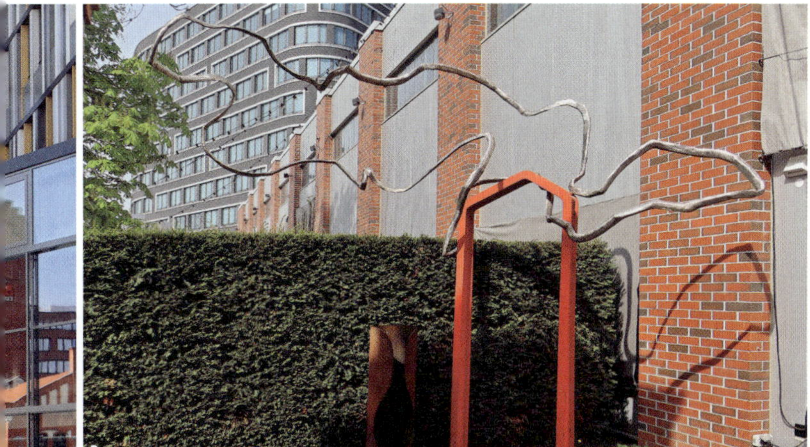

3

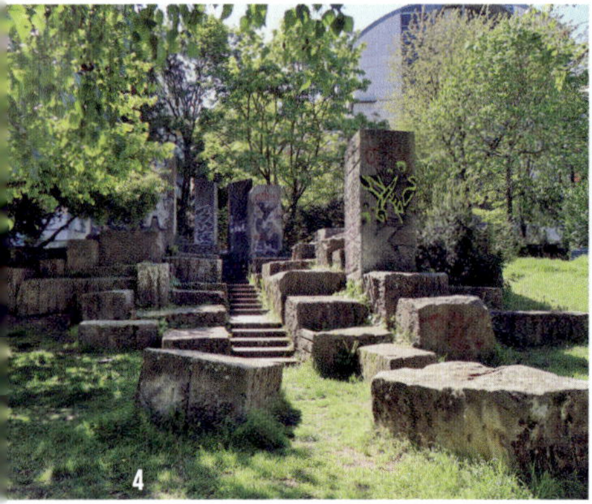

4

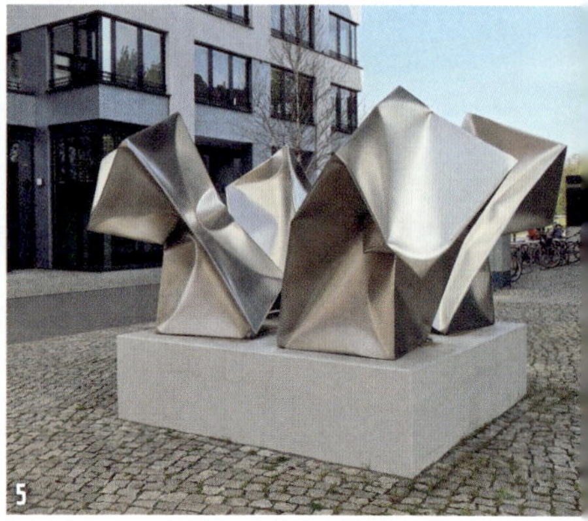

5

2002 in Kurt-Hiller-Park umbenannt. Zur Erinnerung an Kurt Hiller wurde eine Landschaft aus Steinskulpturen des Berliner Bildhauers Ajit Kai Dräger aufgestellt. Das Atrium, das an eine antike Anlage erinnert, könnte auf seinen Mut hinweisen, auch kritische, für ihn gefährliche Debatten offen zu führen.

Kurt-Hiller-Park, Grunewaldstraße 94, 10823 Berlin 4

FOUR PARTS OF A CUBE

Skulptur, 1995, Ewerdt Hilgemann

Vier deformierte quadratische Säulen aus Edelstahl würden in unverformtem Zustand einen Würfel mit eineinhalb Meter Kantenlänge bilden. Ewerdt Hilgemann (*1938) schuf Skulpturen, die er Implosionen nennt. Hohlkörpern entzieht er Luft oder Wasser, sodass der äußere Luftdruck die Körper verformt. Wie ein Steinbildhauer, der einen Teil der natürlichen Erscheinung des Steins belässt, überlässt Ewerdt Hilgemann dem Luftdruck einen Teil der Formgebung.

EUREF-Campus, Torgauer Straße, 10829 Berlin 5

LUFTBRÜCKENDENKMAL

Skulptur, 1951, Eduard Ludwig

Das »Luftbrückendenkmal« des Architekten Eduard Ludwig (1906–1960) erinnert an die Luftbrücke während der sowjetischen Blockade Berlins von 1948/49, die mit rund 280.000 Transportflügen der West-

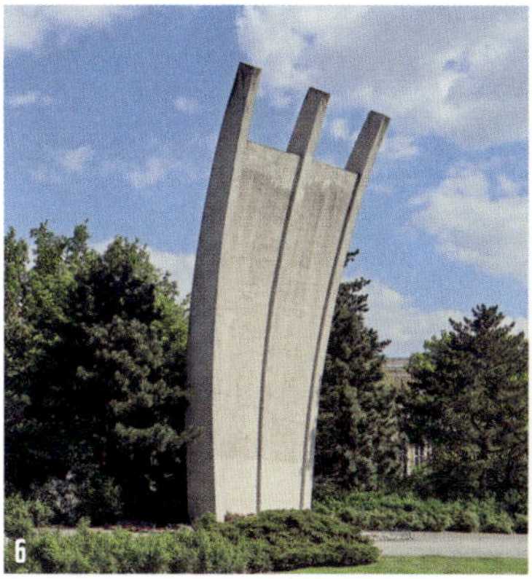

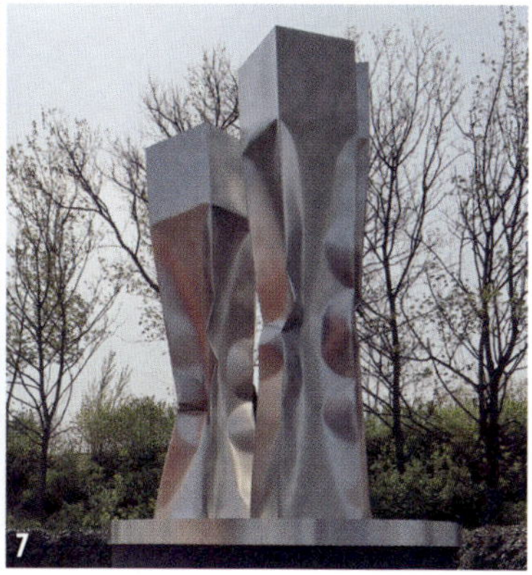

alliierten West-Berlin mit allem Notwendigen versorgte. Auf dem Platz der Luftbrücke steht der 20 Meter hohe untere Teil eines Brückenbogens, der nach Westdeutschland zeigt. Der halbrunde Sockel ist mit den Namen der Piloten und des Dienstpersonals beschriftet, die bei ihrer Tätigkeit für die Luftbrücke tödlich verunglückten. Gegenstücke des Brückenbogenfragments stehen in Frankfurt am Main und in Celle bei Hannover, wo die Partnerflughäfen waren.

Platz der Luftbrücke, 12101 Berlin-Tempelhof 6

THREESOME

Skulptur, 2014, Ewerdt Hilgemann

Die Skulptur »Threesome« des Künstlers Ewerdt Hilgemann (*1938) steht auf dem EUREF-Campus auf einem runden Sockel. Drei etwa drei Meter hohe viereckige Säulen aus glänzendem Edelstahl haben einen quadratischen Querschnitt von 50 Zentimeter Kantenlänge. Durch Entzug der Luft verformte der äußere Luftdruck die Bleche, sodass die Kolumnen wie in der Mitte zusammengedrückt wirken.

EUREF-Campus, Torgauer Straße, 10829 Berlin 7

UNTERWEGS

Skulptur, 1986–1988, Dietrich Arlt-Aeras

Im Außenbereich des kommunalen Kulturzentrums Haus am Kleistpark steht am Weg zum Kleistpark die große Skulptur »Unterwegs«

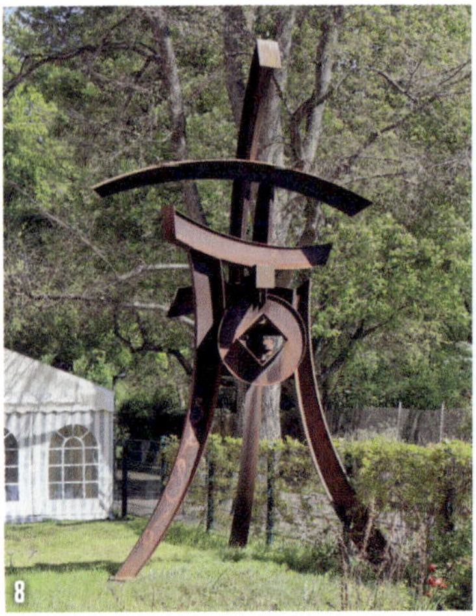

8

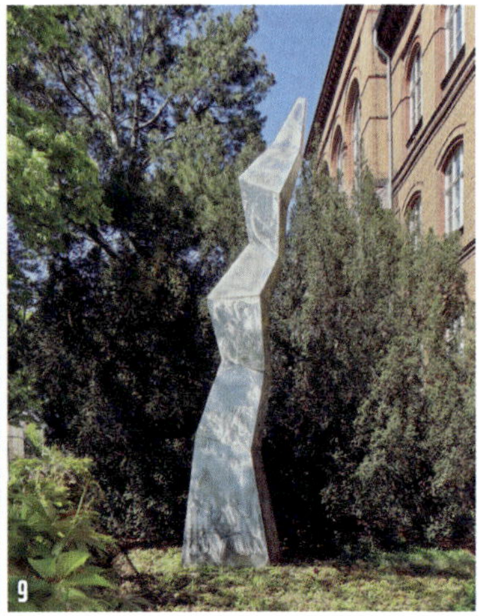

9

von Dietrich Arlt-Aeras (1936–2005). Die Stahlskulptur steht auf drei geschweiften stahlträgerähnlichen Stützen unmittelbar auf dem Rasen. Querliegende Bögen und ein rundes Element in der Mitte, das von einer quadratischen Öffnung durchbrochen ist, lassen die Stahlskulptur mit einem Wegzeichen assoziieren.

Grunewaldstraße 6–7, 10823 Berlin 8

WEGZEICHEN

Skulptur, 1986–1988, Manfred Hodapp

Im Vorgarten des kommunalen Kulturzentrums Haus am Kleistpark steht die Stahlskulptur »Wegzeichen« aus gebürstetem Edelstahl von Manfred Hodapp (1951–1999). Die Skulptur besteht aus einer spitz nach oben ragenden, mehrfach angeknickten schlanken Pyramidenform mit quadratischem Querschnitt. Die Skulptur geht auf einen Wettbewerb zum Thema »Weg« zurück, den Manfred Hodapp mit Dietrich Arlt-Aeras gewann, der im hinteren Teil des Gartens die Skulptur »Unterwegs« aufstellte.

Grunewaldstraße 6–7, 10823 Berlin 9

Museen, Kunstgalerien und Sammlungen

GALERIE CHRISTINE KNAUBER

Die Galeristin Christine Knauber stellt in ihrer gleichnamigen Galerie im Crelle-Kiez zeitgenössische Kunst aus. Die Galerie präsentiert vorwiegend Kunst von Berliner und brandenburgischen Künstlerinnen und Künstlern mit einer Erweiterung auf Kunstschaffende aus Deutschland und international. Der Schwerpunkt des Programms liegt auf zeitgenössischer figurativer Kunst. Neben Einzel- und Dialogausstellungen werden themenorientierte Gruppenausstellungen gezeigt.

Langenscheidtstraße 6, 10827 Berlin, www.galerie-knauber.de 10

GALERIE NOAH KLINK

Die Galerie Noah Klink zeigt aktuelle zeitgenössische Kunst unterschiedlicher Positionen und Medien wie Malerei, Skulptur, Konzeptionskunst und raumbezogene Arbeiten. Sie arbeitet mit etablierten und jungen Künstlern zusammen und vertritt diese auf Kunstmessen.

Kulmer Straße 17, 10783 Berlin, www.noahklink.com 11

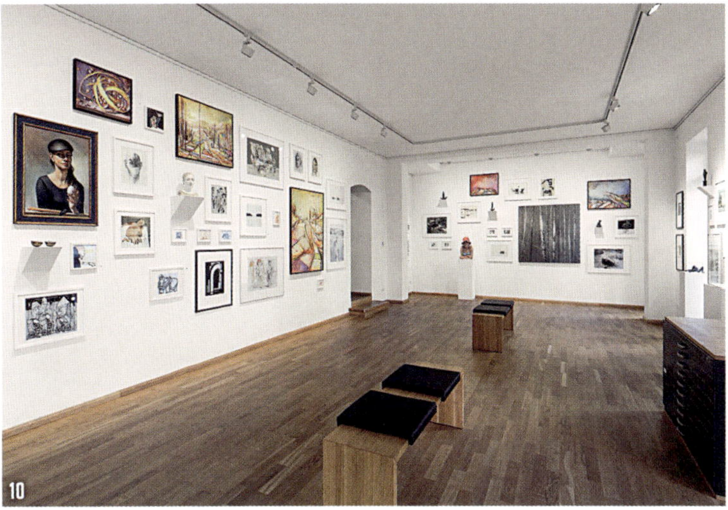

10

HAUS AM KLEISTPARK

Im kommunalen Haus am Kleistpark werden zeitgenössische Künstlerinnen und Künstler ausgestellt, die in Berlin leben und arbeiten, wie auch nationale und internationale Positionen. Im Projektraum im Hochparterre werden Fotografie und experimentelle Positionen gezeigt, im großen Ausstellungsraum zeitgenössische Positionen unterschiedlicher Techniken und Medien sowie Themen- oder Gruppenausstellungen.

Grunewaldstraße 6–7, 10823 Berlin, www.hausamkleistpark.de (12)

MIANKI.GALLERY

Galerist Andreas Herrmann entschied sich 2008 bewusst für den Standort im traditionsreichen Kunstquartier in Schöneberg. mianki. Gallery arbeitet mit Künstlerinnen und Künstlern einer neuen Generation zusammen. Ihr eigenständiges Profil entwickelt sie durch Fokussierung auf außergewöhnliche Materialhaftigkeit. Die Galerie präsentiert Positionen mit besonderen Bildwelten durch Einsatz und Verarbeitung außer- und ungewöhnlicher Materialien.

Kalckreuthstraße 15, 10777 Berlin, www.mianki.com (13)

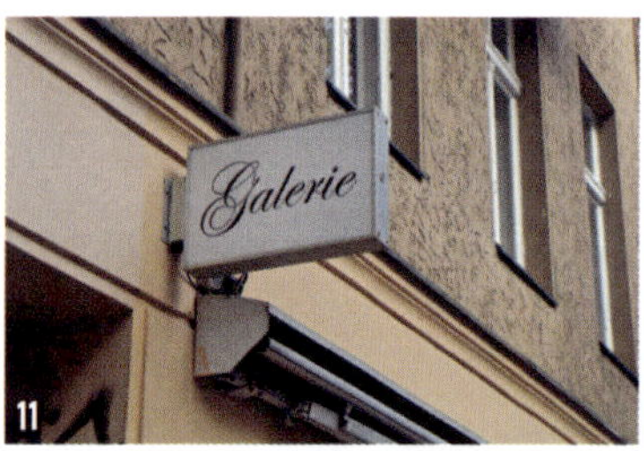

11

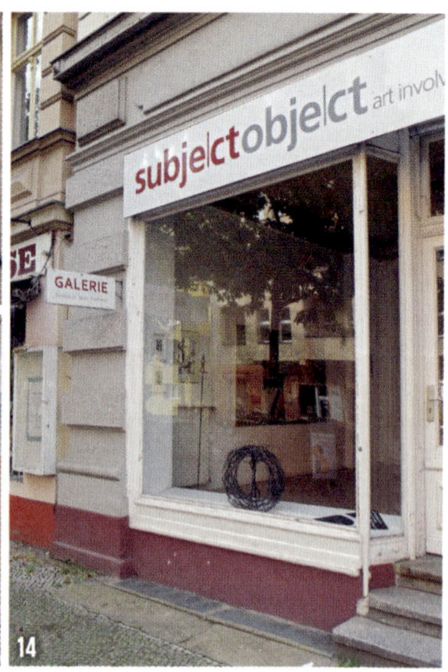

14

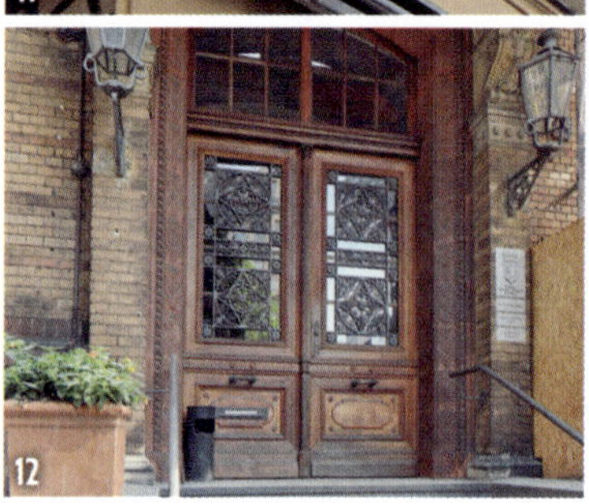
12

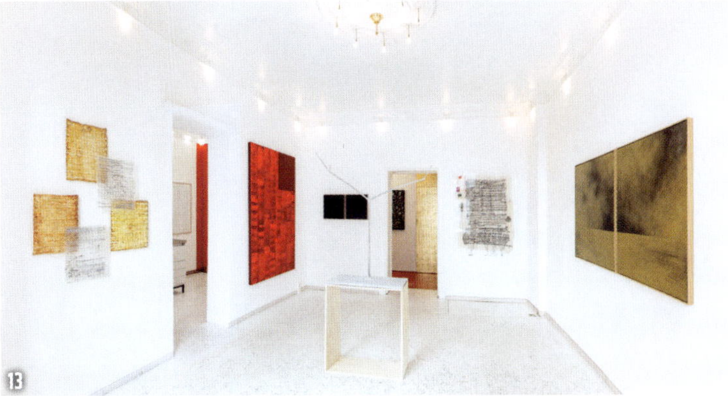

13

SUBJECTOBJECT – ART INVOLVEMENT

Ljiljana Vulin-Hinrichs gründete 2007 die Galerie subjectobject mit dem Fokus auf zeitgenössischer Kunst. Der Schwerpunkt liegt auf künstlerischen Positionen, die sich mit gesellschaftlichen Empfindsamkeiten, Normen, Sittlichkeiten und existentiellen und individuellen Wirklichkeiten im zeitgenössischen Kontext beschäftigt und diese hinterfragen.

Grunewaldstraße 79, 10823 Berlin, www.subjectobject.de 14

SCHÖNEBERG MIT DEM EUREF-CAMPUS

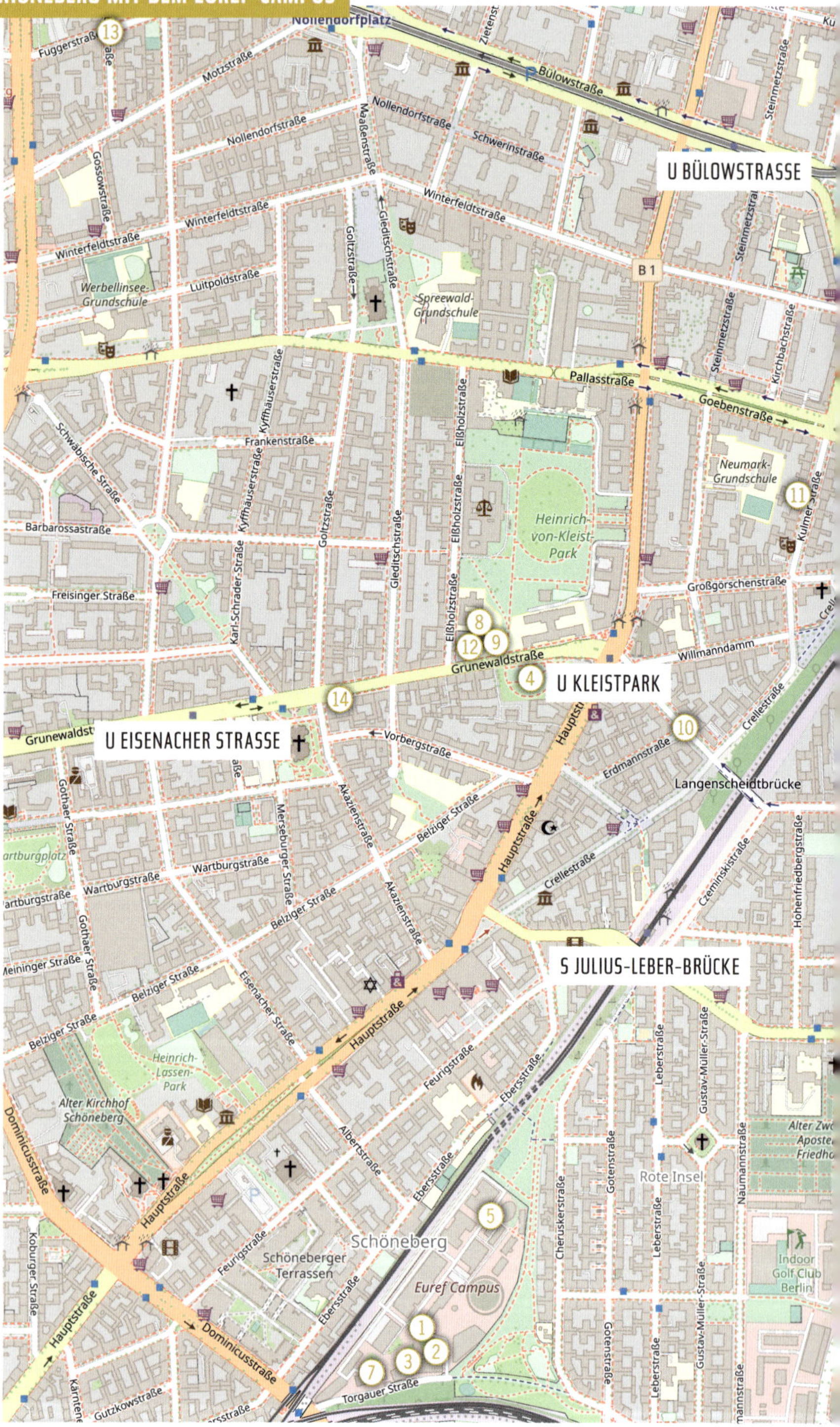

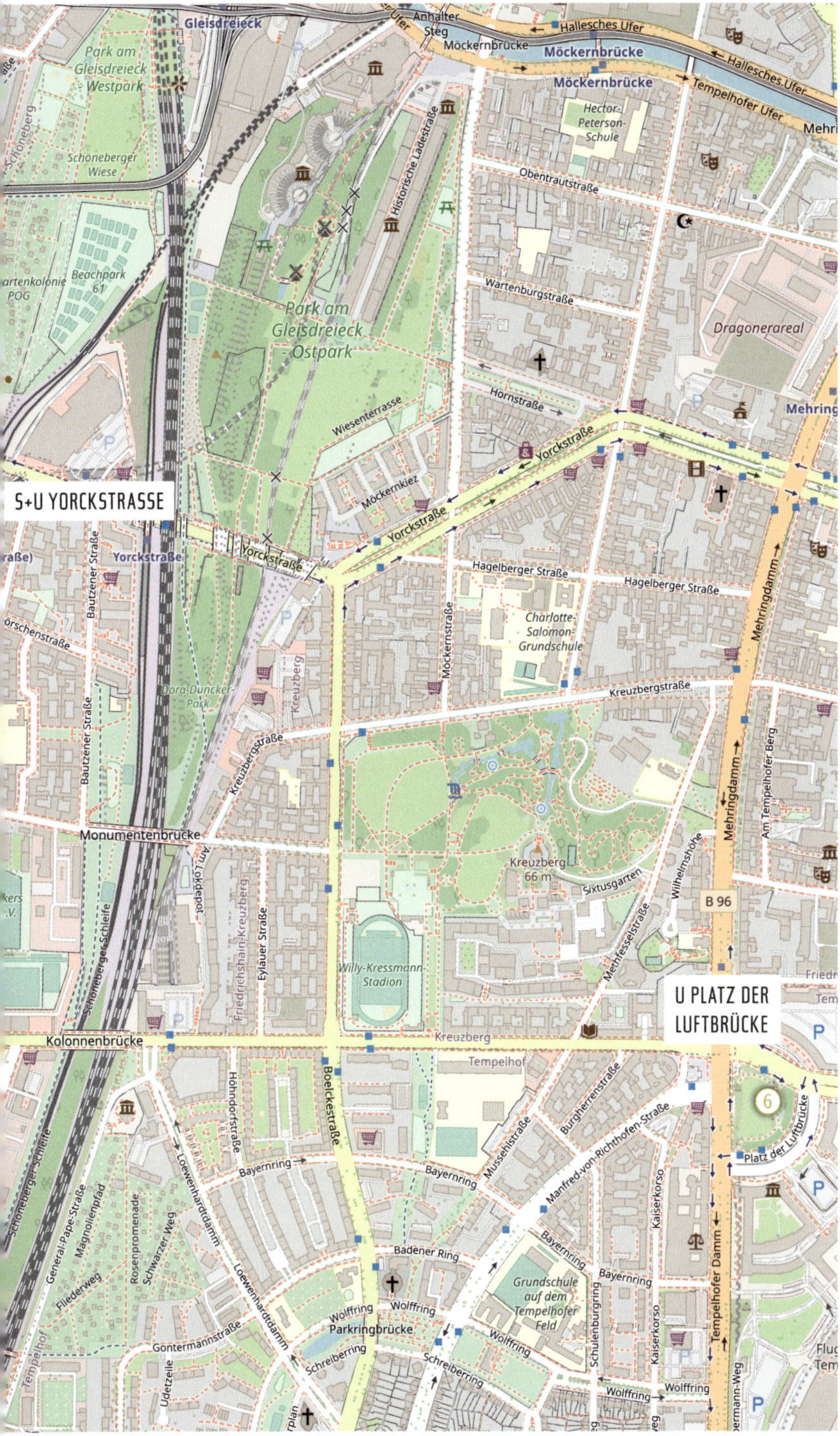

S+U YORCKSTRASSE
U PLATZ DER LUFTBRÜCKE
Gleisdreieck
Park am Gleisdreieck - Westpark
Park am Gleisdreieck - Ostpark
Schöneberger Wiese
Beachpark 61
Anhalter Steg
Möckernbrücke
Hallesches Ufer
Tempelhofer Ufer
Hector-Peterson-Schule
Obentrautstraße
Historische Ladestraße
Wartenburgstraße
Dragonerareal
Hornstraße
Yorckstraße
Wiesenterrasse
Möckernkiez
Hagelberger Straße
Charlotte-Salomon-Grundschule
Möckernstraße
Mehringdamm
Bautzener Straße
Kreuzberg
Dora-Duncker-Park
Kreuzbergstraße
Monumentenbrücke
Am Lokdepot
Friedrichshain-Kreuzberg
Eylauer Straße
Kreuzberg 66 m
Sixtusgarten
Methfesselstraße
Wilhelmshöhe
Am Tempelhofer Berg
B 96
Willy-Kressmann-Stadion
Schöneberger Schleife
Kolonnenbrücke
Tempelhof
Höhndorfstraße
Boeckestraße
Mussehlstraße
Burgherrenstraße
Manfred-von-Richthofen-Straße
Platz der Luftbrücke
Bayernring
Loewenhardtdamm
General-Pape-Straße
Magnolienpfad
Rosenpromenade
Schwarzer Weg
Fliederweg
Badener Ring
Grundschule auf dem Tempelhofer Feld
Wolffring
Parkringbrücke
Schreiberring
Gontermannstraße
Udetzeile
Schulenburgring
Kaiserkorso
Tempelhofer Damm

Vom Kreuzberg bis zur Oberbaumbrücke

In Kreuzberg, diesem heute zentral gelegenen, durch die Mauer damals jedoch an den Rand gedrängten Bezirk von West-Berlin, entwickelte sich eine experimentelle, politisch aktive und künstlerisch innovative Szene. Die Kunstbewegung der »Wilden« Ende der 1970er Jahre wurde in Berlin von den »Neuen Wilden« vom Moritzplatz in ihrer Produzentengalerie gezeigt. Bereits 1969 war die neue Gesellschaft für bildende Kunst (nGbK) gegründet worden, ein Kunstverein mit basisdemokratischer Struktur. Sein Standort war bis 2023 in der Oranienstraße.

Nach Mauerfall und Wiedervereinigung dauerte es einige Zeit, bis die Kunstgalerien Kreuzberg für sich entdeckten. In der Zimmerstraße zogen Galerien in ein historisches Haus direkt an der Grenze zu Kreuzberg zwischen Checkpoint Charlie und Gropius Bau ein, der mit großen Ausstellungen bereits damals Kunstinteressierte anlockte. Nach diesem Standort an dem damals noch nicht bebauten Mauerstreifen zogen Galerien über die Rudi-Dutschke-Straße weiter. Eine Galeriengruppierung entstand um das Axel-Springer-Hochhaus am Beginn der Lindenstraße, wo die Galerie Claes Nordenhake das Galerienhaus initiierte, in dem sich mehrere Galerien niederließen. Ein Standort entwickelte sich in einem in der Nähe des Checkpoint Charlies liegenden, ehemaligen Druckereizentrum an der Markgrafenstraße. Hier fanden Galerien Fabriklofts mitten im Zentrum Berlins. Der Galerienstandort strahlte in die nähere Umgebung aus, mit Galerien an der Kreuzung Markgrafen- mit der Rudi-Dutschke-Straße, beim Besselpark und gegenüber dem Jüdischen Museum, von wo es einen Katzensprung zur Berlinischen Galerie ist.

Was Kunstausstellungen, Stiftungen, Sammlungen, Kommunale Galerie, Vereine und Kunstgalerien betrifft, bleibt Kreuzberg immer in Bewegung und erfindet sich ständig neu.

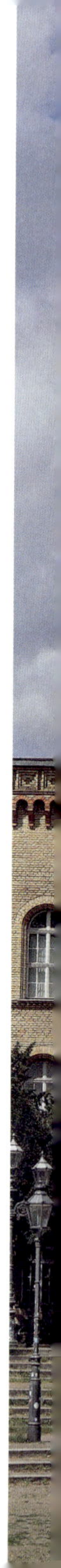

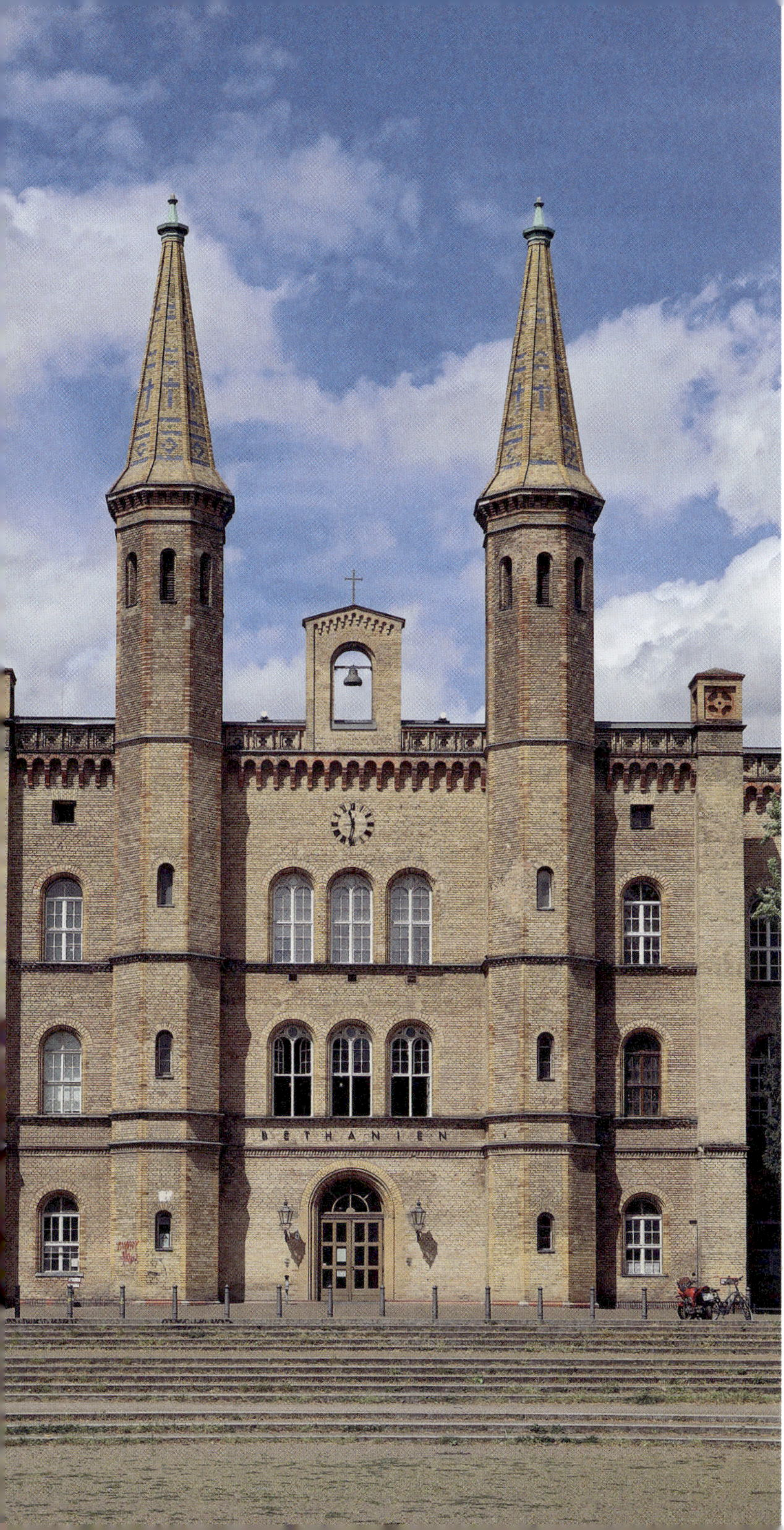
BETHANIEN

Kunst auf Straßen, Wegen, Plätzen und in Parks

AM HAUS

Wandkunst, 1994, Ayşe Erkmen

An einem Eckhaus sind im Rhythmus der Geschosse und Fenster 40 verschiedene türkischsprachige Suffixe angebracht. Die türkischstämmige Künstlerin Ayşe Erkmen (*1949) verweist auf eine grammatikalische Form, die der türkischen Sprache eigen ist. Die »miş«-Vergangenheit drückt die Unsicherheit des Erzählers aus und kommt in mündlichen Erzählungen oder Märchen vor.

Rio-Reiser-Platz, 10999 Berlin 1

BALANCEAKT

Skulptur, 2009, Stephan Balkenhol

Vor dem Eingang des Axel-Springer-Hochhauses, das 1959 in unmittelbarer Nähe der Berliner Mauer erbaut wurde, balanciert an der Straße auf einer schmalen Betonmauer ein überlebensgroßer Mann auf einem Bein. Der neutrale Typus eines Mannes mit schwarzer Hose, weißem Hemd, gedunkelter Hautfarbe und teilnahmslosem Gesichtsausdruck taucht im Werk von Stephan Balkenhol (*1957) häufig auf. Hinter dem balancierenden Mann stehen und liegen Originalteile der Berliner Mauer. Eine Schrifttafel informiert, dass die Figur zum 50. Jahrestag der Grundsteinlegung des Axel-Springer-

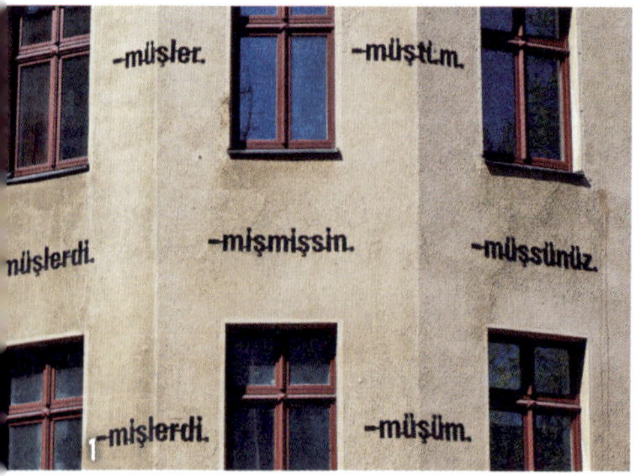

1

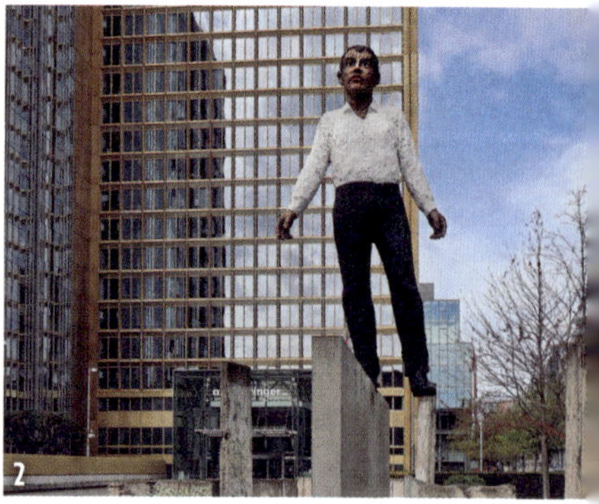
2

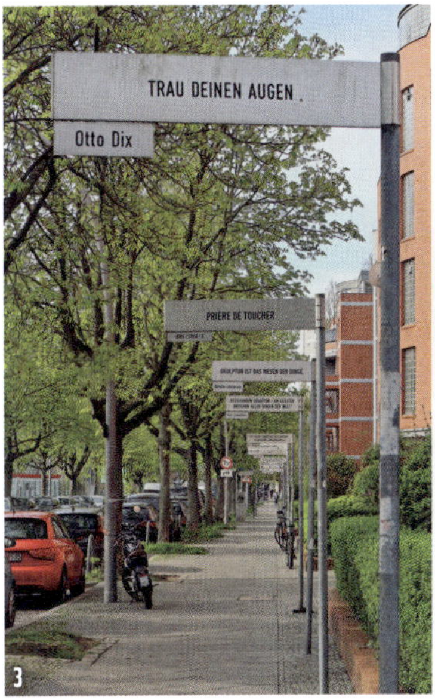

3

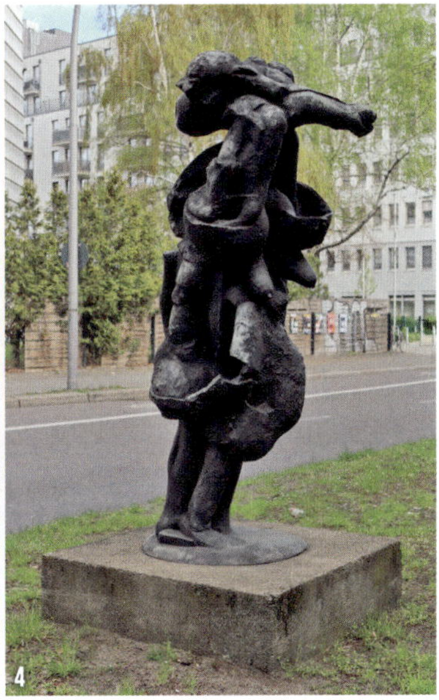
4

Hochhauses aufgestellt wurde und an die Berliner Mauer und ihren Fall erinnert. Das Kunstwerk soll aussagen, dass man nach der Wiedervereinigung und allgemein in schwierigen Situationen die Balance halten soll.

Axel-Springer-Straße 65, 10969 Berlin ②

BERLINISCHE BOTSCHAFT

Installation, 1997, Silvia Klara Breitwieser

Zwischen dem Jüdischen Museum und der Berlinischen Galerie stehen in regelmäßigem Abständen 32 Metallstangen mit einem Schild. Am Eckpunkt der beiden Reihen informiert ein Schild über das Projekt »Berlinische Botschaft 1997«. Auf den anderen Schildern sind Museen aufgeführt, die Kunst für die Galerie bereitgestellt haben, sowie Zitate über Kunst. Mit diesen Wegweisern schafft die Künstlerin Silvia Klara Breitwieser (*1939) eine Verbindung zwischen den beiden Kunst- und Kulturinstitutionen.

Alte Jakobstraße, Am Berlin Museum, 10969 Berlin ③

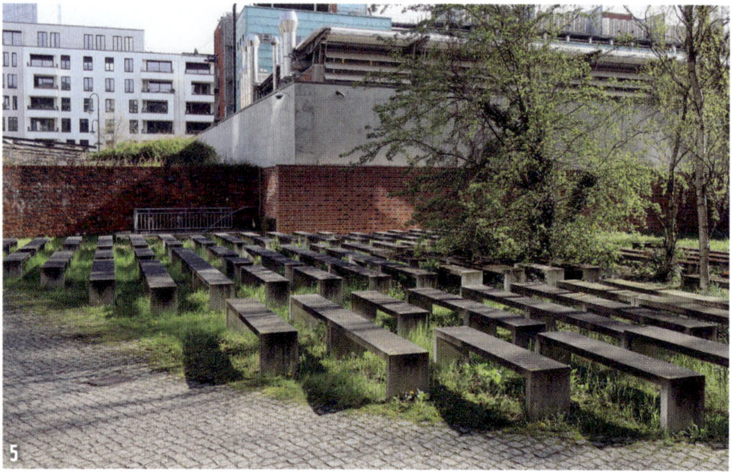

5

BLACK SUN PRESS

Skulptur, 1969–1973, Rolf Szymanski

Auf dem Mittelstreifen der Lindenstraße steht die geschwärzte Bronzeskulptur »Black Sun Press« von Rolf Szymanski (1928–2013). Sie stellt eine schräg stehende, abstrahierte Frau dar. Körperformen und Kleidung sind wulstig überzeichnet. Die Skulptur wurde von der Berlinischen Galerie aufgestellt, um auch außerhalb ihres Grundstücks Kunst im Öffentlichen Raum zu zeigen. »Black Sun Press« war der Name eines englischen Buchverlags, der 1927 gegründet wurde.

Lindenstraße 28a, 10969 Berlin ④

BLATT

Denkmal, 1997, Micha Ullman, Eyal Weizman

In einem Hinterhof sind steinerne Bänke in Reihen angeordnet. Hier stand die Lindenstraße Synagoge. Der israelische Künstler Micha Ullman (*1939) und Architekt Eyal Weizman (*1970) erinnern an die Synagoge mit Bänken, die an der Stelle stehen, wo auch in der Synagoge Bänke standen. Ihre Inneneinrichtung wurde in der Pogromnacht 1938 zerstört und die Synagoge als Lagerraum entweiht. Im Zweiten Weltkrieg zerstört, trug man die Ruine in den 1950er Jahren ab.

Axel-Springer-Straße 48–50, 10117 Berlin ⑤

BLAU-BOGEN-WIESE

Skulpturen, 1986/87, Leslie Robbins

Im Rahmen des Kunstprojekts Menschenlandschaft Berlin »Kreuzberg als Kristallisationspunkt für Einwanderung« stellte die amerikanische Künstlerin Leslie Robbins (*1957) in einer Reihe vier unterschiedlich große Sitzbänke aus blaugetönter Keramik auf. Am Ende der Reihe steht in hellbrauner Erdfarbe ein kleiner Pavillon mit Rundbogenarkaden auf unregelmäßig gearbeiteten Säulen. Die Reihe erinnert an antike Ruinenfragmente und eine antike Säulenhalle.

May-Ayim-Ufer, 10997 Berlin ⑥

DER SCHREITENDE MENSCH

Skulptur, 1991, Rüdiger Preisler

An der großen Mulde steht die 14 Meter hohe Stahlskulptur »Der schreitende Mensch« von Rüdiger Preisler (*1945). Sie besteht aus zwei stehenden Stahlträgern mit unterschiedlicher Neigung, die an ihrem oberen Ende ein waagrechtes, an einer Seite offenes Dreieck tragen. In seiner Abstraktion zeigen die zwei senkrechten Stahlträger die ausschreitenden Beine eines Menschen und das Dreieck sein Becken.

Görlitzer Park, 10997 Berlin ⑦

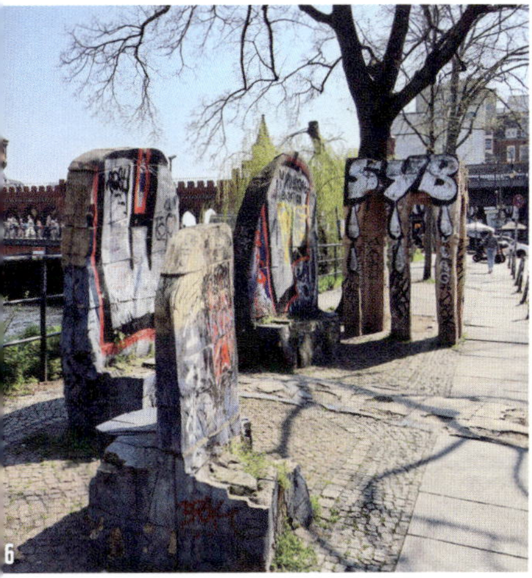

6

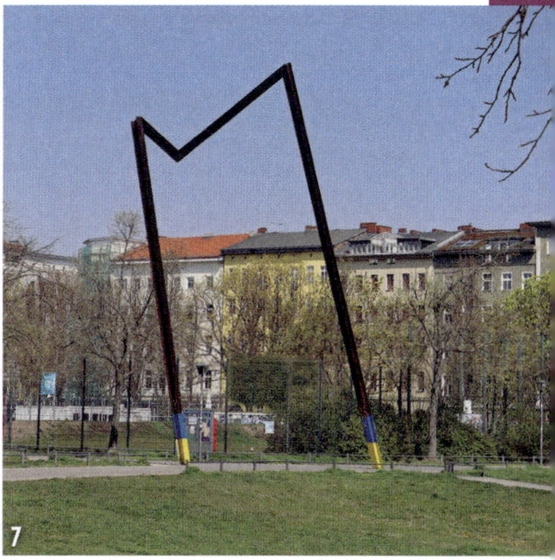

7

DER SELTENE FANG

Skulptur, 1896, Ernst Herter

Am Becken des Wasserfalls steht auf Findlingen ein kräftiger bärtiger Fischer, der in seinen Armen eine sich windende Nixe hält, die ihm ins Netz gegangen ist. Er scheint über den seltenen Fang überrascht und gleichzeitig erfreut zu sein. Als Beifang kringelt sich ein Oktopus um seinen Knöchel. Die Darstellung stammt aus einer Epoche mit festen Regeln zwischen den Geschlechtern, die wiederum männliche Sehnsüchte hervorbrachten, die manchmal in Kunstwerken ihren Ausdruck fanden.

Viktoriapark, Kreuzbergstraße, 10965 Berlin 8

DIE BEGEGNUNG

Skulpturen, 1987, Azade Köker

Als Beitrag zum Kunstprojekt Menschenlandschaft Berlin »Kreuzberg als Kristallisationspunkt für Einwanderung« stellte die türkische Bildhauerin Azade Köker (*1949) abstrahierte Frauenfiguren gegenüber, von denen zwei auf der einen und drei auf der anderen Seite eines Weges stehen. Die verschieden geformten Frauenskulpturen mit unterschiedlichen Kopfbedeckungen verharren in ihrer Begegnung. Azade Köker thematisiert die Begegnung von Frauen unterschiedlicher Kulturkreise.

Oberbaumstraße, 10997 Berlin 9

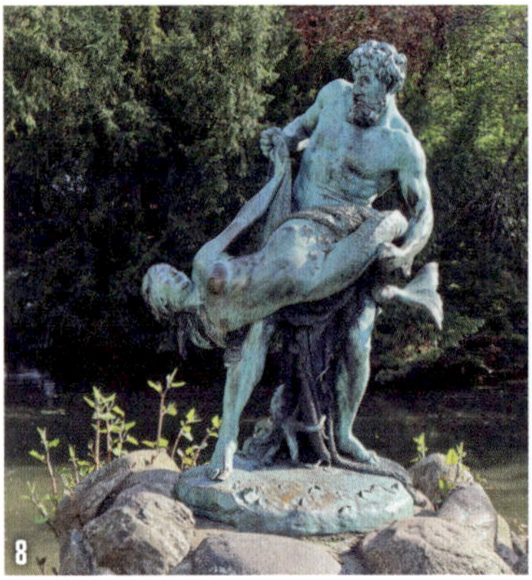
8

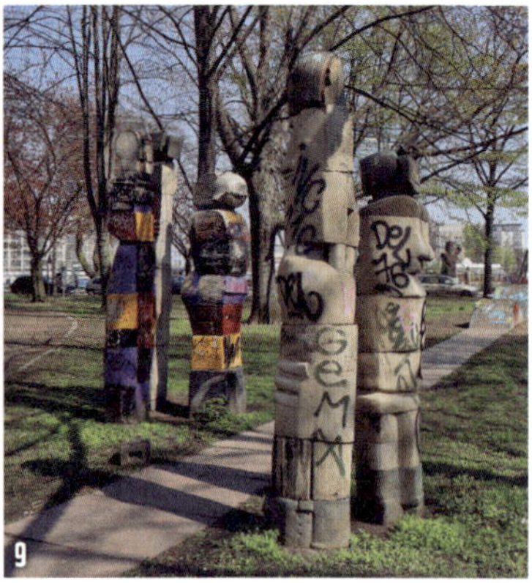
9

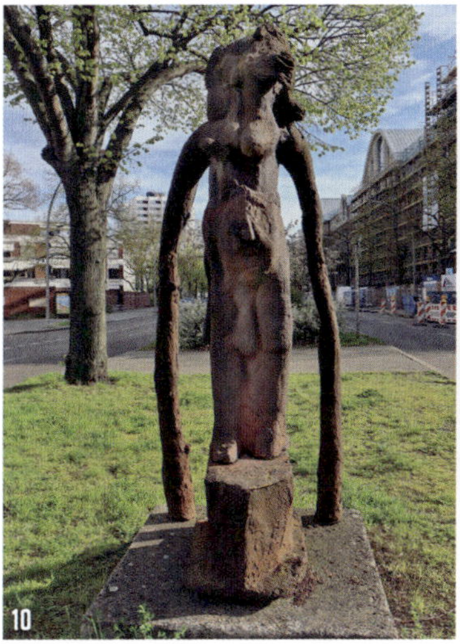

10

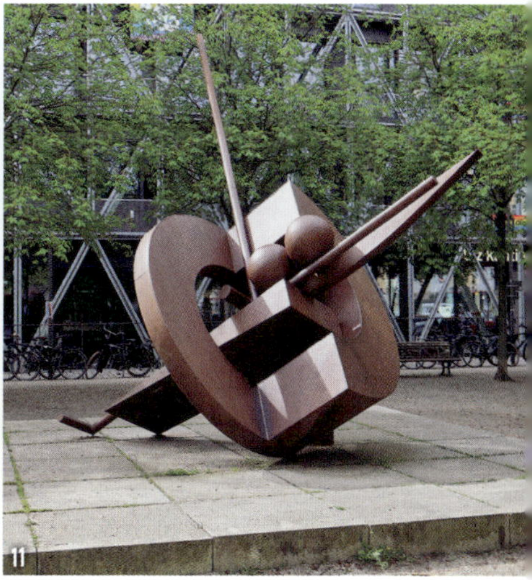

11

DIE WASSERTRÄGERIN

Skulptur, 1981, Rolf Szymanski

Auf dem Mittelstreifen der Lindenstraße steht auf Höhe der Einmündung der Straße Am Berlin Museum die Eisenguss-Skulptur »Die Wasserträgerin« von Rolf Szymanski (1928–2013). Erhöht auf einem Absatz steht die Wasserträgerin mit dickem Bauch und langen, händelosen Armen, die wie Schläuche bis auf den Boden reichen.

Lindenstraße 17, 10969 Berlin ⑩

DONUT WEDGE WITH TWO BALLS

Skulptur, 2011, Fletcher Benton

Im Werk des amerikanischen Bildhauers Fletcher Benton (1931–2019) gibt es eine »Donut-Reihe«. Die Eisenskulpturen bauen auf einem dicken Ring mit rechteckigem Querschnitt auf, den der Künstler mit einem Donut vergleicht. Zu dieser geometrischen Form werden Stäbe, Scheiben und Kugeln in Beziehung gebracht. Bei der Skulptur »Donut Wedge with Two Balls« durchdringt ein Keil die Mitte des Donuts und zwei Kugeln möchten durch die Öffnung rollen, werden aber von einem Diagonalstab aufgehalten

Besselpark, Friedrichstraße 24, 10969 Berlin ⑪

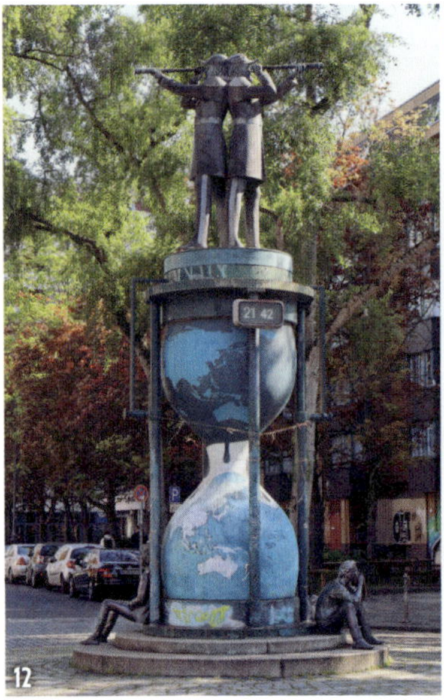

12

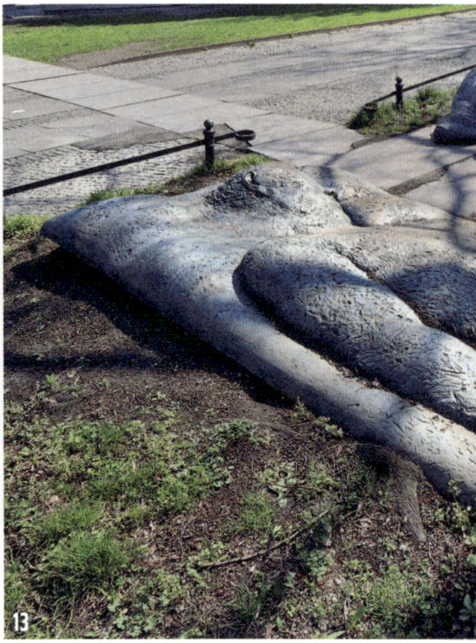

13

DOPPELGÄNGERADMIRAL

Installation, 1985, Ludmila Seefried-Matějková

Ludmila Seefried-Matějková (*1938) schuf eine drei Meter hohe, ursprünglich weiße Sanduhr, mit der auf Schiffen die Zeit gemessen wurde. Die heutige Zeitmessung verkörpern zwei Digitaluhren am oberen Rand der Sanduhr. Auf dem Podest sitzt ein Mädchen mit wilder Frisur und Kleidung aus den 1980er Jahren, das Musik aus einem Kopfhörer hört, auf der anderen Seite sitzt ein junger Mann mit ordentlicher Frisur, der auf einer Mundharmonika spielt. Auf der Sanduhr stehen zwei stilisierte Admirale in historischer Uniform mit langen Fernrohren, die an den Admiral der preußischen Marine Prinz Adalbert Heinrich Wilhelm (1811–1873), den Namensgeber der Straße, erinnern.

Admiralstraße, 10999 Berlin ⑫

DOVE VAI (WOHIN GEHST DU?)

Skulpturen, 1986/87, Andreas Wegner

Am Beginn des Skulpturenwegs des Kunstprojekts Menschenlandschaft Berlin liegen ein Männer- und ein Frauenakt von Andraes

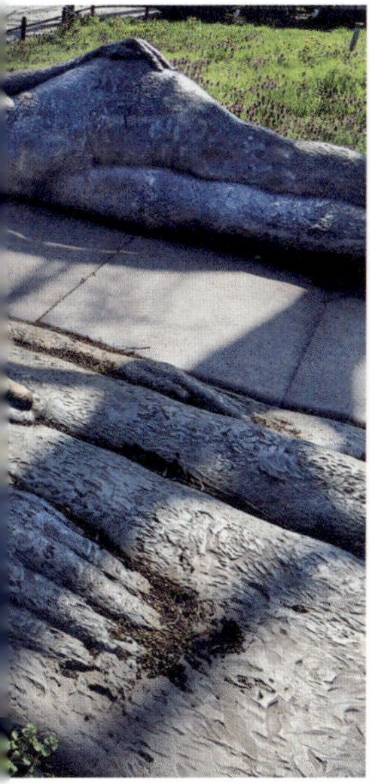

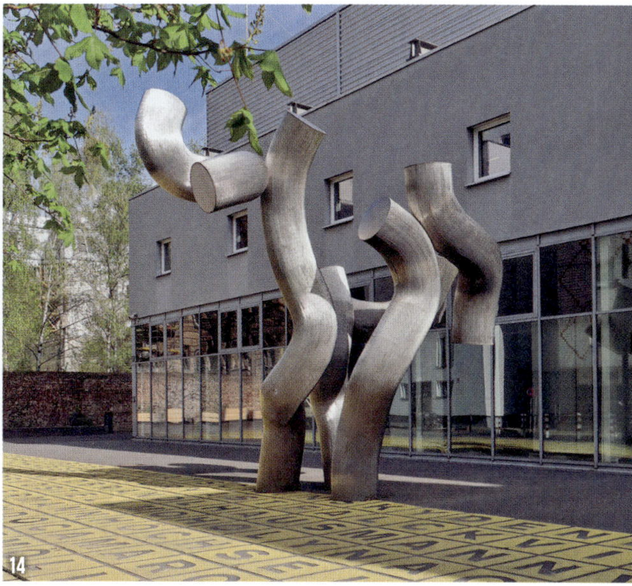

14

Wegner (*1958). Die beiden etwa fünf Meter großen Bronzefiguren scheinen sich auszuruhen und die Vorübergehenden auf Italienisch zu fragen, wohin sie gehen.

Schlesische Straße 46, 10997 Berlin ⑬

DREIHEIT

Skulptur, 1993, Brigitte und Martin Matschinsky-Denninghoff

Auf dem Vorplatz der Berlinischen Galerie steht die sechs Meter hohe Stahlskulptur »Dreiheit« des Künstlerehepaars Brigitte und Martin Matschinsky-Denninghoff (1923–2011 und 1921–2020). Drei glänzende massive Säulen aus Stahl winden sich wie Pflanzenstiele in die Höhe, an ihren oberen Enden sind kurze gebogene Säulenstücke senkrecht und waagrecht angefügt. Die Rillen und Schweißpunkte an der Oberfläche ergeben mit den Bögen der Säulen ein Spiel von Licht, Schatten und Glanz.

Alte Jakobstraße 124–128, 10969 Berlin ⑭

FEUERWEHRBRUNNEN

Brunnen, 1981, Kurt Mühlenhaupt

Der Feuerwehrbrunnen des Malers, Bildhauers und Schriftstellers Kurt Mühlenhaupt (1921–2006) wurde 1981 der Öffentlichkeit übergeben. In einem Wasserbecken stehen drei Feuerwehrmänner in Uniformen und Helmen der Preußischen Feuerwehr und zapfen Löschwasser aus einem Berliner Straßenhydranten.

Mariannenplatz, Waldemarstraße, 10997 Berlin ⑮

KÄMPFENDE ZIEGEN

Skulptur, 1966, Brigitte Jonelat-Saebisch

Nur als Zickenplatz bekannt, weil hier Ziegen weideten, verstärkt die Skulptur »Kämpfende Ziegen« von Brigitte Jonelat-Saebisch (1925–2002) diese volkstümliche Bezeichnung des Hohenstaufenplatzes. Auf niedrigen Sockeln auf den Hinterbeinen stehend, stoßen zwei lebensgroße Ziegenböcke mit kräftigem Vorwärtsdrang ihre Hörner gegeneinander.

Hohenstaufenplatz, Kottbusser Damm, 10967 Berlin ⑯

MARKIERUNG GLASLAGER

Installation, 2004, Kuehn Malvezzi

Auf dem Vorplatz der Berlinischen Galerie, einem umgebautem Glaslager, dehnt sich ein Buchstabenfeld aus, das aus einem Raster aus quadratischen gelben Flächen besteht. In jedem Rasterfeld steht

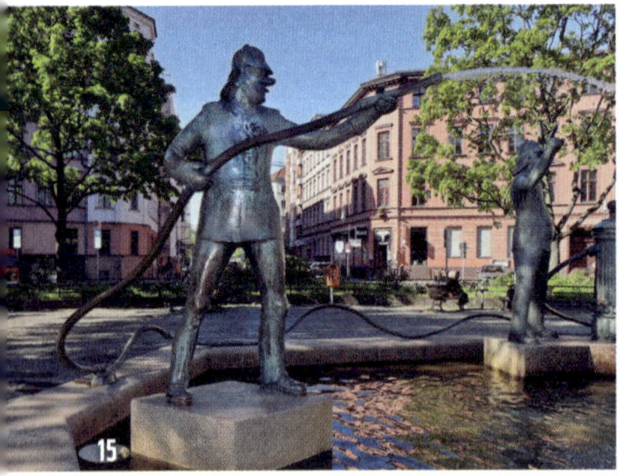

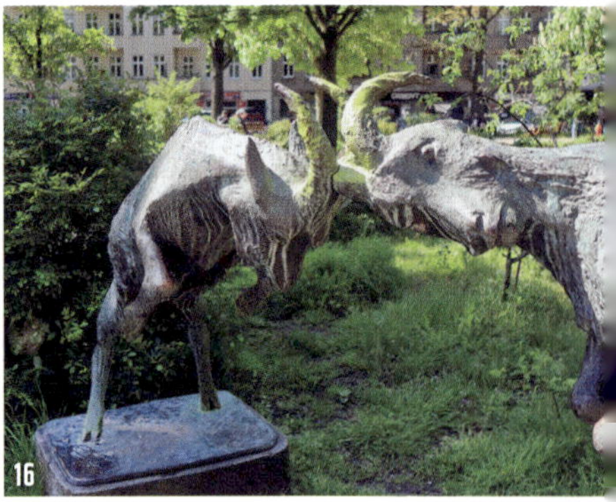

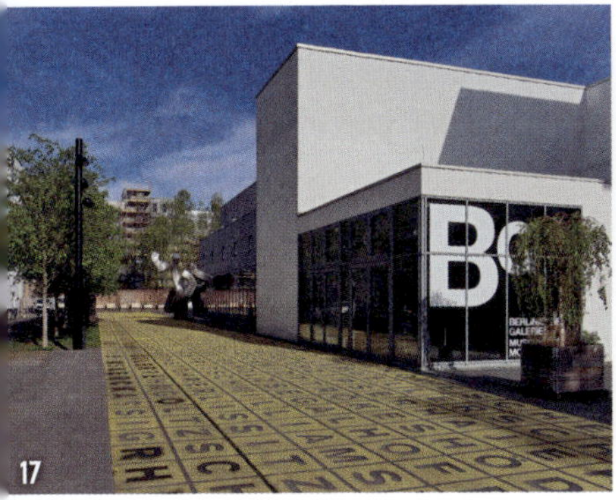

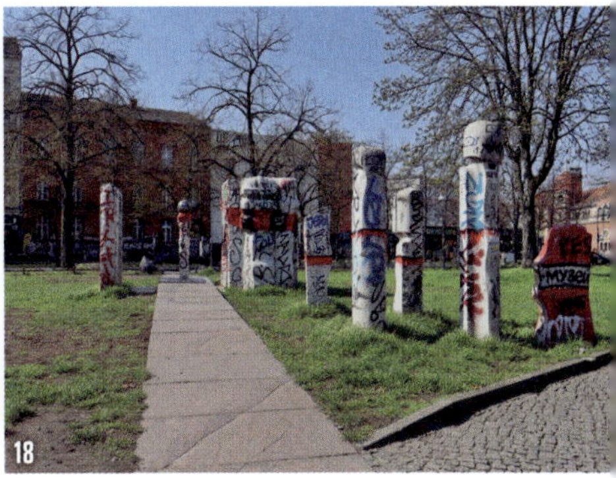

ein Buchstabe in schwarzer Schrift. Was auf den ersten Blick wie eine willkürliche Buchstabenanordnung aussieht, entpuppt sich bei näherem Hinsehen als eine Aneinanderreihung von 160 Namen der Künstlerinnen und Künstler, deren Werke in der Sammlung der Berlinischen Galerie vertreten sind.

Alte Jakobstraße 124–128, 10969 Berlin ⑰

MENSCHEN IN DER STADT

Skulpturen, 1987, Mehmet Aksoy

Am Skulpturenweg des Kunstprojekts Menschenlandschaft Berlin »Kreuzberg als Kristallisationspunkt für Einwanderung« gruppierte Mehmet Aksoy (*1939) acht Steinskulpturen aus weißem Marmor. Bei einem großen Steinblock werden Menschen sichtbar, aus einem anderen Block ist eine menschliche Figur herausgetreten, weitere Skulpturen stellen menschliche Körperteile dar. Die Skulpturengruppe symbolisiert die Umstände von Migration, das Weggehen und das Ankommen als Einzelner in der Fremde.

Oberbaumstraße, 10997 Berlin ⑱

MOLECULE MAN

Skulptur, 1997, Jonathan Borofsky

Wo die Stadtbezirke Friedrichshain, Treptow und Kreuzberg zusammenstoßen, steht in der Spree weit sichtbar der 30 Meter hohe »Molecule Man« des Künstlers Jonathan Borofsky (*1942). Drei menschliche

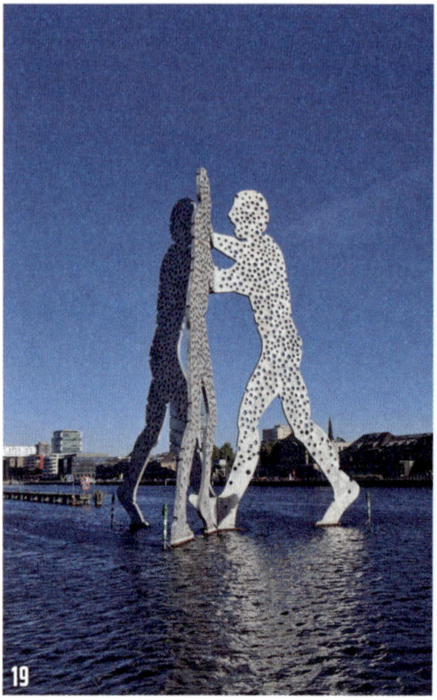

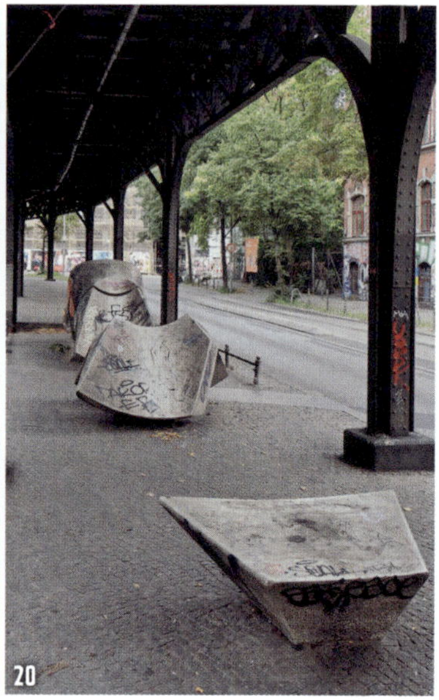

Silhouetten aus Aluminiumplatten sind unregelmäßig durchlöchert. Sie stoßen in der Mitte zusammen und gehen mit den Armen ineinander über. Die Skulptur ist ein Symbol für Vereinigung und Einheit.

Spreeuferweg Treptow, Fanny-Zobel-Straße, 12435 Berlin 19

PUPPENRUHE

Skulpturen, 1987, Louis Niebuhr

Unter der Hochbahntrasse der U-Bahn liegen drei große behauene Elemente aus hellem Marmor. Die Skulptur »Puppenruhe« wurde im Rahmen des Kunstprojekts Menschenlandschaft Berlin »Kreuzberg als Kristallisationspunkt für Einwanderung« aufgestellt. Als Puppenruhe wird das Puppenstadium in der Entwicklung eines Schmetterlings bezeichnet. Der Bildhauer Louis Niebuhr (*1936) nimmt diese Reifungsphase als Metapher für die Metamorphose in ein neues Leben nach einer Migration.

Oberbaumstraße, 10997 Berlin 20

RAUMLINIE

Skulptur, 1987, Rudolf Valenta

Zum Kunstprojekt Menschenlandschaft Berlin »Kreuzberg als Kristallisationspunkt für Einwanderung« steuerte der tschechische Künstler Rudolf Valenta (1929–2015) eine Stahlskulptur bei. Auf einer Grünfläche steht ein mehrfach abgeknicktes Rohr, das sich wie ein Labyrinth im Raum verbiegt und verdichtet. In Bezug zum Thema Einwanderung des Kunstprojekts könnte die Raumlinie die verschlungenen Wege mit den vielen Aufs und Abs der Integration oder beim Erleben der Berliner Verwaltung symbolisieren.

May-Ayim-Ufer, 10997 Berlin (21)

STEHENDE FIGUR VOR RELIEFKÖRPERN

Skulpturen, 1987, Andreas Frömberg

Es handelt sich um eine dreiteilige Bronzeskulptur. Auf einer Grünfläche steht ein Mann vor zwei geometrischen Körpern mit schrägen Flächen. Auf diesen Flächen sind Reliefs eingearbeitet, die Körper von Frauen und Männern in verschiedenen Kontexten und Zusammenhängen zeigen, als ob der stehende Mann Bilder der Erinnerung vor sich hätte. Es ist ein Beitrag zum Kunstprojekt Menschenlandschaft Berlin »Kreuzberg als Kristallisationspunkt für Einwanderung« von Andreas Frömberg (1954–2018).

May-Ayim-Ufer, 10997 Berlin (22)

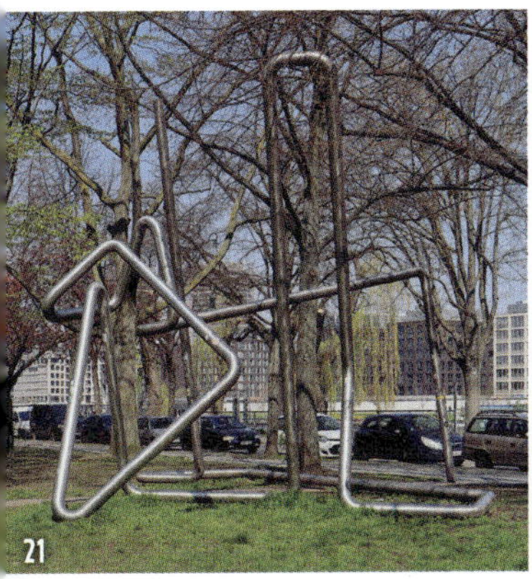

21

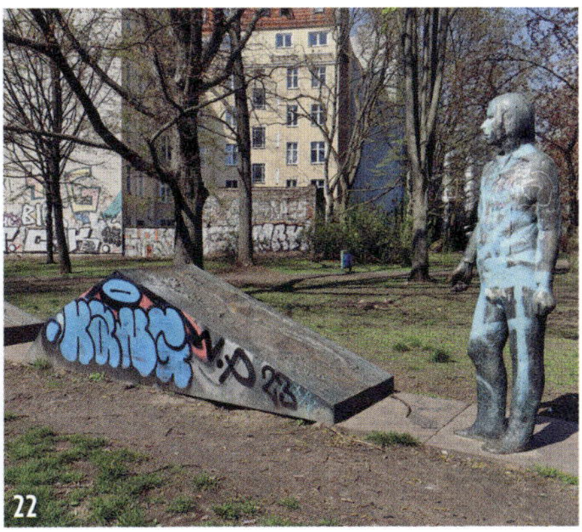

22

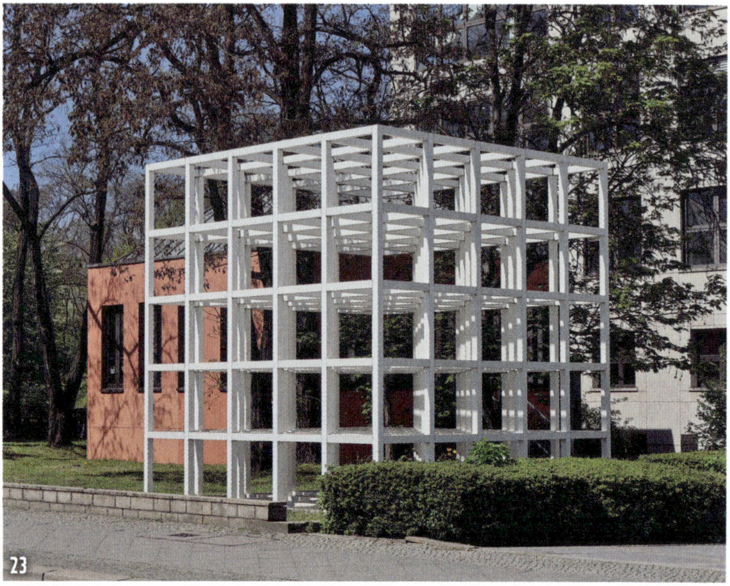

STRUCTURE

Skulptur, 1994, Sol LeWitt

Vor dem Neubau des Amtsgerichts Kreuzberg am Halleschen Ufer steht beim ehemaligen Haupteingang auf einer Grünanlage die weiße Gitterkonstruktion »Structure« des amerikanischen Künstlers Sol LeWitt (1928–2007). Als Dialog mit der vom Quadrat bestimmten Gestaltung der Fassade des Gerichtsgebäudes von Oswald Mathias Ungers (1926–2007) stellte der Künstler Sol LeWitt eine Gitter-struktur in Form eines Würfels mit fünf Metern Kantenlänge auf, der wiederum aus 125 Würfeln besteht, die nicht als volle Form, sondern nur mit ihren Kanten dargestellt sind. Beim Betrachten der durchsichtigen »Structure« aus verschiedenen Blickrichtungen ergeben sich ständig verändernde Ein- und Ansichten, Licht- und Schattenverläufe.

Hallesches Ufer 62, 10963 Berlin 23

Museen, Kunstgalerien und Sammlungen

BERLINISCHE GALERIE – LANDESMUSEUM FÜR MODERNE KUNST, FOTOGRAFIE UND ARCHITEKTUR

Die Berlinische Galerie sammelt, bewahrt, zeigt und erforscht moderne und zeitgenössische Kunst aus Berlin und wurde 1975 als Verein von kunstinteressierten Bürgerinnen und Bürgern gegründet. Seit 1994 ist sie ein Museum des Landes Berlin. Es werden Bestände aus der Sammlung und Sonderausstellungen zu zeitgenössischer Kunst und Fotografie gezeigt.

Alte Jakobstraße 124–128, 10969 Berlin, www.berlinischegalerie.de (24)

BUCHMANN GALERIE

Neben dem Galerieraum der Buchmann Galerie in der Charlottenstraße gibt es einen zweiten Ausstellungsraum in derselben Straße, die Buchmann Box. Die Galerie präsentiert internationale zeitgenössische Kunst von aufstrebenden und etablierten Künstlern. Vorrangig sind die Medien Skulptur und Malerei vertreten.

Charlottenstraße 13, 10969 Berlin, www.buchmanngalerie.com (25)

CARLIER GEBAUER

Die von Marie-Blanche Carlier und Ulrich Gebauer geleitete Galerie zeigt internationale zeitgenössische Kunst in den Lofträumen einer

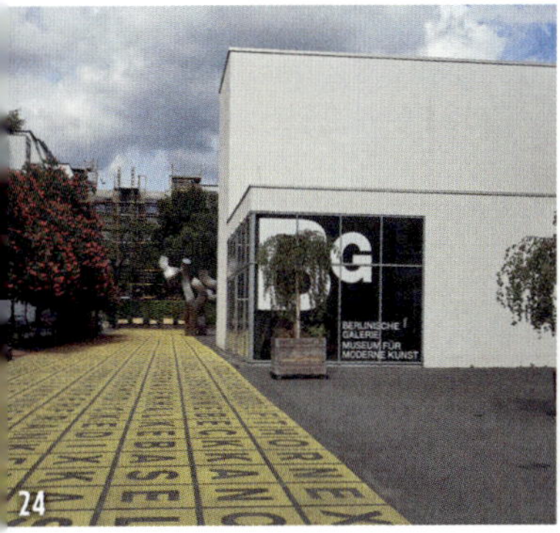

24

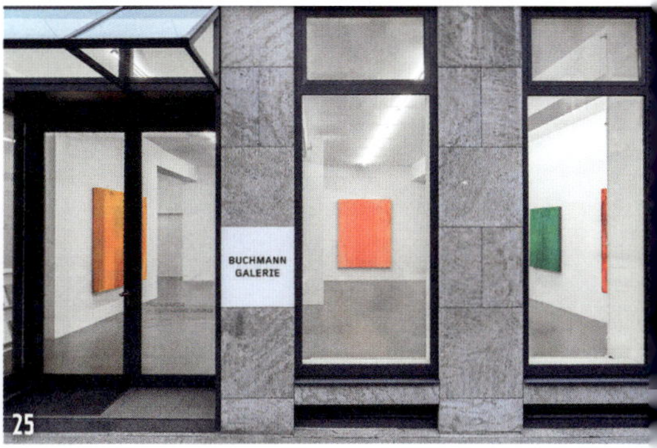

25

ehemaligen Industriehalle. Das Programm reflektiert die immerwährende künstlerische Suche nach neuen ästhetischen und konzeptionellen Lösungen in den Bereichen Skulptur, Installation, Film, Fotografie, Malerei und Zeichnung. Die Galerie bietet Künstlern Raum zum Experimentieren und ermöglicht die Präsentation unterschiedlicher Positionen.

Markgrafenstraße 67, 10969 Berlin, www.carliergebauer.com 26

DAADGALERIE

In der daadgalerie in Kreuzberg zeigt das Berliner Künstlerprogramm Einzelausstellungen, Klanginstallationen, räumliche Interventionen oder Gruppenausstellungen. Aktuelle und ehemalige Fellows sowie eingeladene Künstlerinnen und Künstler zeigen zeitgenössische Produktionen aus Film, Literatur sowie Musik und Klang.

Oranienstraße 161, 10969 Berlin, www.berliner-kuenstlerprogramm.de 27

FOTOGRAFIESAMMLUNG ARTHUR DE GANAY

Die Fotokunst-Sammlung von Arthur de Ganay findet man in einer ehemaligen Marmeladenfabrik am Spree-Ufer in Kreuzberg. Arthur de Ganay sammelt Fotografie seit seinem Architekturstudium in Paris und legt Schwerpunkte auf deutsche Fotokünstlerinnen und -künstler sowie auf Großformate der Landschafts- und Architekturfotografie. Die Sammlung ist nur auf Anfrage und Vereinbarung zu besichtigen.

Köpenicker Straße 10A 10997 Berlin, www.collectionarthurdeganay.com 28

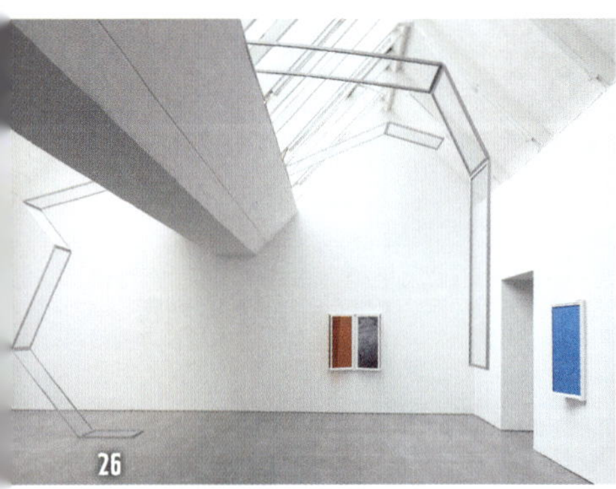

26

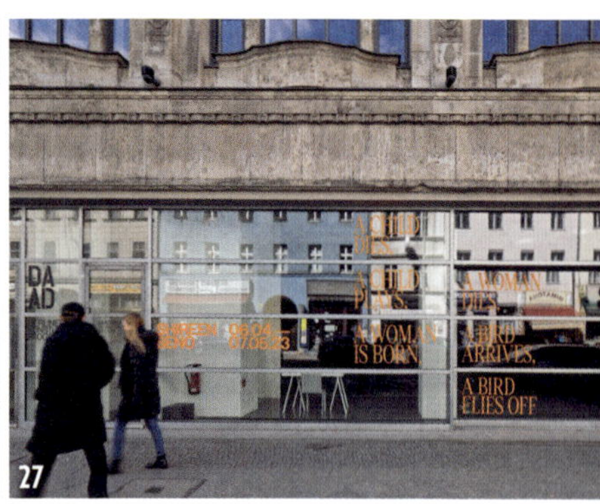

27

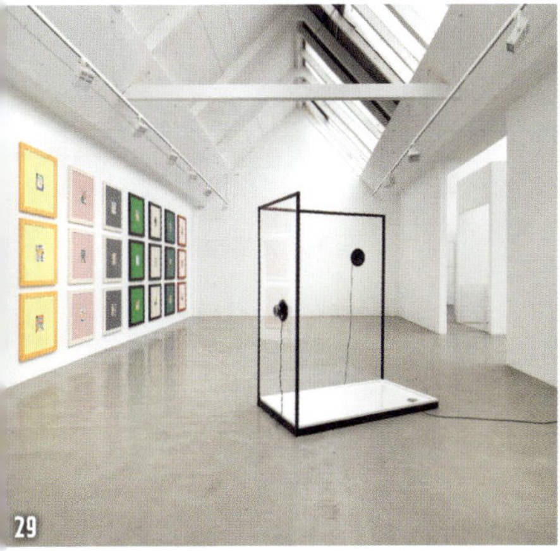
29

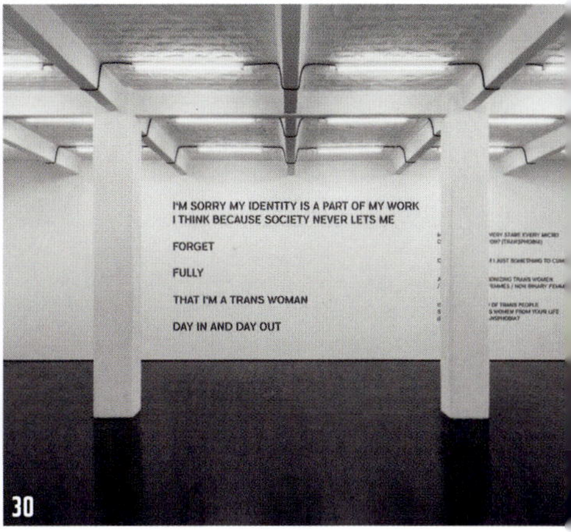

30

GALERIE BARBARA THUMM

Die Galerie Barbara Thumm präsentiert in ehemals industriell genutzten Räumen an der Markgrafenstraße in Kreuzberg zeitgenössische Kunst von etablierten und aufstrebenden Künstlerinnen und Künstlern aus dem Inland sowie international wie aus Afrika und Südamerika.

Markgrafenstraße 68, 10969 Berlin, www.bthumm.de (29)

GALERIE BARBARA WEISS

Die Galeristin Barbara Weiss gründete 1992 ihre Galerie in der Potsdamer Straße, an ihren heutigen Standort in Kreuzberg zog die Galerie 2011. Seit 2016 leiten Bärbel Trautwein und Daniel Herleth die Galerie. Im Programm sind zeitgenössische Positionen von etablierten, aber auch von aufstrebenden Künstlerinnen und Künstlern.

Kohlfurter Straße 41–43, 10999 Berlin (30)

GALERIE KREMERS

Die Galerie von Marie Christine Kremers befindet sich im Gotischen Saal der ehemaligen Schultheiss-Brauerei auf dem Kreuzberg und präsentiert nationale und internationale sowie junge als auch etablierte zeitgenössische Künstlerinnen und Künstler. Um kunsthistorische und philosophisch-kulturhistorische Kontexte auszuleuchten, arbeitet die Galerie auch mit Musikern und Schriftstellern zusammen.

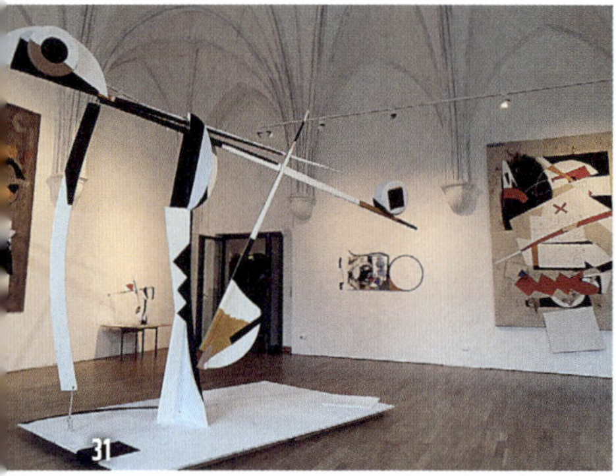

31

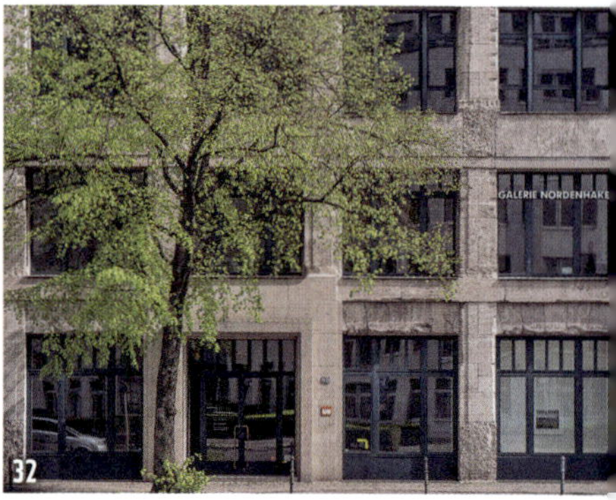

32

Neben der Ausstellungstätigkeit veranstaltet die Galerie Konzerte, Vorträge und Lesungen.

Schultheiss Brauerei, Schmiedehof 17, 10965 Berlin, www.galerie-kremers.de 31

GALERIE NORDENHAKE

Nach bereits mehrjähriger Galerietätigkeit in Berlin initiierte der schwedische Galerist Claes Nordenhake 2007 das Galerienhaus in der Lindenstraße. Neben der Galerie in Stockholm, die 1976 gegründet wurde, besteht seit 2018 eine dritte Galerie in Mexico City. Die Galerie Nordenhake zeigt internationale zeitgenössische Kunst in verschiedensten Medien.

Lindenstraße 34, 10969 Berlin, www.nordenhake.com 32

GALERIE RUSSI KLENNER

Russi Klenner gründete seine Galerie in Kreuzberg in einer Seitenstraße der Oranienstraße. Die Galerie zeigt Positionen zeitgenössischer Malerei junger aufstrebender Künstlerinnen und Künstler, häufig mit zeichnerischen oder figürlichen Elementen. Die Galerie editiert Künstlerbücher.

Luckauer Straße 16, 10969 Berlin, www.russiklenner.de 33

GALERIE SIEVI

Die Galerie Sievi befindet sich in einer großbürgerlichen historischen Altbaubauwohnung in der Gneisenaustraße in Nähe zum Mehringdamm und zeigt Gegenwartskunst auf nationaler und internationaler Ebene. Es werden unterschiedliche Medien gezeigt wie Grafik, Malerei, Zeichnung und Skulptur. Die Spannbreite reicht von der figürlichen Abstraktion bis zu Informel.

Gneisenaustraße 112, 10961 Berlin, www.galerie-sievi.de 34

GALERIE TAMMEN

In großzügigen Ausstellungsräumen zwischen Checkpoint Charlie und Mehringplatz bietet die Galerie Tammen ein umfangreiches Ausstellungsprogramm im Bereich zeitgenössischer Kunst mit Malerei, Skulptur und Fotografie. Sie stellt zahlreiche namhafte, aber auch aufstrebende junge Künstlerinnen und Künstler aus.

Hedemannstraße 14, 10969 Berlin, www.galerie-tammen.de 35

GROPIUS BAU

Der Gropius Bau ist ein Gebäude im Stil der Neorenaissance, das 1881 als Kunstgewerbemuseum und Kunstgewerbeschule eröffnet wurde. Im Zweiten Weltkrieg schwer beschädigt, begann 1978 der Wiederaufbau. Wegen der Lage direkt an der Berliner Mauer konnte während der Teilung Berlins nur ein Seiteneingang benutzt werden. Der Gropius Bau präsentiert bedeutende Ausstellungen zeitgenössischer und moderner Kunst sowie Performances, Workshops, Diskursveranstaltungen und Filmreihen.

Niederkirchnerstraße 7, 10963 Berlin, www.berlinerfestspiele.de 36

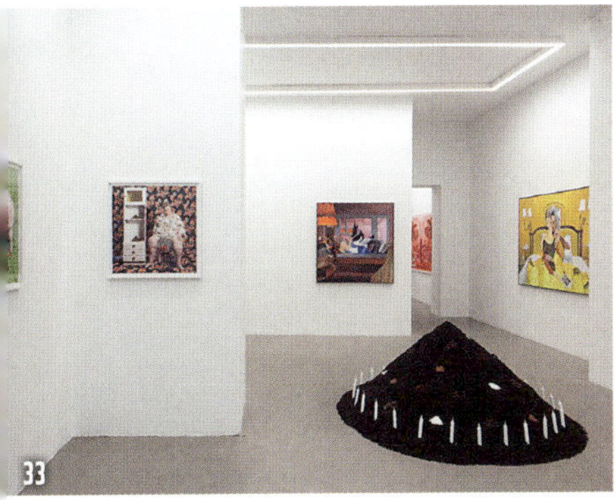

33

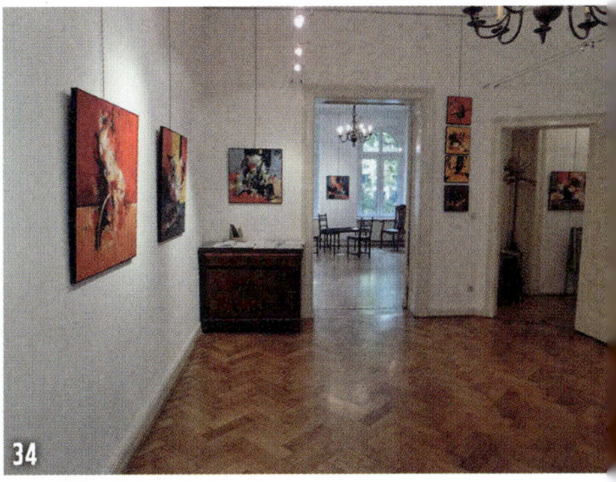

34

JÜDISCHES MUSEUM BERLIN

Neben seiner Dauerausstellung und dem Veranstaltungsprogramm präsentiert das Jüdische Museum Berlin Wechselausstellungen mit Kunst jüdischer Künstlerinnen und Künstler und zu Themen, die sich mit dem jüdischen künstlerischen Schaffen in Vergangenheit und Gegenwart beschäftigen. Das Jüdische Museum Berlin besteht aus dem historischen Eingangsgebäude aus der Barockzeit und dem mit Stahlblech verkleideten Museumsneubau des Architekten Daniel Libeskind.

Lindenstraße 9–14, 10969 Berlin, www.jmberlin.de 37

KANG CONTEMPORARY

Elizabeth Kang, die Inhaberin der Galerie, fördert und unterstützt eine vielfältige Gruppe an aufstrebenden und etablierten internationalen Künstlerinnen und Künstlern. Das Programm legt seinen Schwerpunkt auf zeitgenössische Kunst mit einem breitgefächerten Spektrum an Medien wie Skulptur, Installationen sowie Malerei.

Lindenstraße 90, 10969 Berlin, www.kang-contemporary.com 38

KLEMM'S

KLEMM'S zeigt ein international ausgerichtetes Programm mit Künstlern, deren konzeptioneller Ansatz sich in allen Medien wiederfindet. Verbindendes Element ist der Versuch, mit den Sprachen der Kunst

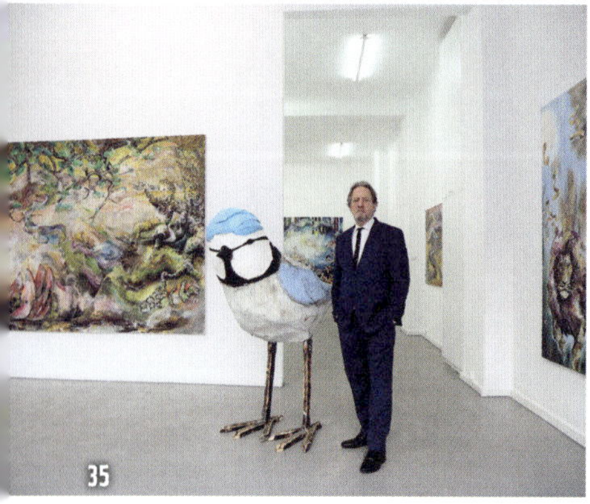

35

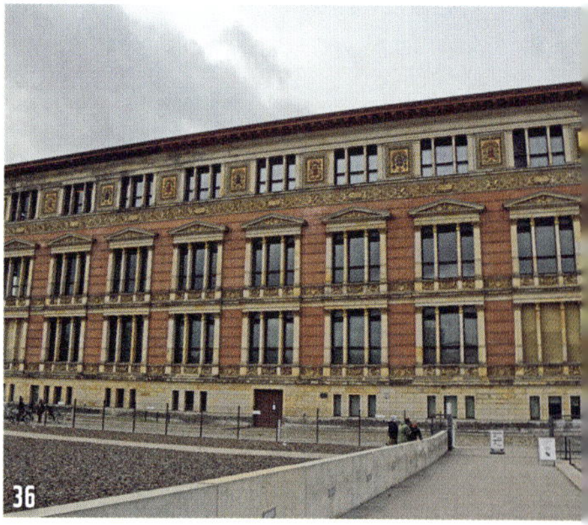

36

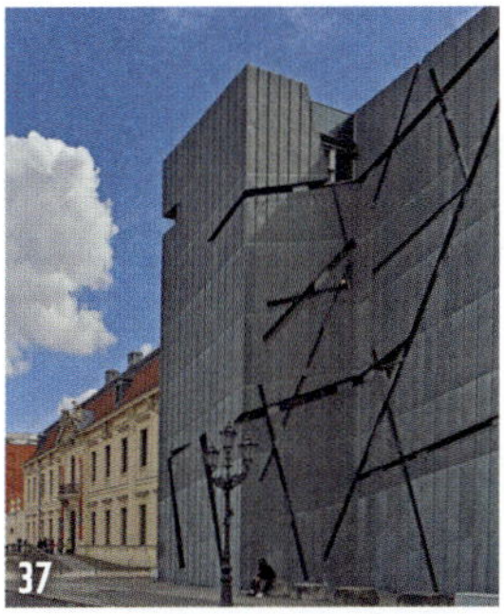

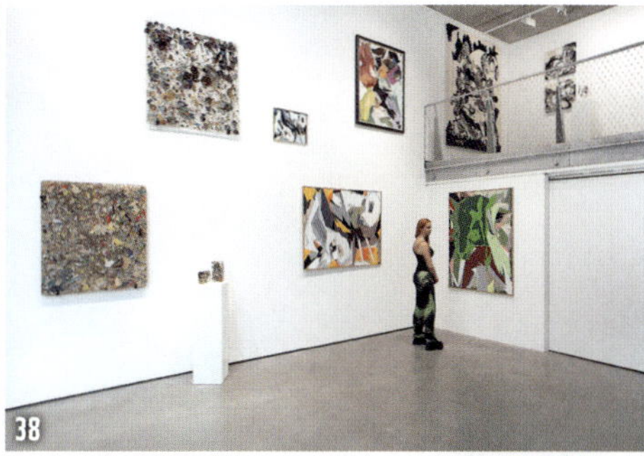

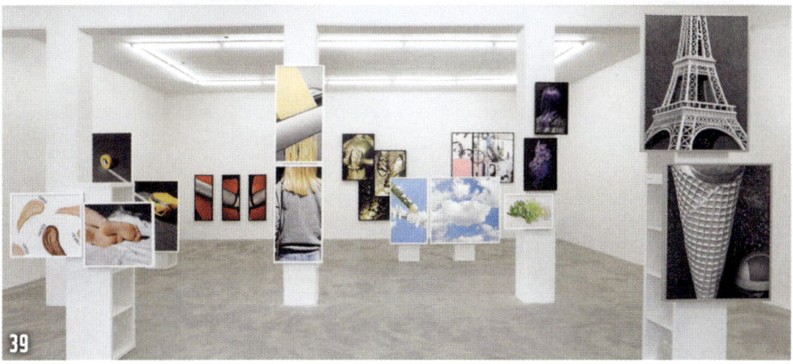

die erfahrene Realität zu transformieren und kritisch gegen den Strich zu bürsten.

Prinzessinnenstraße 29, 10969 Berlin, www.klemms-berlin.com 39

KÖNIG GALERIE

Die KÖNIG GALERIE repräsentiert die Arbeit von internationalen aufstrebenden und etablierten Künstlerinnen und Künstlern, viele von ihnen zählen zu einer jüngeren Generation. Der Fokus des Programms liegt auf interdisziplinären, konzeptorientierten und raumbezogenen Ansätzen in verschiedenen Medien, darunter Skulptur, Video, Sound, Malerei, Druckgrafik, Fotografie und Performance. 2015 zog die Galerie in das ehemalige Gemeindezentrum mit Kirche St. Agnes in Kreuzberg. Das Kirchenschiff wurde von dem Architekten Arno Brandlhuber behutsam zum Galerieraum umgebaut, ein weiterer Ausstellungraum befindet sich in der ehemaligen Kapelle.

St. Agnes, Alexandrinenstraße 118–121, 10969 Berlin, www.koeniggalerie.com 40

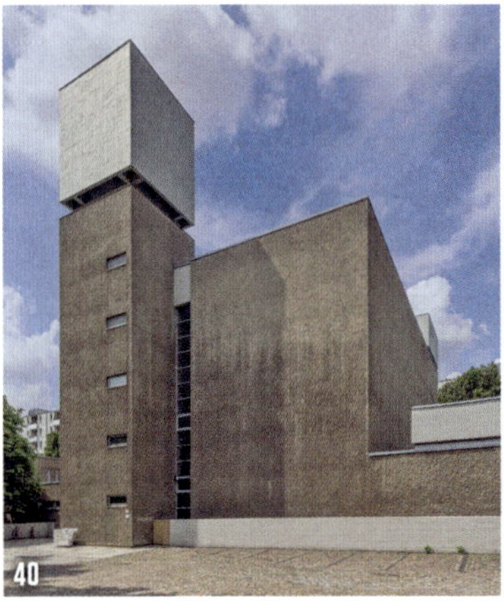

40

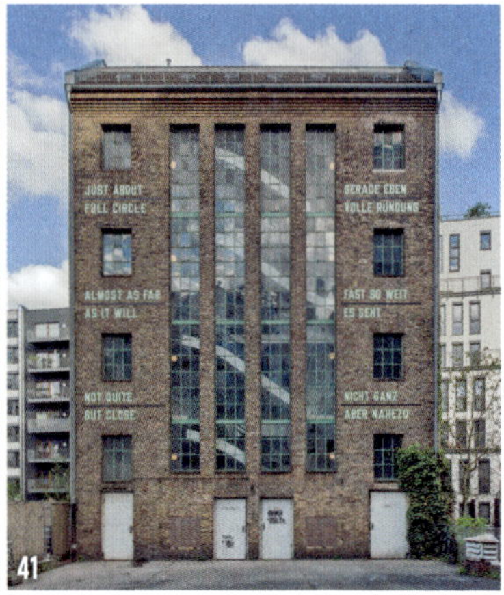

41

KONRAD FISCHER GALERIE

In einem historischen Umspannwerk eröffnete 2019 die Konrad Fischer Galerie ihr neues Berliner Domizil. Gegründet 1967 in Düsseldorf von Dorothee und Konrad Fischer mit Künstlern der Minimal Art und Konzeptkunst wurde die Galerie zu einer der bedeutenden internationalen Galerien aus Deutschland. Neben dem Programm aus der Galeriegeschichte werden junge und etablierte Künstlerinnen und Künstler präsentiert, die in unterschiedlichen Medien arbeiten.

Neue Grünstraße 12, 10179 Berlin, www.konradfischergalerie.de 41

KOW

KOW vertritt internationale Künstlerinnen und Künstler unterschiedlicher Generationen, kultureller Hintergründe und medialer Herangehensweisen, die die Auseinandersetzung mit gesellschaftlichen Realitäten teilen und mit ästhetischem Bewusstsein auf politische Herausforderungen reagieren. Seit 2009 wird KOW von Alexander Koch und Nikolaus Oberhuber geleitet.

Lindenstraße 35, 10969 Berlin, www.kow-berlin.com 42

KRAUPA-TUSKANY ZEIDLER

In einem ehemaligen Fabrikgebäude präsentieren Amadeo Kraupa-Tuskany und Nadine Zeidler aktuelle zeitgenössische Kunst von jungen internationalen Künstlerinnen und Künstlern. Die Galerie wurde 2011 in Berlin gegründet. Sie fördert junge Künstler mit Einzelausstellungen und der Teilnahme an Messen.

Kohlfurter Straße 41–43, 10999 Berlin, www.k-t-z.com 43

KÜNSTLERHAUS BETHANIEN

Das Künstlerhaus Bethanien ist ein internationales Kulturzentrum mit dem Ziel, zeitgenössische bildende Kunst zu fördern. In der angrenzenden früheren »Lichtfabrik« beherbergt das Künstlerhaus Bethanien Werkstätten, Büros und Atelier. Es werden Ausstellungen zeitgenössischer Kunst gezeigt.

Kottbusser Straße 10, 10999 Berlin, www.bethanien.de 44

KUNSTRAUM KREUZBERG

Der kommunale Kunstraum Kreuzberg zeigt Gruppen- und Themenausstellungen zu sozialen und kulturellen Gegenwartsprozessen in Auseinandersetzung mit den zeitgenössischen Künsten. Ausgestellt werden zeitgenössische Positionen in verschiedenen Medien. Auf Kontextualisierung der Projekte und die Berücksichtigung von Diversität, Internationalität und lokalen Bezügen wird Wert gelegt. Der Kunstraum Kreuzberg befindet sich im ehemaligem Diakonissen-Krankenhaus am Mariannenplatz.

Mariannenplatz 2, 10997 Berlin, www.kunstraumkreuzberg.de 45

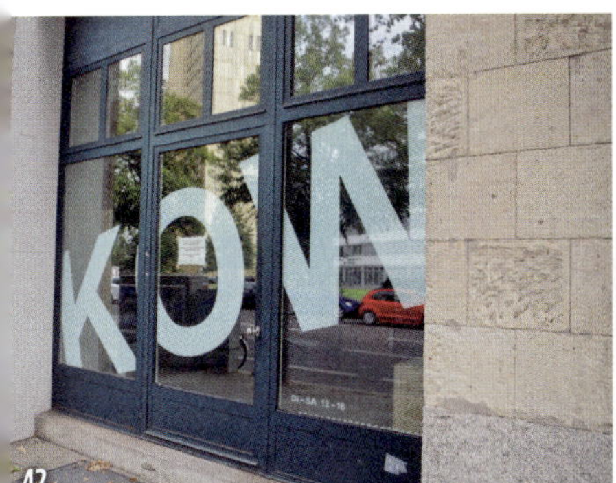

42

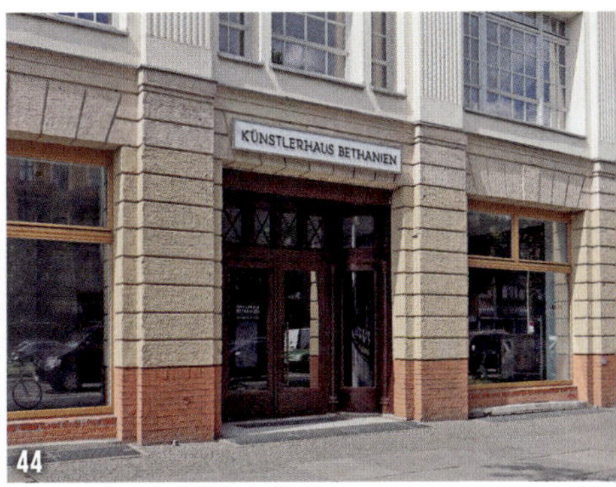

44

MAX GOELITZ

Die Galerie max goelitz zeigt ein internationales und zeitgenössisches Programm. Sie vertritt etablierte und aufstrebende künstlerische Positionen in der Konzept- und Postminimalkunst und konzentriert sich dabei unter anderem auf die Schnittstelle von Kunst und Technologie. Gezeigt werden auch künstlerische Statement-Präsentationen.

Rudi-Dutschke-Straße 26, 10969 Berlin, www.maxgoelitz.com 46

SAARLÄNDISCHE GALERIE

Die Saarländische Galerie des Europäisches Kunstforum e. V. fördert den kulturellen Austausch. Es wird zeitgenössische Kunst von Künstlerinnen und Künstlern aus Tschechien, Frankreich, Luxemburg und Belgien sowie aus dem Saarland und Berlin gezeigt. Die Saarländische Galerie ist ein ehrenamtlich geführter Verein, in dem sich Saarländer

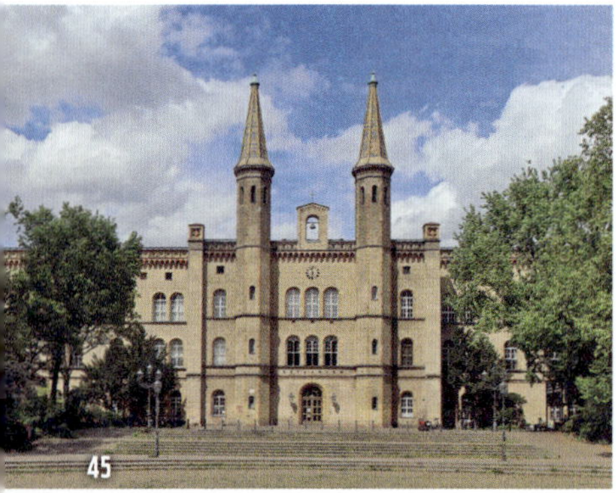

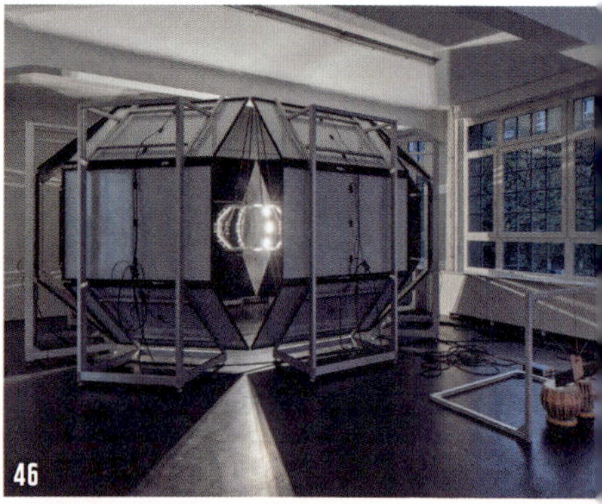

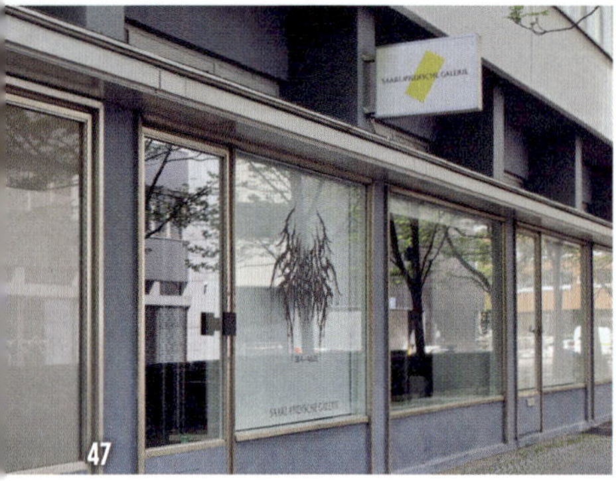

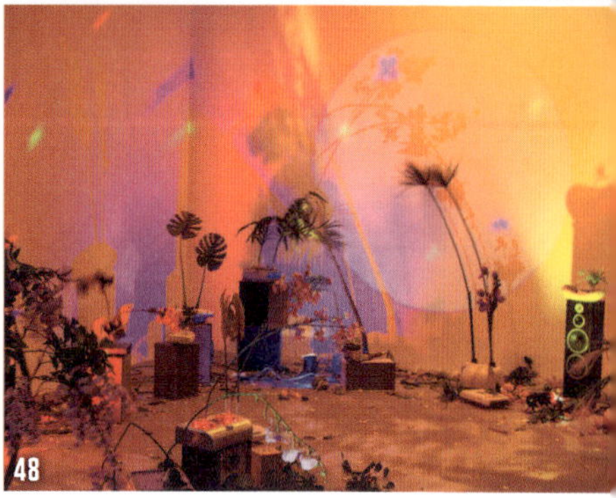

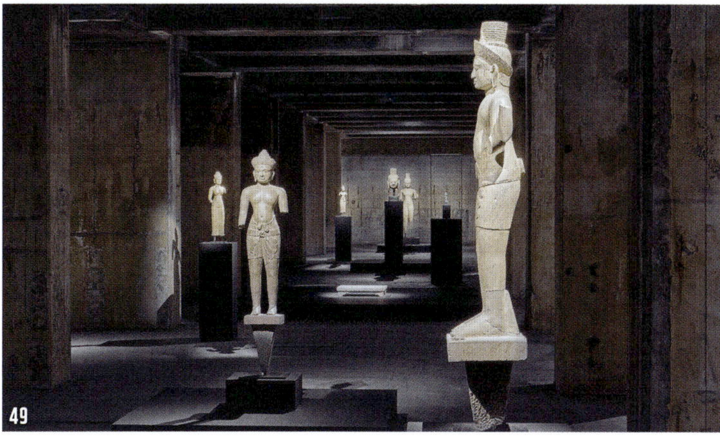

und Freunde des Saarlandes zusammengeschlossen haben, um Kunst und Kultur in Berlin zu präsentieren und zu fördern.

Charlottenstraße 3, 10969 Berlin, www.saarlaendische-galerie.eu 47

SOY CAPITÁN

Die Galerie Soy Capitán vertritt internationale Künstlerinnen und Künstler. Es wird ein breites Spektrum gezeigt an zeitgenössischer Malerei, Fotografie, Skulptur, Video und Sound. Soy Capitán präsentiert neue Entwicklungen in der zeitgenössischen Kunst mit starken interdisziplinären, konzeptbasierten und analytischen Ansätzen.

Prinzessinnenstraße 29, 10969 Berlin, www.soycapitan.de 48

THE FEUERLE COLLECTION

In einem ehemaligen Bunker am Halleschen Ufer befindet sich die Feuerle Collection des Sammlers Désiré Feuerle. Die Feuerle Collection ist eine Non-Profit-Institution, in welcher internationale zeitgenössische Künstlerpositionen in behutsam renovierten Bunkerräumen den Objekten der Sammlung Désiré Feuerle mit kaiserlich-chinesischen Möbeln und alter Kunst aus Südostasien gegenübergestellt werden. Ein Besuch der Feuerle Collection ist über Buchung und Vereinbarung möglich.

Hallesches Ufer 70, 10963, Berlin, www.thefeuerlecollection.org 49

VOM KREUZBERG BIS ZUR OBERBAUMBRÜCKE

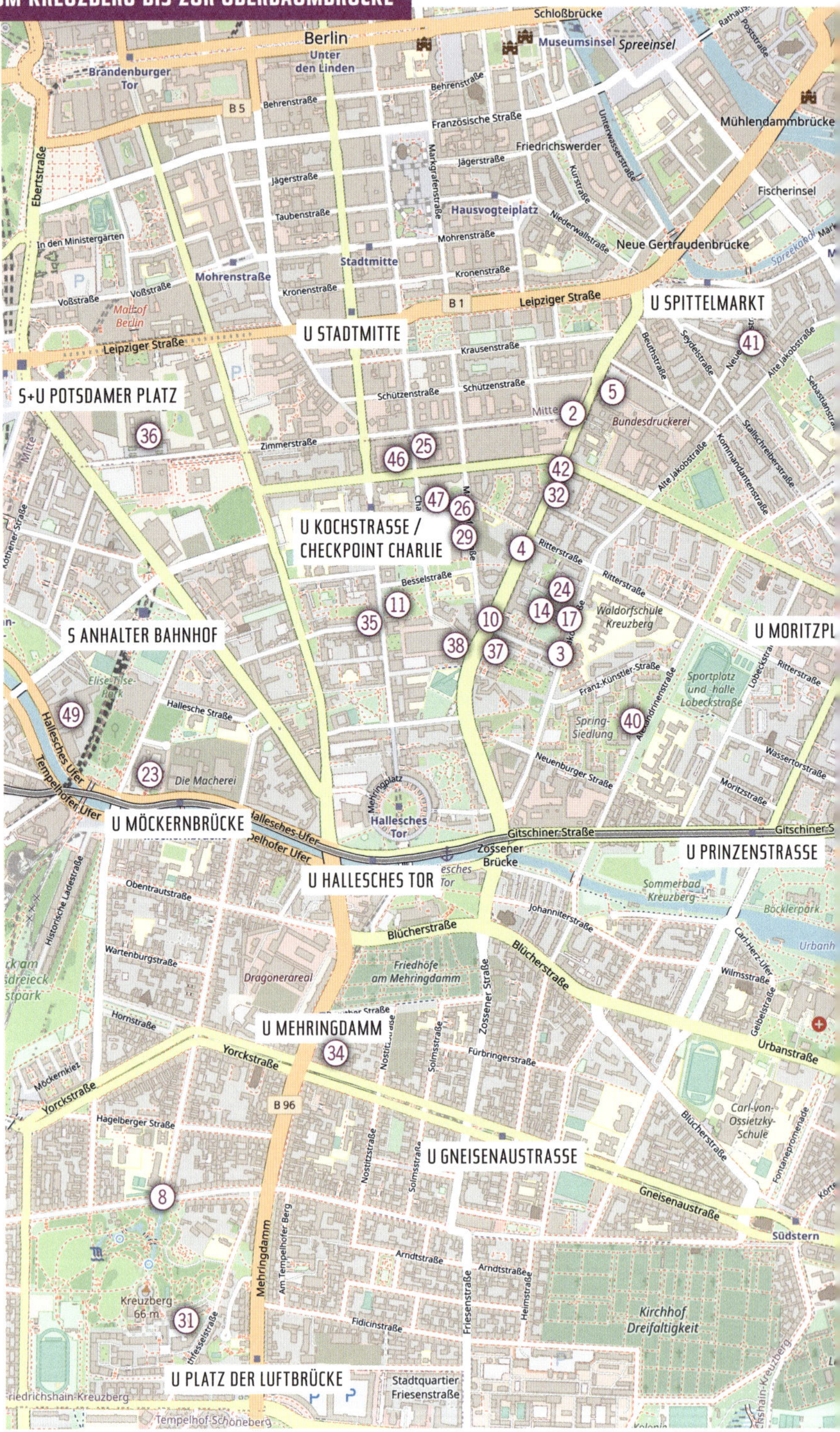

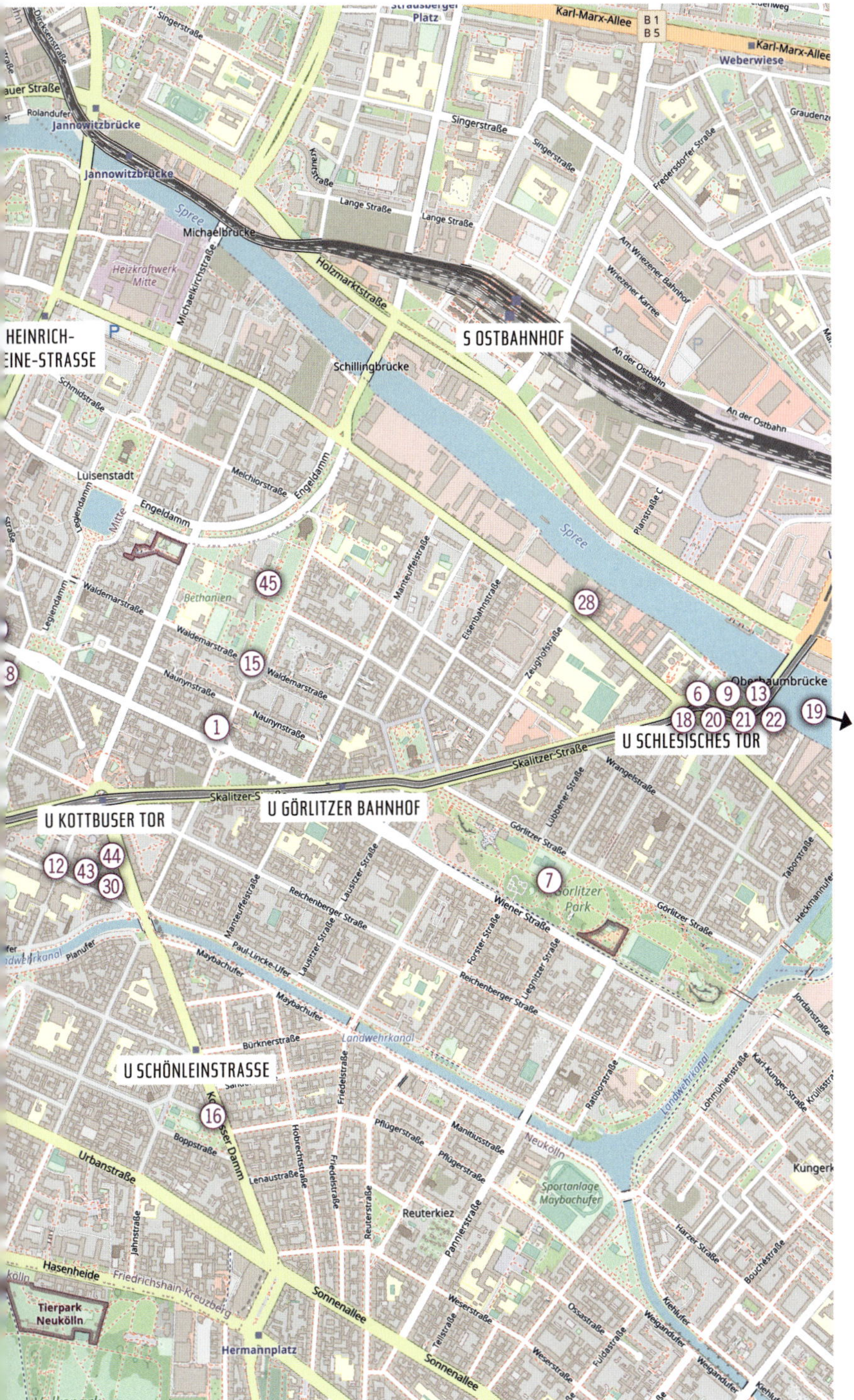
Karl-Marx-Allee
B 1
B 5
Karl-Marx-Allee
Weberwiese
Singerstraße
Jannowitzbrücke
Jannowitzbrücke
Rolandufer
Singerstraße
Singerstraße
Fredersdorfer Straße
Krautstraße
Lange Straße
Lange Straße
Spree
Michaelbrücke
Heizkraftwerk Mitte
Michaelkirchstraße
Holzmarktstraße
Am Wriezener Bahnhof
Wriezener Karree
S OSTBAHNHOF
HEINRICH-
EINE-STRASSE
Schillingbrücke
An der Ostbahn
An der Ostbahn
Schmidstraße
Luisenstadt
Melchiorstraße
Engeldamm
Engeldamm
Legiendamm
Mitte
Planstraße C
Spree
Manteuffelstraße
Bethanien
45
Waldemarstraße
Eisenbahnstraße
28
Zeughofstraße
Legiendamm
Waldemarstraße
15
Waldemarstraße
Naunynstraße
Naunynstraße
1
Oberbaumbrücke
6
9
13
18
20
21
22
19
U SCHLESISCHES TOR
Skalitzer Straße
Wrangelstraße
Skalitzer Straße
U KOTTBUSER TOR
U GÖRLITZER BAHNHOF
Lübbener Straße
Görlitzer Straße
12
43
44
30
7
Görlitzer Park
Görlitzer Straße
Taborstraße
Reichenberger Straße
Lausitzer Straße
Manteuffelstraße
Wiener Straße
Landwehrkanal
Planufer
Paul-Lincke-Ufer
Maybachufer
Forster Straße
Liegnitzer Straße
Reichenberger Straße
Maybachufer
Jordanstraße
Bürknerstraße
Landwehrkanal
U SCHÖNLEINSTRASSE
Friedelstraße
Ratiborstraße
Landwehrkanal
Lohmühlenstraße
Karl-Kunger-Straße
16
Pflügerstraße
Manitiusstraße
Pflügerstraße
Neukölln
Boppstraße
Kottbusser Damm
Hobrechtstraße
Friedelstraße
Lenaustraße
Urbanstraße
Sportanlage Maybachufer
Kungerkiez
Reuterkiez
Reuterstraße
Pannierstraße
Harzer Straße
Jahnstraße
Bouchéstraße
Hasenheide
Friedrichshain-Kreuzberg
Sonnenallee
Tierpark Neukölln
Weserstraße
Kiehlufer
Weigandufer
Ossastraße
Fuldastraße
Hermannplatz
Sonnenallee
Weserstraße
Weigandufer
Kiehlufer
Volkspark

Zwischen Spree und Prenzlauer Berg

Mit dem Mauerfall wandelte sich Friedrichshain merklich. Der Boxhagener Platz wurde zum Aushängeschild eines neu strukturierten Kiezes. Das RAW-Gelände des früheren Reichbahnausbesserungswerks füllte sich mit Kneipen, Clubs, Initiativen, Sportmöglichkeiten, Flohmärkten und Streetfood-Events. Die Karl-Marx-Allee vom Alexanderplatz bis zum Frankfurter Tor und in der Verlängerung in die Frankfurter Allee hinein war das städtebauliche Vorzeigeprojekt Ost-Berlins, der Hauptstadt der DDR, gewesen.

Zwischen Strausberger Platz und Frankfurter Tor war zwischen 1952 und 1960 eine neunzig Meter breite Allee mit Mittelstreifen, mehrspuriger Fahrbahn, breiten Gehwegen und einer mehrgeschossigen Prachtbebauung nach sozialistischer Architekturauffassung in Anlehnung an Moskauer Straßenzüge errichtet worden. Läden und Gaststätten belebten den Boulevard. Zwischen Alexanderplatz und Strausberger Platz und weiter zum Frankfurter Tor zogen nach der Wende in Ladenflächen und in den DDR-Pavillon Kunst für das Heim mehrere Galerien mit internationaler Reichweite ein.

Um das Frankfurter Tor wurden Institutionen aus der DDR in kommunale Galerien umgewandelt wie der Projektraum Alte Feuerwache oder die Galerie im Turm, die zeitgenössische Kunst präsentieren. In der Nähe des Frankfurter Tors stellt die Inselgalerie Kunst von Frauen aus. Sie entstand nach der Wende aus einer Initiative von Künstlerinnen, die sich neu orientieren mussten. Die Karl-Marx-Allee könnte sich als Standort für Kunstgalerien etablieren. Potenzielle Räumlichkeiten sind vorhanden. Die ungewöhnlich weiten, hellen und hohen Räume mit großen Schaufenstern an breiten Gehwegen böten alles für einen attraktiven Galerienboulevard.

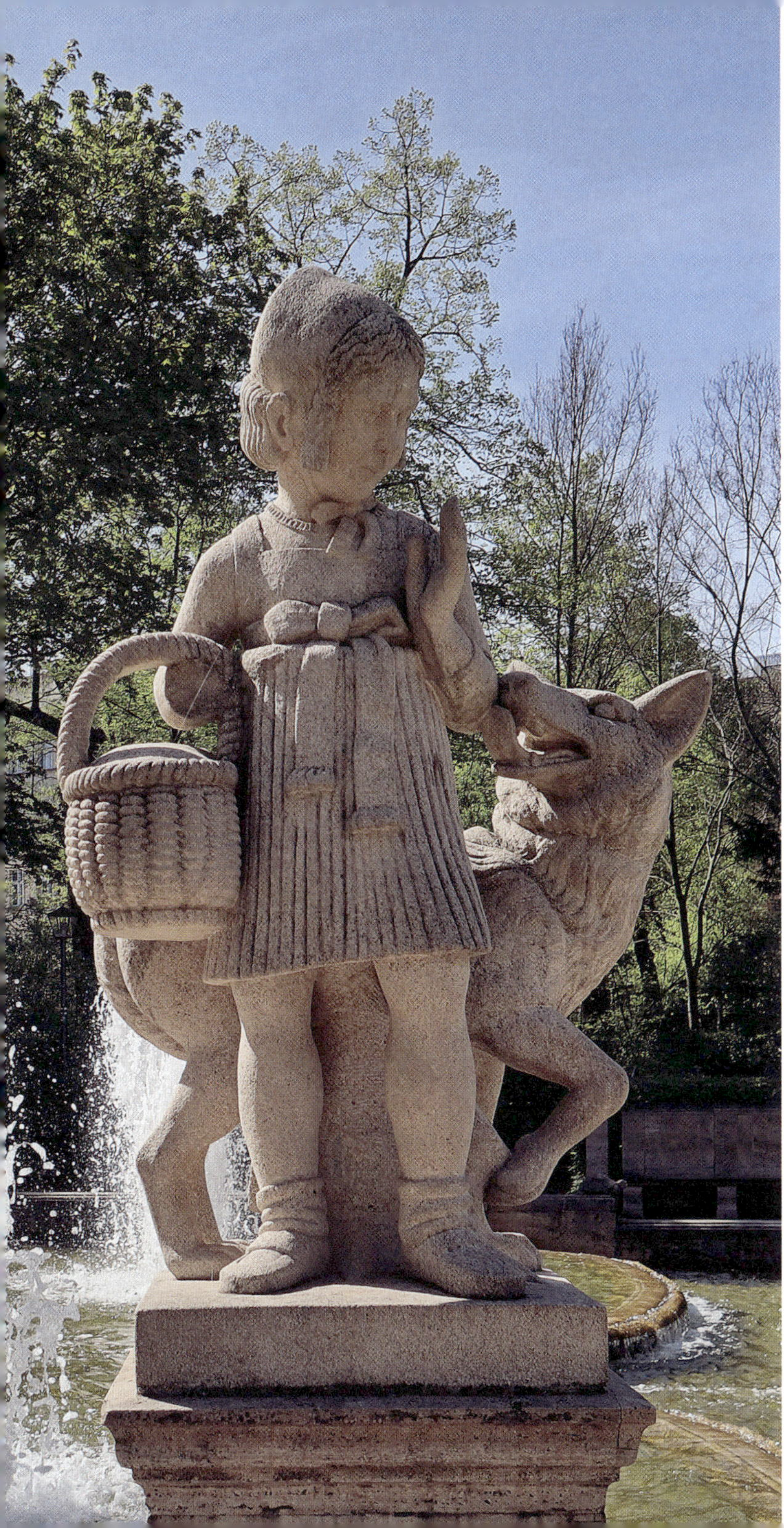

Kunst auf Straßen, Wegen, Plätzen und in Parks

EAST SIDE GALLERY

Wandkunst, 1990, verschiedene Künstlerinnen und Künstler

Entlang der Mühlenstraße ist ein 1,3 Kilometer langes Stück der Berliner Mauer stehen geblieben. 1990 bemalten in einer Kunstaktion 118 Künstlerinnen und Künstler aus 21 Ländern diesen Abschnitt, der so zur längsten Open-Air Galerie der Welt wurde. Besucher hinterließen Schmierereien und Witterungseinflüsse verursachten Schäden, 2008/09 wurde die East Side Gallery saniert. Alle Kunstwerke wurden entfernt, die Mauer ausgebessert und mit grauer Farbe übermalt. Die Künstlerinnen und Künstler wurden gebeten, erneut ihre Bilder zu malen. Einige malten sie mit Veränderungen, manche malten neue Bilder, andere verweigerten. Die neu gemalten Bilder wurden von Besuchern inzwischen abermals beschädigt und auch das Gesamtbild hat sich gewandelt, da Mauersegmente herausgenommen und in zweiter Reihe wieder aufgestellt wurden, um Durchgänge zu schaffen und auf dem Mauerverlauf Neubauten zu errichten.

Mühlenstraße 3–100, 10243 Berlin 1

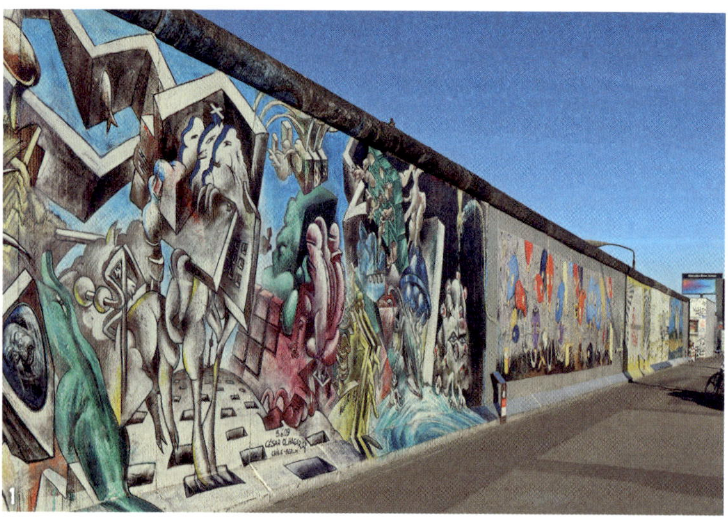

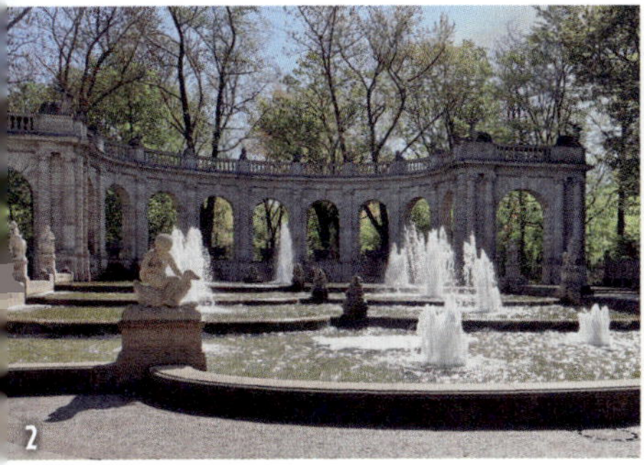
2

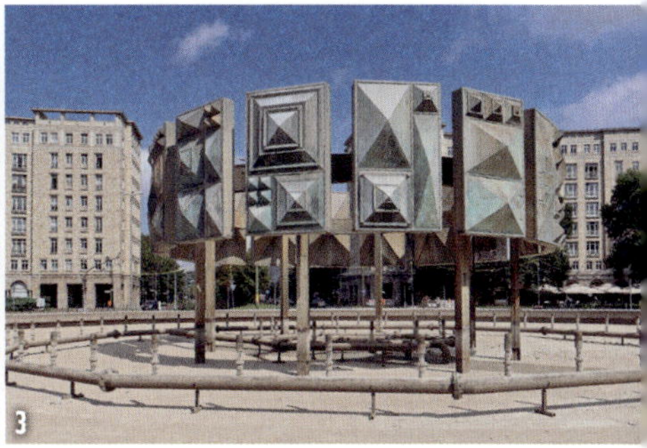
3

MÄRCHENBRUNNEN

Brunnen, 1913, Ludwig Hoffmann, Ignatius Taschner, Georg Wrba und Josef Rauch

Den Eingang zum Volkspark Friedrichshain wertet eine großräumige Brunnenanlage auf. Der nach Plänen des Stadtbaurats Ludwig Hoffmann (1852–1932) gestaltete und 1913 eröffnete Märchenbrunnen gilt als eine der herausragenden Anlagen aus der Zeit des ausgehenden Jugendstils in Berlin. Die Beckenmauern zieren Figuren, Tiere und Szenen aus deutschen Märchen von den Künstlern Ignatius Taschner (1871–1913), Georg Wrba (1872–1939) und Josef Rauch (1867–1921). Zahlreiche Fontänen füllen das Becken. Im Zweiten Weltkrieg stark beschädigt, wurde der Märchenbrunnen 1950/51 in vereinfachter Form wiederhergestellt. Seit Herbst 2007 ist er als kulturgeschichtlich einzigartiges Zeugnis einer kaiserzeitlichen Brunnenanlage in ähnlicher Anmutung wie das Original restauriert.

Am Friedrichshain, 10249 Berlin 2

SCHWEBENDER RING

Brunnen, 1967, Fritz Kühn

Auf der runden Insel des Kreisverkehrs auf dem Strausberger Platz befindet sich eine konzentrische Brunnenanlage mit einem Wasserbecken von 30 Meter Durchmesser. Ein Ring aus Wasserfontänen umfängt einen fünf Meter hohen künstlerisch gestalteten schwebenden Ring aus 16 Tafeln des Bildhauers Fritz Kühn (1910–1967). In der Mitte akzentuieren hohe Fontänen das Zentrum von Brunnen und

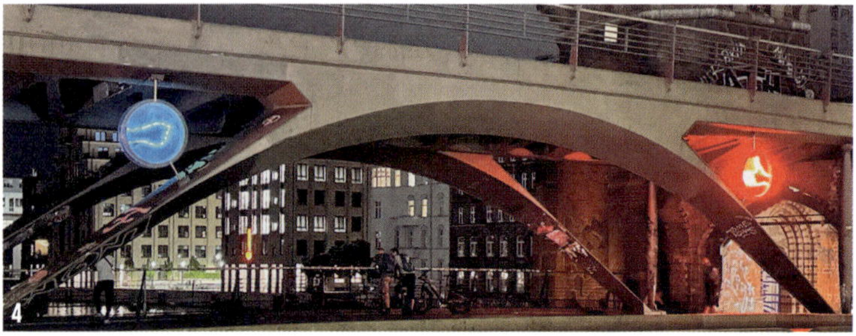

Platz. Die Tafeln des »Schwebenden Ringes« sind aus Kupferblech getrieben, an manchen Stellen sind Vergoldungen zu erkennen. Jede Tafel zeigt Anordnungen von kleinen Pyramiden unterschiedlicher Größe. Keine der Platten wiederholt sich. Viele Formen wurden seriell gereiht, andere stehen einzeln. Ursprünglich bildete der runde Brunnen das Zentrum einer quadratischen Außenanlage mit rechteckigen Blumenrabatten in der Mitte eines Kreisverkehrs.

Strausberger Platz, 10243 Berlin ③

STEIN-PAPIER-SCHERE

Installation, 1997, Thorsten Goldberg

Im Rahmen des Kunstprojekts Grenzübergänge brachte Thorsten Goldberg (*1960) an der Oberbaumbrücke, die während der Teilung Berlins ein innerstädtischer Grenzübergang für Fußgänger war, ein zufallsgeschaltetes Neonspiel an. Unter dem Mittelbogen hängen in den Sprengzwickeln zwei runde Leuchtkästen mit etwa einem Meter Durchmesser. Jeder der Leuchtkästen enthält drei dünne Neonröhren in den Farben Gelb, Rot, Blau, die in den Handhaltungen des Spiels Stein-Papier-Schere geformt sind. Ein Lichtsensor schaltet bei Beginn der Abenddämmerung die Röhren ein. Ein Zufallsgenerator lässt immer eine andere Handhaltung des Spiels aufleuchten. An dem ehemaligen Grenzübergang möchte Thorsten Goldberg mit der Lichtinstallation daran erinnern, dass Machtzustände auch ein Spiel der Mächte sind, dessen Ausgang oft der Zufall entscheidet – wie bei Stein-Papier-Schere.

Oberbaumbrücke, 10243 Berlin ④

Museen, Kunstgalerien und Sammlungen

AFF GALERIE

Die AFF Galerie wird von einem Verein betrieben und ist eine nichtkommerzielle Galerie für zeitgenössische Fotografie. Es finden Einzel- oder Gruppenausstellungen statt, die thematisch kuratiert sein können.

Kochhannstraße 14, 10249 Berlin, www.aff-galerie.de 5

CAPITAIN PETZEL

Die Kölner Galerie Gisela Capitain und die Petzel Gallery aus New York eröffneten zwischen Kino International und Strausberger Platz die Galerie Capitain Petzel, die Ausstellungen etablierter internationaler Künstlerinnen und Künstler präsentiert.

Karl-Marx-Allee 45, 10178 Berlin, www.capitainpetzel.de 6

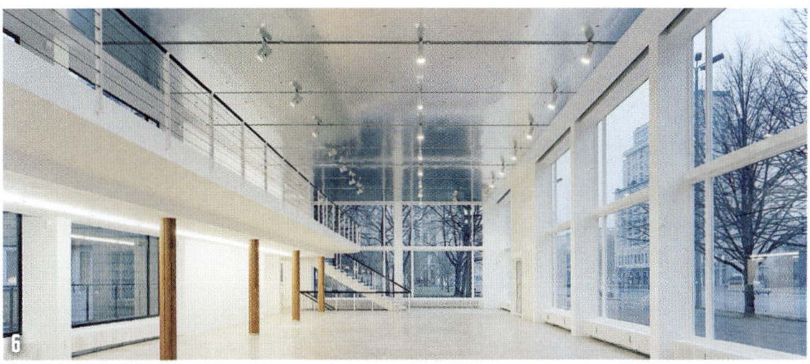

6

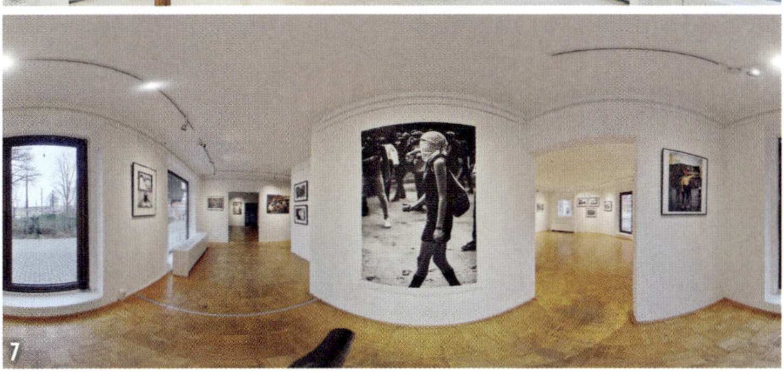

7

FOTOGALERIE FRIEDRICHSHAIN

Die Fotogalerie Friedrichshain wurde 1985 gegründet und ist eine kommunale Galerie. Sie war die erste Galerie in der DDR, die sich ausschließlich dem Medium Fotografie widmete. Seit 2002 wird sie vom Kulturring in Berlin e. V. betrieben. Einzelausstellungen etablierter Fotografen wechseln sich ab mit Ausstellungen von aufstrebenden Fotografinnen und Fotografen.

Helsingforser Platz 1, 10243 Berlin, www.fotogalerie.berlin 7

GALERIA PLAN B

Galeria Plan B wurde 2005 in Cluj, Rumänien, gegründet und eröffnete 2008 einen Ausstellungsraum in Berlin. Seitdem wird sie von Mihai Pop und Mihaela Lutea geleitet. Die Galeria Plan B in einem Turm am Strausberger Platz zeigt zeitgenössische Kunst unterschiedlicher Medien mit Schwerpunkt auf rumänischen Künstlerinnen und Künstler.

Strausberger Platz 1, 10243 Berlin, www.plan-b.ro 8

GALLERI HEIKE ARNDT

Die Galleri Heike Arndt DK wurde 1989 im dänischen Lolland von der aus Deutschland stammenden gleichnamigen Künstlerin und Galeristin gegründet. Im Samariterkiez in Friedrichshain wurden 2008 ein Berliner Standort eröffnet. Die non-for-profit Galerie zeigt zeitge-

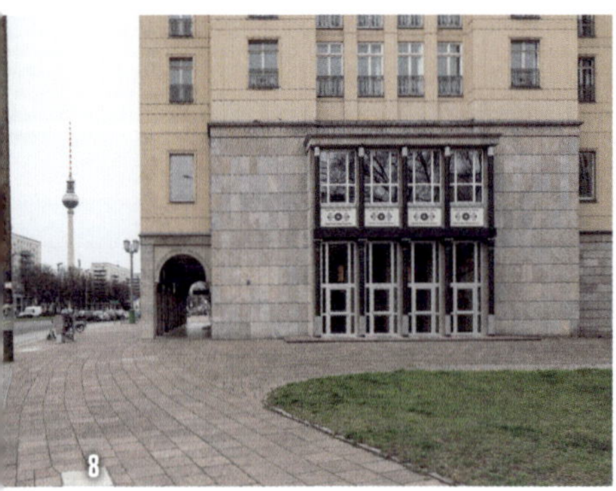
8

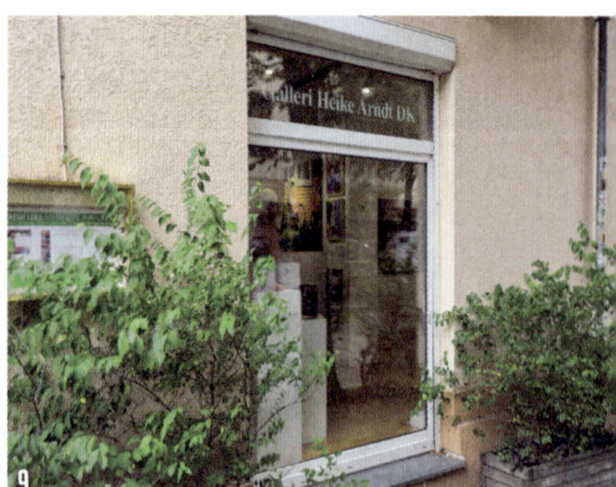

9

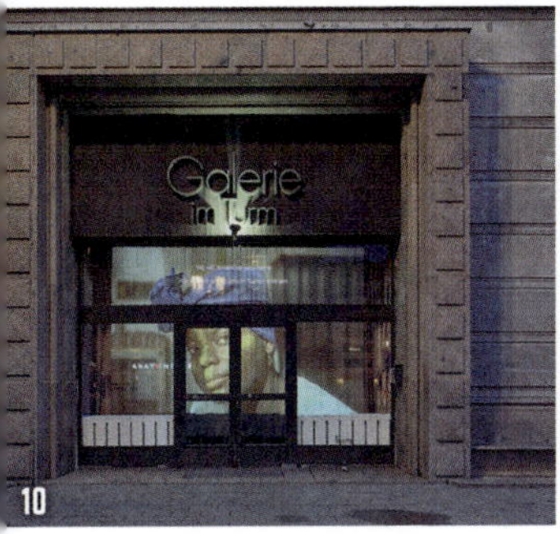

10

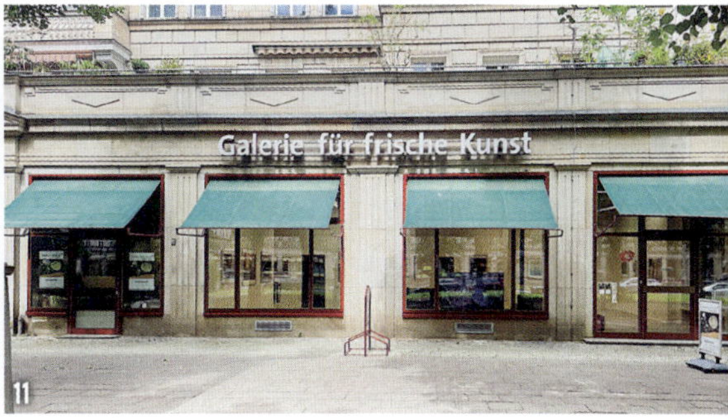

11

nössische Kunst mit den Schwerpunkten Malerei, Skulptur, Keramik, Zeichnung und hochwertiger Grafik von internationalen Künstlerinnen und Künstlern mit über 500 Künstlern, die über Open Calls ausgewählt werden.

Voigtstraße 12, 10247 Berlin, www.berlin.heike-arndt.dk (9)

GALERIE IM TURM

Die kommunale Galerie im Turm befindet sich seit über 50 Jahren im Erdgeschoss des Nordturms am Frankfurter Tor. Sie wurde 1965 als Ausstellungsort des Verbandes Bildender Künstler der DDR (VBKD) gegründet. Seit 1990 wird sie als kommunale Galerie des Bezirkes Friedrichshain-Kreuzberg betrieben. Die Galerie im Turm zeigt zeitgenössische Positionen von mehrheitlich in Berlin lebenden Künstlerinnen und Künstlern.

Frankfurter Tor 1, 10243 Berlin, www.galerie-im-turm.net (10)

GALERIE KUCHLING

Seit 2017 präsentieren die Brüder Robert und Rolf Kuchling unter dem Motto »Galerie für frische Kunst« zeitgenössische Kunst deutscher und internationaler junger Künstlerinnen und Künstler. Es werden Fotografie, Malerei, Skulpturen und Papierarbeiten gezeigt, die sich und ihre Werke am Schnittpunkt von Tradition und Gegenwart, Individuum und Gesellschaft, Kunst und Lebenswelt verorten und dafür eigene künstlerische Ausdrucksformen finden.

Karl-Marx-Allee 123, 10243 Berlin, www.galerie-kuchling.de (11)

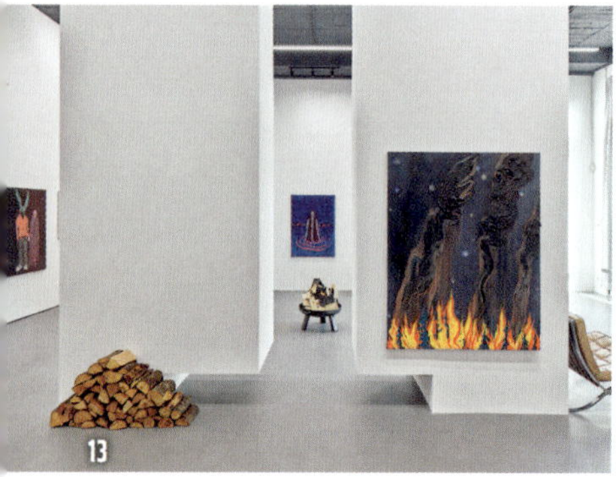

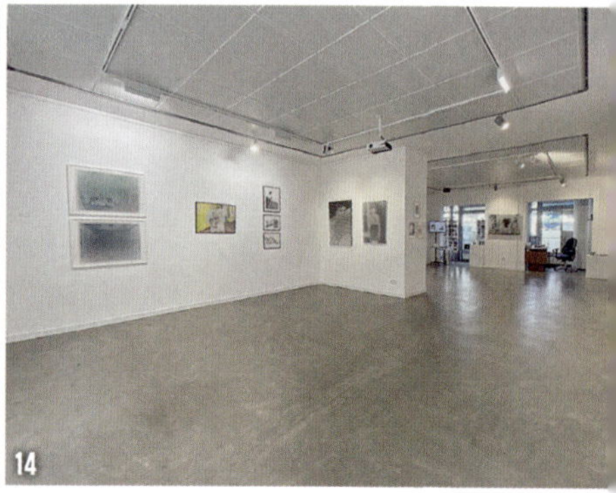

HAUBROK FOUNDATION

Die haubrok foundation mit Sitz in der ehemaligen Fahrbereitschaft der DDR hat sich der Förderung zeitgenössischer Kunst verschrieben und unterstützt die Ausstellungstätigkeit der familiären Sammlung Haubrok. Mit Werken aus der Sammlung werden Ausstellungen an verschiedenen Orten und Institutionen durchgeführt.

Herzbergstraße 40–43, 10365 Berlin, www.haubrok.org 12

NBB GALLERY

Die NBB Gallery ist eine Galerie für zeitgenössische Kunst. Die 2019 von Thomas Friedmann gegründete Galerie konzentriert sich auf die Förderung der Kunst von aufstrebenden und in der Mitte ihrer Karriere stehenden internationalen Künstlerinnen und Künstlern. Die weitläufige Galerie unterhält ein vielfältiges Ausstellungsprogramm mit Einzelausstellungen der Galeriekünstler sowie Gruppenausstellungen.

Karl-Marx-Allee 85, 10243 Berlin, www.nbb.gallery 13

INSELGALERIE

Die Inselgalerie ist ein Projekt der gemeinnützigen Berliner Fraueninitiative XANTHIPPE e. V. Der 1993 gegründete Verein wurde zur Förderung der Kunst von Frauen ins Leben gerufen. Der Name Inselgalerie geht zurück auf den ersten Ausstellungsraum in der Inselstraße. Ein Schwerpunkt der Galerie liegt auf der Präsentation von Arbeiten jüngerer Künstlerinnen, um sie im Kunstbereich bekanntzumachen und zu fördern.

Petersburger Straße 76a, 10249 Berlin, www.inselgalerie-berlin.de 14

PERES PROJECTS

Die Galerie Peres Projects wurde 2002 von Javier Peres gegründet. Sie stellt zeitgenössische Kunst von amerikanischen und europäischen Künstlerinnen und Künstlern aus. Die Hauptrichtung der Medien liegt bei Malerei, Konzeptkunst und Skulpturen. Peres Projects ist auch in Mailand und Seoul vertreten.

Karl-Marx-Allee 82, 10243 Berlin, www.peresprojects.com 15

PROJEKTRAUM ALTE FEUERWACHE

Der Projektraum im Kulturhaus Alte Feuerwache ist eine Einrichtung des Bezirksamts Friedrichshain-Kreuzberg. Das 1884 als Feuerwache errichtete Gebäude wurde 1995 bis 1998 denkmalgerecht saniert und zum Kulturhaus umgebaut. Seit 2003 werden dort wechselnde Fotografie- und Kunstausstellungen gezeigt. Das Programmspektrum spiegelt die zeitgenössischen künstlerischen Aktivitäten im Bezirk und Berlin wider.

Marchlewskistraße 6, 10243 Berlin, www.alte-feuerwache-friedrichshain.de 16

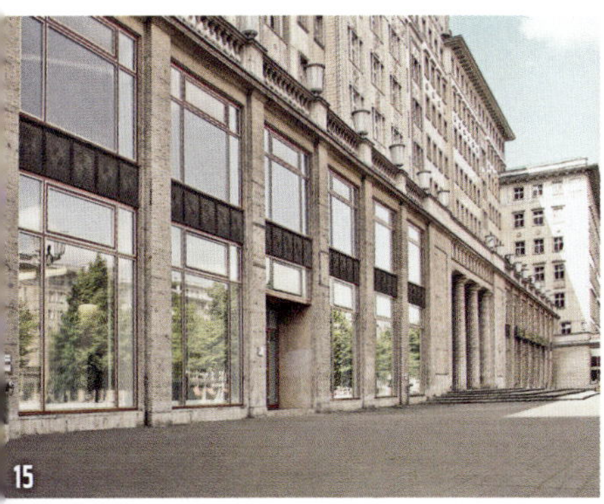

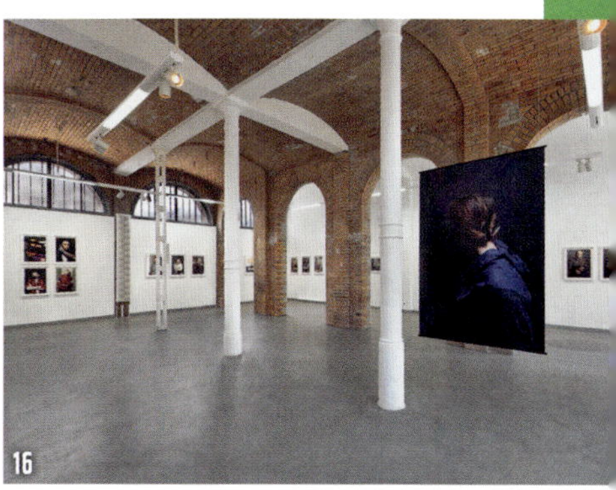

ZWISCHEN SPREE UND PRENZLAUER BERG

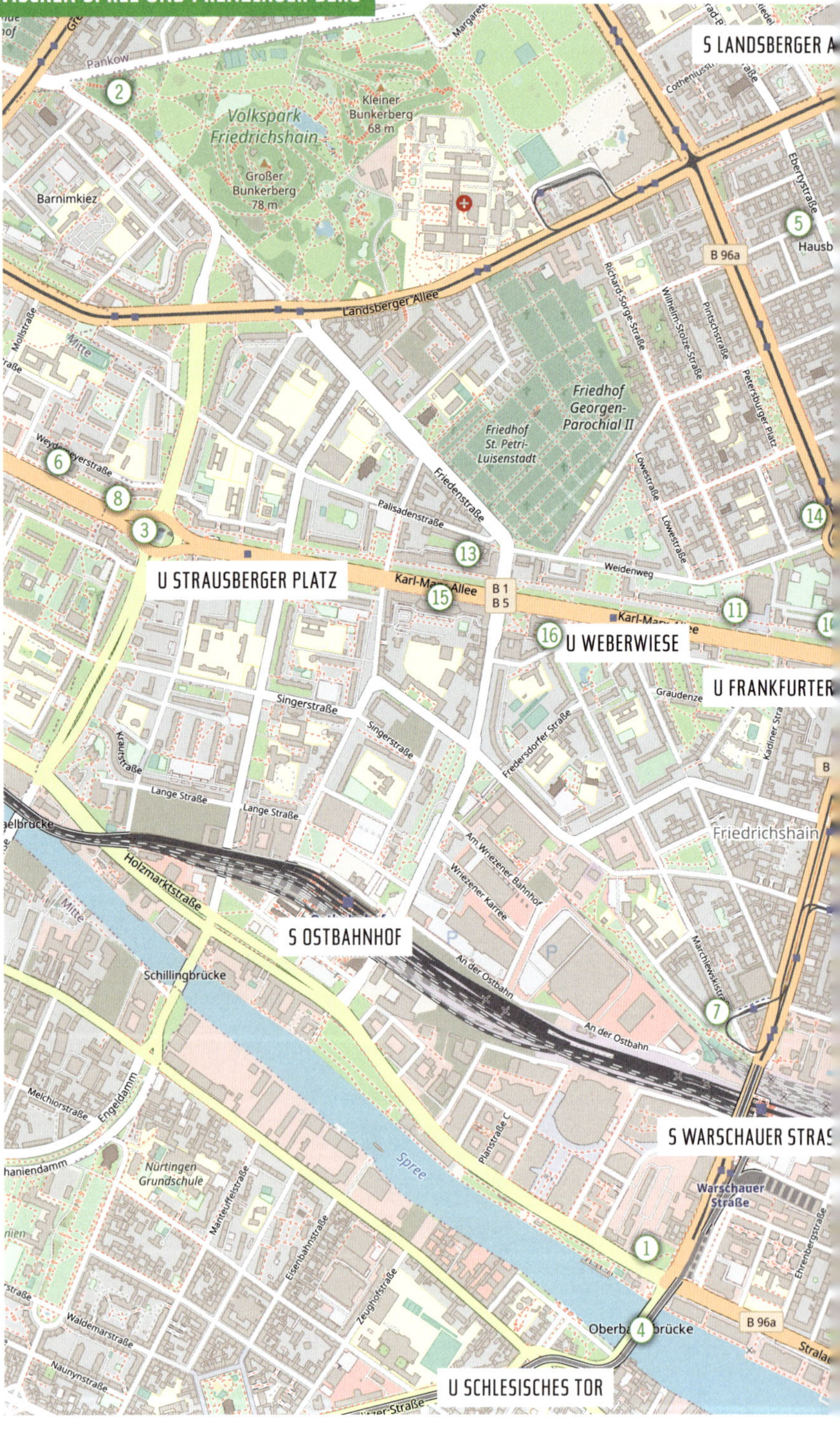

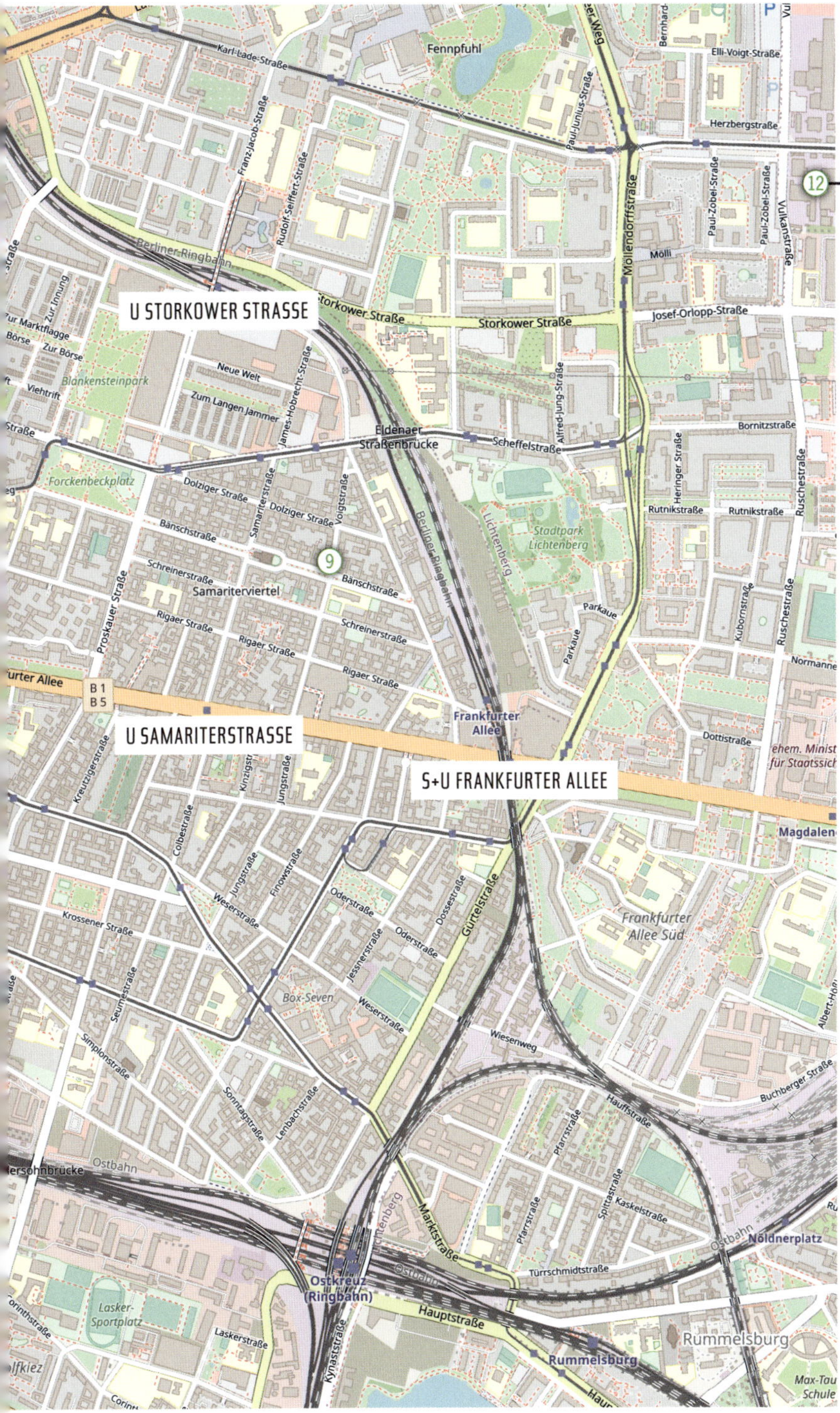
U STORKOWER STRASSE
U SAMARITERSTRASSE
S+U FRANKFURTER ALLEE
9
12
Fennpfuhl
Karl-Lade-Straße
Elli-Voigt-Straße
Herzbergstraße
Paul-Junius-Straße
Franz-Jacob-Straße
Rudolf-Seiffert-Straße
Möllendorffstraße
Paul-Zobel-Straße
Vulkanstraße
Mölli
Berliner Ringbahn
Storkower Straße
Josef-Orlopp-Straße
Zur Marktflagge
Zur Börse
Zur Innung
Blankensteinpark
Viehtrift
Neue Welt
Zum Langen Jammer
James-Hobrecht-Straße
Alfred-Jung-Straße
Bornitzstraße
Eldenaer Straßenbrücke
Scheffelstraße
Forckenbeckplatz
Dolziger Straße
Samariterstraße
Voigtstraße
Heringer Straße
Ruschestraße
Rutnikstraße
Bänschstraße
Lichtenberg
Stadtpark Lichtenberg
Schreinerstraße
Samariterviertel
Proskauer Straße
Rigaer Straße
Parkaue
Kubornstraße
Normannenstraße
B 1
B 5
Frankfurter Allee
Dottistraße
ehem. Ministerium für Staatssicherheit
Kreutzigerstraße
Kinzigstraße
Jungstraße
Colbestraße
Magdalenenstraße
Finowstraße
Weserstraße
Oderstraße
Dossestraße
Gürtelstraße
Frankfurter Allee Süd
Krossener Straße
Jessnerstraße
Seumestraße
Box-Seven
Wiesenweg
Simplonstraße
Sonntagstraße
Lenbachstraße
Buchberger Straße
Hauffstraße
Pfarrstraße
Ostbahn
Spittastraße
Kaskelstraße
Marktstraße
Nöldnerplatz
Ostkreuz (Ringbahn)
Türrschmidtstraße
Hauptstraße
Lasker-Sportplatz
Laskerstraße
Kynaststraße
Rummelsburg
Max-Taut-Schule

Neue Kunsträume in Neukölln

Eines der buntesten Stadtviertel Berlins ist der nördliche Teil Neuköllns. Er liegt zwischen Kottbusser Brücke, Hermannplatz, Landwehrkanal, Neuköllner Schifffahrtskanal und S-Bahn-Ring. Diese dichtbesiedelte Gegend, die eine Mischung aus internationalen Restaurants, Imbissen und Läden wie Gastronomie neuer Konzeption und Auffassung bietet, gerät ins Blickfeld von Start-ups und Co-Working-Places. Mit der Neuköllner Oper, dem Heimathafen Neukölln oder dem Theater im Keller trifft man dort auf interessantes und spannendes Musiktheater, Schauspiel und Unterhaltungstheater.

Der Bezirk organisiert drei kommunale Galerien, die ein aufmerksam wahrgenommenes Ausstellungsprogramm zeitgenössischer Kunst von Künstlerinnen und Künstlern aus Berlin und bevorzugt aus Neukölln anbieten. Projekträume, temporäre Nutzungen von Leerständen oder Produzentengalerien beleben die Neuköllner Kunstlandschaft. In der ehemaligen Kindl-Brauerei etablierte eine private Initiative 2016 das KINDL, ein Zentrum für Gegenwartskunst mit Ausstellungen und Installationen namhafter internationaler Künstlerinnen und Künstler.

In der Nähe von Kottbusser Damm und Kottbusser Straße haben sich im Umkreis des Künstlerhauses Bethanien Kunstgalerien niedergelassen, auf Neuköllner Seite Schwarz Contemporary, die Positionen junger Künstlerinnen und Künstler präsentiert. Mit Pioniergeist eröffnete Luisa Catucci im Schillerkiez bei der Schillerpromenade in Nachbarschaft zum Tempelhofer Feld ihre Galerie und zeigt spannende Entdeckungen zeitgenössischer Kunst einer neuen jungen Kunstgeneration. Mit seinem Potenzial rückt Neukölln immer mehr in den Fokus von Kulturschaffenden und Kunstzeigenden.

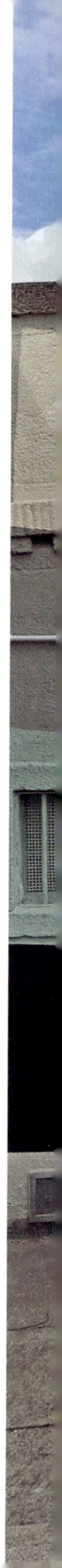

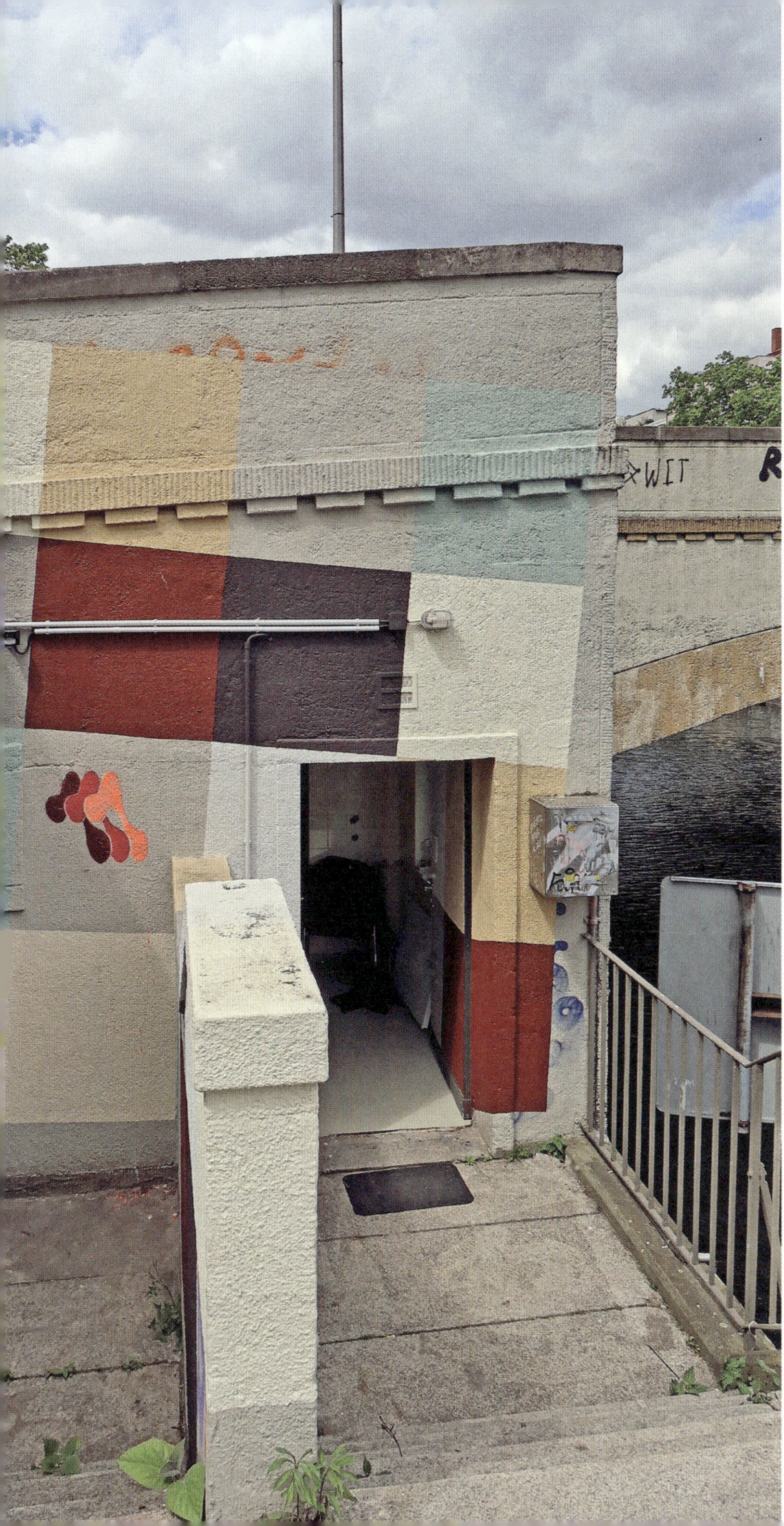
WIT

COLUMBIAHAUS

Denkmal, 1994, Georg Seibert

An der Ecke Columbiadamm/Golßener Straße steht das Mahnmal für die Inhaftierten, Gefolterten und ermordeten Häftlinge des KZ Columbia-Haus. In unmittelbarer Nähe zweier Kasernen wurde 1886 am heutigen Columbiadamm, damals Columbiastraße genannt, eine Militärstrafanstalt erbaut. Nach der Machtübernahme der Nationalsozialisten wurde sie ab 1933 als gefürchtetes Gestapo-Gefängnis und Konzentrationslager KZ Columbia-Haus genutzt. Um dem Bau des Tempelhofer Flughafens Platz zu machen, wurde die Anlage 1938 abgerissen. Das Mahnmal des Bildhauers Georg Seibert (1939–2017) aus korrodiertem Stahl zeigt metallene Blöcke mit den Formen von Häusern mit Spitzdach. Zum stark befahrenen Columbiadamm ist es geschlossen, vom Gehweg gewährt es einen Einblick ins Innere eines abstrahierten Gebäudes mit stilisierten Zellenabschnitten. Auf einer einzelnstehenden Stele in der Formensprache des Mahnmals steht eine Inschrift zum Gedenken an die Opfer des einzigen Konzentrationslagers in Berlin.

Columbiadamm 77, 10965 Berlin ①

IMAGINÄRES THEATER: LEDA MIT SCHWAN, ZYKLOPEN UND ZENTAUR

Brunnen, 1986/87, Hartmut Bonk

Auf dem Karl-Marx-Platz in Neukölln stehen um ein rundes niederes Brunnenbecken naturalistisch gestaltete Bronzefiguren. Das Ensemble von Hartmut Bonk (1939–2019) zeigt Figuren aus der griechischen Mythologie, die sich zu einem imaginären Theater zusammengefunden haben. Ein Jüngling in Lebensgröße stellt seinen linken Fuß auf den Brunnenrand und scheint mit einer Handgeste auf den Brunnen hinzuweisen. Stolz trabt ein Zentaur vorbei. Ein flügelschlagender Schwan erregt die Aufmerksamkeit der Leda, die sich ihm zuwendet. Währenddessen geht eine andere Frau, vielleicht Venus, an der erotischen Szene vorbei. Zwei kräftige Männer stehen sich gegenüber, der

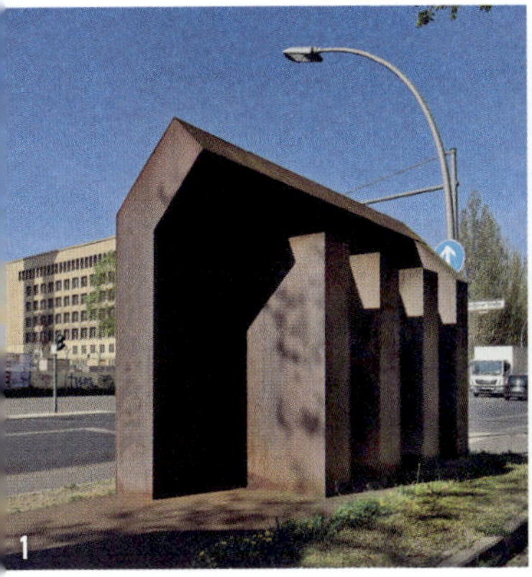

1

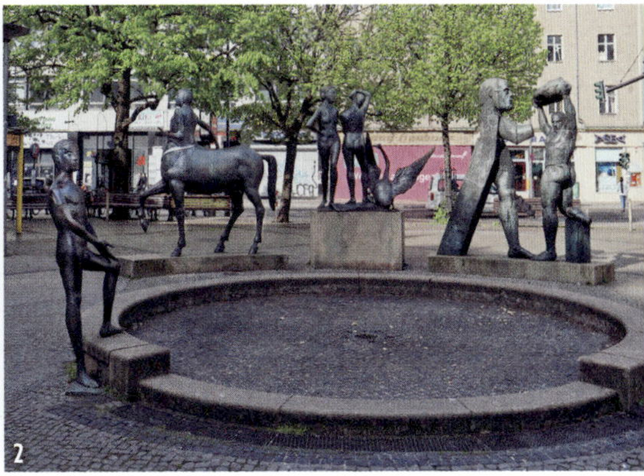

2

eine, möglicherweise ein Zyklop, stemmt einen Felsbrocken in die Höhe. Bei beiden sind die Gliedmaßen nicht vollständig ausgeformt, glatte rechteckige Quader stützen sie vor dem Fall. Die Spieler sind auf der Bühne, das imaginäre Theater der mythologischen Gestalten kann beginnen, jeder macht sich dabei seine eigene Vorstellung.

Karl-Marx-Platz, 12043 Berlin ②

TANZENDES PAAR

Skulptur, 1985, Joachim Schmettau

Auf einem mehrstufigen Sockel steht in luftiger Höhe die vergoldete Bronzeskulptur »Tanzendes Paar« von Joachim Schmettau (*1937). Zwei weibliche Figuren stehen sich tanzend gegenüber. Die Tänzerin mit der fraulichen Figur und am Hinterkopf gebundenem Haar hebt den rechten Arm in die Höhe, den anderen hält sie geziert nach unten, beide Füße berühren den Boden, sie tanzt in einem verhaltenen Stil. Dagegen lässt das junge Mädchen ihren Pferdeschwanz fliegen und wirft das linke Bein nach hinten. Ihre Arme und Hände scheinen sich im Rhythmus zu bewegen. Vielleicht tanzen Mutter und Tochter miteinander, oder sogar Großmutter und Enkelin, jedenfalls zeigt das tanzende Paar, dass beim Mehrgenerationentanz Jugend und Alter das Tanzbein unterschiedlich schwingen. Die beiden tanzen, ohne sich zu berühren, jede mit ihrem individuellen Ausdruck. Sie stehen auf einer Scheibe, die sich langsam drehen

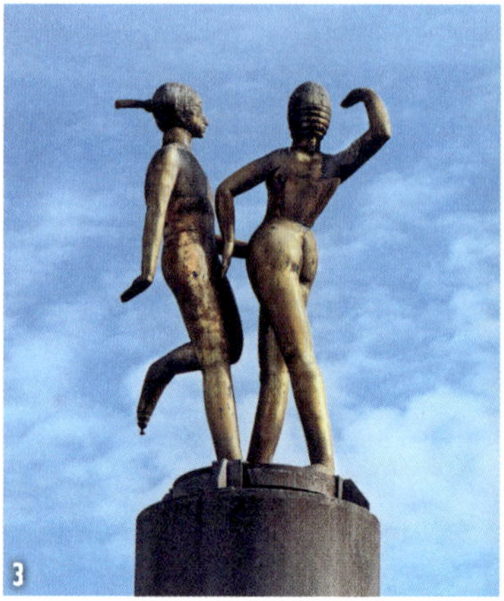

3

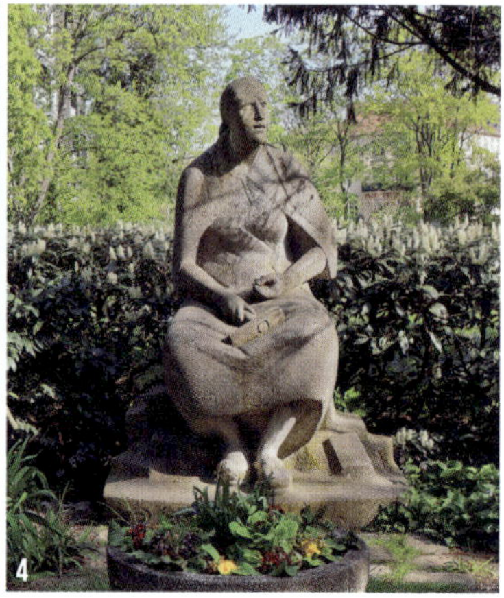

4

kann. Das goldglänzende tanzende Paar stellt den Mittelpunkt des Hermannplatzes dar.

Hermannplatz, 10967 Berlin (3)

TRÜMMERFRAU

Skulptur, 1955, Katharina Szelinski-Singer

Im Volkspark Hasenheide steht das Denkmal »Trümmerfrau« der Bildhauerin Katharina Szelinski-Singer (1918–2010). Das Denkmal für die Frauen, die nach dem Zweiten Weltkrieg bei der Beseitigung der Trümmer halfen, zeigt eine sitzende Frau mit langem Rock, Schulterumhang und einem Kopftuch. Die Hände hat sie in den Schoß gelegt, in der rechten Hand hält sie einen Hammer. Die erschöpft aussehende Frau scheint sich auszuruhen, den müden Blick auf die Seite gerichtet, die Zerstörung Berlins vor Augen.

Volkspark Hasenheide, gegenüber Graefestraße, 10967 Berlin (4)

Museen, Kunstgalerien und Sammlungen

GALERIE IM KÖRNERPARK

Die kommunale Galerie im Körnerpark präsentiert in Einzel- und Gruppenausstellungen zeitgenössische Kunst von nationalen und internationalen Künstlerinnen und Künstlern. In einer neobarocken Orangerie mit großen Arkadenfenstern werden Malerei, Zeichnung, Skulptur und raumbezogene Installationen ausgestellt. Das breit gefächerte Angebot an Ausstellungen und Veranstaltungen wie Performance, Künstlergespräche, Diskussionen, Konzerte oder Lesungen berücksichtigt die Diversität im Bezirk Neukölln.

Schierker Straße 8, 12051 Berlin, www.galerie-im-koernerpark.de 5

GALERIE IM SAALBAU

Die kommunale Galerie im Saalbau in einem historischen, traditionell kulturell genutzten Gebäude an der Karl-Marx-Straße stellt zeitgenössische Kunst aus. Als kommunale Galerie im multikulturellen Neukölln bietet sie in Berlin und insbesondere in Neukölln lebenden Künstlerinnen und Künstlern eine Plattform. Die Galerie im Saalbau stellt jährlich die Arbeiten der Nominierten zum Neuköllner Kunstpreis aus, der vom Fachbereich Kultur des Bezirks Neukölln gestiftet wird.

Karl-Marx-Straße 141, 12043 Berlin, www.galerie-im-saalbau.de 6

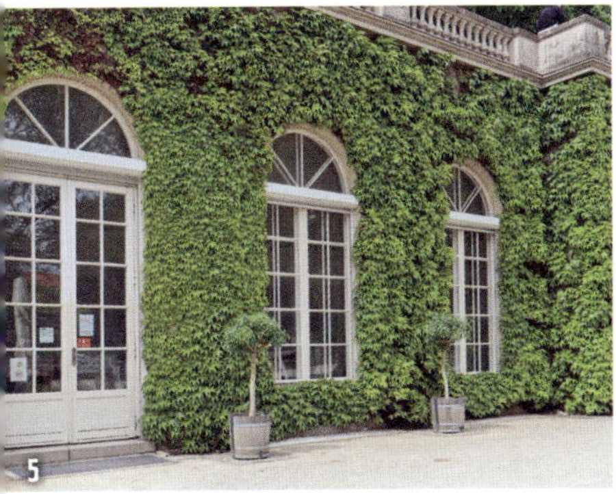
5

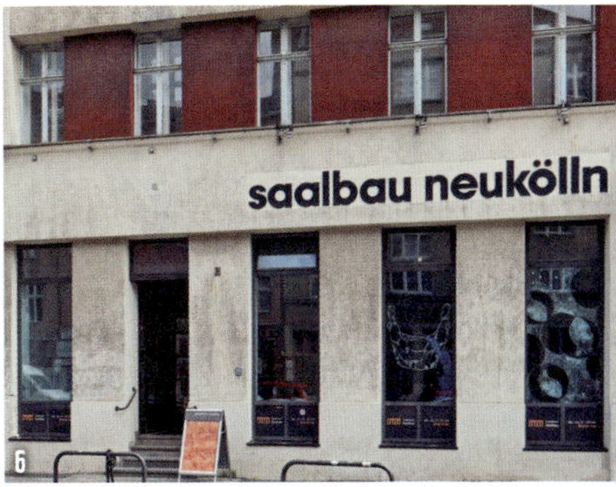

6

KINDL – ZENTRUM FÜR ZEITGENÖSSISCHE KUNST

In einem ehemaligen Brauereigebäude aus den 1920er Jahren präsentiert das gemeinnützige »KINDL – Zentrum für zeitgenössische Kunst« wechselnde Ausstellungen internationaler Gegenwartskunst. Das Programm umfasst neben Malerei, Skulptur, Installation und Performance auch Film- und Videopräsentationen. Der Gebäudekomplex verfügt über mehr als 1.600 Quadratmeter Ausstellungsfläche und zeigt auf den drei Etagen des ehemaligen Maschinenhauses Einzel- und Gruppenausstellungen. In einem speziellen Raum sind künstlerische Film- und Videoarbeiten zu sehen. Eine Ausnahmestellung nimmt das zwanzig Meter hohe leere Kesselhaus ein, in dem internationale Künstlerinnen und Künstler ortsbezogene Ausstellungen realisieren. Das KINDL entstand durch die Initiative von Salome Grisard und Burkhard Varnholt, die das denkmalgeschützte Brauereigebäude 2011 erwarben, sanierten und behutsam zu einem Zentrum für zeitgenössische Kunst umbauten.

Am Sudhaus 3, 12053 Berlin, www.kindl-berlin.de 7

KUNSTBRÜCKE AM WILDENBRUCH

Einen ungewöhnlichen Ort für eine kommunale Galerie bildet die Kunstbrücke am Wildenbruch. Am Ufer des Neuköllner Schifffahrtskanals wurde bei einer Anlegestelle ein öffentliche Toilettenanlage zu einem Ausstellungsraum für zeitgenössische Kunst umgebaut. Die Galerie umfasst vier renovierte Ausstellungsräume, die an ihre

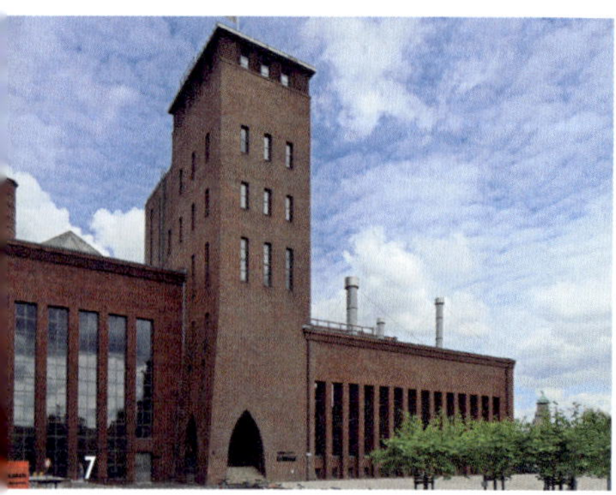
7

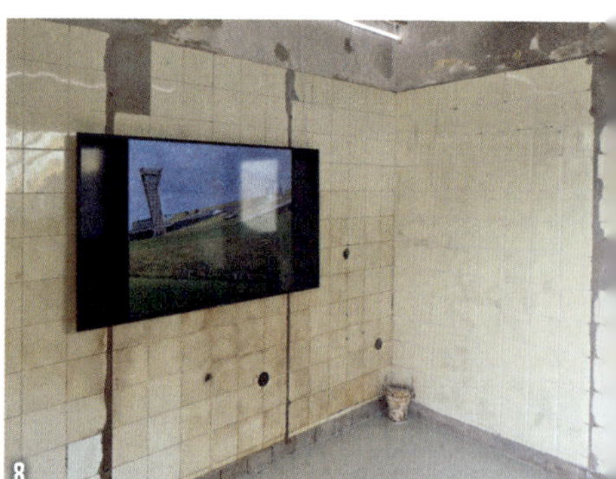
8

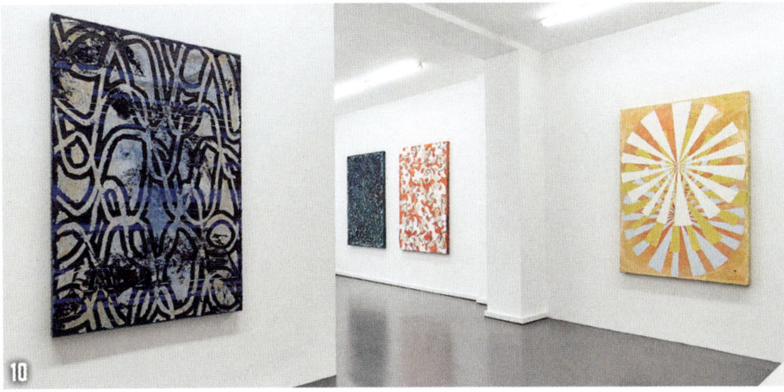
10

ursprüngliche Nutzung erinnern. Seit 2021 wird Gegenwartskunst von Künstlerinnen und Künstlern aus Berlin und bevorzugt aus Neukölln ausgestellt.

Wildenbruchbrücke, Weigandufer, 12045 Berlin, www.kunstbruecke-am-wildenbruch.de 8

LUISA CATUCCI GALLERY

Die 2017 von der italienischen Kuratorin Luisa Catucci eröffnete Galerie präsentiert zeitgenössische Kunst im lebendigen Neuköllner Schillerkiez, in dem die Luisa Catucci Gallery die Rolle der Pionierin einnimmt. Die Galerie legt einen Schwerpunkt auf den Primärmarkt und präsentiert ein Programm mit kuratierten Ausstellungen. Die Künstlerinnen und Künstler zeigen vielfältige Ausdrucksformen und Positionen der zeitgenössischen aktuellen Kunstwelt in unterschiedlichen Medien.

Allerstraße 38, 12049 Berlin, www.luisacatucci.com 9

SCHWARZ CONTEMPORARY

Die Galerie SCHWARZ CONTEMPORARY wurde 2011 von Anne Schwarz in Neukölln gegründet. Die Galerie vertritt internationale Künstler und Künstlerinnen mit Positionen zeitgenössischer Kunst. Das Programm präsentiert Arbeiten in den Medien wie Malerei, Zeichnung, Fotografie, Skulptur und Installation in wechselnden Gruppen- und Einzelausstellungen.

Sanderstraße 28, 12047 Berlin, www.schwarz-contemporary.com 10

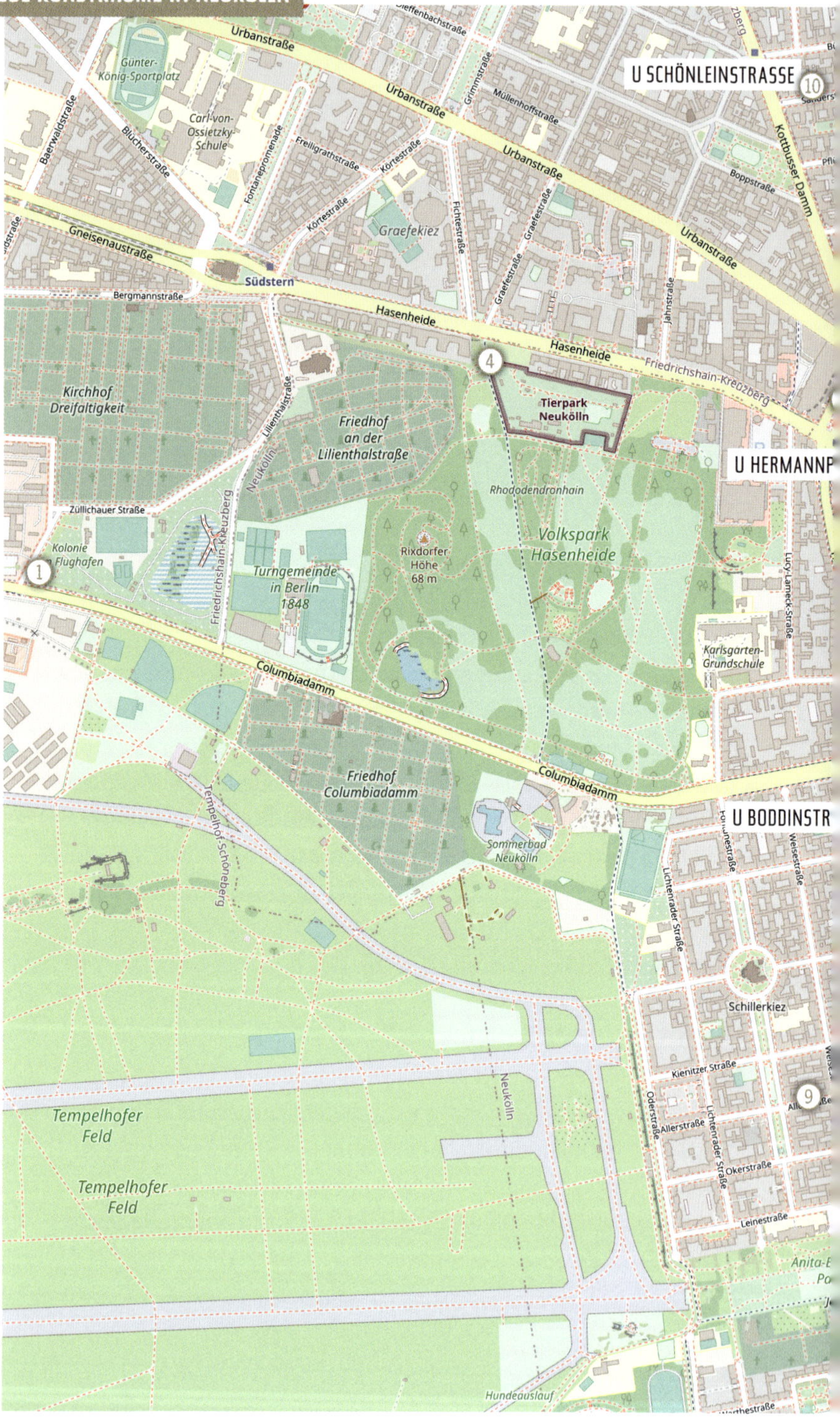
Urbanstraße
U SCHÖNLEINSTRASSE
10
Kottbusser Damm
Günter-König-Sportplatz
Carl-von-Ossietzky-Schule
Baerwaldstraße
Blücherstraße
Fontanepromenade
Freiligrathstraße
Kortestraße
Graefekiez
Fichtestraße
Graefestraße
Grimmstraße
Müllenhoffstraße
Boppstraße
Jahnstraße
Gneisenaustraße
Südstern
Bergmannstraße
Hasenheide
Friedrichshain-Kreuzberg
4
Tierpark Neukölln
U HERMANNP
Kirchhof Dreifaltigkeit
Friedhof an der Lilienthalstraße
Lilienthalstraße
Neukölln
Rhododendronhain
Volkspark Hasenheide
Züllichauer Straße
Kolonie Flughafen
1
Rixdorfer Höhe 68 m
Turngemeinde in Berlin 1848
Lucy-Lameck-Straße
Karlsgarten-Grundschule
Columbiadamm
Friedhof Columbiadamm
U BODDINSTR
Sommerbad Neukölln
Tempelhof-Schöneberg
Lichtenrader Straße
Weisestraße
Schillerkiez
Kienitzer Straße
9
Oderstraße
Allerstraße
Okerstraße
Leinestraße
Tempelhofer Feld
Tempelhofer Feld
Hundeauslauf

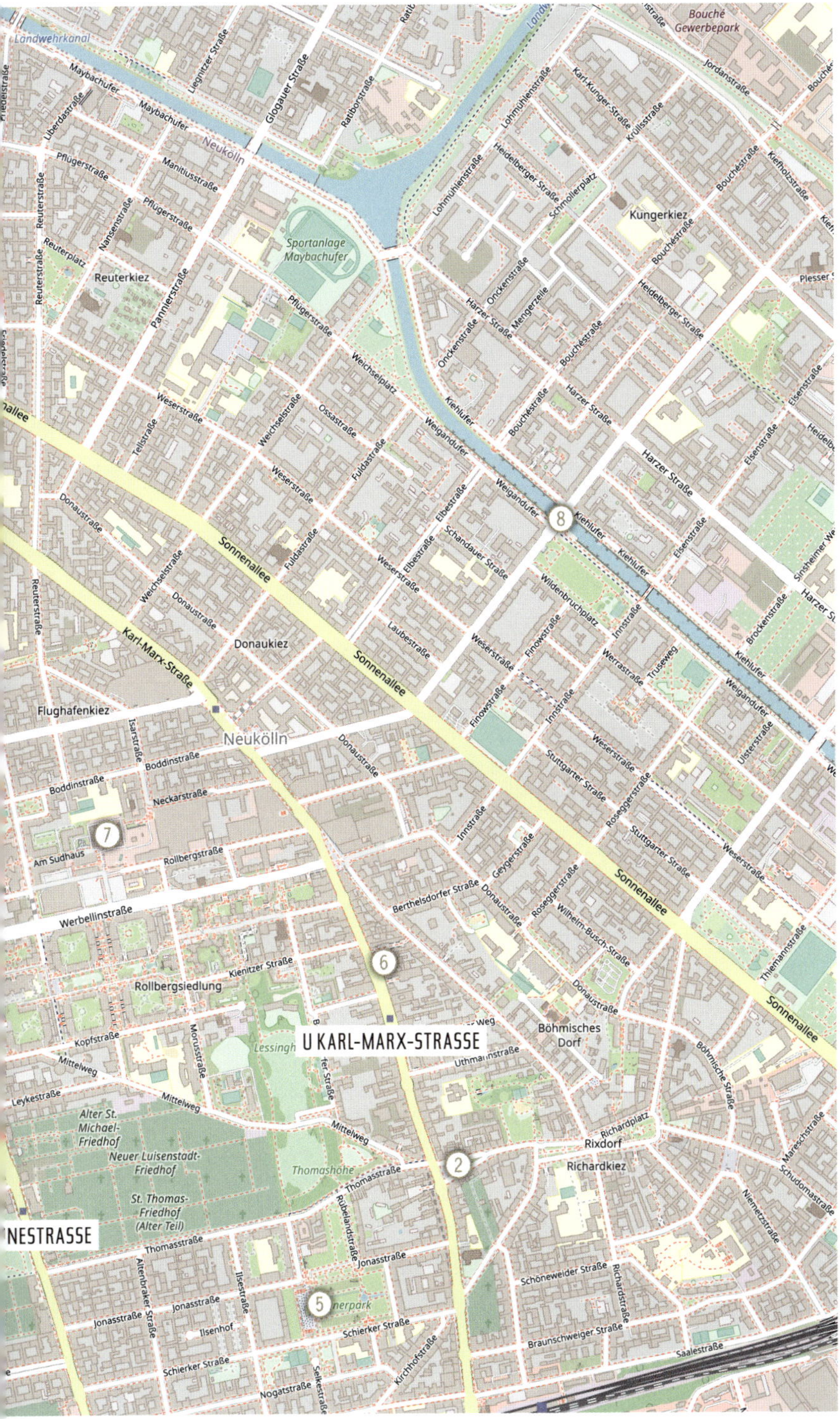

Landwehrkanal
Bouché Gewerbepark
Maybachufer
Liberdastraße
Liegnitzer Straße
Glogauer Straße
Ratiborstraße
Lohmühlenstraße
Karl-Kunger-Straße
Jordanstraße
Neukölln
Manitiusstraße
Pflügerstraße
Reuterstraße
Nansenstraße
Reuterplatz
Reuterkiez
Sportanlage Maybachufer
Heidelberger Straße
Schmollerplatz
Krüllsstraße
Kungerkiez
Bouchéstraße
Kiefholzstraße
Plesser
Onckenstraße
Harzer Straße
Mengerzeile
Pannierstraße
Weichselplatz
Kiehlufer
Weigandufer
Weserstraße
Tellstraße
Weichselstraße
Ossastraße
Fuldastraße
Elsenstraße
Donaustraße
Sonnenallee
Elbestraße
Schandauer Straße
Wildenbruchplatz
Sinsheimer Weg
Brockenstraße
Donaukiez
Laubestraße
Innstraße
Werrastraße
Trusweg
Karl-Marx-Straße
Finowstraße
Flughafenkiez
Isarstraße
Ulsterstraße
Boddinstraße
Neckarstraße
Stuttgarter Straße
Roseggerstraße
Am Sudhaus
Rollbergstraße
Geygerstraße
Berthelsdorfer Straße
Werbellinstraße
Wilhelm-Busch-Straße
Thiemannstraße
Kienitzer Straße
Rollbergsiedlung
Morusstraße
Böhmisches Dorf
U KARL-MARX-STRASSE
Kopfstraße
Lessingh
Uthmannstraße
Mittelweg
Böhmische Straße
Leykestraße
Alter St. Michael-Friedhof
Neuer Luisenstadt-Friedhof
Richardplatz
Rixdorf
Mareschstraße
Thomashöhe
Thomasstraße
Richardkiez
Schudomastraße
St. Thomas-Friedhof (Alter Teil)
Rübelandstraße
Niemetzstraße
NESTRASSE
Jonasstraße
Altenbraker Straße
Ilsestraße
Schöneweider Straße
Richardstraße
Ilsenhof
Schierker Straße
Braunschweiger Straße
Saalestraße
Kirchhofstraße
Nogatstraße
Selkestraße
1
2
5
6
7
8

Und außerdem

Viele Kunsträume, Galerien und Kunstwerke befinden sich innerhalb des S-Bahnrings, weswegen er in diesem Buch als eine Art Randstreifen zwischen »Innenbereich« und »etwas weiter draußen« aufgefasst wird. Auch außerhalb des S-Bahnrings gibt es interessante Galerien, Kunstwerke oder Institutionen wie Museen, kommunale Galerien, Sammlungen, Stiftungen oder Kunstvereine, die spannende Ausstellungen zeigen.

Die Auswahl an diesen Kunstangeboten kann von jedem selbst ergänzt werden. Eine Reihe wichtiger Museen ist in Charlottenburg zu finden. Beim Charlottenburger Schloss, das als Bauwerk selbst schon bedeutend ist, können das Bröhan-Museum, das Museum Berggruen, die Sammlung Scharf-Gerstenberg oder das Käthe-Kollwitz-Museum besucht werden. Zwischen Läden, Cafés, Galerien sind Kunst- und Antiquitätenhandel zu finden. In Zehlendorf siedelten sich in einer ehemaligen Kaserne, in Ladenflächen oder repräsentativen Villen Sammlungen, Stiftungen und Kunstgalerien an.

Künstlerisch gestaltete Mahnmale von Sammelstellen für Deportationen sind in der Nähe von Güterbahnhöfen zu finden, die an den Bahnstrecken lagen, die unmittelbar aus Berlin hinausführten – wie in Grunewald oder Moabit. Fast mitten im Wald liegen das Kunsthaus Dahlem und das Brücke-Museum, das Kolbe-Museum im Westend befindet sich in einer Wohngegend mit Gärten um einzelnstehende Häuser. Dagegen werden im Industriegebiet in Oberschöneweide leere Fabrikhallen als Künstlerateliers genutzt und in frühere Fertigungshallen zogen Sammlungen und Galerien ein. Im nördlichen Pankow ist eine Kunst- und Kulturszene lebendig und in Gesundbrunnen macht das Graffiti an einer Brandwand mit den drei Boateng-Brüdern Berliner Fußballfans glücklich. Für Kunstfreunde lohnt es sich, über den S-Bahnring hinaus ein wenig in die Ferne zu schweifen!

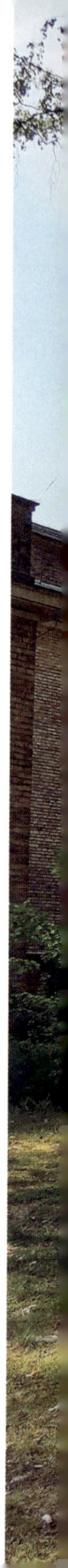

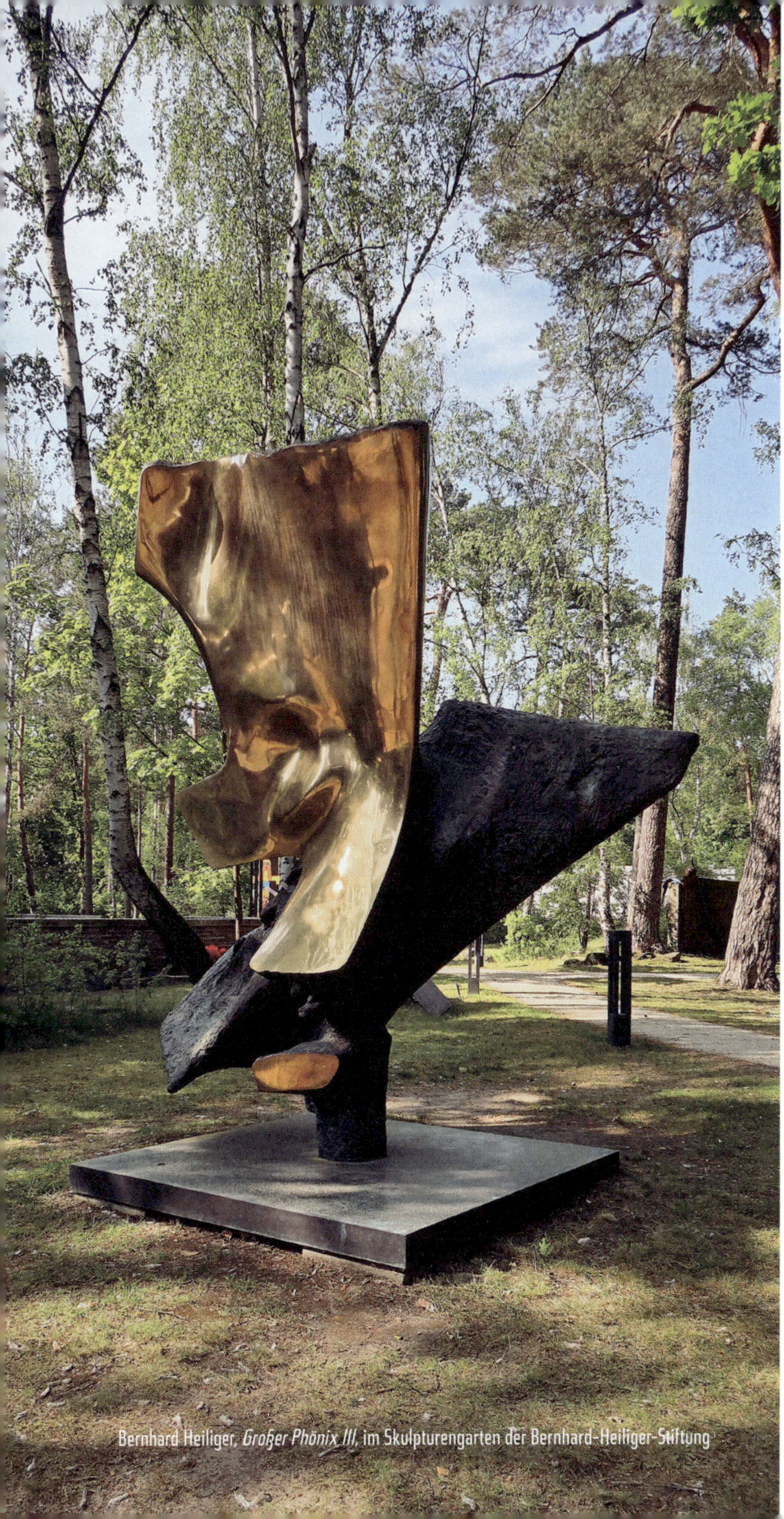

Bernhard Heiliger, *Großer Phönix III*, im Skulpturengarten der Bernhard-Heiliger-Stiftung

Charlottenburg-Wilmersdorf

BRÖHAN-MUSEUM – LANDESMUSEUM FÜR JUGENDSTIL, ART DECO UND FUNKTIONALISMUS

Das Bröhan-Museum ist nach seinem Gründer Karl H. Bröhan (1921–2000) benannt, der als Sammler von Jugendstil, Art déco und der Kunst der Berliner Secession 1973 in seiner Dahlemer Villa ein Privatmuseum eröffnete, aus dem 1983 das Bröhan-Museum hervorging.

Schloßstraße 1a, 14059 Berlin-Charlottenburg, www.broehan-museum.de

GEORG KOLBE MUSEUM

Das Georg Kolbe Museum arbeitet an der Pflege und Aufarbeitung des künstlerischen und schriftlichen Nachlasses des Bildhauers Georg Kolbe. Bedeutende Teilnachlässe in der Museumssammlung gewähren einen Blick auf die Skulptur in der ersten Hälfte des 20. Jahrhunderts. Das Museum präsentiert wechselnde Ausstellungen aus der Sammlung und von zeitgenössischen Bildhauerinnen und Bildhauern.

Sensburger Allee 25, 14055 Berlin-Westend, www.georg-kolbe-museum.de

KÄTHE-KOLLWITZ-MUSEUM BERLIN

Seit Oktober 2022 präsentiert das Käthe-Kollwitz-Museum seine Sammlung von Werken der Grafikerin, Zeichnerin und Bildhauerin Käthe Kollwitz (1867–1945) und thematische Wechselausstellungen im Theaterbau am Schloss Charlottenburg. Das Museum zeigt einen Überblick über das Leben und Schaffen der Künstlerin.

Spandauer Damm 10, 14059 Berlin-Charlottenburg, www.kaethe-kollwitz.berlin

KÖPPE CONTEMPORARY

Die Ausstellungsräume der 2010 von Wolfgang Köppe gegründeten Galerie befinden sich in einer Jugendstilvilla in Grunewald. Die Galerie vertritt etablierte Künstlerinnen und Künstler sowie aufstrebende junge Positionen und Neuentdeckungen. Darüber hinaus widmet sich die Galerie der minimalistischen Nachkriegskunst.

Knausstraße 19, 14193 Berlin-Grunewald, www.villa-koeppe.de

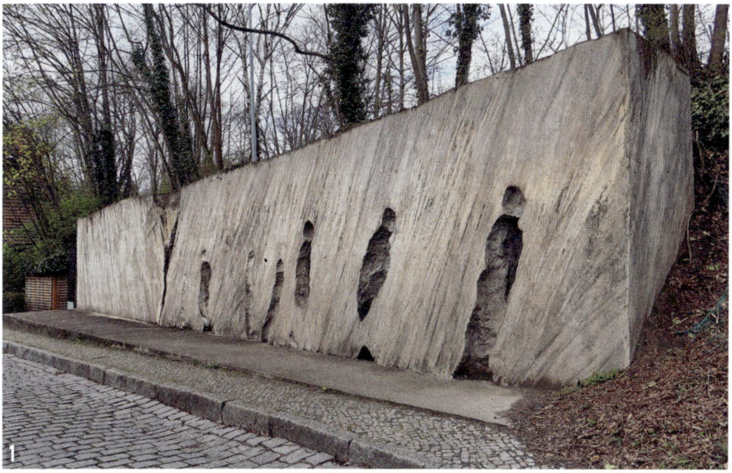

MAHNMAL FÜR DEPORTIERTE JUDEN AM BAHNHOF GRUNEWALD

Denkmal, 1991, Karol Broniatowski

Vom Gleis 17 des Güterbahnhofs Grunewald fuhren von 1941/42 Züge ab, mit denen über 10.000 Berliner Jüdinnen und Juden in Konzentrationslager deportiert wurden. An dem Weg, der zum Gleis führte, wurde 1991 das 18 Meter lange und etwa drei Meter hohe Mahnmal des polnischen Bildhauers Karol Broniatowski (*1945) eingeweiht. Sieben Vertiefungen im wandförmigen Mahnmal zeigen schemenhaft die Silhouetten von Menschen, die zum Bahngleis gehen.

Am Bahnhof Grunewald, 14193 Berlin-Grunewald ①

MAHNMAL GLEIS 17

Denkmal, 1998, Nicolaus Hirsch, Wolfgang Lorch und Andrea Wandel

Nach der Wiedervereinigung wurde am S-Bahnhof Grunewald das Mahnmal der Architekten Nicolaus Hirsch, Wolfgang Lorch und Andrea Wandel aus 186 Stahlgussplatten, die entlang des Gleises 17 auf Bahnschotter liegen, errichtet. In chronologischer Reihenfolge stehen auf einem Schriftband die Daten und Bestimmungsorte aller Deportationszüge sowie jeweils die Anzahl der deportierten Jüdinnen und Juden.

Am Bahnhof Grunewald, 14193 Berlin-Grunewald ②

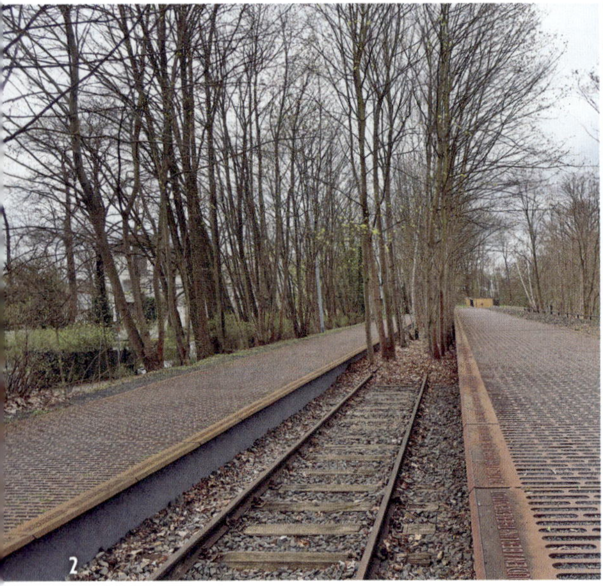

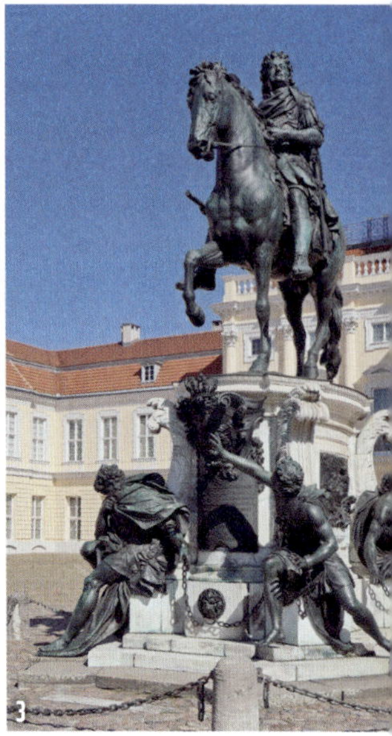

MUSEUM BERGGRUEN

Die Gebäude des Architekten Friedrich August Stüler (1800–1865) für das Museum Berggruen und die Sammlung Scharf-Gerstenberg entstanden 1851 bis 1859 im Auftrag Friedrich Wilhelms IV. Das Museum Berggruen ergänzt die Sammlungen Klassischer Moderne der Neuen Nationalgalerie vor allem mit Werken von Pablo Picasso, Paul Klee, Henri Matisse und Alberto Giacometti.

Besuchereingang, Schloßstraße 1, 14059 Berlin-Charlottenburg, www.smb.museum

REITERSTANDBILD DES GROSSEN KURFÜRSTEN

Denkmal, 1696–1703, Andreas Schlüter

Das Reiterstandbild des brandenburgischen Kurfürsten Friedrich Wilhelm (1620–1688) von Andreas Schlüter (1634–1714) wurde 1703 beim Berliner Stadtschloss aufgestellt. Der Große Kurfürst reitet gekleidet mit einem römischen Brustpanzer und Perücke. Am Sockel sitzen vier Menschen in Ketten, auch als Sklaven gedeutet. Während des Zweiten Weltkriegs wurde das Reiterstandbild nach Ketzin an der Havel gebracht. Bei der Rückführung versank der Große Kurfürst samt den

Sklaven im Tegeler See. Nach seiner Hebung 1949 wurde das Denkmal restauriert. Inzwischen war von der DDR die Ruine des Berliner Schlosses gesprengt worden und damit der Bezug für das Denkmal verschwunden. Neuer Standort wurde das Charlottenburger Schloss. Seit 1901 steht im Bode-Museum auf dem Originalsockel eine Kopie des Reiterstandbildes ohne Sklaven, während vor dem Charlottenburger Schloss auf einer Sockelkopie das Originalstandbild mit Sklaven steht.

Schloss Charlottenburg, Spandauer Damm 10–22, 14059 Berlin-Charlottenburg ③

SAMMLUNG SCHARF-GERSTENBERG

Die Sammlung Scharf-Gerstenberg zeigt Entwicklungslinien fantastischer Kunst begonnen mit Arbeiten Giovanni Battista Piranesis und Francisco de Goyas bis zu Surrealismus mit Werken etwa von Max Ernst oder René Magritte. Es finden thematische Wechselausstellungen statt.

Besuchereingang, Schloßstraße 70, 14059 Berlin-Charlottenburg, www.smb.museum

SCHLOSS CHARLOTTENBURG

Das Schloss Charlottenburg ist die größte und bedeutendste Schlossanlage der einstigen brandenburgischen Kurfürsten, preußischen Könige und deutschen Kaiser in Berlin. Die ehemalige Sommerresidenz bietet originalgetreu eingerichtete Räume und Säle, beeindruckende Zimmerfluchten und hochkarätige Kunstsammlungen mit herausragenden Meisterwerken. Zusätzlich finden Sonderausstellungen und thematische Wechselausstellungen statt.

Spandauer Damm 10–22, 14059 Berlin-Charlottenburg, www.spsg.de

WERKSTATTGALERIE HERRMANN NOACK

Seit 1997 besteht neben der bekannten Bildgießerei Hermann Noack die gleichnamige Werkstattgalerie. In der Galerie werden vor allem zeitgenössische Skulpturen ausgestellt mit einem Schwerpunkt auf Bronzeskulpturen.

Am Spreebord 9, 10589 Berlin-Charlottenburg, www.noack.berlin

AKADEMIE DER KÜNSTE AM HANSEATENWEG

An ihrem Standort im sogenannten Hanseatenviertel zeigt die Akademie der Künste Ausstellungen zeitgenössischer Kunst, veranstaltet Konzerte, Debatten, Lesungen, Preisverleihungen, Film-, Theater- und Tanz-Aufführungen. Die Akademie der Künste versteht sich als ein Ausstellungs- und Veranstaltungsort, eine Stätte der Begegnung von Künstlern und Kunstinteressierten und Ort für öffentliche Debatten über Kunst und Kulturpolitik.

Hanseatenweg 10, 10557 Berlin-Tiergarten, www.adk.de

CALLA

Denkmal, 2017, Postgraduale Studentengruppe der UdK

Das Denkmal für die erste homosexuelle Emanzipationsbewegung besteht aus sechs trichterförmigen Calla-Blüten in den Farben des Regenbogens auf vier Meter hohen grünen Stielen. Callas haben weibliche und männliche Blüten auf einer Pflanze, wodurch sie ein Symbol für die Vielfalt sexueller Identitäten sind.

Magnus-Hirschfeld-Ufer, 10557 Berlin-Tiergarten ④

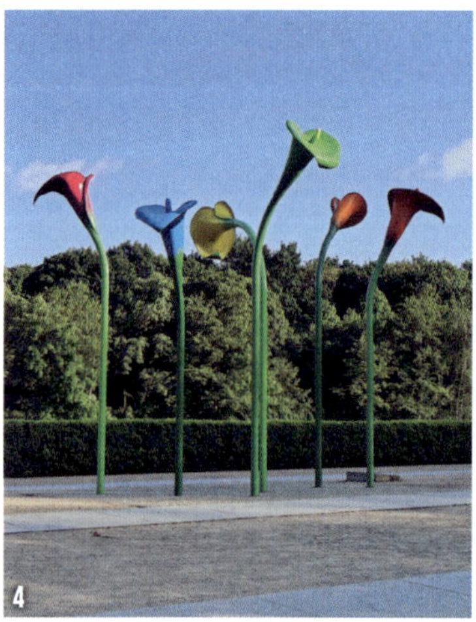
4

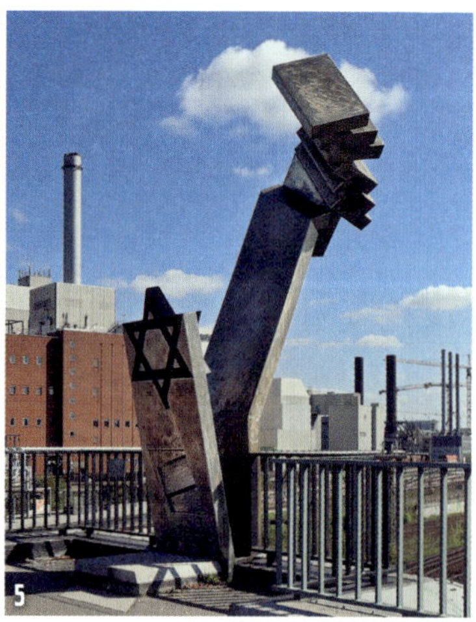
5

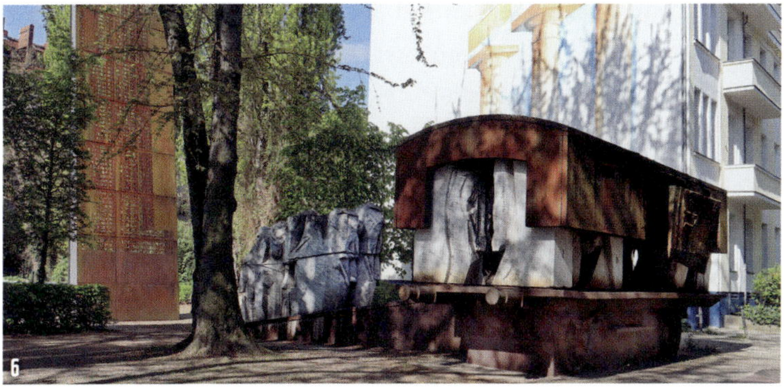
6

DEPORTATIONS-MAHNMAL AUF DER PULITZBRÜCKE

Denkmal, 1987, Volkmar Haase

Auf der Putlitzbrücke am S-Bahnhof Westhafen steht das Deportations-Mahnmal des Bildhauers Volkmar Haase (1930–2012). Die vordere Stele erinnert an einen gekippten Grabstein, in den reliefartig ein »Davidstern« eingearbeitet ist. Die Stele dahinter ragt nach einem Knick über das Brückengeländer hinaus. Am oberen Ende trägt sie ineinandergeschobene Stufen einer Treppe, die ihren Zusammenhalt verloren hat.

An der Putlitzbrücke, 10551 Berlin-Moabit 5

DEPORTATIONS-MAHNMAL IN DER LEVETZOWSTRASSE

Denkmal, 1988, Peter Herbich

Das Mahnmal steht dort, wo sich eine jüdische Synagoge befand, die in der Pogromnacht 1938 geplündert wurde und ab 1941 Sammelstelle für Deportationen war. Das Mahnmal des Bildhauers Peter Herbich (1939–2008) und der Landschaftsarchitekten Jürgen Wenzel und Theseus Bappert ist mehrteilig. Wo der viersäulige Portikus der Synagoge war, steht ein mit Menschenkörpern aus Marmor gefüllter stilisierter Eisenbahnwaggon. Auf einer Rampe bewegt sich eine verschnürte Menschengruppe zu dem Waggon. In der Nähe ragt eine elf Meter hohe »Flammenwand«-Stele empor, auf der die 63 Deportationszüge und die Anzahl der Deportierten aufgezählt sind.

Levetzowstraße 7/8, 10555 Berlin-Moabit 6

GALERIE NORD | KUNSTVEREIN TIERGARTEN

Die »Galerie Nord | Kunstverein Tiergarten« ist eine Institution für internationale Kunst und Kultur im Ortsteil Moabit. Schwerpunkte liegen auf zeitgenössischer Kunst mit innovativem, kritischem und gesellschaftsrelevantem Potenzial.

Turmstraße 75, 10551 Berlin-Moabit, www.kunstverein-tiergarten.de

GEWACHSEN AUF BETON

Wandkunst, 2013, GRACO

Eines der bekannten Einzelgraffitis ist »Gewachsen auf Beton« mit den Porträts der drei Boateng-Brüder Jérôme, George und Kevin-Prince an einer Brandwand. In dem sozial und von vielen Kulturen durchmischten Gesundbrunnen-Kiez in Berlin-Wedding passt die Geschichte der Boateng-Brüder, die mit Profifußball und Musik Erfolg hatten.

Badstraße 52, 13357 Berlin-Wedding 7

HAND MIT UHR

Skulptur, 1975, Joachim Schmettau

Vor dem Gymnasium Tiergarten steht die fast fünf Meter hohe bemalte Bronzeskulptur »Hand mit Uhr« von Joachim Schmettau (*1937). Eine große schwarze Hand hält mit den Fingerspitzen einen roten Würfel, der etwas verdreht auf einer weißen Stele liegt. Am oberen Ende der Hand ist eine Digitaluhr eingelassen, die exakt Beginn und Ende der Unterrichtsstunden anzeigt.

Altonaer Straße 26, 10555 Berlin-Tiergarten 8

KUNST IN DEN GERICHTSHÖFEN

Zu Berliner Kunst-Events organisiert der Verein »Kunst in den Gerichtshöfen e. V.«, eines der größten Kunstquartiere in Berlin, in dem historischen Fabrikensemble Gerichtshöfe Ausstellungen, Atelierbesichtigungen oder Einblicke in Werkstätten.

Gerichtstraße 12/13, 13347 Berlin-Wedding, www.gerichtshoefe.de

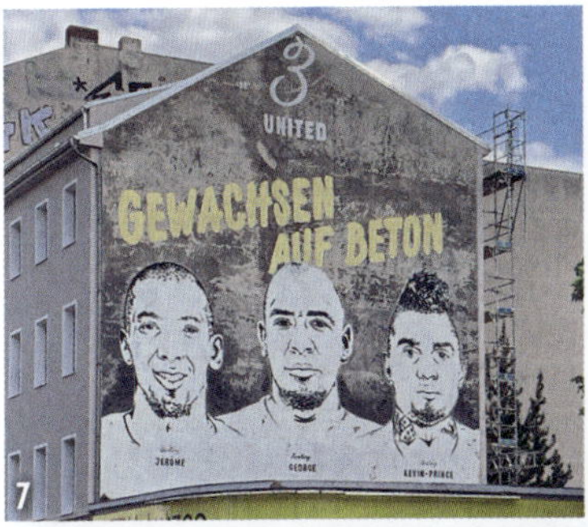

7

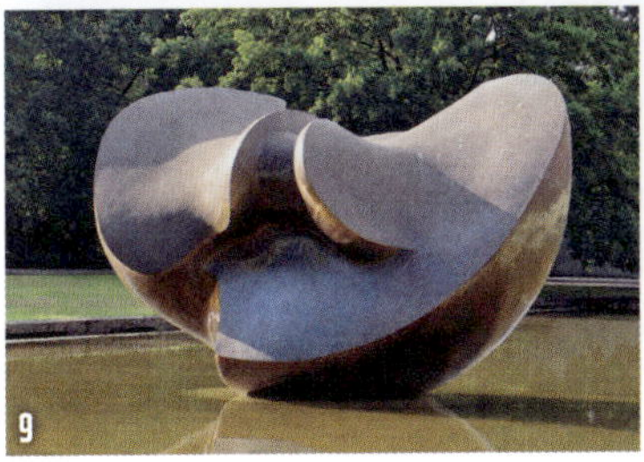
9

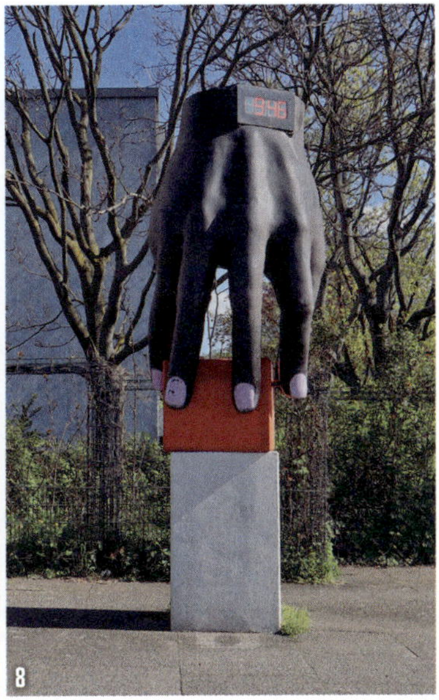
8

LARGE DIVIDED OVAL: BUTTERFLY

Skulptur, 1986, Henry Moore

Im Wasserbecken vor dem Haus der Kulturen der Welt liegt eine Großskulptur aus polierter Bronze des englischen Bildhauers Henry Moore (1898–1986). Die knapp sieben Meter breite und 4,5 Meter hohe, massig erscheinende Skulptur trägt den Titel »Large Divided Oval: Butterfly«, zu Deutsch in etwa »Großes geteiltes Oval: Schmetterling«. Die Bronzeskulptur von 1986 ist das letzte große Werk Henry Moores vor seinem Tod und wurde 1987 anlässlich der 750-Jahr-Feier Berlins aufgestellt.

John-Foster-Dulles-Allee 10, 10557 Berlin-Tiergarten 9

MAHNMAL DER EINHEIT DEUTSCHLANDS

Denkmal, 1967, Arnold Schatz

Im Volkspark Humboldthain stand im Zweiten Weltkrieg ein mächtiger Bunker mit Türmen für Flugabwehrkanonen. Sprengungsversuche nach dem Krieg scheiterten, weswegen der Bunker mit Trümmern zugeschüttet wurde. Der Künstler Arnold Schatz (1929–1999) ließ 1967,

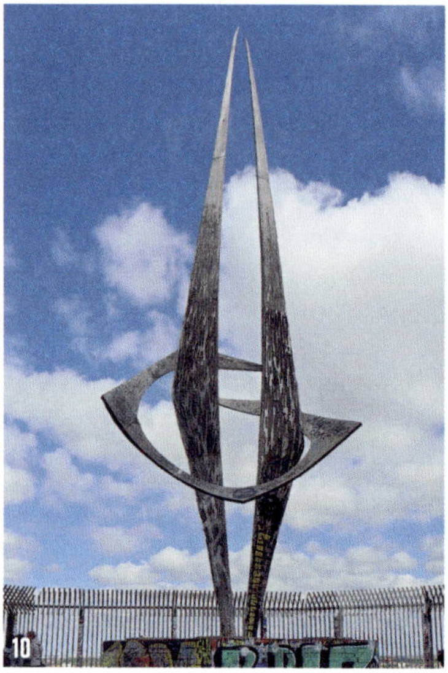
10

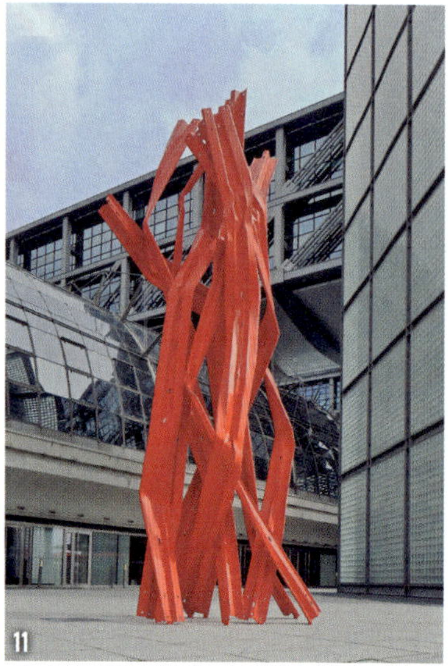
11

als die Wiedervereinigung noch in weiter Ferne lag, das »Mahnmal zur Einheit Deutschlands« errichten. Die elf Meter hohe Metallskulptur zeigt zwei schlanke Spitzen, die von einem Ring umschlossen werden.

Humboldthain, Hochstraße 5, 13357 Berlin-Wedding 10

OFFICE IMPART

Die Galerie OFFICE IMPART präsentiert zeitgenössische Kunst aus unterschiedlichen Medien und begleitet die Galeriearbeit mit einem Vermittlungsprogramm, Künstlergesprächen und Führungen bis hin zur Vernetzung unterschiedlicher Felder des Kunstbetriebs.

Waldenserstraße 2–4, 10551 Berlin-Moabit, www.officeimpart.com

VERTICAL HIGHWAYS

Stahlskulptur, 2023, Bettina Pousttchi

Auf der erhöhten Terrasse des Berliner Hauptbahnhofs an der Ecke Washingtonplatz/Ella-Trebe-Straße steht die signalrot lackierte Stahlskulptur »Vertical Highways« von Bettina Pousttchi (*1971). Die Skulptur besteht aus mehreren an manchen Stellen geknickten, gebogenen, verschränkten und miteinander verschlungenen Leitplanken, die wie ein überdimensionales rotes Grasbüschel vor der Glas- und Stahlarchitektur des Hauptbahnhofs in die Höhe wachsen.

Washingtonplatz 1/2, 10557 Berlin-Moabit ⑪

Pankow

GALERIE PANKOW

Die kommunale Galerie zeigt aktuelle Tendenzen zeitgenössischer Kunst. In den wechselnden Ausstellungen werden Positionen aus Malerei, Zeichnung, Fotografie und Videokunst präsentiert. Die Kultureinrichtung des Bezirksamts Pankow existiert seit Mitte des 20. Jahrhunderts und zählt zu den ältesten kommunalen Galerien in Berlin.

Breite Straße 8, 13187 Berlin-Pankow, www.galerie-pankow.de

GALERIE WOLF & GALENTZ

Die Galerie Wolf & Galentz präsentiert Künstlerinnen und Künstler des 20. Jahrhunderts aus Ost- und West-Berlin. Aktuelle Berliner Positionen zeitgenössischer Kunst werden Positionen des 20. Jahrhunderts gegenübergestellt. Die Galerie zeigt internationale zeitgenössische Kunst, pflegt enge Verbindungen zu Kunstschaffenden in Berlin, Finnland, den USA, Russland, der Balkan- und der Kaukasusregion und fördert internationalen künstlerischen Austausch.

Wollankstraße 112a, 13187 Berlin-Pankow, www.wolf-galentz.de

Steglitz-Zehlendorf

ART GALERIE RICHTER

Seit 1986 betreut die Art Galerie Richter unter der Leitung von Ludmilla Richter internationale Künstlerinnen und Künstler. Zum Programm gehören abstrakte und gegenständliche Malerei, moderne Fotografie, Skulpturen und Multiples. Die Galerie arbeitet mit vielen Künstlern bereits seit Jahren zusammen.

Clayallee 161, 14195 Berlin-Dahlem, www.artgalerierichter.de

BASTIAN GALLERY

Die Bastian Gallery zeigt Präsentationen international namhafter Künstlerinnen und Künstler mit bemerkenswerten Werken der Moderne, der Nachkriegszeit und zeitgenössischer Kunst. Die Galerie publiziert zahlreiche Ausstellungskataloge, Monografien und Werkverzeichnisse.

Taylorstraße 1, 14195 Berlin-Dahlem, www.bastian-gallery.com

BERNHARD-HEILIGER-STIFTUNG

Die Stiftung mit Sitz im ehemaligen Atelier des Künstlers am Käuzchensteig, in dem der Bildhauer Bernhard Heiliger (1915–1995) ab Januar 1949 lebte und arbeitete, wurde ein Jahr nach seinem Tod ins Leben gerufen. Zweck der Stiftung ist es, Heiligers Werk kunstwissenschaftlich aufzuarbeiten und seinen umfangreichen Nachlass zu betreuen. Das zur Stiftung gehörende Ausstellungshaus »Kunsthaus Dahlem« zeigt schwerpunktmäßig Bildhauerei der deutschen Nachkriegsmoderne sowie Werke und Skulpturen Bernhard Heiligers.

Käuzchensteig 8–12, 14195 Berlin-Dahlem, www.bernhard-heiliger-stiftung.de

BRÜCKE-MUSEUM

Das Brücke-Museum sammelt und erforscht die Werke der Künstlergruppe »Brücke«. Als einziges Museum mit diesem Schwerpunkt besitzt es eine der größten Sammlung zur Brücke-Kunst. Thematische Ausstellungen zur Künstlergruppe »Brücke« und von Werken junger Künstlerinnen und Künstler ergänzen das museale Programm.

Bussardsteig 9, 14195 Berlin-Dahlem, www.bruecke-museum.de

FLUENTUM

Fluentum ist eine gemeinnützige Institution auf Initiative des Berliner Sammlers Markus Hannebauer, die sich der Ausstellung, Produktion und Sammlung zeitgenössischer Kunst widmet. Der Fokus liegt auf zeitbasierten Medien wie Film und Video.

Clayallee 174, 14195 Berlin-Dahlem, www.fluentum.org

GALERIE HENNWACK

Das Spektrum der Galerie Hennwack reicht von realistischem Expressionismus, jüdischer Kunst über Kunst aus der DDR bis hin zu regionalen Themen wie Steglitzer Kunst oder Darstellungen der Uckermark. Es wird Malerei, Zeichnung, Grafik und Kleinskulptur präsentiert.

Albrechtstraße 111/112, 12167 Berlin-Steglitz, www.galerie-hennwack.de

HAUS AM WALDSEE

In einer historischen Villa mit Skulpturengarten stellt das Haus am Waldsee seit 1946 internationale zeitgenössische Kunst aus. Das inhaltliche Spektrum reicht von Malerei, Zeichnung, Bildhauerei und Installation über Design bis Architektur. In Ausstellungen werden Einzelpositionen, thematische Ausstellungen sowie klassische Werke der Nachkriegsmoderne präsentiert.

Argentinische Allee 30, 14163 Berlin-Zehlendorf, www.hausamwaldsee.de

KUNSTHAUS DAHLEM

Das Kunsthaus Dahlem wurde 2015 als Ausstellungshaus für die Kunst der deutschen Nachkriegsmoderne in Ost- und Westdeutschland eröffnet. Ein wesentlicher Schwerpunkt liegt auf der Präsentation plastischer Kunst, ergänzt durch Malerei, grafische Arbeiten sowie Fotografie.

Käuzchensteig 8-12, 14195 Berlin-Dahlem, www.kunsthaus-dahlem.de

KUNSTHAUS DER ACHIM FREYER STIFTUNG

Zu besonderen Anlässen öffnet der Maler, Grafiker, Bühnenbildner und Regisseur Achim Freyer (*1934) sein Haus für Kunstinteressierte. Zu besichtigen ist seine umfangreiche Kunstsammlung mit Werken bekannter Künstlerinnen und Künstlern, die er nach Anmeldung im Stil der Petersburger Hängung in der historischen Privatvilla präsentiert.

Kadettenweg 53, 12205 Berlin-Lichterfelde, www.achimfreyer.com

LIEBERMANN-VILLA AM WANNSEE

Nach einer wechselhaften Geschichte wurden Haus und Garten der Sommerresidenz des Malers Max Liebermann (1847–1935) vollständig renoviert und der Öffentlichkeit zugänglich gemacht. In der Liebermann-Villa befindet sich ein Kunstmuseum, das Max Liebermann und seiner Zeit gewidmet ist.

Colomierstraße 3, 14109 Berlin-Wannsee, www.liebermann-villa.de

SCHWARTZSCHE VILLA

Die Schwartzsche Villa ist ein Mehrspartenhaus für Kultur, in dem sich auch die kommunale Galerie für Ausstellungen der Gegenwartskunst befindet. Der Fachbereich Kultur des Bezirks Steglitz-Zehlendorf kuratiert die Ausstellungen in der Galerie. Gezeigt werden zeitgenössische Kunst in Malerei, Zeichnung, Grafik, Skulptur und Installation.

Grunewaldstraße 55, 12165 Berlin-Steglitz, www.berlin.de

SOLARICA-X

Skulptur, 1989, Bernhard Heiliger

Bei der Bushaltestelle Brücke-Museum/Kunsthaus Dahlem steht die Stahlskulptur »Solarica-X« von Bernhard Heiliger (1915–1995). Sie besteht aus einer großen runden Scheibe, durch deren Mitte eine lange Achse führt. Ein Viertelsegment ist aus der Fläche herausgeschnitten. Die Anordnung liegt gekippt auf einer Wiese und wird durch einen schräg stehenden Strahlträger am Wegrollen gehindert.

Clayallee, Käuzchensteig, 14195 Berlin-Dahlem ⑫

SPIEGELWAND

Denkmal, 1995, Hans-Norbert Burkert, Wolfgang Göschel und Joachim von Rosenberg

Im Hinterhof der Düppelstraße 41 ist das Gebäude der ehemaligen Synagoge Steglitz erhalten, die in der Pogromnacht 1938 verwüstet wurde. Zum Gedenken an die Synagoge und die deportierten Jüdinnen und Juden aus Steglitz wurde das Mahnmal »Spiegelwand« des Historikers Hans-Norbert Burkert (*1936) sowie der Architekten Wolf-

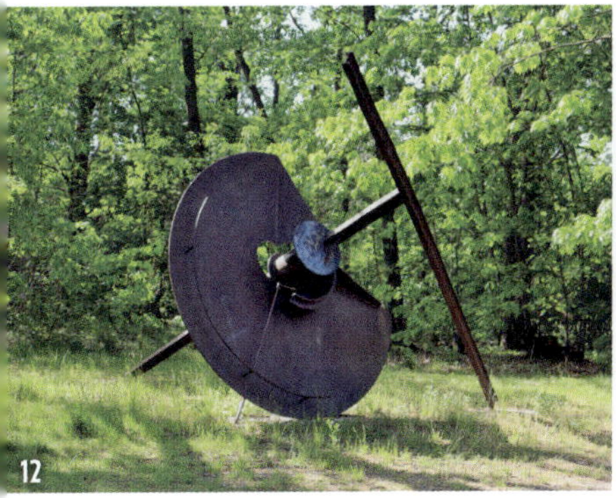

12

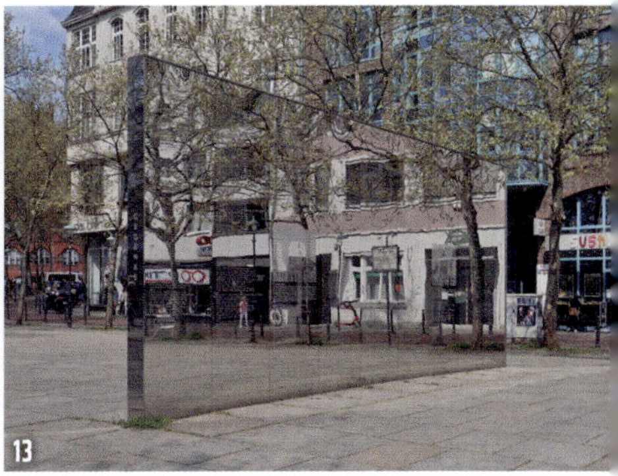

13

gang Göschel (*1940) und Joachim von Rosenberg (*1936) errichtet, auf der die Namen und Anschiften von 1.723 jüdischen Menschen zu lesen sind, die ab 1941 aus Steglitz deportiert wurden. Die Spiegelung des heutigen Lebens mit einer Überlagerung der schrecklichen Vergangenheit ist Teil des Gesamtkonzepts des Denkmals.

Hermann-Ehlers-Platz, 12167 Berlin-Steglitz 13

THE DAY THE WALL CAME DOWN

Denkmal, 1998, Veryl Goodnight

An der Clayallee steht das Denkmal »The Day the Wall Came Down«, auf Deutsch: »Der Tag an dem die Mauer fiel«. Das Kunstwerk stammt von der amerikanischen Künstlerin Veryl Goodnight (*1947). In realistischer Darstellung überspringen vier Pferde Bruchstücke der zerstörten Berliner Mauer. Ein weiteres Pferd folgt der Gruppe und setzt zur Überwindung der Mauerbruchstücke an.

Clayallee 145, 14195 Berlin-Dahlem 14

TWO RECTANGLES VERTICAL GYRATORY DOWN

Skulptur, 1968–1970, George Rickey

Auf dem Weg vom Hindenburgdamm zum Benjamin-Franklin-Klinikum steht die elf Meter hohe Stahlskulptur »Two Rectangles Vertical Gyratory Down« des amerikanischen Bildhauers George Rickey (1907–2002). Durch das obere Ende eines drehbaren Mastes wurde eine Querstange gesteckt, an der zwei lange drehbare Rechtecke

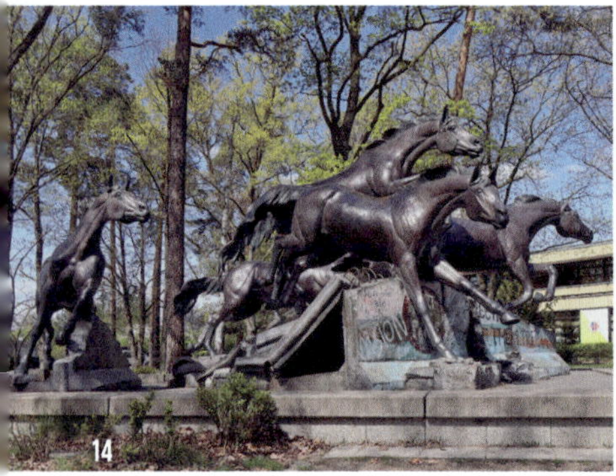

14

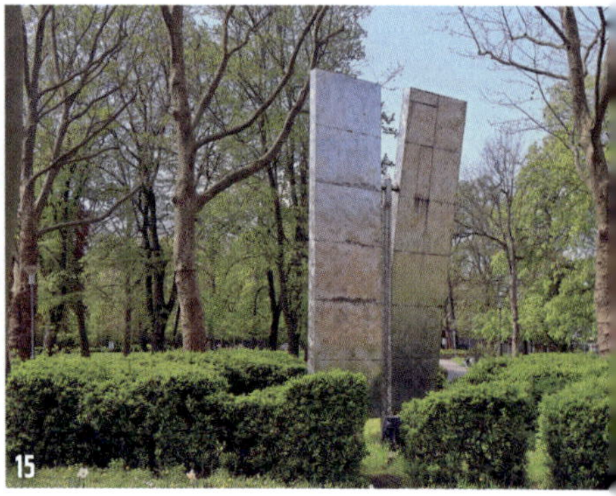

15

angebracht sind, die bis zum Boden reichen. Die sich ungleich bewegenden Stahlkörper ergeben ein sich ständig veränderndes Bild der kinetischen Skulptur.

Hindenburgdamm 30, 12203 Berlin-Steglitz 15

Treptow-Köpenick

BODE GALERIE

Der Galerist Lars Kristian Bode arbeitet mit einer Vielzahl internationaler zeitgenössischer Künstlerinnen und Künstler zusammen, die in verschiedenen Medien und Disziplinen arbeiten und sich mit neuen Ausdrucksformen auseinandersetzen.

Reinbeckstraße 29, 12459 Berlin-Oberschöneweide, www.bode.gallery

STIFTUNG REINBECKHALLEN – SAMMLUNG FÜR GEGENWARTSKUNST

Seit der Gründung im Jahr 2016 durch den Kunstsammler Sven Herrmann widmet sich die »Stiftung Reinbeckhallen – Sammlung für Gegenwartskunst« der Förderung von Kunst, Kultur und Bildung. Es werden verschiedene Ausstellungen zeitgenössischer Kunst internationaler Künstlerinnen und Künstler gezeigt, die von einem umfangreichen Rahmenprogramm begleitet werden.

Reinbeckstraße 11, 12459 Berlin-Oberschöneweide, www.stiftung-reinbeckhallen.de

Register

Aufgeführt werden hier die Künstlerinnen und Künstler von Kunst im öffentlichen Raum.

Abbildungsnachweis

Alexander und Renata Camaro Stiftung (Foto: Eric Tschernow): 145 l.; **Archiv des Verlages**: 6, 46 r., 89 l., 155 l., 166 l. o., 166 r., 193 l.; **ART CENTER BERLIN**: 36 l.; **ARTES Berlin** (Foto: Petrov Ahner): 59r.; **Bermel von Luxburg Gallery** (Masaya Hashimoto, EQULIBRIUM, 2020): 112; **BQ**, Berlin (Installationsansicht »KRIWET«, 2022): 60; **Buchmann Galerie** (Foto: Michael Schultze): 185 r.; **CAMERA WORK AG**: 113 r.; **Capitain Petzel**, Berlin: 203 o.; **carlier | gebauer**, Berlin/Madrid (Exhibition view: Lúcia Koch, Light Falls, Berlin 2023; Foto: Andrea Rossetti): 186 l.; **ChertLüdde** (David Horvitz, view of Becoming a unicorn using a banana as a horn, 2018–2022, External view of ChertLüdde, Berlin, 2022; Foto: Andrea Rossetti): 146 l.; Collection Regard: 61l.; **CONRADS**: 115 l. o.; **Contemporary Fine Arts** (Nick Goss, Margaritas at the Mall. Installation View, Contemporary Fine Arts, Berlin 2021; Foto: Matthias Kolb): 115 r. o.; **daadgalerie** / Thomas Bruns / Berliner Künstlerprogramm: 186 r.; **DITTRICH & SCHLECHTRIEM** (Foto: Jens Ziehe): 61 r.; **Dorothée Nilsson Gallery** (Exhibition: »Aurora«, Sascha Weidner, 2020): 147 r.; **Esther Schipper**, Berlin/Paris/Seoul (Exhibition view: Sojourner Truth Parsons, If nobody wants you you're free, Esther Schipper, Berlin 2023; Foto: Andrea Rossetti): 148 l.; **Feldbusch Wiesner Rudolph Galerie** (Foto: Gunter Lepkowski): 37 r.; **FOTOGALERIE Friedrichshain** (Valerie Oleynik, 360 Grad, 2021): 203 u.; **Galeria Plan B Cluj** (Foto: Trevor Good): 204 l.; **Galerie Albrecht** (Peter Tollens – Configuration, 2023; Foto: Sandy Volz): 116 r.; **Galerie ART CRU Berlin**: 63 l.; **Galerie Barbara Thumm** (Anna K.E., In Order of Appearance 2022; Foto: Jens Ziehe): 187 l.; **Galerie Barbara Weiss** (Installation view, Puppies Puppies, Jade Guanaro Kuriki-Olivo, Tranny, 2022; Foto: Jens Ziehe): 187 r.; **Galerie Barbara Wien** (Installation Haegue Yang, »Mesmerizing Mesh – Paper Leap and Sonic Guard«, in der Galerie Barbara Wien, 2022; Foto: Nick Ash): 145 r.; **Galerie BB** / Christian Bertram: 117 l.; **Galerie BRENNECKE FINE ART**: 113 l.; **Galerie Brockstedt** / Boris Brockstedt: 117 r.; **Galerie Brusberg** »Wunderkammer« (Foto: Roman März): 118 l.; **Galerie**

Buchholz (Henrik Olesen, Monument after Anthony Caro, 2022. Installation view): 118 r.; **galerie burster** (Enrico Bach, Shortcuts, 2023, galerie burster Berlin; Foto: Silke Briel): 119 l. o.; **Galerie Christine Knauber** (Ausstellungsansicht »Salon Nr. 4«, 2022; Foto: @ Turboturbo, Christina Stivali): 165; **Galerie Crone** (Foto: Uwe Walter): 115 l. u.; **Galerie Dittmar** / Lepkowski Studios (Ausstellung von 2021 zu dem Spanier Joan Hernández Pijuan): 64; **Galerie EIGEN + ART Berlin** (Foto: Uwe Walter, Berlin): 62 l., 62 Mi.; **Galerie Friedmann-Hahn** (Laura Nieto, *Non finito*, 2023): 119 r. o.; **Galerie Friese** (Installationsansicht der Ausstellung INNER, 2021, der Künstlerin Claire de Santa Coloma; Foto: Eric Tschernow, Berlin): 119 u.; **Galerie Georg Nothelfer** (Foto: Gernot Seeliger): 120, 148 r.; **Galerie Gilla Loercher** (John Cornu at Galerie Gilla Loercher 2022; Foto: CHROMA): 149 o.; **Galerie Guido W. Baudach**, Berlin (Foto: Roman März): 149 u.; **Galerie Horst Dietrich** (Skulptur »Laufender Fisch« von Albrecht Genin + Ausstellung »Leben und Tiefe« von Johannes Hewel und Wolf Spies, 2023): 121 l. o. + r. o.; **Galerie im Turm** (Nnenna Onuoha, Rosenfelde, 2021, Ausstellungsansicht, AFTERLIVES, 15.12.22–19.2.23; Foto: Eric Tschernow): 205 l.; **Galerie Isabella Bortolozzi** (Foto: Nick Ash, Berlin): 150 l.; **Galerie Judin**, Berlin (Foto Katrin Hammer © Uwe Wittwer): 150 r.; **Galerie Kremers** (Gregor Hiltner, Soundskulptur Lerchenbaum aus dem Jahre 2020): 188 l.; **Galerie Kuchling** / Robert Kuchling, Galerie für frische Kunst, Juli 2023: 205 r.; **Galerie Kuckei + Kuckei** (Foto: Thomas Bruns, Berlin): 70 l.; **Galerie LÄKEMÄKER**: 88 l.; **Galerie Martin Mertens** (Foto: Ludger Paffrath): 65 l.; **Galerie Max Hetzler** (Darren Almond, Distant Silence, Berlin 2022 + Bridget Riley, Wall Works 1983–2023, Berlin 2023; Fotos: def image): 121 u. + 151 l.; **Galerie Mensing**: 39 l.; **Galerie Michael Werner** (Foto: Anias Peymann): 122 r.; **Galerie Mutare**: 123 r.; **Galerie Nagel Draxler**, Berlin/Cologne/Munich (Theo Triantafyllidis, Feral Metaverse, Galerie Nagel Draxler Crypto Kiosk, Berlin 2023; Foto: Simon Vogel): 73 l. u.; **Galerie Nierendorf** (Archiv): 124; **Galerie Nordenhake** Berlin / Stockholm / Mexico City (Foto: Gerhard Kassner): 188 r.; **Galerie Parterre** Berlin (Ausstellungsansicht. Mary-Audrey Ramirez, Pls don‹t die, 2019. © die Künstlerin; Foto: Marjorie Brunet Plaza): 88 r.; **Galerie Poll** / Markus Draper (Foto: dotgain.info): 67 l.; **galerie probst** (Udo Nöger, light as a material, 2012; Foto: Annette Felies-Gericke): 125 l. o.; **Galerie Russi Klenner**: 189 l.; **GALERIE SCHMALFUSS BERLIN** – contemporary fine arts: 131 o.; **Galerie Sievi** / Adrian Buba: 189 r.; **Galerie Springer** Berlin (Ausstellung 2013, Saul Leiter; Foto: Ulrike Kolb): 125 r. o.; **Galerie Stella A.** (Ausstellung Fluxux, 2012): 77 r.; **Galerie Tammen** (Werner Tammen mit Vogel-Skulptur von Matthias Garff; Foto: Holger Biermann): 190 l.; **Galerie Thomas Fischer** (Installationsansicht Noi Fuhrer, 2022; Foto: Toerben Hoeke): 67 r.; **Galerie Thomas Schulte** (Installationsansicht der Ausstellung »Interstellar« von Jonas Weichsel, 2022, Corner Space der Galerie Thomas Schulte; Foto: Stefan Haehnel): 39 r.; **Galleri Heike Arndt DK**: 204 r.; **Haverkampf Leistenschneider** (Installationsansicht FABIAN TREIBER | No Name Gets To The Heart Of It, 2023; Foto: Jens Ziehe): 125 u.; **Heidi** (Akeem Smith, QUEENS STREET, Heidi, Berlin, 2021; Foto: Diana Pfammatter): 152 r.; **Hilleckes Gallery** / Eliška Bartek: 126 l.; **Hošek Contemporary** (Irene Hug – Von Wahl to Whale, 2022; Foto: Hue Hale): 40 l.; **INSELGALERIE Berlin** (Foto: Oliver Binge): 206 r.; **janinebeangallery** / Jose Girl bzw. Peter Doherty (Foto: Sören Eberhard Biermann): 69 l.; **Jarmuschek + Partner** (Helena Hafemann, Time goes by, 2023): 153 l.; **Kang Contemporary** (SUMMER SHOW 2023 I YOUNG INTERNATIONAL POSITIONS, 2023; Foto: KiChun Park): 191 r. o.; **KayserTradeGalleries** (Dino

Hien, »Human trees«): 69 r.; **KEWENIG** (Foto © Lepkowski Studios, Berlin): 129 r.; **KEWENIG** (Exhibition view: James Lee Byars: The Palace of Perfect, KEWENIG, Berlin, 2019 / The Estate of James Lee Byars; Foto: Stefan Müller): 42 l.; **Kicken Berlin** (Foto: Ludger Paffrath): 127 o.; **Klemm's**, Berlin (Viktoria Binschtok, Not until Tomorrow, 2020, Installation view): 191 u.; **König Galerie** (Foto: Roman März): 192 l.; **Konrad Fischer Galerie** (Foto: Roman März): 192 r.; **LOOCK**, Berlin: 71 r.; **max goelitz** (Installation view, Haroon Mirza, energy/power, 2022; Foto: Dirk Tacke): 194 r. o.; **Meyer Riegger** Berlin / Karlsruhe / Basel (Miriam Cahn: ZEIGE!, 2020. Installation view, Meyer Riegger Berlin; Foto: Oliver Roura): 128 l.; **mianki.gallery** (Ausstellungsansicht mianki & friends, 2021; Foto: Nikolaus Fürcho): 167; **Michael Fuchs Galerie** (Théo Mercier: Knock, knock… who's in the pet store?): 72 l.; **Migrant Birds Space Berlin**: 72 r.; **Mountains** / Julie Becquart Ausstellungsansicht Martina Kügler, Terrapozzoli, Mountains, Berlin, 2023): 73 l. u.; **NBB Gallery**: 206 l.; **neugerriemschneider**, Berlin (Installationsansicht: Renata Lucas, *fontes e sequestros*, 2015; Foto: Jens Ziehe): 66; **nüüd.berlin gallery**: 44r.; **Peres Projects**: 207 l.; **picture alliance / Bildagentur-online / Joko**: 110l.; **Prater Galerie**, 2023: 89 r.; **Projektraum Alte Feuerwache** (Victoria Tomaschko, Vollzug; Foto: Bernd Borchardt): 207 r.; **PSM** (Installation view. Aziz Hazara, No Dress Code, 2023): 154 r.; **Raab Galerie KG** (Foto: Adrian Kretschmer): 126 r. + 130 l.; **Robert Grunenberg** (Installationsansicht Stefan Knauf; Foto: Roman März): 130 r.; **ROBERT MORAT GALERIE** (Christian Patterson, bottom of the lake installation, 2015): 74 r.; **Sandau & Leo Galerie** (Fotograf: Bernd Borchardt): 76 l.; **SCHWARZ CONTEMPORARY** (Clara Brörmann; Foto: def image): 217; **Seibert Collection** / Ulrich Seibert (Foto: Magnus Pettersson): 76 r.; **Société** (Installation view, Darren Bader, fünfdreier, Berlin 2023). Foto: Joe Clark: 131 u.; **Soy Capitán**, Berlin (Rachel Youn, Revival, Installation view, 2022; Foto: Roman März): 194 r. u.; **Sprüth Magers**, Berlin (Foto: Ingo Kniest und Timo Ohler): 77 Mi.; **Strehlow, Anika**: 38 r., 42 r., 43 l., 47 r., 62 r., 63 r., 77 l., 115 r. u., 116 l., 123 l., 127 l. u., 128 r.; **Taubert Contemporary**, Berlin, Germany: 132 l.; **The Feuerle Collection** (Installation view. Khmer Deities from 10th to 13th century; Foto: def image): 195; **Verein Berliner Künstler** (Ausstellung LOST&FOUND, 2023; Foto Dietrich Graf): 155 r.; **VG Bild-Kunst, Bonn 2023**: 20 l., 20 r., 55, 81, 164, 220, 221; **Wentrup**, Berlin (Installationsansicht »Scene«, Britta Thie, 2023; Foto: Matthias Kolb): 132/133; **wikimedia commons** / Dosseman: 190 r.; **Zilberman | Berlin** (Yane Calovski & Hristina Ivanoska, *Wayside [Antoinette van Eyck's Study of Garments, 1935*], 2020, Ausstellungsansicht *Transit*, 2023; Foto: Chroma): 133 r.

Alle weiteren Fotografien stammen von Gerhard Drexel.

Über den Autor

Gerhard Drexel (*1948) lebt seit 1995 in Berlin. Er hat bereits zahlreiche Stadt- und Reiseführer über Berlin und Brandenburg veröffentlicht.